高等院校财政金融专业应用型教材

证券投资理论与市场操作
(第二版)

吴 可 主编

清华大学出版社
北京

内 容 简 介

本书系统、完整地介绍了证券投资学的经典理论和市场交易方法。全书共分十章，前七章主要介绍市场交易，后三章主要介绍投资理论。其中第一、二章为导论与证券交易一般策略，主要包括投资基本概念，投资内涵属性，投资交易方式、规则，短线交易与价值投资策略，一般风险规避策略，K线基础知识，牛市与熊市特征及其市场策略等内容。第三、四章为证券市场投资工具和证券投资基金工具。第五章为证券投资基本分析，从国家、行业以及公司三个层面阐述公司股票价值投资的分析方法。第六、七章为证券价格形态分析和证券指标技术分析，包括随机漫步理论、道氏理论等五大技术分析原理，8 种市场整理与反转形态，10 种常用股价分析指标以及近 30 种 K 线组合形态判断等内容。第八章为证券估值基本原理与方法，包括债券估值、债券风险分析、利率期限结构以及多阶段红利折现模型、自由现金流折现模型等。第九章为证券投资经典理论。第十章为量化投资交易概述。各章附有章前导读、案例引入、名人金句、关键词、知识点、要点提示、例题分析或图示讲解；各章末尾设置了本章小结、练习与思考、实践案例。

本书属于中级证券投资学学习教材，可作为普通高等院校经济金融类专业的本科学生相关课程教材，也可供其他非经济类本科学生及研究生学习使用。

图书在版编目(CIP)数据

证券投资理论与市场操作 / 吴可主编. -- 2 版. --北京：清华大学出版社，2025.8.
(高等院校财政金融专业应用型教材). -- ISBN 978-7-302-69695-7

Ⅰ. F830.91

中国国家版本馆 CIP 数据核字第 20251WT068 号

责任编辑：章忆文　李玉萍
封面设计：李　坤
责任校对：么丽娟
责任印制：丛怀宇
出版发行：清华大学出版社
　　　　　网　　址：https://www.tup.com.cn, https://www.wqxuetang.com
　　　　　地　　址：北京清华大学学研大厦 A 座　　　　邮　　编：100084
　　　　　社 总 机：010-83470000　　　　　　　　　　邮　　购：010-62786544
　　　　　投稿与读者服务：010-62776969, c-service@tup.tsinghua.edu.cn
　　　　　质量反馈：010-62772015, zhiliang@tup.tsinghua.edu.cn
　　　　　课件下载：https://www.tup.com.cn, 010-62791865
印 装 者：三河市君旺印务有限公司
经　　销：全国新华书店
开　　本：185mm×260mm　　　印　张：21.5　　　字　数：523 千字
版　　次：2012 年 8 月第 1 版　2025 年 8 月第 2 版　印　次：2025 年 8 月第 1 次印刷
定　　价：58.00 元

产品编号：108253-01

从本书第一版问世至今已有 13 年时间。中国证券市场肩负着中国经济发展原动力的历史使命，并且不断发展、成熟和壮大。然而，前行的道路从来都不一帆风顺。上证指数在经历了 2007 年的 6 124 点巅峰和 2015 年的 5 178 点暴力牛市之后，在长达 8 年的时间里，一直徘徊在 2 400～3 700 点，似处于"冬眠"状态。特别是自 2023 年 8 月以来，更是遭遇了宏观调控的"奇点"，市场对管理层十余项利好政策置若罔闻，指数从 2023 年 7 月 31 日的 3 291 点跌至 2024 年 2 月 5 日的 2 635 点，半年时间跌幅超过 19%，创下近 5 年来新低。中国股市长期顶着"二八开"的紧箍咒，上市公司恶意融资、承销商肆意抬高 IPO 定价进行利益输送、大股东上市即套现等种种道德风险，引发了投资者对市场制度公平与公正的一次次质疑和声讨。在一切经济社会中，投资、融资都是永恒的主题，是发展之源、强国之本。我国经济向好的态势没有改变，中国证券市场一定会重新启动制度、法规的修复、建设与完善工作，加大对投资者利益的保护力度，激活并恢复市场人气，回归证券市场投资、融资双向并重的正常轨道。高素质金融人才的需求将更为迫切，普及出版更高水平投资文化、市场文化的专著和教材的需求也会不断提升。可以预期，机构投资、量化投资、策略投资、智能投资以及市场自适应机制的建立与完善是未来证券市场的主流方向和发展趋势。

本书是在 2012 年清华大学出版社出版的《证券投资理论与市场操作》基础上进行深度改编完成的，从内容组织、结构安排、数据、教学环节设置等方面都进行了精心处理。其主要体现在以下几个方面。

(1) 全面"瘦身"。本书进行了大幅删减和调整，旨在体现学科核心内容的主线条。第二版"瘦身"率约达 33%，有利于促进教学焦点集中到本学科的核心知识、重要理论以及实践方法上。

(2) 结构优化安排。第二版全书缩编为十章。第一版的第八、十一、十二、十三章与新增"无套利定价原理及应用"内容合编为第九章，即证券投资经典理论。

(3) 数据、资料全面更新。本书对数据、资料进行了全面更新，且数据资料大多来源于权威数据库或由权威网站提供。

(4) 内容组织实现"本土化"。本书介绍的投资品种大多是基于我国证券市场自行开发设计并已上市交易的金融产品，包括短期、中长期固定收益证券，权益资本工具以及各类投资基金。对每种金融工具的交易方式、交易途径、定价方法、市场价格水平、收益与风险特征分析都进行了详尽的阐述。

(5) 新编内容和重写"亮点"。①第二章增补了证券指数的意义、编制方法及其应用，以及融资融券基本概念、交易方式和交易案例等内容。第五章证券投资基本分析的行业分析中增加了内生与外生动力增长性分析；公司财务分析中增补了横向比较、纵向比较和趋势分析方法，杜邦系统分析法和沃尔比重评分法等内容。第九章新增了"无套利定价原理及应用"。第十章新增了量化投资的概念、模型构建、开发流程以及 3 篇典型应用案例。②本书对投资组合理论、资本资产定价和套利定价等内容进行了重新编写，并更新了图示，对所有例题都用 Excel 进行计算或验算。对第六、七章技术分析中的全部图形进行了更换和重新制作。

(6) 增补信息小贴士，强化教学效果。本书大部分章节中都增加了微型案例、名人金句、重点或难点的强调或提示。旨在对章节、段落知识点的强调，以便学生强化记忆，提高教学效率。每章最后都配发实践案例，以提升学生的感性认识和理解力。

本书教学安排：第一章至第七章适合专科学生阅读与教学，授课 32 学时；本科生可选第一章至第八章，备选第九章，授课 40 学时；研究生可选第五章至第十章，授课 32 学时。

针对本书第二版的编写，我们成立了编写小组，就马科维茨投资组合理论、CAPM 定价理论、期权定价理论等专题开展学术讲座、讨论达 10 余次。编写小组成员有华中科技大学的吴可老师、重庆大学的何小洲老师、滇西科技师范学院的罗文钦老师。其他成员还有滇西科技师范学院的唐素璇、王玉珏、罗洁、鲁文赟、武星媛、杨芮、杨希等，以及华源证券武汉分公司的总经理罗曼茹、首席投资顾问雷申和华源证券湖北分公司首席投资顾问、金牌分析师徐善武。

全书由吴可老师统一编写，其主要负责改编、重写第二、四、五、七、八、九、十章及其相关案例的配发；何小洲老师负责第一章及第五章部分内容的审改及其相关案例的编写；罗文钦老师负责第六章及第七章部分内容的审改；王玉珏、罗洁、杨芮等分别负责第三章第一、二、三节内容的修订；唐素璇、武星媛分别提供了证券投资基本分析中公司分析案例和有效市场理论发展动态文献综述等资料；武星媛、鲁文赟、杨芮等老师参与了部分模型计算、图表绘制以及案例选编等工作；罗曼茹总经理带领业界投资顾问团队雷申、胡松华和王栋等人参与本书的编写及讨论，并撰写短线交易策略等多篇文章；徐善武为本书撰写了行业增长的内生与外生动力分析等相关文稿；书中名人金句由华中科技大学外语学院兰素萍老师和滇西科技师范学院国际教育学院杨润芹老师提供。

本书在编写期间还得到了滇西科技师范学院管理与经济学院李正章院长、辛锡灿书记的大力支持。另外，本书在编写过程中，还借鉴和参考了相关学科作者的专著、教材、期刊文献以及东方财富 Choice 数据终端，在此一并向给予支持和帮助我的单位和个人表示真诚的感谢！感谢清华大学出版社对本书的再版所做出的卓越贡献！

由于编者水平有限，书中难免存在疏漏与不足之处，敬请广大读者批评和指正。

本书的改编工作历时一年半，终于接近尾声。令人十分欣慰和振奋的是，本书是在习近平主席"共同富裕"的指示精神鼓舞下，在教育部"银龄教师行动计划"亲历实践中，在滇西科技师范学院——国家教育部本科教学工作合格评估的过程中，在管理与经济学院各位老师的大力支持下顺利完成的。"等闲识得东风面，万紫千红总是春"。2025 年，中国证券市场已经扬帆起航。让我们秉持"人类命运共同体"智慧与理念，见证中国经济发展新一轮的高歌猛进！

吴　可

编　委　会

主　编　吴　可

编　委　何小洲　罗文钦　罗曼茹　徐善武

目 录

第一章 导 论

【章前导读】

本门课程以知识服务经济发展，服务国家建设，服务人类进步为教学宗旨，激发学生饱满的学习热情、高度的社会责任感和刻苦钻研的精神，认真努力投入到证券投资学课程中去，熟悉并掌握本课程的理论方法精髓。培养学生的投资意识、风险规避意识，使其成为合格且对社会有用的专业技术人才，为今后进一步学习深造和工作奠定坚实的基础。

通过本课程讲授使学生建立以下六个意识。

(1) 风险与收益并存意识。

(2) 我国证券市场初级发展意识。

(3) 我国证券市场大力推动经济发展不可或缺的意识。

(4) 我国证券市场快速健康发展意识。

(5) 我国证券市场有高度的全民参与意识。

(6) 证券市场的高智商、高技术之间智力博弈意识。

不要懵懵懂懂地随意买股票，要在投资前扎实地做一些功课，才能成功!

——威廉·欧奈尔(William J. o'Neil)

【关键词】

证券投资　收益与风险　证券投资基金　股票与债券　虚拟投资　实物投资　发行市场　流通市场　主板市场　创业板市场　科创板市场　三板市场　新股发行模式　发行定价　新股申购　集合竞价　连续竞价　融资融券

【案例引入】

中国证券市场肩负着中国经济发展原动力的历史使命，并不断发展、成熟和壮大。然而，前行的道路从来不是一帆风顺。上证指数在经历了 2007 年的 6 124 点巅峰和 2015 年的 5 178 点牛市之后，在长达八年的时间里，一直徘徊在 2 400～3 700 点，似处于"冬眠"状态。特别是自 2023 年 8 月以来，更是遭遇了宏观调控的"奇点"，市场对管理层十余项利好政策置若罔闻，指数从 2023 年 7 月 31 日的 3 291 点跌至 2024 年 2 月 5 日的 2 635 点，半年时间跌幅超过 19%，创下近 5 年来新低。中国股市长期顶着"二八开"的紧箍咒，上市公司恶意融资、承销商肆意抬高首次公开募股(IPO)定价进行利益输送，大股东上市即套现等种种道德风险，引发了投资者对市场制度公平与公正的一次次质疑和声讨。我国证券市场监管部门采取了一系列的调控政策，如降息、降准、放缓 IPO、印花税费减半、提高减持门槛、出台地产"认房不认贷"去库存新政、限制量化交易以及问责恶意做空等组合拳，终于在 2024 年 2 月 6 日触底反弹，一路上升到 2024 年 5 月 20 日的最高点 3 174 点。然而令人不解的是，自此之后 A 股市场再度跌破 3 000 点大关，下跌至 7 月 25 日的 2 884.86 点。其间，央行及市场高层采取了一系列促进资本市场高质量发展的措施。例如，压实保荐人、会计师、审计师等中介责任，"申报即担责"，杜绝"带病闯关"；推进注册制走深走实，优先支持新产业、新业态、新技术，上市向科创板的"硬科技"倾斜；全面推进资本市场立法工作，强化机构监管、行为监管、功能监管、穿透式监管、持续监管，消除监管空白；强调上市公司是国民经济的基本盘、压舱石、优等生，必须诚实守信、真实透明、规范治理，专注主业提高公司成长性，增强回报投资者能力，提升上市公司投资价值。那么问题来了，在监管部门强力出手、重拳出击，利好频出的情况下，A股市场仍然"一意孤行"，未改颓势，持续多板块塌方式下跌，其中的原因究竟是什么呢？

第一节 证券投资概述

一、证券投资的概念

投资是将现有资金投入某项事物，以期获得未来收益的活动。它涉及投入某种资源，以获得某种资产及收益的过程。诺贝尔经济学奖获得者威廉·F.夏普等在其著作《投资学》中将投资定义为："为了将来可能的不确定的消费而牺牲的现在的消费的价值。"[①]一般认为投资行为至少应具备三个要素：一是要预先垫付资本；二是预期获取资本增值；三是要承担相应风险。垫付资本包括投资者投入的资产或货币资金。获取资本增值是指投资资本在经过一定的经济过程后产生的超过原先投入的资本金额。而风险则是在垫付资本到取得回报期间可能产生的诸多不确定性，这个要素表明投资者对获取资本增值的不确定性需自行承担责任。由此可见，上述三个要素中任何一个如果不被满足，就不是投资行为。因此，购买衣服、鞋袜以及汽车或商品房的行为都不是投资行为，因为这些行为都不以取得增值为目的，并且在这一购买行为中一般没有风险。但如果将所购买的汽车或商品房作为资产入股，目的是期望一定时期之后能够获取红利回报，那么所垫付的汽车、商品房的实物资本就构成了投资行为。

需要指出的是，三个要素中，第一要素是投资的前提，第二要素是目标，第三要素是投资的义务。如果投资者不愿意承担相应风险，投资是不可能进行下去也不可能完成的。如果说第一、第二要素是必需的，那么第三要素则是必然的，也就是说，存在风险是必然的。风险为什么会产生呢？简而言之，是时间使然。因为获取投资回报一般都要经过时间的考验，少则几天，多则几个月甚至数年。只要垫付资金与取得回报存在时间差，哪怕只有1秒，都会导致投资收益的不确定性。因为在这1秒的时间差中，各种市场变量都可能会发生变化，这就是风险。尤其在当今的信息时代，商品价格以及其他经济变量瞬息万变，很短的时间内所发生的事件可能会导致投资者得到完全不同的投资结果。因此，投资者承担投资风险是完成投资过程的必然选择。

证券，是投资者用货币购买或用其他资产换取的某种凭证，如股票、债券、存款单、票据、保险单、提单等都是证券(凭证证券或有价证券)。证券可以分为三大类。①商品证券：提货单、货运单、仓库栈单等。这类证券证明持有人对特定商品的所有权和各种请求权，持有人可以据此占有、使用或支配该商品。商品证券具有价值，有价值就可能产生交换需求，即商品证券具有可交易性。不仅如此，商品证券还可以替代货币作为流通或支付手

---

① [美]威廉·F.夏普，戈登·J.亚历山大，杰弗里·V.贝利. 投资学(上、下册)[M]. 5版. 赵锡军，译. 北京：中国人民大学出版社，2013.

段。②货币证券：商业汇票、本票，银行汇票、本票、支票，即能使持有人或第三者取得货币索取权的有价凭证。③资本证券：股票、债券、基金证券(具有投资收益)，代表持有人对特定资本的所有权和收益权。

金融市场包括货币市场、外汇市场、资本市场以及黄金市场，如图 1-1 所示。本书所涉及的是货币市场的投资工具以及资本市场中的证券市场部分。事实上，证券市场上的投资品种还包括基于股票、债券的衍生品，比如远期、期权、期货、互换以及这些衍生品的再衍生的复杂金融资产等。限于篇幅，本书仅涉及货币市场工具、股票、债券以及基金等基本金融产品的投资问题的讨论。有关衍生产品的原理与应用请参见本书作者的另一本教材。[①]

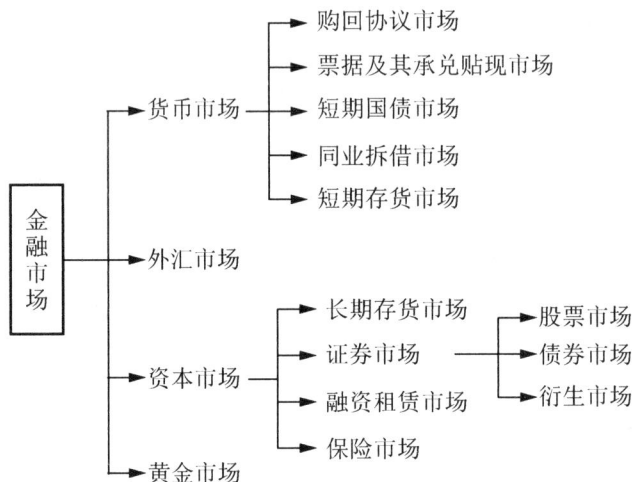

图 1-1　金融市场分类

二、虚拟投资与实物投资

(一)虚拟资产投资与实物资产投资的概念

从投资的方式来看，投资可以分为虚拟投资和实物投资两类。二者既互为前提又互为结果，通过货币—资本—货币的转化过程，实现投资周期中的资本需求与资本供给的经济循环，促进社会经济和金融的发展。证券投资属于虚拟资产投资的范畴。虚拟资产是相对于实物资产而言的。实物资产投资是在一定时期内和一定条件下可以形成生产力的投资。比如，对机器、设备、厂房、运输工具等实物资产进行购买、扩建等就可能形成有效的生产力，这些资产是有形资产。而虚拟资产投资是不能直接形成生产力的。当投资者购买股票、债券等有价证券时，他们仅作为公司营运资金的供给者。

从投资者的角度看，其对公司的投资方式可分为两类。一类是虚拟资产投资。在资本市场购买虚拟资产如股票、债券等有价证券，公司由此获得资本融资，并运用所融得的资金进行实物资产投资。这一过程实现了由投资者的虚拟资产投资转化为企业或公司的实物资产投资，进而形成生产力。另一类是投资者运用自有资本，直接投资购买机器、设备或其他可能形成生产力的企业生产、生活资源，以此来获取投资回报。前者也称为间接投资，

---

① 吴可. 金融工程理论与方法[M]. 2 版. 北京：清华大学出版社，2016.

后者也称为直接投资。

(二)虚拟资产投资与实物资产投资的关系

企业在资本市场融资后，运用所融资金形成实物资产的投资资本，从而购置生产场地、机器设备、运输工具等固定资产以及流动资产。同时，企业根据市场需求进行产品设计，将原材料经过人力加工制作，形成商品并销售到市场，从而产生经济效益和社会效益。从经济过程的循环链来看，虚拟资本投资为公司经营提供了实物投资的资金来源。虚拟投资提高，企业融资增加，导致企业生产规模扩大，销售收入增加，进而使企业职工工资增加以及社会再分配收入增加，从而再激励虚拟资本投资的资金增加。可见，这一过程又实现了实物资产投资向虚拟资产投资的转化。全社会投资等于虚拟投资与实物投资的总和。如果虚拟投资扩大，势必挤压实物投资；反之亦然。虚拟资产投资不可能完全取代实物资产投资，而实物资产投资也不可能完全独立成为唯一的市场投资方式。实物资产投资决定了虚拟资产投资的来源，而虚拟资产投资规模直接影响了实物资产投资的方向与规模。依据经济发展的不同阶段，适当调控虚拟投资与实物投资的规模比例和投资方向，可以保障经济持续、稳定、快速发展的目的的有效实现。综上所述，虚拟投资与实物投资二者是相互促进、相互制约和相辅相成的关系。

三、证券投资的收益

购买有价证券的主要目的有两个：一是货币保值；二是资本增值。货币保值的目的就是期望通过证券市场的操作，确保货币购买力不下降，或减少财富可能的缩水；资本增值的目的则是期望投资者的财富能够不断增加。无论是哪种目的，都必须通过提高证券投资收益来实现。证券投资收益包括投资者在投资期间所获得的公司红利以及资本利得(股票买卖的差价)两部分。红利与资本利得的总和即为投资者的总收益。在财务管理中，通常使用证券投资收益率来反映投资者的收益水平，证券投资收益率一般以收益额与投资额的比值来表示。最简单的投资收益率的计算公式为

$$r = \frac{P_T - P_0 + D}{P_0} \tag{1-1}$$

式中：r 为投资收益率；P_0 和 P_T 分别表示期初投资和到期资产价值；D 为投资期间资产的红利或利息。$P_T - P_0$ 即资本利得。

根据投资品种的类别，证券投资收益可分为股票投资收益、债券投资收益和基金投资收益等。

股票投资收益是指股票持有人因拥有股票所有权而获得的超出股票实际购买价格的收益，它由同期所获得的股利、资本利得或资本增值收益组成。

债券投资收益是指投资者因持有债券而获得的报酬。债券投资收益来自两个方面：一是债券的利息收益，这是在债券发行时就被确定的。除了保值贴现债券和浮动利率债券外，债券的利息收入通常是固定的；二是资本利得，即因债券价格上涨而得到的资本收入，或因债券价格下降而遭受的资本损失。

基金投资收益主要有两个来源：一个是因买卖基金的价格差异所产生的资本利得；另

一个是因为基金分红所产生的投资收益。

【例1-1】 某投资者判断新冠疫情过后经济复苏,超跌股会反弹,在2023年2月1日,开盘买入1 000股601360股票,购买总成本7 010元(忽略交易费用)。8天后于2月9日以9.70元卖出,出售总价值为9 700元。按公式(1-1)得出

$$R=(9\ 700-7\ 010)÷7\ 010=38.37\%$$

即得8天投资收益率为38.37%,年化收益率为

$$38.37\%×(365÷8)=1\ 750.63\%$$

又例如,某投资者在2020年2月7日,开盘买入1 000股601360股票,价格为22.77元,购买总成本为22 770元(忽略交易费用)。三年后2023年2月7日以8.02元卖出,出售总价值为8 020元。公司每年每10股分红0.5元,三年共计150元。按公式(1-1)有

$$R=(8\ 020-22\ 770+150)÷22\ 770=-64.12\%$$

即得该投资者3年投资收益率为-64.12%,平均年化收益率为-21.37%。

由此可见,股票的投资收益有很大的不确定性。既可能在几天之内给投资者带来巨额财富的增长,也可能使其遭受资产的快速减值。理性的投资者总是期望在风险一定的条件下收益越高越好。而收益的实现及其高低,依赖于投资者的市场分析能力及对操作技术的灵活运用,这正是证券投资的魅力所在。

四、证券投资的风险

(一)证券投资风险的概念与特征

1. 证券投资风险的概念

证券投资风险是指投资者在证券投资过程中遭受损失或达不到预期收益率的可能性。证券投资风险分为两类,即经济风险与心理风险。证券投资所要考虑的风险主要是经济风险,经济风险来源于证券发行主体的变现风险、违约风险,以及证券市场的利率风险和通货膨胀风险等。

证券投资风险就其性质而言,可分为系统性风险和非系统性风险。

系统性风险是指由于全局性事件引起的投资收益变动的不确定性。系统性风险对所有公司、企业、证券投资者和证券种类均产生影响,通过多样化投资不能有效地按照预期目标抵消这样的风险,因此又称为不可分散风险或不可多样化风险。

非系统性风险是指由非全局性事件引起的投资收益率变动的不确定性。在现实生活中,各个公司可能由于自身经营管理不善(如营销决策失误、新产品研发失败、公司财务风险等)而遭受业绩下滑,进而影响该公司证券投资收益率的变动。由于一种或几种证券收益率的非系统性变动与其他证券收益率不存在内在必然联系,个别公司的经营状况与其他公司关联度较低,这种非系统性风险可以通过投资组合即证券多样化方式加以稀释或消除,因此,非系统性风险也称为可分散风险或可多样化风险。证券投资的总风险是系统性风险和非系统性风险的总和。

一个充分分散化的投资组合,理论上可以将非系统性风险化解为零。换句话说,一个"好"的投资组合只会面临系统性风险。由此,投资者要做的事就是尽可能地选择优质的"组合"或优质的基金(基金就是一种组合)进行投资。关于投资组合最优化原理和方法见本

书第九章相关内容。

2. 证券投资风险的特征

证券投资风险作为一种风险类型，在具备一般风险特征的同时，也有其自身特有的性质。这主要是由股票证券的特殊性决定的，即证券仅是一种虚拟资本或价值符号，其价格体现了投资者对未来收益的预期。根据证券投资风险的定义，将其主要特征归纳为以下几个方面。

(1) 客观存在性。只要货币的现金流存在时间差，就必然会产生价值的不确定性。从投资的角度来看，就是实际收益与预期收益的偏差，即投资的风险性。

(2) 不确定性。风险因素触发的风险事故会引起投资者心理预期的改变，从而造成市场价格的波动，并进一步对投资者的投资收益产生影响。其具体表现为实际收益相对于预期收益的偏差。偏差可能是正的(高于预期)，也可能是负的(低于预期)。因此，证券投资风险具有不确定性。

(3) 可测度性。尽管证券投资风险具有不确定性，但仍然可以通过一定的方法对其风险大小进行测度。从统计学的角度来看，证券投资风险是实际收益与预期收益的偏离程度。偏离程度越高，风险越大；偏离程度越低，风险越小。同时，可以运用一定的统计方法对收集的历史数据进行计算，从而实现这种偏离程度的量化。通常，在证券投资学中采用统计学变量的方差或标准差来测度预期收益率的偏离程度。

(4) 相对性。证券投资风险是相对的。由于投资者对风险偏好不同，他们各自对风险也会采取不同的态度。风险承受能力强的人为获取高收益而敢冒高风险，风险承受能力弱的人为避免风险宁可选择低收益的投资。因此，对于同一事件可能产生的后果，不同的投资者的风险感受是不同的，其投资行为选择也是不一样的。

(5) 危害性。虽然证券投资风险会给投资者的实际收益带来一定的不确定性，但如果所发生的损失与投资者的预期偏差过大，证券投资风险就具有一定的危害性。当证券市场价格波动幅度过大时，容易引发过度的投机行为，投资者在盲目追涨的同时，往往会蒙受惨重的损失。另外，如果证券市场的内在风险进一步扩大，就会引发金融风暴或经济危机，从而对社会、经济、政治的稳定造成相当大的危害。

(6) 可防范性。尽管证券投资风险是客观存在的，同时又带有不确定性，甚至达到一定程度后会具有危害性，但仍然可以采取一定的方法来防范和规避证券投资风险，尽可能避免或减少风险带来的损失和危害。比如，投资者可以借鉴现代投资组合理论，利用分散化投资来降低投资组合的风险。同时，也可以通过做空机制来对冲证券市场价格下跌所带来的风险。政府可以通过对现行制度进行改革以及加大市场监管力度，规避或消除可能出现的证券投资风险。

(二)证券投资风险量度

从风险的定义来看，证券投资的风险是指在证券投资过程中，投资者的收益和本金遭受损失的可能性。风险量度的目的就是要有效计算投资者的收益和本金遭受损失的可能性大小。

以证券投资收益低于其期望收益的概率来量度风险和以证券投资出现负收益的概率来量度风险,这两种方法能够在相当程度上描述风险的大小。但它们在度量上存在"精准度"问题或"盲区",甚至可能发生投资"误导",因此较少被使用。

目前,业界广泛采用的风险度量方法被称为方差(Variance)法或标准差(Stand ard Deviation)法。这种方法是将投资收益与其期望收益之间可能的"距离"计算加总,"距离"越大,风险也就越大。其计算公式为

$$\sigma_P^2 = \sum_{i=1}^{m} (r_i - Er)^2 p_i \tag{1-2}$$

式(1-2)表明,证券 A 的风险是由其收益率 r_i 与期望收益 Er 距离的二次方与相应概率 p_i 乘积的总和来描述的。显然,如果离差 $|r_i - Er|$ 越大,且对应的概率 p_i 越大,则"大距离"出现的频率越高,证券 A 的风险就越大。事实上,描述风险的绝对距离并不重要,因此用"距离的二次方"来描述风险与用"绝对距离"本身来描述风险是等效的。

方差或标准差量度方法的特点在于:同时把证券收益低于和高于期望收益的概率计算在内,将收益率与期望的离差,转化为"价格的波动"来考察投资收益的不确定性。显然,方差或标准差是更合适的风险度量指标。

在实际中,离差的概率通常不易客观确定,一般使用 σ_A^2 的无偏估计统计量,其计算公式为

$$\hat{\sigma}_P^2 = \frac{1}{n-1} \sum_{i=1}^{m} (r_i - \bar{r})^2 \tag{1-3}$$

式中:$\bar{r}$ 为 r_i,$i = 1, 2, \cdots, m$ 的算术平均收益率。

思考与练习:有一种"半方差"风险描述,即只有当证券收益率低于平均收益率时才应算作风险;反之则应被忽略。你认为这样的"风险观"合理吗?你能写出"半方差"风险模型吗?

五、风险偏好分析与测试

(一)风险偏好概述

投资者在打算进入证券市场投资之前,一个重要且必做的功课是确认自己的风险偏好。所谓风险偏好,是指投资者对投资收益的心理期望目标和风险的承受能力。风险偏好大致可分为三类:第一类为风险厌恶型;第二类为风险中性型;第三类为风险喜好型。

大多数投资者都属于第一类风险厌恶型。这类投资者总希望在风险尽可能小的前提下获得更高的收益。理性的投资者期望按照"在风险一定的条件下,确定收益最大化"来制定自己的投资策略,或采取"收益一定的条件下,取得风险最小"的投资方案。厌恶风险的人进行风险资产投资,一定会要求获得风险溢价(或风险补偿)。换句话说,如果没有风险补偿,该投资者将不愿意进行任何风险资产投资。投资者对较大的风险资产投资,会要求有较大的风险溢价。如果 A 与 B 两个投资者,对于相同风险资产的溢价要求不同,比如 A 比 B 要求有更高的风险溢价,则 A 属于更保守的、更厌恶风险的投资者。保守的投资者应选择偏固定收益类证券进行投资,而相对轻度保守的投资者则可以适度配置偏权益类资产。这样投资品种的风险与其期望收益才能匹配起来。极端厌恶风险者可以选择无风险资产如

银行存款、国债等低风险资产进行投资。有一定风险承受力的风险厌恶者可以适度选择权益类资产比如股票、基金等进行投资，这类投资者可以在权益类资产与固定收益类资产中进行科学配置，从而获取投资预期目标。

第三类投资者是所谓的风险喜好型投资者。总体而言，这类投资者的占比相对较小。他们喜好风险，寻求刺激，乐于挑战，在追逐风险中期望迅速获取巨额财富增长。事实上，他们不是真的喜欢风险，而是看重机会的把握，对机会富有更多的想象和激情。他们更关注收益。这类投资者可以选择风险较大而收益也更高的资产进行投资，比如权益类资产以及衍生证券产品，或选择风险投资等。

第二类风险中性型投资者包括这样一类投资群体：投资任何风险资产无须风险溢价。换句话说，这些投资者只要获取无风险收益就愿意进行任何风险类别投资品的投资。事实上，在现实中这类投资群体的集合几乎为空集，即该群体是不存在的，因此风险中性型投资者是虚构的。

问题：风险中性偏好是一种虚拟假设，那么存在的意义是什么？

在风险中性世界中的投资者，有无风险回报都愿意投资任何风险资产，因此他们取得的任何未来现金流都可以以无风险利率贴现得到现值。"风险中性"这一假设有无可替代的积极作用，其在获得诺贝尔经济学奖的布莱克与斯科尔斯(Black-Scholes)期权定价模型的成功推导中被体现得淋漓尽致。

(二)风险偏好测试

综上所述，投资者对自我风险偏好的识别是十分重要的，它是投资者规避投资风险的首要步骤。为了较为科学地帮助投资者自我判定风险偏好的类别，一些证券公司或金融理财网站[①]推出了风险偏好测试题。以下是一份风险偏好测试题，请读者自我打分，借以确认自己的风险偏好类别。

(1) 近三年，您的家庭年均收入范围是？

A. 10万元以下 (1分)

B. 10万(含)~20万元 (3分)

C. 20万(含)~50万元 (5分)

D. 50万元(含)以上 (7分)

(2) 依据您目前的情况，以下哪一项最符合您对未来5年自身收入的预期？

A. 下降 (1分)

B. 不确定 (3分)

C. 维持稳定 (5分)

D. 快速增长 (7分)

(3) 您的家庭总资产净值为多少？(包括储蓄、保险、理财、基金、贵金属、不动产等)

A. 20万元以下 (1分)

B. 20万(含) ~50万元 (3分)

C. 50万(含) ~100万元 (5分)

_____

① 中国金融理财网：http://www.168jinc.com/ceshi/2008.html.

D. 100 万元(含)以上 (7分)

(4) 在您的家庭总资产净值中，可用于金融投资(储蓄存款除外)的比例为：

A. 小于 10% (1分)

B. 0%(含)至 25% (3分)

C. 25%(含)至 50% (5分)

D. 大于 50% (7分)

(5) 您对投资价值波动的感觉是：

A. 对任何波动都难以接受 (1分)

B. 能够接受轻微波动，关心资产保值多于增值 (3分)

C. 尽管会担心投资价值的剧烈波动，但是能够接受投资亏损 (5分)

D. 潜意识里追求高收益，同时能坦然承受投资亏损 (7分)

(6) 您的投资品种中哪类所占比重最大？

A. 银行存款、货币基金、保险、理财 (1分)

B. 债券或债券基金 (3分)

C. 股票或股票基金 (5分)

D. 期货、期权等衍生品 (7分)

(7) 在选择投资对象时，您更倾向于下列哪类投资品种？

A. 平均投资收益率为 3%，最好的情况是 8%，最坏的情况是 1% (1分)

B. 平均投资收益率为 6%，最好的情况是 15%，最坏的情况是-3% (3分)

C. 平均投资收益率为 9%，最好的情况是 25%，最坏的情况是-12% (5分)

D. 平均投资收益率为 12%，最好的情况是 35%，最坏的情况是-20% (7分)

(8) 一位客户一个月内做了 15 笔交易(同一产品、同一品种买卖各一次算一笔)，您认为交易频率：

A. 太高 (1分)

B. 偏高 (3分)

C. 正常 (5分)

D. 偏低 (7分)

(9) 本金为 100 万元，以下您会选择哪一种投资机会？

A. 有 99%的机会赢取 1 000 元现金，并保证归还本金 (1分)

B. 有 50%的机会赢取 5 万元现金，并有较高可能性归还本金 (3分)

C. 有 25%的机会赢取 50 万元现金，并有一定的可能性损失本金 (5分)

D. 有 10%的机会赢取 100 万元现金，并有较高的可能性损失本金 (7分)

(10) 假如股市大跌 25%，您持有的股票也是同样跌幅，您会怎样处理该项投资？

A. 全部卖出，断腕止损 (1分)

B. 卖出大半，保存实力 (3分)

C. 卖出小半，冷静观望态势 (5分)

D. 按兵不动，等待反弹 (7分)

以上 1~10 项得分相加即为投资风险承受能力分数，可根据投资期间分数和风险承受能力分数来确定自己是属于哪种类型的投资者，然后选择一个与之相符的资产配置计划。

(三)风险偏好资产配置

1) 保守型(得分为 25 分以下)

保守型适合要求短期内获得无风险收益、旨在保值的投资者。投资种类比重分配可为:固定收益投资品占比为 60%;平衡类投资品占比为 35%;权益类投资品占比为 5%。

2) 谨慎型(得分为 25~34 分)

谨慎型适合要求短期有确定收益、资产稳健有所增值的投资者。投资种类比重分配可为:固定收益投资品占比为 55%;平衡类投资品占比为 35%;权益类投资品占比为 10%。

3) 稳健型(得分为 35~44 分)

稳健型适合期望在较长时间内资产价值能够获得稳步增长的投资者。他们可以承受一些波动,但是也希望自己的投资风险低于整个股票市场。投资种类比重分配可为:固定收益投资品占比为 50%;平衡类投资品占比为 35%;权益类投资品占比为 15%。

4) 积极型(得分为 45~54 分)

积极型适合要求有良好的资产增幅、无须短期收入的长期投资者。他们可以接受较高的风险但风险应不至于像单独投资股市那样大。投资种类比重分配可为:固定收益投资品占比为 40%;平衡类投资品占比为 25%;权益类投资品占比为 35%。

5) 激进型(得分为 55 分以上)

激进型适合要求有可观的资产增值,同时无须短期收入的长期投资者。他们可以接受年与年之间的资产价值变动,目的是要换取长期投资的高收益潜质。投资种类比重分配可为:固定收益投资品占比为 30%;平衡类投资品占比为 20%;权益类投资品占比为 50%。

小作业:请根据前文中的风险偏好测试题,在课程开设初期、中期以及结束三个时间点给自己打分,评估三个不同时期的风险偏好是否存在差异并分析差异形成的原因。

2025 年 A 股
风格展望

第二节 证券投资产品简述

证券投资产品是指那些具有投资价值的有价证券。有价证券投资包括基本证券投资和衍生证券投资。基本证券分为权益资产证券与固定收益证券。权益资产证券包括各种类型的股票以及投资基金。固定收益证券分为资本市场固定收益证券和货币市场固定收益证券。衍生证券是基本证券的派生产品,分为基本衍生证券和复杂衍生证券。基本衍生证券主要包括远期、期货、期权以及互换等投资品。复杂衍生证券则是基于基本衍生证券进一步衍生、复合出来的产品。本书主要涉及基本证券,重点介绍股票、债券以及基金的投资方式以及市场套利与保值操作。限于篇幅,本书对基本衍生证券如远期、期货、期权以及互换等内容只作概述。[1]

---

[1] 限于篇幅,本书关于衍生品投资的阐述从略。若有需要,请参阅吴可于 2016 年在清华大学出版社出版的《金融工程理论与方法》(第 2 版)。

一、权益资产证券

权益资产证券，也称为股份收益证券，是指拥有公司资产股份的投资者依据其所拥有的股份大小享有公司红利的一种凭证。其收益依其所拥有的股份大小、公司经营水平以及公司当期分红政策的变化而变化。因此股份收益证券的投资者的各期收益是变化的、不确定的。公司效益好时，投资者可能获得的红利收益较多；反之，就可能较少。股票、投资基金等是股份收益证券的主要代表证券。

(一)股票

股票(stock)是股份有限公司发行的，作为股东投资入股的证明，也是股东据以取得股息和红利的凭证。股票是证券市场上重要的交易工具，对于股份有限公司而言，股票是公司筹集资金的手段；对于资金所有者而言，股票是其获得超额收益的投资工具。股票，已经成为大众理财投资的一种重要产品。

微型案例： 15世纪，海上贸易和殖民掠夺兴起，成为一条致富之路，西方国家涌现出一批又一批远洋航海家，也让善于出海贸易和掠夺的西方国家富裕起来。要组织远航贸易，就必须组建船队，这需要巨额的资金。同时，远航经常面临海洋飓风和土著居民袭击的风险。当时，极少有人能拥有如此庞大的建队资金和这样的风险承受能力。为了筹集远航资本和分摊风险，出现了股份筹资的方式，即在每次出航前寻找资金来源，并形成按份入股的形式。航行结束后，将资本退还出资人，并将所获利润按所出股金的比例进行分配。这就是股票的最初形态，源自远洋航海筹资方式。荷兰和英国作为最早开辟远洋航海的国家，政府为了保护和规范这种筹集资金形式，制定了相关法律，为股票的产生创造了条件。目前，已发现最早的股票是荷兰东印度公司于1606年印制的，属于一位阿姆斯特丹市民。由于贸易航行获取的利润十分丰厚，这类公司开始迅速成长，规模扩大。荷兰东印度公司成为一家庞大的著名海外贸易公司。

(二)投资基金

投资基金是通过发行基金份额或受益凭证，将投资者的资金集中起来，交由基金托管人托管，由基金管理人进行股票、债券或其他金融资产的投资，并将投资收益按投资者出资比例进行分配的一种集合投资方式。

微型案例： 投资基金的雏形最早出现在19世纪初的荷兰。世界上最早的证券交易所也诞生于阿姆斯特丹。当时，一些达官贵人为了妥善保管私人财产，专门聘请理财有方的律师或会计师管理和运作他们的财产，他们支付给经营者一定的酬劳，剩余的投资盈利则归自己所有。荷兰国王威廉一世于1822年创立了第一个私人基金，委托专业管理人员操作，专门投资于外国政府证券，这就是早期的证券投资信托。促成投资基金形成的外部环境是，英国依靠发展工业和对外扩张积累了大量财富，资金充裕导致国内利率不断下降，资金向外寻求增值的压力日趋增大；而法国、美国等欧美一些国家在推进工业化进程中又亟须大量资金，纷纷来英国发行证券筹措资金。为规避投资风险，分享投资收益，1868年，英国一些投资者出资组建了历史上第一家共同基金——投资托拉斯,委托熟悉海外经济的专家进行基金的运营管理。共同基金从它诞生之日起,就以其集体投资、专家经营、风险分散、共享收益的特点赢得中小投资者的青睐,且发展遍及全球,成为当今世界最为流行的一种筹资和投资方式。

投资基金产品同样存在风险,只是通过多样化投资的方式将个别投资风险分散掉了。

二、固定收益证券

固定收益证券(Fixed-income Instrument)是指持券人可以在特定时间内取得固定的收益并预先知道取得收益的数量和时间的证券,如固定利率债券、优先股等。固定收益证券也称为债务证券,其承诺在未来支付固定的现金数量。例如,公司债券的发行人承诺每年向债券持有人支付一笔固定数额的利息。浮动利率债券则承诺以当时的市场利率为基础支付利息。

固定收益证券可分为货币市场固定收益证券和资本市场固定收益证券。货币市场中交易的是短期的、高流动性的,并且通常是极低风险的固定收益证券。货币市场固定收益证券的主要代表证券包括:短期国库券、商业票据、银行承兑汇票、大额定期存单和回购与反回购等。资本市场固定收益证券中交易的则是长期债券,如中长期国库券、公司(企业)债券、零息债券、资产证券化债券等。固定收益证券的风险包括违约风险、利率风险、流动性风险、税收风险和购买力风险。规避各类风险是固定收益证券不断创新的根本动因。

我国市场上的固定收益证券的品种可以简单地分为四类:①信用风险可以忽略的债券,包括国债、央行票据、金融债和有担保的企业债;②无担保企业债,包括短期融资券和普通无担保企业债;③混合融资证券,包括可转换债券和分离型可转换债券;④结构化产品,包括信贷资产证券化、专项资产管理计划和不良贷款证券化。

三、金融衍生证券

金融衍生工具,又称衍生证券、金融衍生产品等,是指其价值依赖于基本标的资产价格的金融工具。金融衍生工具是从 20 世纪 70 年代开始发展起来的,它们的产生与发展既是社会经济发展的结果,也是金融业自身生存与发展的必然要求。经过短短几十年的发展,金融衍生工具不仅交易规模日益扩大,而且交易品种也渐趋丰富。按照金融工程学的观点,基本的金融衍生工具包括远期、期货、期权和互换四种。

远期、期货有多头和空头之分,多头与空头都是通过交易合约将价格固定在当前合适的位置,进而达到保值目的。由此,多头实现价格上涨风险的转移,空头实现价格下跌风险的转移。同时,也可以通过单纯的买入或卖出合约进行套利或投机。

互换是交易双方由于对价格(利率、汇率、股票价格等)预期不同,依据比较优势原理,通过交换不同属性的现金流来改变彼此的风险状况,使某一方或双方获得风险补偿或保护。

期权对买方而言是一种选择权,可以是购买的权利选择,在合约有效期内选择买或不买;也可以是出售的权利选择,在合约有效期内选择卖或不卖。而对卖方而言,期权意味着有且只有义务满足买方的权利要求,即看涨期权的买方要行使购买权,期权卖方有义务按约定的价格卖出。看跌期权的买方要行使出售权,期权卖方有义务按约定的价格买入。期权买卖双方通过市场预期的动态变化，来决定期权的价值交易，通过行权或交易权利金实现标的资产的保值或投机套利。

金融衍生工具一出现就呈现与基础金融工具不同的特点，具体表现如下。

(1) 交易以合约为基础。金融衍生工具尽管种类繁多，但它们都有一个共同的特点，即都是以合约形式达成交易。自合约签订之时起，交易双方的权利和义务就已经确定，而实际交割则要在将来的某一时刻进行。

(2) 收益来自标的资产价格变动。金融衍生工具价格的确定以标的资产的价格为基础，其收益或损失取决于标的资产交易的约定价格与实际价格的差额。

(3) 品种十分繁杂。金融衍生工具虽然出现的历史不长，但发展速度十分惊人。金融衍生工具是从基础金融工具衍生而来，且在任何金融衍生工具的基础上都能衍生出更新更复杂的衍生工具，因此，金融衍生工具处于不断创新变化之中，其种类可谓无穷无尽。目前，世界上一些大型金融机构几乎能根据客户的任何需求，量身定制相应的衍生工具，并为之创造市场。

(4) 高杠杆、高风险性。在使用金融衍生工具进行交易时，投资者只需按规定缴纳保证金或期权费，这笔费用通常只占标的资产价格的一小部分。而在进行远期和互换交易时，投资者甚至根本无须支付任何成本。这就使衍生工具交易将收益与风险等同地放大数倍、数十倍乃至更高。因此，在金融投资中，风险最大的就是衍生工具产品。

思考：①请问当股票市场大幅下跌时，投资基金的价值也会同步下跌，但从概率意义上讲，基金下跌的幅度通常会小于个股下跌的幅度，为什么？②导致衍生证券交易的风险放大的制度设计是什么？

第三节　证券发行市场与交易市场

一、证券发行市场

(一)证券发行市场的概念及特点

证券发行市场是证券从发行人手中转移到认购人手中的场所，也称为初级市场或一级市场。证券发行市场是整个证券市场的基础，其内容和发展决定着证券交易市场的内容和发展方向。证券发行市场具有以下特点。

第一，证券发行是直接融资的实现形式。证券发行市场的功能在于联结资金需求者和资金供给者。证券发行人通过销售证券向社会招募资金，而认购人通过购买其发行的证券提供资金，将社会闲散资金转化为生产建设资金，实现直接融资的目标。

第二，证券发行市场属于无形市场。证券发行市场通常没有具体的市场形式和固定场所，新发行证券的认购和销售主要不是在有组织的固定场所内进行，而是由众多证券承销商分散地进行，因而它是一个抽象的、概念上的市场。

第三，证券发行市场的证券具有不可逆性。在证券发行市场上，证券只能从发行人流向认购人，资金只能从认购人流向发行人，而不能反向流动，这是证券发行市场与证券交易市场的一个主要区别。

证券发行市场实际上包括各个经济主体和政府部门从筹划发行证券、证券承销商承销证券到认购人购买证券的全过程。

我国公司股票上市经历了审批制、核准制和注册制三个阶段。从 1990 年我国证券市场建立至 2000 年为第一阶段,公司股票上市执行的是审批制度。这种"审批制"是计划经济模式的产物,实行"额度控制",即拟上市公司首先要向地方政府、中央企业主管部门的证券管理机构提出上市申请,经受理、审核同意后上报中国证监会核准发行额度,经复审通过后由中国证监会出具批准发行的有关文件,方可上市发行股票。可见,在这种审批体制下,企业上市从申请、受理、核准、指标批复等环节过程冗长,透明度不高,容易滋生权力寻租,市场的自律功能得不到有效发挥,弊端较多,无法保证上市公司的质量。

1999 年 7 月,《中华人民共和国证券法》(以下简称《证券法》)正式施行,我国证券发行制度迈上一个新台阶,股票上市由审批制改革为核准制。

核准制上市制度是由保荐机构(承销商)推荐优秀的企业,并向证监会提交拟上市公司招股说明书、财务状况等相关材料,由中国证监会发行审核委员会进行审核。对于达到上市要求和标准的公司,允许其公开发行股票并上市交易。我国核准制的实践可以分为核准通道制(2000—2004 年)和核准保荐制(2005—2018 年)。图 1-2 所示为核准制下我国股份公司股票上市的基本流程。

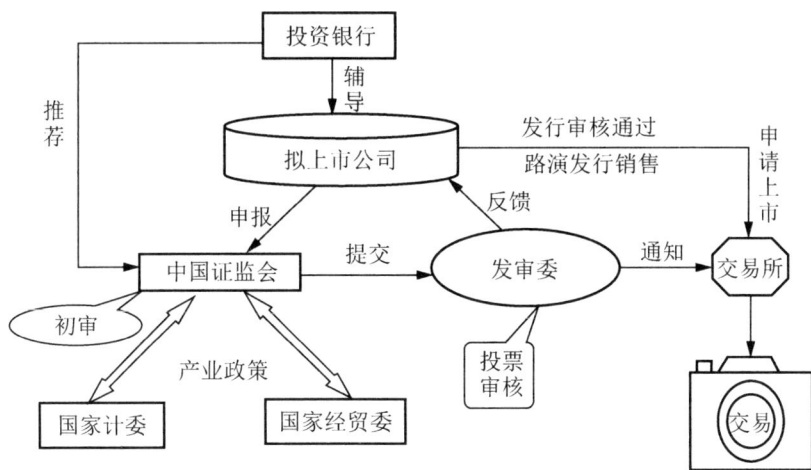

图 1-2 核准制下我国股份公司股票上市的基本流程

核准通道制是指中国证监会向"综合类券商"分配可推荐上市企业的额度,券商在"名额"范围内推荐优质企业上市的一种上市制度。通道制在一定程度上解决了审批制下企业质量不高的问题,但是这种主观分配指标数量、不区分融资规模的做法导致了各券商都热衷于推荐大项目,而那些真正具备发展潜力又亟须资金支持的优秀企业往往无法得到发行上市的机会,这就难以实现一级市场资源配置的市场功能。为此,核准保荐制应运而生。保荐机构在被保荐公司上市时必须出具发行保荐书和上市保荐书,并由两位保荐代表人签字,保荐机构和保荐代表人应保证全套申报材料的真实、准确、完整,否则需承担相应的法律责任。与核准通道制相比,核准保荐制的确有效地提高了上市公司的质量,也为更多的优秀中小企业融资提供了渠道。然而,核准保荐制在实践中仍不完善,产生了 IPO "堰塞湖"、"壳资源"炒作、上市后业绩"变脸"等一系列问题,因此进一步地完善和改革发行制度被提上了重要日程。

2018 年 11 月 5 日，中国证监会宣布在上海证券交易所设立科创板并试点注册制，由此拉开了我国试点注册制的序幕。2019 年 12 月，《证券法》修订，从法律上确定了取消发审委并逐步在全市场推行注册制的改革方向。

我国公司发行上市注册制是在核准制的基础上进一步降低市场准入门槛，取消了 2014 年以来的 23 倍发行市盈率的窗口限制指导，[①]不再对企业的盈利情况做过多的强制性规定，而是以确保信息披露的真实、完整、准确为证券发行上市的工作重心。对于申报企业所提交的材料，上报交易所审核，交易所审核通过后报中国证监会注册，在这个过程中，监管机构只进行合规性的形式审核，不进行实质性判断，上市企业的价值交由投资者自行判断。

注册制遵循企业发行上市的市场化原则，强化了对权力寻租等违法违规行为的打击力度，特别是针对虚假陈述、欺诈发行等行为采取了远超既往的严厉惩处手段，以此来震慑和规范发行人和承销商的行为，有效保护投资者权益。与核准制相比，注册制是一种更加成熟的上市制度，也是众多发达国家和地区金融市场股票发行所采用的制度。注册制把投资价值的决定权直接交给市场和投资者，公司前景看好，业绩不断增长，必将吸引更多资金追捧，推动股价上扬。如果公司决策人以圈钱为目的，不思进取，疏于经营管理，势必遭遇市场优胜劣汰，直至破产退市。

为注册制的推行保驾护航的是 2019 年 12 月第二次修订的《证券法》。2023 年 2 月 1 日，中国证监会就全面实行股票发行注册制主要制度规则向社会公开征求意见，这标志着我国证券发行注册制正式全面推行。图 1-3 所示为注册制下我国股份公司股票上市的基本流程。

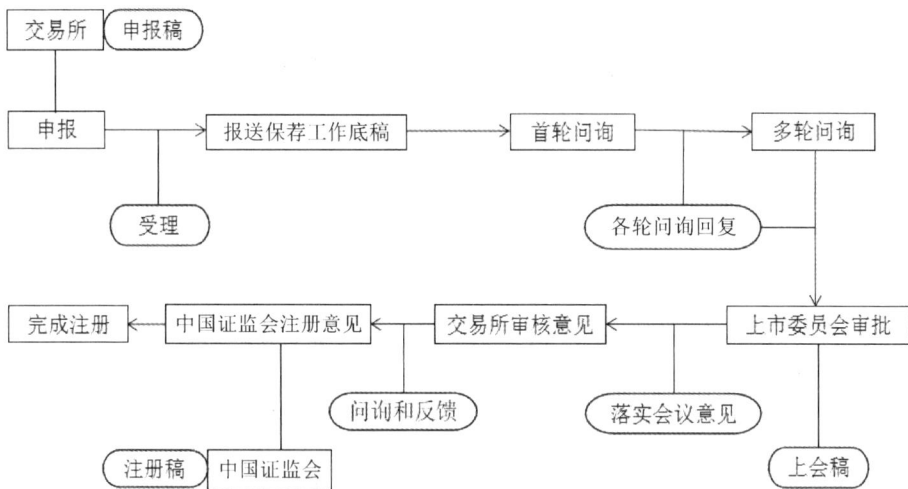

图 1-3　注册制下我国股份公司股票上市的基本流程

---

① 23 倍市盈率，是 2014 年以前我国对新股发行价格的限制，即新股的发行价格不得高于其每股收益的 23 倍。同时，新股发行的价格也不能超过所在行业的平均市盈率。

资料：随着我国证券市场注册制的实施与推进，已经凸显出若干亟待解决的问题，例如，上市门槛降低，监管不到位，更助长了一些公司上市圈钱、骗钱的投机思想；中介机构为了获取更多中介费，与上市公司联手欺诈市场，肆意提高发行价格；大股东在上市之日即套现逃离市场，侵害了中小投资者的利益。因此，要加强对注册制实施意义的正确认识和理解。具体措施包括：①注册制不等于不审核，应强化建立与注册制相匹配的监管机制；②注册制尤其要求上市公司提供真实的、有效的信息披露；③强化对保荐机构、律师、会计师等中介机构问责追责监管；④建立健全公司上市前、中、后的全过程监管规范、规则和条例，加大对违法违规上市公司的查处力度，切实保障投资者的利益，尤其是中小投资者的利益。

(二)证券发行市场的参与人

证券发行市场由证券发行人、证券认购人、证券承销商和专业服务机构构成。

1. 证券发行人

证券发行人，也称发行主体，是指为筹措资金而发行股票或债券的企业单位、政府机构、金融机构或其他团体等。另外，还包括在本国发行证券的外国政府和公司。证券发行人是证券发行市场得以存在与发展的首要因素。

2. 证券认购人

证券认购人是指以取得利息、股息或资本收益为目的，根据发行人的招募要约，将要认购或已经认购证券的个人或机构。它是构成证券发行市场的另一个基本要素。在证券发行实践中，证券投资者的构成较为复杂，可以是个人，也可以是团体，后者主要包括证券公司、信托投资公司、共同基金等金融机构和企业、事业单位以及社会团体等。在证券发行市场上，投资者人数的多少、购买能力的强弱、资产数量的大小、收益要求的高低以及承担风险能力的大小等，直接影响证券的发行量和市场接受度。当证券进入认购者或投资者手中，证券发行市场的职能也就实现了。

3. 证券承销商

证券承销商主要是联结证券发行人与证券投资者交易的证券中介机构。证券承销商是联结发行人和认购人的桥梁和纽带，其接受发行人的委托，通过一定的发行方式和发行渠道向认购人销售发行人的证券。在证券发行过程中，承销商协助发行人确定发行价格、发行规模等发行条件，并承担一定销售风险。我国目前从事证券承销业务的机构是经国务院证券监督管理机构批准具有承销资格的证券公司。证券承销商根据承销方式主要分为包销商和代销商。①包销商，即承销商将发行人的证券按照协议全部购入或者在承销期结束时将售后剩余证券全部自行购入的承销方式；②代销商，即承销商代理发售证券，在承销期结束时，将未售出的证券全部退还给发行人的承销方式。

4. 专业服务机构

专业服务机构包括证券服务性机构、经济鉴证类机构及其他服务机构。证券服务性机构包括证券登记结算公司和证券信用评级机构等，其主要作用是为发行人和认购人进行股权或债权注册登记和评估发行人信用级别。经济鉴证类机构包括会计师事务所、资产评估机构和律师事务所等。会计师事务所的主要作用是为发行人进行财务状况审计，为认购人提供客观的财务信息；资产评估机构的作用是运用合理的评估方法确定发行人和某些认购人的资产质量；律师事务所的作用是以合法的手段排除发行过程中的法律障碍，并就发行人申请证券发行时所处的法律状态出具法律意见书。其他服务机构，如证券信息公司、证券投资咨询公司等。证券信息公司为投资者及投资机构提供证券市场的信息数据和分析报告。证券投资咨询(顾问)公司是对证券投资者和客户的投融资、证券交易活动和资本营运提供咨询服务的专业机构。主要从事证券发行及交易的咨询、策划、财务及法律顾问等，为机构和投资者提供专业的投资建议和市场分析服务。

(三)证券发行市场的功能

证券发行市场具有两个方面的功能：①证券发行市场是资金需求者融资的场所，资金需求者可以通过在一级市场上发行股票、债券等方式筹集资金；②证券发行市场为资金供应者提供投资机会，以谋求证券投资收益。发行市场与证券流通市场不同，一般没有一个有形的特定场所，有时证券的出售是在发行者和投资者之间直接进行的，但更多的是通过中介机构进行的，因此发行市场是由发行者、证券中介机构和投资者三者构成的。证券发行过程是证券初次进入市场，因此一级市场又称为初级市场。

二、证券交易市场

(一)证券交易市场的结构

1. 一级市场与二级市场

股票由发行者推销出售和股票公开出售并到达投资者手中是两个不同的阶段。证券交易市场的结构有两种划分方式。一是按交易是否为首发新股划分为一级市场和二级市场。上市公司首发新股上市为一级市场，也称为发行市场；非新股交易的市场为二级市场，即股票流通市场。二是按有无固定交易时间、交易场所划分为场内交易和场外交易。有固定交易场所、固定交易时间限制的称为场内交易，否则称为场外交易。

在一级证券市场上流通的是企业和国家新发行的有价证券。在二级证券市场上流通的是目前已经发行或补充发行的有价证券，在这个市场上，交易所起主要作用。

2. 场内市场与场外市场

场内交易市场是指由证券交易所组织的集中交易市场，有固定的交易场所和交易活动时间，在多数国家它还是全国唯一的证券交易场所，因此是国家最重要、最集中的证券交易市场。证券交易所接受和办理符合有关法令规定的证券上市业务，投资者则通过证券商在证券交易所进行证券买卖。证券交易所还为投资者提供多种服务，包括建立市场运行机制，发布市场指数、交易信息，公布公司内部营运及财务状况；制定投资人、经纪人市场行为规范以及市场监管制度等。

场外交易市场又称柜台交易或店头交易市场，指在交易所外由交易人通过双方的经纪商之间的磋商来达成交易。它没有固定的场所，其交易主要利用电话或网络进行，交易的证券以不在交易所上市的证券为主，在某些情况下也对在证券交易所上市的证券进行场外交易。场外交易市场中的证券商兼具证券自营商和代理商的双重身份。作为自营商，它可以把自己持有的证券卖给顾客或者买入顾客的证券，赚取买卖价差；作为代理商，又可以以客户代理人的身份向别的自营商买入、卖出证券。

3. 第三市场与第四市场

证券交易委员会对应的机构为中国证券监督管理委员会(简称"中国证监会")，其规定，在交易所买卖股票的经纪人必须是交易所组织成员，在交易所内买卖的股票必须是经过批准的挂牌股票。由于在交易所买卖股票的费用较高，因此出现了挂牌的股票由非交易所成员经纪人在交易所外从事买卖的渠道。这种在交易所挂牌上市，却在场外市场交易的股票交易市场被称为"第三市场"。另外，各种投资公司、保险公司、年金基金、互助储蓄协会等专业金融机构大量购买和持有股票，它们是股票交易市场上举足轻重的力量。这些大机构和一些巨型公司愿意出高价购买交易所中的席位，以便更有利地从事各种股票、债券的买卖活动，这种方式的股票买卖已形成了一个独立的市场，称为"第四市场"。图 1-4 所示为我国证券发行与交易市场结构。

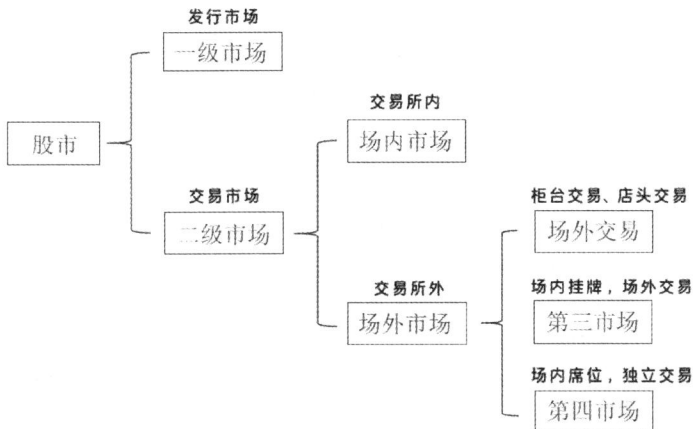

图 1-4　我国证券发行与交易市场结构

(二)证券交易市场的特点

证券交易市场具有以下特点。

1. 主要参与者是投资者

证券交易市场的主要参与者是投资者，主要包括证券持有人以及准备购买证券的货币持有人。投资者构成主要包括：政府部门、投资银行、商业银行、证券公司、信托公司、投资公司、财务公司和广大的社会个人投资者。其中一部分是作为证券发行人和证券中介机构参与市场交易。投资者进入证券交易市场必须通过证券公司的风险测评，需要具备较高的风险意识。

2. 证券交易市场多为有形市场

证券交易所是典型的有形市场，它拥有固定的场所、设施、设备和专业人员。其他证券交易场所，如柜台交易市场，往往采用分散交易的形式，但一般也要借助证券公司柜台和交易网络才能完成，因此，也属于广义的有形市场。根据证券交易市场的组成及存在形式，又可将证券交易市场分为证券交易所和场外交易市场。

3. 证券交易市场与证券发行市场相互依赖

首先，证券交易市场依赖于证券发行市场，因为证券交易市场以已发行证券为交易对象。也就是说，证券交易市场的交易对象是已发行在外的证券，而不是尚未发行的证券。在这个意义上，证券发行市场是证券交易市场的前提。其次，我国目前股票公开发行多数借助证券交易所的交易网络，采取"网上发行方式"，这使证券发行市场对证券交易市场也存在依赖。证券发行市场与证券交易市场的关系异常复杂，所发行证券的种类、价格、数量及规模等因素，均在一定程度上受制于证券交易市场的情况。《证券法》允许证券发行人与证券公司协商定价，导致发行市场价格与交易市场价格逐渐接轨，两个市场之间的联系变得更加密切。可以说，证券发行市场和证券交易市场之间存在互动作用。

(三)证券交易市场的功能

证券交易市场的功能主要表现在两个方面：一是为证券持有者提供将证券变现的场所；二是为新的投资者提供投资的机会。该市场由交易所开设的证券交易所市场和由证券公司开设的场外交易市场构成。各类有价证券在二级市场上的顺利流通，有利于形成一个公平合理的价格，实现货币资本与证券资本的相互转化。

一级市场是指股票的初级市场，即发行市场。在这个市场上投资者可以认购公司发行的股票。通过一级市场，发行人筹措到了公司所需资金，而投资者则购买了公司的股票，成为公司的股东，实现了储蓄转化为资本的过程。发行市场是一个抽象的市场概念，其买卖活动并非局限在一个固定的场所，而且一级市场的发行是一次性的行为，发行价格由发行公司决定，并经过有关部门核准，投资者以同一价格购买股票。

二级市场也称"证券流通市场"。证券交易市场是已发行的证券转让、买卖的场所。二级市场由两部分构成：一是交易所市场即场内市场；二是场外市场。交易所市场是高度组织化的市场，是证券买卖流通的中心。它有固定的交易场所和严格的交易时间，投资者能进入场内直接买卖，参加交易的都是具有一定资格的会员证券公司，证券公司接受和办理那些符合标准、允许上市的证券的买卖、结算与交割。场外市场则是半组织化或未经组织的交易场所，是交易所市场的重要补充，它没有固定的交易场所和时间，却有众多的交易对象，大部分的非上市证券都在这里买卖，部分上市证券(如政府公债等)也在这里交易。

三、证券中介机构

证券中介机构，是指为证券市场参与者如发行人、投资者等提供各种服务的专职机构。按提供服务的内容不同，证券中介机构可以分为证券经营机构、证券投资咨询机构、证券结算登记机构、证券金融公司、从事证券相关业务的各类事务所。

(1) 证券经营机构是由证券主管机关依法批准设立的，在证券市场上经营证券业务的金融机构。在传统的证券市场上，按其经营的业务，一般将证券经营机构划分为三种类型，即证券承销、证券经纪商和证券自营商。证券承销商的基本职能是专门从事代理证券发行业务，帮助证券发行人筹集所需资金；证券经纪商的基本职能是接受投资者委托，代理买卖有价证券；证券自营商的基本职能是自行买卖证券，从中寻求差价回报。目前各国的证券经营机构一般已经将这三种类型合而为一。我国的证券经营机构，可分为证券专营机构(即证券公司)和证券兼营机构(即信托投资公司)。

(2) 证券投资咨询机构是为证券市场参与者提供专业性咨询的机构，主要有证券投资咨询公司和证券评级机构。

证券投资咨询公司在西方国家被称为投资顾问，其主要职能已经演化为帮助投资者了解市场、分析投资价值和引导投资方向。证券市场主管机关对投资咨询公司的设立、投资咨询人员的条件和投资咨询报告的发表都设立了严格的条件。我国也开始加强对投资咨询和信息传播的管理，国务院证券委员会于 1997 年 12 月 25 日颁布了《证券、期货投资咨询管理暂行办法》。

证券评级机构的基本职能是对证券市场上的机构和证券的信用状况进行评定，以客观真实地反映证券发行人及其证券的资信程度。国际上著名的证券评级机构包括美国的穆迪投资服务公司、标准普尔公司和英国的艾克斯特兰统计服务公司等。

(3) 证券结算登记机构的基本职能是从事证券登记、存管、过户和资金结算与交收。证券结算登记机构是证券市场的重要组成部分，结算登记业务是保障证券交易连续进行必不可少的环节。世界各国的证券交易都有其专门的证券结算登记系统，该系统的运转好坏、效率高低、稳定程度，对证券市场安全、高效、有序运行有着极其重要的影响。

(4) 证券金融公司，也称证券融资公司，起源于信用交易制度，是一种较为特殊的中介机构。证券金融公司主要吸收证券公司、交易所或其他证券机构的存款和存券，并向证券机构借出信用交易所需的资金和证券。在成熟的市场中，证券金融公司的融资融券活动可以提高证券市场交易的活跃程度，这一机构主要存在于日本和我国的台湾地区。美国的融资融券业务是通过交易双方的借贷行为完成的。我国也制定了相关法规，允许证券公司参与融资融券业务。

(5) 从事证券相关业务的各类事务所主要包括会计师事务所、资产评估事务所、律师事务所等。

第四节　我国证券市场板块结构

一、我国证券市场板块概述

经过 30 多年的改革发展，我国证券交易所市场由单一板块逐步向多层次拓展，错位发展、功能互补的市场格局基本形成。我国证券市场内交易从交易所归属划分可分为上海证券交易所(以下简称"上交所")、深圳证券交易所(以下简称"深交所")和北京证券交易所(以下简称"北交所")上市的股票；从上市公司行业发展属性划分可分为主板、创业板、科创板三大板块。截至 2023 年 9 月 8 日，我国证券市场上市公司为 5 064 家，其中 A 股股票为 5 053 只，B 股股票为 85 只。总市值达 90.71 万亿元，平均市盈率为 17.5 倍，平均市净率

1.47。①主板市场分属沪、深两个交易所，涉及 3 197(上交所 1 681、深交所 1 516)只股票；创业板设置在深交所交易，包括 1 299 只股票；科创板归属上交所，涵盖 558 只股票。除此之外，2021 年组建的北交所②有 218 只股票上市交易。上市公司在 A 股市场实际募集资金(含首发、再融资、增发)18.72 万亿元，平均每家上市公司累计融资达 37.06 亿元。③

主板市场突出"大盘蓝筹"特色，重点支持业务模式成熟、经营业绩稳定、规模较大、具有行业代表性的优质企业。科创板面向世界科技前沿、经济主战场和国家重大需求。优先支持符合国家战略、拥有关键核心技术、科技创新能力突出的企业，主要依靠核心技术开展生产经营，具有稳定的商业模式、高市场认可度、良好的社会形象和较强的成长性。创业板深入贯彻创新驱动发展战略，适应发展更多依靠创新、创造、创意的大趋势，主要服务成长型创新创业企业，支持传统产业与新技术、新产业、新业态、新模式的深度融合。在多层次的资本市场中，主板市场规模最大，中小板次之，创业板较小，科创板最小。④

二、主板市场

主板市场，也称为一板市场，指传统意义上的证券市场(通常指股票市场)，是一个国家或地区证券发行、上市及交易的主要场所。主板市场对发行人的营业期限、股本大小、盈利水平、最低市值等方面的要求标准较高，上市企业多为大型成熟企业，具有较大的资本规模以及稳定的盈利能力。中国大陆主板市场的公司在上交所和深交所两个市场上市。主板市场是资本市场中最重要的组成部分，很大程度上能够反映经济发展状况。因此，主板市场的上证指数和深证指数点位和变化趋势素有国民经济"晴雨表"之称。

我国证券主板市场代码：上交所以"600""601""603""605"开头，深交所以"000""001"开头。据统计⑤：2025 年 1 月 12 日沪深两市交易的股票达 5 203 只，其中上交所 A 股为 2 274 只，B 股 43 只，共有股票 2 317 只，总股本达 4.93 万亿股，总市值为 52.43 万亿元；深交所 A 股 2 847 只，B 股为 39 只，共有股票 2 886 只，总股本 2.64 万亿股，总市值达 33.04 万亿元，两市总市值为 85.47 万亿元。沪市与深市 A 股市盈率分别为 14.23 倍和 24 倍。

目前，我国 A 股资本市场呈现上市速度加快、融资额度大幅提升的态势。2020—2022 年，年平均新增 A 股上市股票为 461 只，年均融资额 5 381 亿元；与 10 年前(2010—2012 年)的年平均上市 267 只股票，年均融资额 2 925 亿元相比，分别增长了 76%和 84%。

主板以 100 股的整数倍为交易单位，新股上市后 5 个交易日涨停板限制为 10%。

---

① 市净率=(市值-净资产)/市值。式中，市值=股票总股本×当前股价，净资产=总资产-总负债。市净率用以反映股票的实际价值。一般来说，市净率越高，股票的价值越高；市净率越低，股票的价值越低。

② 2021 年 9 月 3 日北京证券交易所正式注册设立，同年 11 月 15 日开市交易。其主要目的是支持中小企业创新发展。

③ 东方财富网 Choice 数据库。

④ 根据上交所、深交所及中国证监会网站资料整理。

⑤ 东方财富网 Choice 数据库。

2004 年 5 月，我国创设了中小板板块，股票代码以"002"开头，定位于为主业突出、具有成长性的中小企业提供融资渠道和发展平台。从资本市场架构上看，其从属于主板市场。随着我国经济飞速发展，中小板企业特征越来越趋同。为此，2021 年 2 月，中国证监会批准深交所主板和中小板合并。证券市场板块的重新定位和优化布局，有利于更好地为处在不同发展阶段、不同类型的企业提供服务，形成更为高效、明晰的多层次资本市场体系。

图 1-5 所示为我国主板市场对国民经济各行业的融资总额。融资排名前五的是制造业，金融业，电力、热力、燃气及水生产和供应业，交通运输、仓储和邮政业以及信息传输、软件和信息技术服务业。其中，对制造业的融资远远超过了其他行业，达 1.31 万亿元，名列第一。

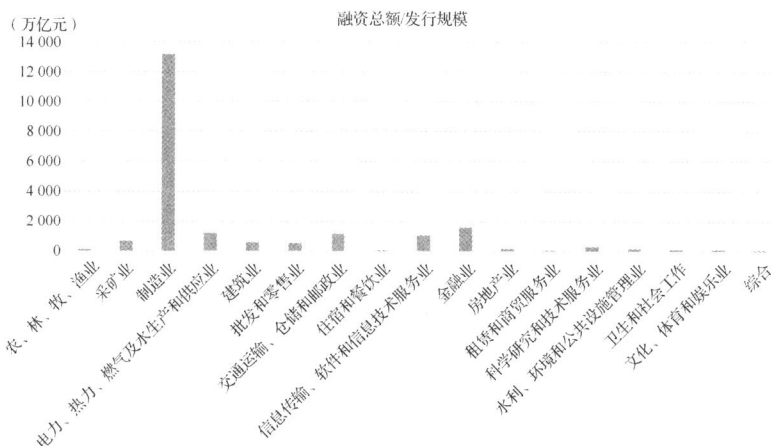

图 1-5 我国主板市场对国民经济各行业的融资总额

三、创业板市场

创业板创设于 2009 年 10 月 30 日，股票代码以"300"开头。截至 2023 年 9 月，深交所涉及的创业板股票交易共有 1 299 只，总市值达 9 800 亿元。平均总市值为 89.79 亿元，市值在 100 亿元以下的上市公司占比达 83.6%，涉及 1 086 只股票。融资总额达 8458.36 亿元，平均每家上市公司募集资金 6.51 亿元。创业板平均市盈率为 46.26 倍。目前，创业板已经为经济发展孵化培育出了一批新医药、绿色环保、电子芯片、光伏风电等新兴行业的优秀上市公司，如迈瑞医疗、宁德时代、阳光电源等。

创业板，又称二板市场，是专门为暂时无法在主板上市的创业型企业、中小企业和高科技产业企业等需要进行融资和发展的企业提供融资途径和成长空间的证券交易市场。创业板是对主板市场的重要补充，在资本市场中占有重要的位置。

与主板市场相比，创业板的上市要求往往更加宽松，主要体现在成立时间、资本规模和中长期业绩等要求上。其特点是低门槛进入和严要求运作，这有助于有潜力的中小企业获得融资机会。在创业板市场上市的公司大都从事高科技业务，具有较高的成长性，创业板市场是孵化科技型和成长型企业的摇篮。2020 年，创业板正式完成注册制改革，这标志着中国资本市场正不断走向成熟，逐渐成为国家经济发展的重要力量。

四、科创板市场

2018 年 11 月 5 日，国家主席习近平出席首届中国国际进口博览会开幕式并发表主旨演讲，宣布在上交所设立科创板并试点注册制。

科创板正式开市时间为 2019 年 6 月 13 日，股票代码以"688"开头。截至 2023 年 9 月，科创板上市公司共有 937 家，募集资金 1.25 万亿元，平均每家公司融资 13.34 亿元。现已退市 399 家公司，尚存 558 只股票正常交易。总市值为 13 亿～1600 亿元。平均总市值为 110.9 亿元，市值在 100 亿元以下的上市公司占比达 71%，涉及 396 只股票。2023 年 9 月 8 日，二级市场平均市盈率为 35.25 倍。

组建科创板的基本目标是面向世界科技前沿、经济主战场及国家重大需求，主要服务于符合国家战略、突破关键核心技术、市场认可度高的科技创新企业。重点支持新一代信息技术、高端装备、新材料、新能源、节能环保以及生物医药等高新技术产业和战略性新兴产业，推动互联网、大数据、云计算、人工智能和制造业深度融合，引领中高端消费，推动质量变革、效率变革、动力变革。

设立科创板是落实创新驱动和科技强国战略、推动高质量发展、支持上海国际金融中心和科技创新中心建设的重大改革举措，是完善资本市场基础制度、激发市场活力和保护投资者合法权益的重要安排。

五、三板市场

我国三板市场起源于 2001 年"股权代办转让系统"，最早承接两网公司[①]和退市公司的股权转让业务，称为"旧三板"。2006 年,中关村科技园区非上市股份公司进入新三板股权转让系统。2013 年以后进一步发展为全国中小企业股权转让系统，简称"全国股转系统"，俗称"新三板"。新三板市场是为非上市公司提供特别转让服务，其主要服务对象为中小微型高新技术企业。同时，还为从主板退市的公司提供股权转让的流通场所。

三板市场依托于深交所建设，与主板市场、创业板市场等并列于深交所交易系统。新三板股票代码以"430"或"830"开头。以机构投资者为主要交易对象，实行股份转让限售期，每笔交易委托的股份数量不得低于 3 万股。股份报价转让的成交价格通过买卖双方议价产生。投资者可通过报价系统直接联系对手方，也可委托报价券商联系对手方，约定股份的买卖数量和价格。值得一提的是，新三板上市门槛低，挂牌企业规模小，容易引发价格虚高，市场泡沫膨胀，甚至导致企业破产等事件发生。因此，新三板市场交易需要特别注意风险控制。

2021 年 9 月 2 日，习近平主席在 2021 年中国国际服务贸易交易会全球服务贸易峰会致辞中宣布，继续支持中小企业创新发展，深化新三板改革，设立北交所，打造服务创新型中小企业主阵地。根据全国中小企业股权转让系统公布的数据，2023 年 9 月 8 日，新三板挂牌公司总计 13 734 家，剔除退市后余 6 374 家；总股本为 5 120.10 亿股，流通股本为 2 858.62 亿股，总市值为 19 486.64 亿元；成交股票数为 604 只(含做市、竞价、协议)，成交额为 3.33

---

① 两网是指 STAQ 系统(全国证券交易自动报价系统)和 NET 系统(中国证券交易系统有限公司开发设计)，这两个系统分别在 1992 年 7 月和 1993 年 4 月投入运营，于 1999 年关闭。

亿元。市盈率为 27.26 倍。[①]

关于主板、创业板、科创板和新三板等不同板块股票交易的交易单位及涨停板限制：①主板市场以 100 股为一手(即一个交易单位)，以 100 元的整数倍进行交易。主板上市的股票，上市前 5 日无涨跌幅限制，第 6 个交易日起涨跌幅限制为 10%；②创业板上市交易的股票的交易单位与主板相同。创业板上市前 5 日无涨跌幅限制，第 6 个交易日起涨跌幅限制为 20%；③科创板上市交易的股票，以 200 股为一手，以 200 股的整数倍进行交易。科创板上市的股票，上市前 5 日无涨跌幅限制，第 6 个交易日起涨跌幅限制为 20%；④北交所上市股票的交易单位与主板相同。北交所新股上市 5 个交易日后涨停板限制为 30%；⑤新三板市场上市的股票划分为基础层和创新层。前者以 1 000 股为一个交易单位，以 1 000 股的整数倍进行交易，后者以 100 股为一个交易单位。新股上市首日后，从第 2 个交易日开始，创新层股票涨停板限制为 50%，基础层股票涨停板限制为 100%。

六、上市条件比较

我国多层次、功能互补的证券市场格局，通过设置多元包容的上市条件，使主板与创业板、科创板拉开距离，既符合资本市场的需要，也反映了不同板块上市公司的特征。

(一)主板

2023 年 2 月 1 日，上交所、深交所分别公布各自主板《股票上市规则(征求意见稿)》，[②]新的主板股票上市规则对上市条件的规定大量借鉴了创业板、科创板上市条件的设计。以上交所为例，境内发行人申请在上交所上市，市值及财务指标应当至少符合下列标准中的一项。

(1) 最近 3 年净利润均为正，且最近 3 年净利润累计不低于 1.5 亿元，最近一年净利润不低于 6 000 万元，最近 3 年经营活动产生的现金流量净额累计不低于 1 亿元或营业收入累计不低于 10 亿元。

(2) 预计市值不低于 50 亿元，且最近一年净利润为正，最近一年营业收入不低于 6 亿元，最近 3 年经营活动产生的现金流量净额累计不低于 1.5 亿元。

(3) 预计市值不低于 80 亿元，且最近一年净利润为正，最近一年营业收入不低于 8 亿元。

上述标准中所指净利润以扣除非经常性损益前后的孰低者为准，净利润、营业收入、经营活动产生的现金流量净额均指经审计的数值；预计市值是指股票公开发行后按照总股本乘以发行价格计算出来的发行人股票名义总价值。

(二)创业板

发行人为境内企业且不存在表决权差异安排的，市值及财务指标应当至少符合下列标准中的一项。

---

① 东方财富 Choice 数据库。

② 中国证监会官网，www.csrc.gov.cn/csrc/c101981/c7047014/content.shtml。下载文件包括：《首次公开发行股票注册管理办法(征求意见稿)》；《中国证监会关于〈首次公开发行股票注册管理办法(征求意见稿)〉的说明》。

(1) 最近两年净利润均为正，且累计净利润不低于 5 000 万元。

(2) 预计市值不低于 10 亿元，最近一年净利润为正，且营业收入不低于 1 亿元。

(3) 预计市值不低于 50 亿元，且最近一年营业收入不低于 3 亿元。

(三)科创板

发行人申请上交所科创板上市，市值及财务指标应当至少符合下列标准中的一项。

(1) 预计市值不低于 10 亿元，最近两年净利润均为正，且累计净利润不低于 5 000 万元；或者预计市值不低于 10 亿元，最近一年净利润为正，且营业收入不低于 1 亿元。

(2) 预计市值不低于 15 亿元，最近一年营业收入不低于 2 亿元，且最近三年累计研发投入占最近三年累计营业收入的比例不低于 15%。

(3) 预计市值不低于 20 亿元，最近一年营业收入不低于 3 亿元，且最近三年经营活动产生的现金流量净额累计不低于 1 亿元。

(4) 预计市值不低于 30 亿元，且最近一年营业收入不低于 3 亿元。

(5) 预计市值不低于 40 亿元，主要业务或产品需经国家有关部门批准，市场空间大，目前已取得阶段性成果；如果是医药行业企业，需至少有一项核心产品获准开展二期临床试验。其他符合科创板定位的企业需具备明显的技术优势并满足相应条件。

从价值投资看中海油和西方石油

第五节 证券发行定价、申购与交易

一、证券发行定价

1998 年年底《证券法》颁布前 8 年的时间内，我国证券市场主要采用固定价格发行方式。在这种方式下，承销商先按一定的标准确定发行价格，然后由投资者进行申购，这种发行方式简单，市场化程度极低。此后新股发行定价进行了多种形式的尝试，上网发行和法人配售相结合、上网定价发行和向二级市场投资者配售新股相结合、放开市盈率限制的上网定价发行、网上累计投标发行等方式依次出台。

(一)新股定价模式

新股定价模式是指上市公司首次公开发行股票的流程和步骤。国内外市场采用的模式包括累计投标定价模式、议价定价模式和网上竞价定价模式等。限于篇幅，这里主要介绍第三种——网上竞价定价模式。

网上竞价是指通过证券交易所的计算机交易系统按集中竞价原则确定新股发行价格。在新股竞价发行申报时，主承销商作为唯一的"卖方"，其卖出数量为新股实际发行数量，卖出价格为发行公司宣布的发行底价。投资者则作为"买方"，在指定时间内通过证券交易所会员交易柜台，以不低于发行底价的价格及限购数量，进行竞价认购。新股竞价发行以集合竞价方式成交，即对买入申报按价格优先、同价位时间优先原则排列，当某申报买入价位以上的累计有效申购量达到申报卖出数量(即新股实际发行数量)时，此价位即为发行价。当该申报价位的买入申报不能全部满足时，按时间优先原则成交。累计有效申报数量未达到新股实际发行数量时，所有有效申报均按发行底价成交。申报认购的余数，按主承销商与发行人订立的承销协议中的规定处理。

从市场化发行制度下新股定价的原则来衡量，定价的准确性在很大程度上依赖于主承销商的专业知识和经验。竞价定价模式虽然有各种不同的方式，但都是以股票价值作为发行底价，以此为基础由承销商或者投资者进行竞价，是一种"直接"的市场化定价方式，只是参加定价的市场主体及其范围存在差异。

(二)新股发行基准价格的确定方法

发行基准价的确定即指在某种新股定价模式下，对"参考价"或"底价"的估值的方法。常用的市场新股估值方法主要有市盈率估值法、综合收益估值法以及现金流量折现法等。

1. 市盈率估值法

市盈率估值方式是参照拟发新股所在行业的平均市盈率，结合拟发新股的收益、净资产、成长性、发行数量、市场状况以及可比上市公司的二级市场表现，按照以下公式计算确定的，即

$$发行价格=每股收益×发行市盈率 \tag{1-4}$$

市盈率估值法作为近年来的主要新股发行估值方法，在市场化定价趋势中具有不可替代的作用。这种估值方式由于考虑到发行风险，因此估值时通常会留有一定的空间。

市盈率估值法是有一定适用范围的，有些公司就不能采用这种方法来定价，如业绩太差甚至亏损的公司、流通股市盈率已经低于合理市盈率的公司以及在该定价方式下国有股价格低于每股净资产的公司等。

2. 综合收益估值法

综合收益估值法是根据影响新股价格的因素进行加权平均得出的。一般计算公式为

$$P=A×40\%+B×20\%+C×20\%+D×20\% \tag{1-5}$$

式中：P 为新股发行价格；A 为公司每股收益与类似公司最近 3 年平均市盈率的乘积；B 为公司每股股利与类似公司最近 3 年平均股利率的比值；C 为公司每股净值；D 为预计每股股利与一年期定期存款利率的比值。

3. 现金流量折现法

现金流量折现法是指通过预测公司未来的盈利能力，按市场公允的折现率计算出公司净现值(类似于股票的内在价值计算)，并按一定的折扣率折算，从而确定股票发行价格的一种方法。国际上主要股票市场对新上市的公路、港口、桥梁、电厂等基建公司的估值和发行定价一般采用现金流量折现法。

二、一级市场新股申购

1. 办理股东账户

新股申购是指投资者进入一级市场申购初次上市的股票。而股票交易则是指二级市场

的证券买卖流通。作为初入市的投资者,无论是一级市场股票申购还是二级市场股票交易,都需要事先办理股东代码卡和资金账户。股东代码卡是指投资者在某指定交易所交易的身份标识,资金账户是投资者在自己选定的证券公司所属营业部为交易而开设的账户。股东代码卡和资金账户既可以线上操作,也可以线下操作。有了账户才能进行股票交易。

线下开立股东代码卡需要带上个人有效证件(身份证、工作证)与银行卡到证券公司办理,同时选择一家证券公司的营业部开立资金账户。现在线上操作比较简单,在指定的证券公司网站或下载并安装该公司 App 交易软件,进入开立账户界面,填写相关信息即可。拥有股票账户后,将一定的资金转入证券账户就可以进行股票交易了。

有了股东代码卡和资金账户后,投资者就可以在线上或线下(开户证券公司营业部)委托下单进行交易了。之后的委托买卖、券商委托受理、撮合成交、清算交割以及过户的全部过程都由计算机自动完成。

2. 新股申购流程

上交所、深交所以及国内其他交易所上网定价发行的新股,其资金申购的流程基本是一致的。一般来说,新股申购流程包括以下几个环节。

(1) T 日(申购当日),投资者要根据发行人发行公告规定的发行价格和有效申购数量在资金账户存入足额申购款,进行申购委托。比如,目标新股定价为 10 元,投资者拟申购 20 000 股,则投资者的资金账户须存入 20 万元。若申购款不足,视为无效申购。

(2) T+1 日分配配号数量。如果有效申购量小于或等于本次上网发行量,无须进行摇号抽签,所有配号都是中签号码,投资者按有效申购量认购股票。否则,系统会根据投资者的资金统计配号数量。沪市 1 000 股为 1 个配号、科创板 500 股为 1 个配号、深市 500 股为 1 个配号。比如,目标新股定价为 10 元,20 万元沪市可配号 20 个,深市和科创板可配号 40 个。

(3) T+2 日由证券交易所公布中签率,并根据总配号,由主承销商主持摇号抽签,确认摇号中签结果,并于摇号抽签后的第一个交易日(T+3 日)在指定媒体上公布中签结果。

(4) T+3 日,对未中签部分的申购款进行解冻。如果投资者中了 2 000 股,则有 18 万元的资金将回到账户中;如果投资者未能中签,则 20 万元资金将全部回笼。

三、二级市场证券交易

一般而言,二级市场的证券交易有两种竞价方式:集合竞价方式和连续竞价方式。集合竞价仅在限定的时间段进行,其目的是确定开盘价和收盘价。开盘价与收盘价之间的交易则采用连续竞价方式,目的是确定日内每笔交易的成交价格。

(一)竞价原则

证券交易所内的证券交易遵循"价格优先、时间优先"的原则进行竞价成交。价格优先原则表现为:价格较高的买入申报优先于价格较低的买入申报;价格较低的卖出申报优先于价格较高的卖出申报。时间优先原则表现为:同价位申报,依照申报时间决定优先顺序,即在买卖方向和价格相同的情况下,先申报者优先于后申报者。申报的先后顺序由证券交易所交易系统计算机主机接受申报的时间来确定。

(二)开盘价格的确定：集合竞价

所谓集合竞价，是指对在规定的一段时间内接受的买卖申报进行一次性集中撮合的竞价方式。根据我国证券交易所的相关规定，集合竞价确定成交价的原则如下。

(1) 可实现最大成交量的价格。

(2) 高于该价格的买入申报与低于该价格的卖出申报全部成交的价格。

(3) 与该价格相同的买方或卖方至少有一方全部成交的价格。

如果有两个以上申报价格符合上述条件，深交所会选择距离前一交易日收盘价最近的价位作为成交价。上交所则规定，选择使未成交量最小的申报价格作为成交价格，若仍有两个以上使未成交量最小的申报价格符合上述条件的，其中间价即为成交价格。集合竞价中的所有交易均以同一价格成交。

确定成交价后，进行集中撮合处理。所有买方的有效委托按委托限价由高到低的顺序排列，限价相同者按照进入交易系统计算机主机的时间先后进行排列。所有卖方有效委托按照委托限价由低到高的顺序排列，限价相同者也按照进入交易系统计算机主机的时间先后进行排列。依次将排在前面的买方委托与卖方委托配对成交。也就是说，按照价格优先、同等价格下时间优先的成交顺序依次成交，直至成交条件不再满足为止，即所有买入委托的限价均低于卖出委托的限价。所有成交都以同一成交价格成交。集合竞价中未能成交的委托，将自动转入连续竞价时段。

(三)交易价格的确定：连续竞价

连续竞价是指对买卖申报逐笔连续撮合的竞价方式。开盘集合竞价期间未成交的买卖申报，自动转入连续竞价。深交所还规定，在连续竞价期间未成交的买卖申报，将自动转入收盘集合竞价时段。

连续竞价时，成交价格的确定原则为：①当最高买入申报价与最低卖出申报价位相同时，以该价格作为成交价；②当买入申报价格高于即时揭示的最低卖出申报价格时，以即时揭示的最低卖出申报价格作为成交价；③当卖出申报价格低于即时揭示的最高买入申报价格时，以即时揭示的最高买入申报价格作为成交价。

竞价的结果有三种可能：全部成交、部分成交、不成交。对于未能成交或部分未能成交的交易，证券公司在委托有效期内可继续执行，等待机会成交，直到有效期结束。对于委托人的失效委托，证券公司必须及时将冻结的资金或证券解冻。

四、A股市场交易规则

(1) 交易机制。A股交易采用 T+1 方式，即当日买入，下一个交易日才能出售。

(2) 交易时间。沪、深两所证券交易时间为周一至周五(不包含法定节假日)，交易日9:15—9:25 属于开盘集合竞价时段，9:30—11:30、13:00—14:57 为连续竞价交易时段，14:57—15:00 尾盘最后三分钟为收盘集合竞价时段。

(3) 交易费用。A股的印花税需要缴纳 1‰，佣金最高不超过 0.3‰(如果不足 5 元，则按 5 元收取)。上海的股票交易每 1 000 股需要收取过户费 1 元，不足 1 元时按 1 元标准收取；但深圳的股票交易不收取过户费。

(4) 交易单位。主板、创业板每笔交易至少需要交易 1 手，1 手为 100 股，委托买入的数量必须为 100 股或其整数倍；科创板至少需要交易 2 手，即 200 股，委托买入的数量必须为 200 股或其整数倍。

本 章 小 结

练习与思考

1. 简述证券投资的收益与风险的内涵。

2. 试做一个实验：根据一般生活常识，为自己做一个风险厌恶程度的判断。再按本章风险偏好测试题给自己打分，确定自己的风险偏好类别，比较两个结果的一致性或差异性。最后根据所评定的风险偏好属性给自己制定一份资产配置方案。

3. 中国证券市场可分为主板、创业板和科创板三个主要市场，试分析比较这三个市场板块的收益与风险属性特征。你更倾向于选择在哪个市场进行投资？假设你有 1 000 万元资金可做投资，请规划你在三个市场的资产配置并说明理由。

4. 以一家上市公司为例，说明该公司 IPO 新股上市发行的流程和发行定价的方法。

实 践 案 例

"当代系"人福医药或深陷债务旋涡

2024 年 5 月 23 日，人福医药(600079)发布公告称，因 2023 年 5 月减持公司股份未提前 15 日披露减持计划，公司控股股东当代集团被湖北证监局予以监管警示。

当代集团是曾经湖北最大的民营资本集团"当代系"的核心持股平台，在创始人艾××的精心策划下，曾一度成长为横跨医药、旅游、金融等领域的庞大资本帝国。但随着资金链紧张，集团不得不清仓所持的多家上市公司股权，"当代系"资本版图逐渐瓦解。作为"当代系"最后的上市公司平台，人福医药近年来业绩整体平稳增长。但随着当代集团所持公司股票被全部冻结，其对公司的控制权也变得岌岌可危。不言而喻，"当代系"债务危机势必传导至人福医药。

当代集团此次被警示，缘于一场金融借款合同纠纷。

2023 年 5 月 19 日，人福医药公告称，因与宜宾市商业银行存在金融借款合同纠纷，公司控股股东当代集团持有的公司 1 041.32 万股股份(占总股本的 0.64%)被司法强制执行，变卖所得价款直接划付至宜宾中院指定账户。减持完成后，当代集团的持股比例由 27.99%降至 27.35%。

根据公告披露的计划，上述股票将于 2023 年 6 月 12 日至 7 月 4 日期间被集中竞价减持。不过，当代集团并未按照公告时间减持，而是于 5 月 22 日擅自提前减持。这距公告发布日仅相隔 3 天，违反了"上市公司大股东减持需提前 15 个交易日披露"的规定。因此，当代集团被湖北证监局予以了监管警示。

对于艾××一手建立起来的"当代系"而言，这一事件仅仅是其债务危机的冰山一角。

1988 年，艾××与几位武大校友一同建立了当代生化技术研究所，主要从事提取尿激酶出口业务。1997 年，当代科技在上交所上市，后更名为人福医药，成为"当代系"最核心的上市公司平台。得益于在资本市场上的成功，艾××和当代集团又开始了外延并购之路，先后入股华泰保险、天风证券(601162)等金融机构，并完成了对三特索道(002159)和当代明诚[*ST 明诚(600136)]两家上市公司控制权的收购。由于频繁加杠杆收购，当代集团也背上了沉重的债务。至 2019 年前后，集团的资金链已经开始出现问题。到了 2020 年，艾××在接受采访时也坦承，"多元化的经营并没有给我们带来优异的战绩，市场上投资者不同的声音很多"。此后，当代集团开始逐渐清理所持资产。2021—2022 年，集团先转让了当代明诚的控制权，后减持了所持的部分华泰保险、天风证券股权。

但即便如此，当代集团还是陷入了债务违约。2022 年 4 月，当代集团因未能按期偿付"19 汉当科 PPN001"的部分到期本息，暴露资金短缺问题。2023 年 6 月，当代集团再度动手"割肉"，转让了三特索道的控制权。三特索道公告显示，公司控股股东当代城建发以 4.32 亿元的对价，向武汉高科集团出让了公司 14.98%的股权，当代集团及其一致行动人也宣布放弃了表决权，三特索道正式易主武汉国资。

人福医药 2023 年年报显示，截至 2023 年年底，当代集团因未履行法院生效法律文书确定的义务，被强制执行的案件共计 26 宗，执行标的金额合计约 88.92 亿元。同时，当代集团共有 10 只债券未能按期支付本息。

当代集团因债务缠身，自 2022 年 5 月起，其所持的人福医药股权开始被冻结，目前，公司所持的全部人福医药股权均处于被冻结状态。作为"当代系"的掌门人，艾××也未能独善其身。2023 年 8 月，因涉嫌信息披露违法违规，艾××被中国证监会立案调查。2024年 4 月，因两起合同纠纷案件，艾××被武汉东湖新技术开发区人民法院"限高"。

自债务危机爆发至今，当代集团不断出售资产还债。但目前，集团仍持有人福医药23.69%的股权，是公司控股股东。人福医药成为"当代系"的"最后堡垒"。

作为"当代系"旗下仅剩的上市平台，人福医药近年来的业绩及财务状况表现相对平稳。

2021—2023 年，公司营业收入分别为 205.49 亿元、223.38 亿元、245.25 亿元；归母净利润分别为 13.17 亿元、24.84 亿元、21.34 亿元。2023 年公司归母净利润虽然有所下滑，但扣除非经常性损益后仍较 2022 年增长。2022 年，人福医药提出了到 2023 年实现营业收入 240 亿元，综合毛利率在 43%以上的目标，均成功实现。

但不容回避的事实是，到 2023 年年底，人福医药的货币资金账面余额仅为 41.05 亿元，较 2022 年下降了 20.70%。与之相比，公司的短期借款账面余额为 67.13 亿元，应付账款、其他应付款以及一年内到期的非流动负债账面余额分别为 27.17 亿元、11.80 亿元以及 9.03亿元，公司的在手现金无法覆盖短期负债。显然，人福医药也存在着较高的债务压力。

为了缓解债务压力，2023 年，人福医药也在推进"归核聚焦"工作，出售了宜昌妇幼医院管理有限公司 66%的股权、华泰保险集团股份有限公司 2.52%的股权等资产，并让旗下的产业投资基金退出投资项目，大幅降低了持有医疗服务资产以及金融类资产的数量。年报显示，截至 2023 年年底，公司交易性金融资产账面价值由 25.81 亿元降至 15.31 亿元。同时，公司也在严格控制债务规模，优化债务结构，使整体的资产负债率由期初的 50.19% 降至 2023 年年底的 44.49%。

对于当代集团而言，人福医药作为其最后的上市公司平台意义重大。仅从分红的角度上看，2023 年，人福医药共实现分红 7.51 亿元，占净利润的 35.19%，分红额较 2022 年增长了 187.45%。以 23.69% 的持股比例计算，当代集团可以分得 1.78 亿元。但与当代集团高达数十亿元的债务规模相比，不到两亿元的分红稍显杯水车薪。且未来，集团若未能处理好自身的债务问题，导致被冻结的人福医药股权被持续拍卖，最终或将失去对人福医药的控制权。

(资料来源：根据蓝鲸财经记者王健文的网络文章"'当代系'深陷债务旋涡，|人福医药又遭监管警示"整理，https://baijiahao.baidu.com/s?id=1799947295233382514&wfr=spider&for=pc.)

思考

1. 试分析人福医药债务违约的形成过程及其原因。
2. 分析人福医药后续经营可能存在的风险。
3. 简述人福医药债务违约案例给投资者的启示。

第二章　证券交易一般策略

【章前导读】

证券市场遵循合法、合规运作的基本原则。本章介绍证券市场常用的风险规避方法；牛市与熊市的风险辨识和操作策略，以帮助市场参与者建立正确的投资思想观、投资价值观和投资风险观，把投资收益建立在风险规避的基础上。

如果买股是入市的第一难题，那么卖股就是第二难题，甚至可能是更大的难题。因为投资者选股择机入市，实际上是对其理论知识、方法技能所表现出的市场认知力、研判力和决策力的智慧检验，而择时出售股票更是对投资者意志力、决断力和行动力的考验。面对数以千计的投资品种，如何依据投资学的基本原理逐步建立独立而科学的投资策略理念，如何在牛市中打好、打赢"阵地战"，以及如何在熊市中组织好"短平快"的"狙击战"，正是本章需要学习的目标。

股市赢家法则是：不买落后股，不买平庸股，全心全力锁定领导股！

——威廉·欧奈尔(William J. o'Neil)

【关键词】

蓝筹股　低市盈率股　概念股　超跌股　高成长股　政策股　牛市操作　熊市操作短线操作　中长线操作　分段交易策略　x%计划法　顺势投资法　进三退一法　加码买入摊平法　K线结构　阳线与阴线　股票指数

【案例引入】

党的二十届三中全会于2024年7月15—18日在北京召开，会议期间审议并通过了《中共中央关于进一步全面深化改革、推进中国式现代化的决定》。该决定将聚焦各行业生态的中长期高质量发展，或将为以下重点行业和主题带来投资性机会。

(1) 要健全因地制宜发展新质生产力体制机制，这一举措有利于加快新质生产力发展进程，提升投资价值。

(2) 构建高水平社会主义市场经济体制，深化国资国企改革，国企改革主题有望受益。

(3) 完善高水平对外开放体制机制，要加快培育外贸新动能，加快内外贸一体化改革，中国企业出海进程有望加快，相关投资机会提升。

(4) 深化生态文明体制改革，健全绿色低碳发展机制，发展绿色低碳产业，健全绿色消费激励机制，促进绿色低碳循环发展经济体系建设，新能源主题或受益于绿色低碳发展。

(5) 推进国家安全体系和能力现代化，要健全国家安全体系，完善公共安全治理机制，健全社会治理体系，完善涉外国家安全机制，国防军工板块或迎来估值修复。

(6) 加快培育完整内需体系，完善扩大消费长效机制，减少限制性措施，合理增加公共消费，积极推进首发经济，扩大内需仍将是国内重要的政策方向，大消费主题或受益。

(7) 要深化金融体制改革，积极发展科技金融、绿色金融、普惠金融、养老金融、数字金融，未来可关注金融板块头部企业。

(8) 健全社会保障体系，加快建立租购并举的住房制度，加快构建房地产发展新模式，加之当前房地产利好政策频频出台，关注房地产阶段性交易机会。

以上八个方面是今后若干年我国经济、金融以及经济微观主体发展总体方向，从中我们可以构筑中长线价值投资策略以及发现隐藏其中的短线投机套利机会。

第一节　短线投资选股策略

一、短线投资基本概念

短线通常是指在数日至数周内，投资者以低买高卖博取短期价差收益为目的，不关心个股的基本面业绩水平，而主要依据盘面信息、资金面流向以及技术图表分析来把握入市机会。一旦预判没有差价可赚或股价下跌，就平仓一走了之，转而寻找其他市场机会。

超级短线的特征如下。

(1) 期限短。短线持股可能 1～2 天，最多 3～5 天即完成一个交易周期。

(2) 以技术分析为主。操作手法方面，短线主要关注的是成交量、资金面、技术面等。

(3) 收益高，风险大。短线交易有较高的波动性和随机性，因此风险和收益并存。期限短，市场操作要坚持"快""准""狠"，即操作上快进快出，以最短的时间赚取最多的收益，遵守严格的操盘纪律，错了马上止损，有收益也应设立止盈点，戒除贪心。

二、短线目标股发现

1. 机构增持的股票

投资者选择入市的时机应是上市公司高管、大股东或机构看好的股票。比如，近数日或 1～2 周高管增持、大股东增持、机构增仓的股票，相对同行历史来看增持力度比较大的股票，可以作为短线投资目标的首选。例如，惠城环保(300779)，2023 年 7 月 18 日公布该公司非独立董事张×功增持该股票 2 700 万股，金额为 3.16 亿元，增持占比为 19.97%，总持股占比为 32.59%。至同年 9 月 11 日惠城环保涨幅为 3.54%，同期创业板指数下跌 6.17%，超过大盘近 10%。又如，西部矿业(601168)，2023 年 6 月 29 日该公司大股东西部矿业集团科技发展有限公司增持西部矿业 1 322 万股，持股比例为 31%。至同年 9 月 11 日西部矿业涨幅 24.93%，同期上证指数下跌 1.68%。超过大盘近 26%。

2. 券商一致预期的股票

券商预期一致看好的股票可以作为短线投资目标。所谓券商一致预期，是指某股票在近期(几天或数十天)时间内被众多券商关注、评级增持或购买的股票。例如，菲菱科思(301191)，2023 年 9 月 8 日 5 家机构研报一致看好，评级买入，3 日涨幅为 6.64%，同期创业板下跌 0.12%；平高电气(600312)，10 家机构研报一致看好，评级增持，3 日涨幅为 6.85%，同期大盘下跌 0.51%；太极集团(600129)，2023 年 9 月 13 日股价为 41.68 元，9 月 11 日入选"券商一致预期"榜单，受到 13 家券商关注。近 3 日涨幅达 7.51%，大盘涨幅为 0.02%。

3. 高成长、低估值的股票

高成长、低估值是指机构对某家公司业绩成长性看好，但市场误判其股票估值比较低。

这类股票会有价值回归压力,是切入的好时机。例如,清溢光电(688138),市盈增长比率(PEG)为 0.65,未来一年净利润增长率为 286.37%(报告期:2023 年 6 月 30 日),机构入选时间为 2023 年 8 月 25 日,到同年 9 月 11 日该股票上涨 39.16%,同期大盘涨幅仅为 1.69%;盛视科技(002990),PEG 为 0.97,未来一年净利润增长率为 111.04%(报告期:2023 年 6 月 30 日),机构入选时间为 2023 年 8 月 31 日,到同年 9 月 11 日该股票上涨 7.81%,同期大盘下跌 1.49%。

4. 市场热点追踪的股票

市场热点追踪是指利用上市公司公布的重大事件或监管层发布重要利好消息进行跟踪选股。例如,蓝英装备(300293)因涉及半导体、光刻胶等市场热点追捧带动以及公司公布半年财务报表事件,入选机构"市场热点追踪"股票(2023 年 5 月 24 日),至 9 月 11 日大幅拉升 75.62%,同期创业板下跌 6.23%;扬帆新材(300637),自 2023 年 8 月 28 日以来受公司半年报公布和光刻胶题材热点追捧,截至 9 月 13 日,大幅拉升 52.37%,同期大盘上涨 1.24%。

5. 新兴行业或板块概念股

概念股也称题材股,是与业绩股相对而言的。业绩股需要有良好的业绩支撑,而概念股是有炒作题材的股票。这些题材可供炒作者(所谓庄家)借题发挥,从而引起市场大众跟风。例如,ChatGPT 是人工智能技术驱动的自然语言处理工具,可以与人类对话聊天,甚至能按照人的要求撰写邮件、视频脚本、文案、代码,写论文或翻译资料。如此,一些与 AI 技术以及语音交流相关联的软件开发公司的股票就成了炒作题材,把这一类的股票的集合称为 ChatGPT 概念股。又如,美国封堵打压中国芯片技术发展,因此形成研制和生产纳米芯片的国产芯片概念股;2023 年 9 月 12 日,华为举行新品手机 Mate60 发布会,Mate60 采用了第四代半导体技术,搭载卫星通信,推出我国新一代近距离无线连接技术应用。由此,引发市场新一轮华为欧拉等相关板块的上涨行情。例如,南大光电(300346)具有中芯概念和第四代半导体概念。从 8 月 28 日至 9 月 13 日,大幅拉升 24.86%,同期大盘涨幅为 1.24%。

模拟实训作业:请在上述选股策略中任选其三,观察一周至两周,比较分析其收益差异效果。

三、短线策略要点

超级短线狙击的要点可用三个方面来概括,即选股、择时和仓位管理。

1. 选股

选股是要观察并捕捉可能带来机会的股票,应主要从三个方面入手,一是消息面,二是资金面,三是板块效应。首先,关注并分析消息面是否可能引发细分行业龙头的启动迹象,首选行业龙头股,因其市场占有率增幅大,短线爆发力强。其次,关注单日个股成交量是否发力放量,这是主力资金大规模抢筹建仓的信号。最后,观察市场前三领涨板块,选择其中逆势抗跌行业中的龙头股,因为这些股票的资金承接力更强,拉升速度快。

2. 择时

择时是指选择最合适的时机介入市场。入市时机可分为宏观择时与微观择时两个层面。宏观择时是指在熊市的底部或次底部择时进场;在牛市的顶部或次顶部择时出局。微观择时可以分为两个方面：一是在一段行情(波动)结束后，个股回调的相对底部入市，相对顶部出局；二是在板块轮动转换之间介入市场，而在波峰高位择时退出。当某个概念引爆某一板块行情的尾声，获利盘会逐渐退出，资金流向转移，此时应跟踪可能形成的其他新题材，发动新一轮板块行情。投资者应抓住这一板块轮动间隙机会择时介入或退出市场。

择时的买点主要关注成交量的变化，如果成交量相对上一个交易日快速放量剧增，则是切入的好时机。行情中期回调的低位是进场的好时机。择时卖点分为主动止盈、被动止盈、主动止损和被动止损四种情况。主动止盈是指在量价背离时自行主动卖出；被动止盈是指股价跌破 5 日均线时卖出，或者跌破 10 日均线后反弹不创新高时做卖出处理。主动止损是指去弱留强，只买领涨股，卖出非排名靠前板块的股票；被动止损是指设好止损位，跌幅超过 6% 时考虑卖出。

3. 仓位管理

短线交易切记不要满仓投资于任何一只个股，因为没有 100% 胜率的策略。单只股票合适的仓位在 10%～30%，一般不超过 30%。

股票总体仓位应根据市场总体情绪的强弱进行调整。在单边上涨的强势行情中，仓位可在 70% 以上；在横盘震荡的轮动市中，仓位为 50%～70%；在弱势下跌的市场中，仓位为 30%～50%；在单边下跌的极弱市中，仓位为 30% 以内，或者停止交易。

综上所述，理解这些要点并不困难。重要的是，投资者要在市场中反复实践，才能达到运用娴熟自如的境界。在涉足证券市场初期，投资者可用少量资金如 10 000 元开一个股票账户，按照前述操作要求进行多次反复练习，一段时间后再逐渐加大资金操作，如此必有收获。

四、短线盘面信息

股市投资的成功与否，关键在于投资者是否拥有一套行之有效的分析操作方法。其中，短线战术是非常重要的部分，而盘口分析技术又是短线战术实施的关键。

1. 关注板块轮动规律

短线看盘首要关注板块和热点个股的轮动规律，进而推测出行情的大小和持续性时间变化。以下是考察热点板块行情的盘面着眼点。

(1) 开盘是否有涨停个股开盘。如果沪、深两市都有 30 只及以上的涨停个股开盘，则说明市场多头人气比较旺；若少于这个标准，则说明市场人气不佳，投资者应该警惕大盘继续下跌的风险。

(2) 开盘是否有跌停个股开盘。如果每天盘面都有跌停板，并且是以板块方式出现，那么，应该警惕新一轮的中级调整可能开始。

(3) 关注盘中涨停板变化。如果沪、深两市涨停家数维持在 40～60 家及以上，则是一个逼空上涨的强势行情，可以积极做多；如果为 20～40 家，则是普通的轮动行情，应关注板块之间的轮动机会；如果涨停板低于 20 家，则代表了市场情绪偏弱，资金做多意愿犹豫；如果低于 10 家，则代表多头严重缺乏信心，可以考虑停止交易。

(4) 关注热点板块的数量和持续时间。如果前一交易日涨停的个股或上涨幅度较大的板块难以维持两天以上的行情，就说明主力资金属于短炒性质，这些个股或板块不能成为这一波行情的领头羊,同时也意味着这一轮上涨属于单日短线反弹。如果热点板块每天都有2~3个及以上,涨幅都在2%,并能相互进行有效轮番上涨,则中期向好行情就值得期待。例如,2022年5—6月,新能源汽车、光伏、锂电池、风电、储能、汽车零配件等板块交替上涨,从而产生中级行情。

2. 关注成交量

看盘应该关注成交量。根据沪、深两市目前的市值情况看,两市成交量小于10 000亿元应作震荡整理理解,9 000亿元以下为缩量,小于7 500亿元则视为"地量",超过11 000亿元应该理解为放量。"地量"背后往往意味着反转。例如,2023年9月初和9月底之间,先后多个交易日沪、深两市成交量低于7 000亿元,这个时候空仓资金应为自己的重新进场做好准备。当大盘摆脱下降趋势,走出一个缓慢的底部构筑的形态,且成交量处于温和状态下,投资者可以以不超过半仓的水平买股持股。如果股票持续上涨,成交量放大,换手率超过15%(创业板、科创板个股特定条件下可以放宽到20%左右,另外新股、次新股、限售股、转增股、配股上市日不在此列),5日与20日均线开始死叉转向,那么此类短线题材股和概念股应该考虑逐步抛售。

3. 关注盘面信息

努力培养对市场的感知能力,运用技术手段捕捉市场机会。不管是哪种股票,若经过短期暴跌,跌幅超过50%,且下跌的垂直度越大,那么其关注价值就越高。当某一天成交量突然减少,短线买入的机会可能就来了。因为在急跌、暴跌后,成交量突然萎缩,表明杀跌盘已经枯竭,后期大概率会出现反弹,这个时候可以坚决地战胜自己的恐慌情绪积极进去抢一把反弹,然后迅速离场。同样地,如果股票价格连续上涨了很长时间,而且高位开始频繁放量,可是价格始终盘旋在某个小区域,连续用小单在尾盘直线拉高,制造高位串阳K线,筹码峰密集且严重扩散,则说明主力可能正在出货,必须坚决清仓。

归纳起来,短线投资操作应从"热门题材、多空信息以及超买超卖"三个维度来寻找把握市场机会。图2-1所示为短线操作魔箱。

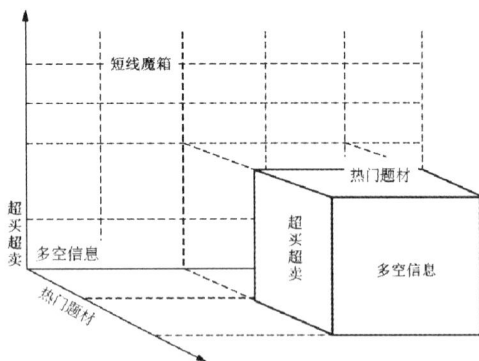

图2-1 短线操作魔箱

思考:你认为牛市与熊市的短线投资在操作上有哪些不同?短线操作中你认为盘面分析最重要的是哪几个指标?

第二节　中长线价值投资策略

一、中长线投资基本概念

中长线投资者通常会对股票的基本面指标给予更多的关注，如公司财务的经营效率、盈利能力等财务指标，配合相应的题材要素，一旦对上市公司近期的表现有一定信心，抓住股价回调的适当时机建仓，一般持有一个月甚至半年左右，以静待股价升值，从而博取利润。

长线投资一般是指股票的价值投资，与中线投资相比，其期限更长，行业分析更具有前瞻性，个股分析要弱化对当前或近若干年的业绩水平的关注，更注重公司的技术水平是否在国内外处于领先地位，以及市场潜在需求是否快速增长。因此长线投资者不会过分关注股价一时的升跌，而是在个股价格达到历史相对低位时买入，并做长期投资的准备。这个长期投资的时间跨度一般为1～2年、3～5年或更长。一般来说，中长线投资操作应从"国家产业发展政策、行业龙头以及行业高成长领头羊"三个维度来寻找把握市场投资机会。图 2-2 所示为中长线操作魔箱。

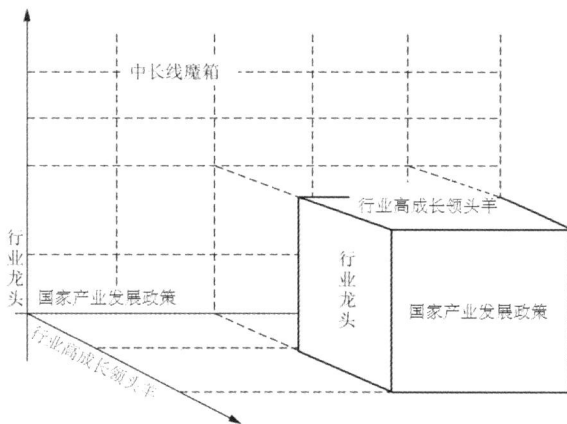

图 2-2　中长线操作魔箱

二、价值投资基本理念和原则

1. 坚持长期持有

如果能够长期持有一家优质公司的股票，不因短期的价格波动而影响情绪，坚持几年甚至更长时间，这才是正确的价值投资理念和行为。股神巴菲特曾说，如果你不愿意拥有一只股票十年，那就不要考虑拥有它十分钟。巴菲特于 1965 年成功收购了伯克希尔·哈撒韦这家上市公司之后，小镇的人都把他视为偶像和英雄。也就是在那两年，全镇有几千名居民购买了伯克希尔公司的股票，当时的股价只有 10 美元左右。这么多年过去了，全镇的居民大都没有卖出这只股票。在这几十年的时间里，地球上发生了几十次大大小小的股灾，也发生过几次经济危机，更发生过大大小小的战争、洪水和地震，无论哪一次都有可能动摇持股者的信心。记者们曾经怀着好奇心采访这些持有伯克希尔股票少则几百股，多则上万股的富翁，当他们被问及是否会考虑卖出自己手中的伯克希尔股票时，他们的回答是那样一致——"No"。与其说是巴菲特缔造了这个全美最富有的镇，不如说是这些真正懂得价值投资的投资者创造了伯克希尔这家全球股价最高的长期优质公司。

2. 追求价值增长

如同人有三六九等之分一样，全世界的公司也需要严格分类和筛选。按照一些公认的规律和方法，股票大致可以分为垃圾股、普通股、成长股和优质股。能够在一生的时间里分析、判断以至捕捉到1~2只或几只真正具有长期投资价值的优质股，这对任何投资者而言都是值得庆贺的。具备长期投资价值的优质公司至少应具备以下几个条件或特征。

第一，具备行业垄断性。真正是行业垄断寡头的公司已越来越少，众所周知，唯有垄断才能创造出超出平均水平的高利润。国外有微软、苹果、谷歌等行业龙头公司，中国也正在诞生具有投资价值的上市公司的股票，如贵州茅台、比亚迪、禾迈股份、迈瑞医疗、扬农化工等具有投资价值的股票。

第二，非周期性行业的公司。经济开始预热、膨胀乃至繁荣时期，周期性行业的公司股票价格飞涨，金融、地产、有色金属、能源交通、传媒娱乐等周期性行业股票都得到了爆炒。而一旦供求关系发生变化，周期性行业股票的股价将如滚雪球般暴跌。事实上，价值投资的企业一般不可能是经济周期性特别突出的公司。例如，贵州茅台、王府井、中国电信、中国移动和中国联通等优质公司都不属于周期性行业。

第三，净资产增长率高且稳定。衡量一家公司的价值是否真正在稳定增长，除了净资产收益率以及每股收益等指标外，净资产增长率是一个更具说服力的指标。净资产增长率真实反映了上市公司业务的扩张能力和可持续发展能力。

第四，分红率较高且持续稳健。一家公司能够持续分红，而且是高比率的优厚分红，不仅反映了上市公司产品市场竞争力和盈利能力，也体现了上市公司经营理念和责任担当，给持有股权的股民以回报，增强股民的投资信念和信心。分红率的提高是上市公司经营管理成熟的表现。

第五，充足的现金流。现金流是一家公司的血液，巨大的现金流为公司的价值提供了广阔的想象空间，表现了公司业务开展的繁荣、现行经营的活力以及未来长远发展的潜力。

三、中长线价值选股目标

1. 蓝筹目标股

"蓝筹股"(Blue Chip)一词究其渊源，来自西方赌场。在西方赌场中，筹码分蓝色、红色和白色三种颜色，其中蓝色筹码最为值钱。后来"蓝筹"一词在西方社会演化成一流、最好之意。这一概念引入证券市场后，具有长期稳定增长价值的股票即称为蓝筹股。美国证券交易所对蓝筹股的定义是，所谓蓝筹股，是指那些以其产品及其服务品质、盈利能力和盈利可靠性而赢得全国声誉的企业的股票。从上述定义中可以推断出几个关键的字眼：知名的大公司、稳定的盈利记录、红利增长、管理素质和产品品质等。由此我们可用以下四个"筛子"把值得投资的蓝筹股找出来。

筛子一：现金红利稳定优厚。

一般认为，相对稳定的经营业绩和分红政策，近三年平均每年分红为每股 1 元(税后)，并保持每年红利标准差不高于 20%，[①]则可以确认其具有蓝筹股品质。例如， 2023 年公布的财务数据显示，五粮液(000858)、迈瑞医疗(300760)、吉比特(603444)等股票近三年(2021—2023)平均每股分红均超过 3 元，其中吉比特甚至高达 14 元。又如，美股微软(MSFT)近三年平均每股分红 2.59 美元，折合人民币 18.11 元；美股苹果(AAPL)近三年平均每股分红 2.76 美元，折合人民币 19.32 元。

筛子二：盈利与增长潜质强。

资料研究表明，蓝筹股公司的盈利能力是各自行业其他公司的 1.5～2 倍以上。而在盈利持续性方面，蓝筹股公司凭借自身雄厚的资本实力、先进的研发力量、稳定的市场占有率，能够在 10 年或者更长的时间内保持利润的稳定性和持续性。评价盈利能力的指标主要有毛利率、净利率、净资产收益率等。

筛子三：抗风险能力强。

在经济萧条、股市低迷的时期，蓝筹股的抗跌性就表现得尤为突出。当然，并不排除市场走熊的时候，蓝筹股也会跟着下跌，甚至有时还领跌大盘。但往往优秀的蓝筹股会在行情好转时展现出强大的复原能力，这主要表现为在大盘下跌时蓝筹股跌速慢，跌幅浅，恢复快。

筛子四：市场估值合理。

被市场低估价值的股票因为风险较低，而更具有投资价值。巴菲特选股的一个重要原则就是买入价格低于实际价值的股票。估值指标通常采用市盈率(动态与静态)、市净率、市销率等。表 2-1 所示为按照蓝筹股概念择股示例。

表 2-1　按照蓝筹股概念择股示例

代码	股票名称	每股收益 /元	毛利率 /%	净利润 3 年复合增长率 /%	市盈率 /倍	加权得分
002738	中矿资源	2.37	71.66	186.75	10.12	73.09
603688	石英股份	2.25	84.29	86.14	21.46	47.67
002466	天齐锂业	2.97	89.80	82.03	4.49	44.36
301089	拓新药业	2.42	82.74	67.24	14.16	40.28
600809	山西汾酒	3.95	75.56	60.21	27.97	39.95
000661	长春高新	2.13	87.91	32.62	15.18	31.04
得分权重		30%	20%	30%	20%	100%

---

① 清华大学朱武祥教授对道琼斯成分股 1995—1999 年财务特征的分析中，发现在此段时间中道琼斯指数成分股每年的红利标准差大部分小于 0.2。

2. 低市盈率目标股

股票市盈率是用股票的市场价格除以每股收益。而市场价格可以看作投资者的投入，每股收益是投资的回报。假定公司一年分一次红，那么市盈率就可视为投资者的投资回收年限。投资回收期越短，风险越小。因此，市盈率本质上反映了股票的投资风险，市盈率倍数越低，投资风险越小。通常发达国家或地区的股市正常市盈率为20~40倍。美股苹果、微软的市盈率分别为27.9倍和36.37倍。[①]我国是新兴证券市场，投机气氛比较浓厚，因此我国A股市场的市盈率要高于美国，平均达到50~60倍。

2021—2023年，我国商业银行借贷利率一年定期存款利率下调至1.75%，市盈率为57.14倍。理论上表明，我国市盈率低于60倍的股票具备投资价值。如表2-1所示，蓝筹股的市盈率通常在30倍以下。需要指出的是，市盈率在不同时期、不同行业表现不同。比如，牛市行情的平均市盈率可能要偏高一些，熊市行情则相反。从行业来看，非周期性行业如生活必需消费品行业市盈率偏低；而周期性、快速成长性行业如人工智能、半导体、光刻机、有色金属等板块的市盈率偏高。从2023年9月8日的数据统计来看，我国证券市场的平均市盈率：沪市为12倍，深市为22倍，创业板为34倍，科创板为35倍。同一天热门板块ChatGPT、人工智能、充电桩、华为概念等板块的市盈率分别为：36.83倍、35.03倍、22.85倍和29.52倍，也都为20~40倍。[②]按照传统市盈率选股及择时投资理念，我国证券市场的投资价值已经显现。

3. 高成长目标股

中长线投资重在上市公司价值增长，因此，业绩增长较快的公司是考虑的首要方面。

考察公司成长性的一种简单易行方法是分析公司的主营业务增长水平，包括：①公司主营业务收入同比增长10%及以上；②主营业务三年复合增长率为10%及以上；③券商及权威评级机构对公司未来三年主营业务增长率的评估在10%及以上。

目前，我国有七大新兴产业，包括新能源、新能源汽车、节能环保、新材料、高端装备制造、生物、育种信息技术等，它们已经迎来高速发展阶段。近年来，异军突起且迅猛发展的行业还有ChatGPT、人工智能、软件工程、数字经济、国产芯片、中国船舶、航母概念等。投资者可以选择其中表现优异的股票进行中长线持有，从而通过公司价值增长获得丰厚的资产收益。

4. 政策目标股

所谓购买政策股，就是购买国家现行政策扶持的行业的上市公司的股票。我国政府"十四五"规划纲要要求重点发展和推荐以下几方面的工程技术，以宽带乡村、大数据、集成电路、人工智能、数字可视化、民用飞机、空间信息智能、海洋工程装备、新材料工程、新药创制、新能源提升工程、节能装备、绿色低碳创新、资源循环工程、数字文化装备等作为"十四五"规划的主线。"十四五"规划是对"十三五"规划相应领域的进一步"提速""提质""深化"发展，并做出了更明确的定位和要求。尤其是智慧经济、农业智能

---

① 东方财富App股票分析软件2024年2月19日数据。
② 东方财富Choice股市分析软件。

化、绿色能源、绿色出行、低碳生活、银发经济已经成为新的价值投资的热门和主题。

因此，投资者可在一波行情的低谷期介入这些行业领域优秀上市公司的股票，选择中线或长线持有，期待可以获得丰厚的回报，分享国家政策扶持带来的红利大礼包。

如果你不愿意拥有一只股票十年，那就不要考虑拥有它十分钟。

——沃伦·巴菲特（Warren Buffett）

把握人形机器人发展机遇

第三节　投资风险规避常用方法

下文为初涉市场的投资者介绍一些常规、经典的市场操作方式，以帮助投资者尽快进入市场角色，逐步理解和掌握风险规避的方法和技巧。

一、分段获利法

下面以一个例子来说明分段获利法的基本操作方式。假设你有 1 000 万元投资资金，预计未来一段时期(比如三个月)市场行情看涨，比如，当前市场价格为 10 元/股，一个月后和两个月后分别涨至 15 元/股和 20 元/股。投资者可以分三次(当前、一个月后和两个月后)分别投资 500 万元、300 万元和 200 万元，按 10 元、15 元和 20 元分别买入 50 万股、20 万股和 10 万股股票。然后在第三个月下旬择期卖出(假设市场与预期一致)。类似地，卖出时也应分段进行，比如，在后面的不同时段中分别卖出 30 万股、30 万股和 20 万股。

分段操作方法的前提是市场走势方向基本能确定，或者投资者对走势的判断把握比较大。显然，如果预期的风险没有发生，采用分段投资方法可能会降低投资者的收益水平。但在市场剧烈波动的情况下，分段操作方法是避免由于判断失误造成重大损失的有效方法。分段获利法较适合保守稳健的投资者。

二、顺势投资法

顺势投资法是证券投资者顺着股价趋势进行股票买卖的操作方法。

顺势投资法要求投资者在整个股市大势向上时，"做多"或买入股票持有；股价趋势下跌时，则卖出手中股票而持有现金待机而动。但凡顺势投资者，不仅可以做到事半功倍的效果，而且获利的概率也极大增加。

采用顺势投资法必须确定的前提是，涨跌趋势应明确且能够及早确认，如果不明确且无法及早确认，则不必盲目跟从。需要指出的是，这种股价涨跌的趋势是一种中长期趋势，而不属于昙花一现的短期趋势。对于小额投资者来说，只有在股价走向的中长期趋势中，才能顺势买卖而获利。在股价走向的短期趋势中，此种方法应谨慎使用，因为一方面当股价被确认是短期涨势时，可能已到跌势边缘，此时若顺势买入，极可能抢到高价，使"接力棒"传到自己手中后再也"递"不出去；另一方面，当股价被确认处于短期跌势时，可能已接近回升之时，若这时顺势卖出，极有可能卖出最低价，这也会使投资者追悔莫及。

顺势投资法适合小额投资者使用。小额投资者本身谈不上操纵行情，大都跟随股票走势，采用顺势做法，这几乎已被公认为小额投资者买股票的"铁律"。

三、x%计划法

赚 x%计划法是股票的短期投资技巧之一。这种投资策略的简单操作是：投资时设定一个 x%的涨幅为获利目标，只要所购股票的涨幅超过 x%，就立即予以卖出，而不去考虑其他相关情况的变化。x%的大小可根据市场行情来决定。牛市可定得高一些，比如为 10%～15%；熊市则应适当下调，比如 3%～5%。

股票市场是一个波动的市场，在一两个月内，一些股票的波幅超过 x%是很常见的事，因此，短期投资者只要选择好所持股票，有效地把握 x%的上下限，在恰当的时候购进，便很容易在短期内获取利润。

使用这种方法也有缺陷，主要是：①如果投资者在售出股票后，其股价继续上扬，则有可能失去获取更多利润的机会；②如果股价上涨长期达不到设定的 x%的幅度，则往往会使投资者的资金长期被绑在股票上面，不能灵活运用。

此外，采用赚 x%计划法时，还必须考虑税收的佣金因素。如果这些成本高于或接近股票投资所获利润，则这种投资就是不可取的。

四、进三退一法

进三退一法是买卖股票的一种定点了结策略。

定点了结是投资者在买入股票时，设立一个获利了结点和停止损失点。当股价上涨到获利了结点时，就应立即卖出，以落袋为安；而当股价下跌到停止损失点时，则应毫不犹豫地予以卖出，以减少因可能进一步下跌带来的更大损失。对于拥有丰富股市知识的投资者来说，他们通常通过股价的技术分析来确定其获利了结点和停止损失点。然而，在众多投资者中，仍有不少人不懂或不习惯于通过技术分析来确定获利了结点和停止损失点，因此，股市行家根据技术分析的基本原理，提出了进三退一法。

进三退一法的具体操作是：投资者在买入股票后，只要股价上涨 30%就获利了结，只要下跌 10%就认亏卖出。

进三退一法操作简便，使投资者在获利后能及时了结，保住已获取的利润；同时在行情反转向下时，也能使投资者避免陷入跌幅很深的空头市场而大伤元气。

进三退一法的缺陷是：①如果在获利了结后，行情继续上涨，就会使投资者减少利润收益；②如果在停止损失点卖出后，行情反转向上，则可能使投资者遭受一定的损失。

需要指出的是进三退一法适合短线投资者进行操作。

五、加码买入摊平法

加码买入摊平法是股票市场中避免亏损的一种操作技巧，具体是指投资者在所购股票在高位被套牢后，随着跌势在低位加码买入的证券投资方法，其目的是通过加码买入同种股票，降低单位平均购股成本，从而使投资者在股价反弹时获利。

加码买入摊平法主要有以下两种方式。

第一种方式是平均加码摊平法。它是指当所购股票在高位被套牢后，待其股价跌到一定程度，再照原来所持股数加码买入，以达到降低成本的目的。采用此种加码摊平方式，若股价回升一半，则可保本；若回升一半以上，即可获利。例如，投资者以每股 10 元的价格买入某种股票 1 000 股以后，股价出现急速跌落，当跌至每股 6 元时，再加码买入 1 000 股，这样当该股回升至每股 8 元时，即可保本，而超过 8 元则可获利。

第二种方式是倍数加码摊平法。它是指在股价跌落后，加倍或加数倍买入原先已持有的股票，以达到降低成本的目的。例如，原来投资者以每股 10 元的价格买入 1 000 股，当其价格跌至 6 元时，再买入 2 000 股(即为原来股票的 2 倍)，则其平均成本就降为每股 7.33 元，将来股价回升超过 7.33 元以后，即可获利。由此可见，采用加码买入摊平法时，加码买入得越多，平均成本就降得越低。

使用这种方法进行操作时，至关重要的是确定好加码摊平的价格。一般来讲，其价位越接近谷底，对投资者越有利。这是因为，较低的摊平价位，一方面可使投资成本下降，另一方面可减轻加码部分的投资风险。

此外，采用加码买入摊平法还需要特别注意分析大势走向，因为摊平操作采用的是越低越买策略，但如果遇到空头市场跌幅过深，则资金有可能被长期套牢，这将会给投资者带来沉重的心理负担。因此，采用加码买入摊平法的条件是，整个经济发展前景乐观，且所投资股票的基本面没有发生变化。

第四节　牛市与熊市特征及策略

一、牛市及其特征

道·琼斯根据美国股市的经验数据，总结出牛市和熊市的不同市场特征，认为牛市和熊市可以各自分为三个不同时期。

所谓牛市，也称多头市场(Bull Market)，是指市场行情普遍看涨，持续时间较长的大升市。牛市可分为以下三个时期。

(1) 牛市第一期。它启动于熊市末期，往往是在熊市硝烟未尽、市场最悲观的情况下出现的。大部分投资者对市场心灰意冷，此时即使市场出现利好消息也无动于衷，很多人开始不计成本地抛出所有的股票。有远见的投资者则通过对各类经济指标和形势的分析，预期市场情况即将发生变化，开始逐步选择优质股买入。市场成交逐渐出现微量回升，经过一段时间后，许多股票已从盲目抛售者手中流到理性投资者手中。市场在回升过程中偶有回落，但每一次回落的低点都比上一次的低点高，于是逐渐吸引新的投资者入市，整个市场交投开始活跃。这时候，上市公司的经营状况和公司业绩开始好转，盈利增加引起投资者的注意，进一步刺激人们入市的兴趣。

(2) 牛市第二期。这时市况虽然明显好转，但熊市的惨跌使投资者心有余悸，市场出现一种非升非跌的僵持局面，但总的来说大市基调良好，股价力图上升。这段时间可维持数月甚至超过一年，主要视上次熊市造成的心理打击的严重程度而定。

(3) 牛市第三期。经过一段时间的徘徊后，股市成交量不断增加，越来越多的投资者进入市场。大市的每次回落不但不会使投资者退出市场，反而吸引更多的投资者加入。市场情绪高涨，充满乐观气氛。此外，公司利好的新闻也不断传出，如盈利倍增、收购合并等。上市公司也趁机大举集资，或送红股或将股票拆细，以吸引中小投资者。在这一阶段的末期，市场投机气氛极浓，即使出现坏消息也会被作为投机热点炒作，变为利好消息。垃圾股、冷门股股价均大幅上涨，而一些稳健的优质股反而被漠视。同时，炒股热潮席卷社会各个角落，各行各业、男女老幼均加入了炒股大军。当这种情况达到某个极点时，市场就会出现转折。

二、熊市及其特征

所谓熊市，也称空头市场，是指价格长期呈下降趋势的证券市场。通常当市场跌幅在20%以上时为熊市。

熊市中股市行情开始出现横盘徘徊、疲软不振，交易萎缩，指数一路下跌。例如，2015年6月12日上证指数达5 178.19的高点，之后一路下跌至2016年1月28日的2 655点低位。此后直至2023年9月15日近8年时间，一直在2 400点至3 500点之间波动。市场人气持续低迷，熊市基本特征凸显。管理层频频出台利好政策救市，例如，先后两次降息，印花税减半，大股东减持门槛提升，"认房不认贷"房地产新政，量化交易监管新规，等等。但无济于事，市场依然人气低迷，热点散乱，成交量创地量，创业板指数创新低。股市全面进入低迷、萧条期，游移市场谷底。

熊市可分为以下三个时期。

(1) 熊市第一期。该阶段是牛市第三期的末段，往往出现在市场投资气氛最高涨的情况下，这时市场绝对乐观，投资者对后市变化完全没有戒心。市场上真真假假的各种利好消息到处都是，公司的业绩和盈利达到不正常的高峰，不少企业在这段时期内加速扩张，收购合并的消息频传。正当绝大多数投资者疯狂沉迷于股市升势时，少数明智的投资者和个别投资大户已开始将资金逐步撤离或观望。因此，市场的交投虽然十分炽热，但已有逐渐降温的迹象。这时如果股价再进一步攀升，成交量却不能同步跟上，大跌就可能出现。在这个时期，当股价下跌时，许多人仍然认为这种下跌只是上升过程中的调整。其实，这是股市大跌的开始。

(2) 熊市第二期。这一阶段，股票市场稍有风吹草动，都会触发"恐慌性抛售"。一方面，市场上热点太多，想要买入的人反而因难以选择而退缩不前，处于观望状态；另一方面，更多的人开始急于抛出，加剧股价下跌。在允许进行信用交易的市场中，从事买空股票交易的投机者遭受的打击更大，他们往往因偿还融入资金的压力被迫抛售，于是股价越跌越急，一发不可收。经过一轮疯狂的抛售和股价急跌以后，投资者会感觉跌势有点过分，因为上市公司以为经济环境尚未达到如此悲观的地步，于是市场会出现几次较大的回升和反弹。这一中期性反弹可能维持几个星期或者几个月，回升或反弹的幅度一般为整个市场总跌幅的 1/3～1/2。

(3) 熊市第三期。经过一段时间的中期性反弹以后，经济形势和上市公司的前景趋于恶化，公司业绩下降，财务困难。各种真假难辨的利空消息又接踵而至，对投资者信心造成进一步打击。这时整个股票市场弥漫着悲观气氛，股价继反弹后出现较大幅度下挫。

在熊市第三期中，股价持续下跌，但跌势没有加剧。那些质量较差的股票已经在第一、第二期跌得差不多了，再跌的可能性已经不大，而这时由于市场信心崩溃，下跌的股票则集中在业绩一向良好的蓝筹股和优质股上。这一阶段正好与牛市第一阶段的初段吻合，有远见和理智的投资者会认为这是最佳的吸纳机会，这时购入低价优质股，待大市回升后便可获得丰厚回报。

三、牛市策略要点

在不同市场状况下，操作方法和技术的运用是截然不同的。在牛市中，个股普遍上涨，投资者应考虑如何挑选黑马股，实现利润最大化。一般来说，牛市的操作策略主要有以下几点。

1. 捕捉龙头领涨股

一般牛市行情的发动，大都由周期性行业中的龙头股首先发动，带动本行业的次龙头股以及联动股，形成轮动转换行情。因此，识别与切换龙头股及联动股十分重要。资金要向强势龙头股作配置倾斜。当龙头股进行波段休整时，应及时选择联动股及次龙头股进行切换。

2. 坚持买入并持有

在牛市行情中，坚持买入并持有策略。买入并持有策略表现为五个层面。①坚持做多，积极买入。②买入后进行中期甚至长期持有，尤其是业绩良好、有题材的强势股不可轻易放弃。③每一次下跌都是机会，跌幅越大，加仓增幅越大，避免一有风吹草动，就追涨杀跌。④要敢于买高价股，避免"恐高症"。因为一旦行情得以确立，在消息面、资金面没有根本改变之前，行情就不会轻易结束。要避免频繁交易，大进大出，增加操作成本，降低投资收益，甚至"赚了指数赔了钱"。⑤在波段调整末期，寻找抄底机会，大量吸纳低价股。

四、熊市策略要点

熊市基本策略如下。

1. 长空短多，现金为王

目前，我国股票市场还没有做空机制，既然已经确认是熊市，那就要坚持空头理念，持续看空。在熊市中，下跌是主旋律，反弹是插曲，要顺势而为，以观望为主，卖出为大，现金为王，避免套牢。我国股市大都长熊短牛，因此，当股市由牛转熊，调整的时间通常会相当长，而且下跌的幅度会相当大。比如，上海股市在 2001 年 6 月达到 2 234 点后，见顶回落，从此上海股市进入了为期四年的大熊市，到 2005 年 6 月最低时为 998 点，大盘跌幅超过 50%，绝大部分股票都下跌 70%～80%，股民损失惨重。熊市偶尔反弹，也要坚守长空短多，快进快出，止盈为金，止损为银，见好就收，落袋为安。

2. 熊市选股，重在绩优

在熊市中，缺乏业绩支撑的股票抗跌性也较差，容易受到投资者的抛弃，成为冷门股，而绩优的股票因为有业绩做支撑而抗跌性较强，在反弹时更易受到投资者的关注，成为热门股。因此，投资者在抢反弹时应尽可能在超跌股票中选择一些绩优的股票做多，这样获胜的概率更大。

3. 熊市超跌，短线出机会

在牛市中，暴涨之后常会出现暴跌。同样地，在熊市中，暴跌之后常会出现暴涨。因此，在熊市中买入股票时，投资者可以挑选一些暴跌的品种。不过，同样属于暴跌的品种，跌得越深，离阻力位越远，将来反弹的力度也就越大。投资者应尽量选择一些超跌的股票，以便抓住更大的反弹，获得更大的收益。

2024 年
FOF 基金
市场表现
分析

判断对错并不重要，重要的在于正确时获取了多大利润，错误时亏损了多少。

—— 沃伦·巴菲特 (Warren Buffett)

第五节　证券投资 K 线基础知识

一、K 线基本形态

K 线图这种图表源于日本，最初被日本米市的商人用来记录米市的行情与价格波动，后因其细腻独到的标画方式而被引入股市及期货市场。目前，这种图表分析法在我国乃至整个东南亚地区均尤为流行。

(一)K 线基本概念

K 线图形状颇似一根根蜡烛，加上这些蜡烛有黑白之分，因此也称为阴阳线图表。通过 K 线图，能把每日或某一周期的市况表现完全记录下来。

K 线由柱体、上影线和下影线组成(见图 2-3)。柱体上方为上影线，下方为下影线。K 线所反映的信息十分丰富。K 线上不仅直接标识出开盘价、收盘价、最高价、最低价等价格信息，而且不同长短的上影线、下影线与柱体的组合几乎可以反映所有的市场行情特征(见图 2-4)。K 线分阳线与阴线，阳线特征为开低收高，表示当下行情为涨势；阴线则是开高收低，表示当下行情为跌势。多个 K 线组合图形还可以用于市场整理、反转以及趋势等分析。在多数分析软件上，阳线通常以红色的空心柱(实体柱)表示，而阴线通常以蓝色或黑色实体柱表示。

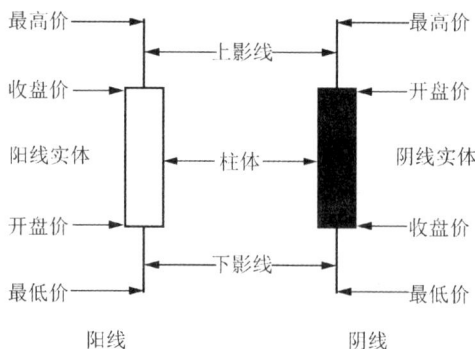

图 2-3　K 线阳线与阴线

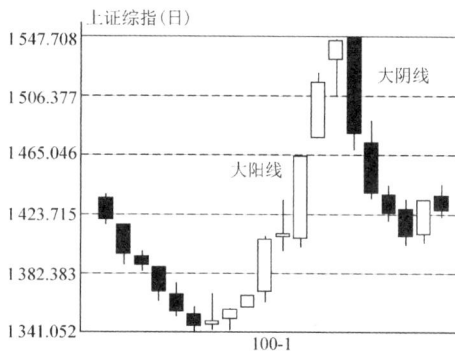

图 2-4　K 线阳线与阴线组合

首先找到该日或某一周期的最高价和最低价，垂直地连成一条直线；其次再找出当日或某一周期的开盘价和收盘价，把这两个价位连接成一条狭长的长方柱体。假如当日或某一周期的收盘价比开盘价高(即开低收高)，则以红色来表示，或是在柱体上留白，这种柱体就称为"阳线"。如果当日或某一周期的收盘价比开盘价低(即开高收低)，则以蓝色表示，或是在柱体上涂黑色，这种柱体就是"阴线"了。

(二)K线基本形态

单一 K 线的基本形态可分为以下 21 种(见图 2-5)。

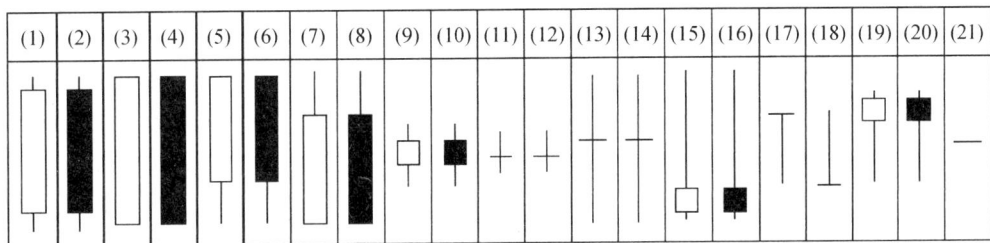

(1)	(2)	(3)	(4)	(5)	(6)	(7)	(8)	(9)	(10)	(11)	(12)	(13)	(14)	(15)	(16)	(17)	(18)	(19)	(20)	(21)

图 2-5 K 线基本形态

(1) 大阳线：较为强烈的买势。

(2) 大阴线：较为强烈的卖势。

(3) 光头光脚大阳线：极端强势。

(4) 光头光脚大阴线：极端弱势。

(5) 光头阳线：高价位强势线。

(6) 光头阴线：低价位弱势线。

(7) 光脚阳线：高价位强势线。

(8) 光脚阴线：低价位弱势线。

(9) 小阳星：价格变化方向不确定。

(10) 小阴星：价格变化方向不确定。

(11) 红十字星：反转信号。

(12) 蓝十字星：反转信号。

(13) 红长十字线：同十字星，但是作用更为强烈。

(14) 蓝长十字线：同十字星，但是作用更为强烈。

(15) 射击之星：实体比较短小，上影线较长，可以是阴线或阳线。

(16) 倒锤头：实体比较短小，上影线较长，可以是阴线或阳线。

(17) 风筝线：若出现在高价区，则为下跌信号；若出现在低价区，则称为多胜线，局势对多头有利。

(18) 灵位线：若出现在低价区，则预示新一轮上涨开始；若出现在高价区，则称为空胜线，局势对空头有利。

(19) 锤头：可以是阴线，也可以是阳线，出现在底部称为锤头。

(20) 吊颈：可以是阳线，也可以是阴线，出现在顶部称为吊颈。

(21) 一字线：此形较不常见，即开盘价、收盘价、最高价、最低价在同一价位。

二、单日 K 线价格信息内涵

单日 K 线价格信息内涵具体如下。

(1) 长红线或大阳线[见图 2-5 K 线形态(3)]：此种图形表示最高价与收盘价相同，最低价与开盘价一样，上下没有影线。从一开盘，买方就积极进攻，中间也可能出现买方与卖方的斗争，但买方始终占优势，使价格一路上扬，直至收盘。该 K 线表示多方处于绝对优势。

(2) 长蓝线或大阴线[见图 2-5 K 线形态(4)]：此种图形表示最高价与开盘价相同，最低价与收盘价一样，上下没有影线。从开始，卖方就占据优势，股市处于低潮，握有股票者不限价疯狂抛出，造成恐慌心理。市场呈一面倒态势，直到收盘空方处于绝对优势。

(3) 先跌后涨型[见图 2-5 K 线形态(5)]：这是一种带下影线的红色实体，最高价与收盘价相同。开盘后，卖方一路打压，价格下跌，但在低位位上得到买方支撑，卖方受挫，价格向上推高，一路上扬，直至收盘，收在最高价位上。总体来讲，该 K 线表明，市场先跌后涨，市场由空转多，最终多头占据优势。但实体部分与下影线长短不同，买方与卖方力量对比也不同，具体情况包括以下三种。①实体部分比下影线长，表示价位下跌不多，即受到买方支撑，价格上推。破了开盘价之后，还大幅推进，买方实力强劲。②实体部分与下影线相等，表示买卖双方交战激烈，但大体上，买方占主导地位，对买方有利。③实体部分比下影线短，表示买卖双方在低价位上发生激战，遇买方支撑逐步将价位上推。但上面实体部分较小，说明买方所占据的优势不太大，若卖方次日全力反攻，则买方的实体很容易被攻占。

(4) 下跌抵抗型[见图 2-5 K 线形态(6)]：这是一种带下影线的蓝实体，开盘价是最高价。一开盘卖方就展现出较大的优势，价位一直下跌，但在低价位上遇到买方的支撑，后市可能会反弹。实体部分与下影线的长短不同也可分为三种情况。①实体部分比下影线长，表示卖压比较大，一开盘就大幅下压，在低点遇到买方抵抗，买方与卖方发生激战，影线部分较短，说明买方把价位上推不多，从总体上看，卖方占了比较大的优势。②实体部分与下影线同长，表示卖方把价位下压后，买方的抵抗也在增加，但可以看出，卖方仍占优势。③实体部分比下影线短，表示卖方把价位一路压低，在低价位上，遇到买方顽强抵抗并组织反击，逐渐把价位上推，最后虽以蓝柱收盘，但可以看出卖方只占极小的优势。后市买方很可能全力反攻，蓝色实体可能被反噬。

(5) 上升阻力型[见图 2-5 K 线形态(7)]：这是一种带上影线的红色实体，开盘价即最低价。开盘后买方强势，价位一路上扬，但在高价位遇到卖方压力，使股价上升受阻。卖方与买方交战的结果为买方略胜一筹，具体情况仍应观察实体与上影线的长短，包括以下三种。①实体比上影线长，表示买方在高价位时遇到阻力，部分多头获利回吐。但买方仍是市场的主导力量，后市继续看涨。②实体与上影线同长，表示买方推高价位，但卖方压力也在增加。二者交战的结果，卖方把价位压回一半，买方虽占优势，但卖方表现出相当的抵抗力。③实体比上影线短，表示在高价位遇到卖方的压力，卖方全面反击，买方受到严重考验，大多数短线投资者纷纷获利回吐，在当日交战结束后，卖方已收回大部分失地，买方势力趋软，态势岌岌可危。这种 K 线若出现在高价区，则后市看跌。

(6) 先涨后跌型[见图 2-5 K 线形态(8)]：这是一种带上影线的蓝色实体，收盘价即最低价。开盘后，买方与卖方进行交战，买方占上风，价格一路上升，但在高价位遇到卖压阻力，卖方组织力量反攻，买方节节败退，最后在最低价收盘，卖方占优势，并充分发挥力量，使买方陷入"套牢"的困境。具体情况仍有以下三种。①蓝色实体比上影线长，表示买方把价位上推不多，立即遇到卖方强有力的反击，把价位压破开盘价后乘胜追击，再把价位下推很大的一段。卖方力量特别强大，局势对卖方有利。②蓝色实体与上影线同长，表示买方把价位上推，但卖方力量更强，占据主导地位。卖方依然处于优势地位。③蓝色实体比上影线短，表示卖方虽将价格下压，但优势较小，次日入市，买方力量可能再次反攻，蓝色实体很可能被攻占。

(7) 反转试探型[见图 2-5 K 线形态(1)、(9)]：这是一种上下都带影线的红色实体。开盘后价位下跌，遇到买方支撑，双方争斗之后，买方增强，价格一路上扬，临近收盘前，部分买者获利回吐，在最高价之下收盘。这是一种反转信号，若在大涨之后出现，表示高档震荡，若成交量大增，后市可能会下跌；若在大跌后出现，后市可能会反弹。上下影线及实体的不同又可分为两种情况。①若上影线比下影线长，且上影线长于红色实体，表明买方力量受挫；反之，红色实体长于下影线部分，则买方力量虽受挫，但仍占据优势。②若下影线比上影线更长，且红色实体长于下影线，则买方力量受挫，但仍然居于主导地位；反之，若下影线长于红色实体，则表明买方实力受到挑战，有待接受考验。

(8) 弹升试探型[见图 2-5 K 线形态(2)、(10)]：这是一种上下都带影线的蓝色实体。在交易过程中，股价在开盘后，有时会上涨。然而，随着卖方力量的增加，买方不愿追逐高价，卖方逐渐居于主动，股价逆转，在开盘价以下交易，股价下跌，在低价位遇买方支撑，使股价不至于以最低价收盘。有时股价在上半场以低于开盘价成交，下半场股价回至高于开盘价成交，临收盘前卖方又占优势，而以低于开盘价的价格收盘。这也是一种反转信号，若在大跌之后出现，则表示低档承接，行情可能反弹；若在大涨之后出现，则表示后市可能下跌。

(9) 十字线型[见图 2-5 K 线形态(11)、(12)、(13)、(14)]：这是一种只有上下影线没有实体的图形。开盘价即收盘价，表示在交易中，股价出现高于或低于开盘价的成交，但收盘价与开盘价相同。买方与卖方几乎势均力敌。

其中，上影线越长，表示卖方压力越大；下影线越长，表示买方实力越强。上下影线看似等长的十字线，可称为转机线，在高价位或低价位出现，意味着可能出现反转。

(10) "T"和"⊥"图形[见图 2-5 K 线形态(17)、(18)]："T"图形又称多胜线，开盘价与收盘价相同，当日交易既以开盘价以下的价位成交，又以当日最高价(即开盘价)收盘。卖方实力虽强，但买方实力更强，局势对买方有利，若在低价区，行情将会回升。

"⊥"又称空胜线，开盘价与收盘价相同，当日交易都在开盘价以上的价位成交，并以当日最低价(即开盘价)收盘，表示买方实力虽强，但卖方实力更强，买方无力再拉升。总体来看，卖方稍占优势，若在高价区，行情可能会下跌。

(11) "—"图形[见图 2-5 K 线形态(21)]：此图形即开盘价、收盘价、最高价、最低价在同一价位，只出现于交易非常冷清的时候，全日交易只有一档价位成交。冷门股等此类情形较易发生。

第六节　证券市场指数及其作用

一、股票价格指数概念

对于具体某一只股票的价格变化，投资者容易了解，而对于多只股票的价格变化，就需要编制出股票价格指数。股票价格指数是用以反映特定多数的一揽子股票的价格总体水平及其变动情况的指标。它是由证券交易所或金融服务机构编制的表明股票行市变动的一种供参考的指示数字。

编制股票价格指数通常是以某年某月为基础，以这个基期的股票价格作为100，用以后各时期的股票价格与基期价格比较，计算出升降的百分比，从而获得该时期的股票价格指数。投资者根据指数的升降，可以判断出股票价格的变动趋势。

我国上证综合指数的基期为1990年12月19日，即当日指数设为100点。截至2024年2月8日，指数点位为2 865.90，较前一日上涨36.20点。这表明与1990年的基期相比，指数上涨了27.66倍，较前一日则上涨了1.28%。一般而言，在不计交易量权重的情况下，股价价格指数上涨，表明指数标的板块的大多数股票会上涨；反之，股票价格指数下跌，表明大多数股票可能会下跌。

股票价格指数按照不同行业、部门或概念、板块的股票样本编制并进行分类。例如，以上交所上市股票为全样本，编制了上证综合指数；以所属三次产业的上市公司股票为样本，可以分别编制农业、工业与建筑业和服务业股票价格指数；以金融行业上市公司股票为样本，可以编制金融板块的股票价格指数；以与中国芯片研发相关的上市公司股票为样本，可以编制中国芯片板块的股票价格指数；等等。

二、股票价格指数样本选择

股票价格指数样本的选择可以是某个市场、行业、市场题材或板块的全样本，也可以采用抽样样本进行编制。抽样样本须具备以下特质。

(1) 样本的典型性和代表性，即所选样本占目标板块的核心地位和具有典型代表水平。

(2) 样本分布的均匀性，即所选样本要尽可能处理好目标板块的上游与下游、核心与边缘关系，以确保样本构造的指数更具有包容性和指向性。

(3) 样本市值占比的重要性，即所选样本的市值占比较大。

(4) 样本价格的敏感性，即所选样本构建的指数对市场变化能够迅速做出反应，与目标板块价格变化趋势保持一致。

三、股票价格指数编制步骤

股票价格指数是反映不同时期的股价变动情况的相对指标，也就是将某一时期股价的平均数作为另一时期股价平均数的基准，以百分数形式表示。股票指数编制的一般步骤如下。

(1) 确定样本股。

(2) 选定基期，计算基期股票平均价格。

(3) 确定报告期，计算报告期平均股价。

(4) 指数化。所谓指数化，即以某一计算期样本股的平均价格除以基期平均价格再乘以一个固定数(100 或 1000)。其计算公式为

$$P_I = \frac{\overline{P_1}}{\overline{P_0}} \times 100 \ (1000) \tag{2-1}$$

式中：P_I 为股价指数；$\overline{P_0}$ 和 $\overline{P_1}$ 分别为基期和报告期的平均价。

四、股票价格指数计算

(一)平均价格计算方法

股票价格平均数反映了市场股票价格的绝对水平。平均价格计算方法可以分为简单算术股票价格平均法、加权股票价格平均法，具体如下。

(1) 简单算术股票价格平均法，其计算公式为

$$\overline{P} = \frac{1}{n}\left(P_1 + P_2 + \cdots + P_n\right) \tag{2-2}$$

式中：$\overline{P}$ 为平均价；P_j，$j = 1, 2, \cdots, n$，n 为 n 只股票收盘价。

(2) 加权股票价格平均法，其计算公式为

$$\overline{P} = \frac{\sum\limits_{i=1}^{n} P_i Q_i}{\sum\limits_{i=1}^{n} Q_i} = \sum\limits_{i=1}^{n} P_i \times \left(\frac{Q_i}{\sum\limits_{i=1}^{n} Q_i}\right) \tag{2-3}$$

式中：Q_i 为第 i 只股票交易量。

(二)股票价格指数计算方法

(1) 简单算术法平均股票价格指数 P_{AVE}，其计算公式为

$$P_{\text{AVE}} = \frac{1}{n}\sum \frac{P_1}{P_0} \times 100(1000) \tag{2-4}$$

(2) 总和法股票价格指数 P_{SUM}，其计算公式为

$$P_{\text{SUM}} = \frac{\sum P_1}{\sum P_0} \times 100(1000) \tag{2-5}$$

【例 2-1】假设市场有 A、B、C 三只股票，基期与报告期的收盘价数据如表 2-2 所示，请用简单算术法和总和法计算三只股票的指数。

表 2-2　A、B、C 三只股票基期与报告期的收盘价数据

收盘价	A	B	C
P_0	1	2	3
P_1	2	3	4

由公式(2-4)和(2-5)计算得

$$P_{AVE} = \frac{1}{3}\left(\frac{2}{1} + \frac{3}{2} + \frac{4}{3}\right) \times 100 = 161.11 \; ; \quad P_{SUM} = \left(\frac{2+3+4}{1+2+3}\right) \times 100 = 150.00$$

(3) 拉氏式股票价格指数 P_{LS}，其计算公式为

$$P_{LS} = \frac{\sum P_{1i}Q_{0i}}{\sum P_{0i}Q_{0i}} \times 100(1000) \tag{2-6}$$

(4) 派许式股票价格指数 P_{PX}，其计算公式为

$$P_{PX} = \frac{\sum P_{1i}Q_{1i}}{\sum P_{0i}Q_{1i}} \times 100(1000) \tag{2-7}$$

【例 2-2】假设市场有 A、B、C 三只股票，基期与报告期的收盘价与成交量数据如表 2-3 所示，请用拉氏式法和派许式法计算三只股票的股价指数。

表 2-3　A、B、C 三只股票基期与报告期的收盘价与成交量数据

收盘价/成交量	A	B	C
P_0/Q_0	1/20	2/40	3/80
P_1/Q_1	2/300	3/400	4/800

由公式(2-6)和(2-7)计算得

$$P_{LS} = \left(\frac{2 \times 20 + 3 \times 40 + 4 \times 80}{1 \times 20 + 2 \times 40 + 3 \times 80}\right) \times 100 = 141.18$$

$$P_{PX} = \left(\frac{2 \times 300 + 3 \times 400 + 4 \times 800}{1 \times 300 + 2 \times 400 + 3 \times 800}\right) \times 100 = 142.86$$

可见，在本例的已知条件下，用拉氏式法和派许式法的计算结果差别不大。

假设在报告期小盘股 A 股票和大盘股 C 股票分别上涨 1 元，比较 P_{PX} 的计算结果存在差异。

低价小盘股 A 股票上涨 1 元，此时计算得

$$P_{PX} = \left(\frac{3 \times 300 + 3 \times 400 + 4 \times 800}{1 \times 300 + 2 \times 400 + 3 \times 800}\right) \times 100 = 151.43$$

高价大盘股 C 股票上涨 1 元，此时计算得

$$P_{PX} = \left(\frac{2 \times 300 + 3 \times 400 + 5 \times 800}{1 \times 300 + 2 \times 400 + 3 \times 800}\right) \times 100 = 165.71$$

由上述指数的简单计算可知，小盘股和大盘股股价同样上涨 1 元，前者指数上涨了 6%，而后者则大幅上涨了 16%，说明指数涨跌幅与股票交易量大小有很大关系。市场指数涨幅有较大拉升，而多数股票却在下跌的情形并不少见。显然这种情况可能只是少数大盘股上扬，但并没有同步带动整体市场。此时，我们可以结合其他未使用交易量加权构造的指数，或技术指标对比，综合判断市场总体走势。比如，美国的价值线指数未作成交量加权，可以将其与标普 500 指数结合起来判断市场走势。如果标普 500 指数上扬，而价值线指数未上涨或涨幅较少，则说明是少数大盘股力图撬动市场；反之，如果价值线指数涨幅较猛，但标普 500 指数上涨不明显，则说明小盘股上行是一厢情愿，拉不动大盘股。

五、股票指数的应用

股票指数在金融市场中扮演着重要角色，具有以下几方面的作用。①反映市场整体走势。股票指数可以反映特定市场或行业整体走势。投资者通过观察股票指数的涨跌情况，可以了解市场当前是否处于上涨、下跌或震荡状态。②衡量基金表现。许多基金会以特定股票指数为参照标准来衡量其表现。例如，一只被动型基金可能会选择追踪某个特定股票指数，并力求与该指数保持一致的收益率。因此，投资者可以通过比较基金的实际收益与相应股票指数的表现来评估该基金是否能够超越市场平均水平。③辅助投资决策。对于主动型投资者而言，股票指数可以作为辅助投资决策的参考依据。投资者可以通过比较个别股票与其所属指数的表现，判断该股票是否具备投资价值。此外，投资者还可以通过观察不同行业或地区的指数走势，选择相对强势或弱势领域进行资产配置。④风险管理工具。股票指数也被广泛应用于风险管理和衍生品交易。例如，在期货市场中，投资者可以通过买卖与特定股票指数相关的期货合约来进行对冲套保操作，以规避市场风险。

调研作业：请考察我国证券市场的股票指数构造，举例说明加权指数和非加权指数的构造差异。

第七节 融资融券交易

一、融资融券的含义

融资融券业务是指投资者向证券公司提供抵押品，以借入资金购买上市证券，或借入上市证券进行出售的业务活动，包括融资和融券两项业务。

融资业务是指客户向经纪公司申请融资并提供满足融资金额一定比例的担保物(担保资金或担保证券)。经纪公司以自有或依法筹集的资金，在交易发生时为客户垫付资金，客户须在合同到期前还本付息。

融券业务是指客户向经纪公司申请融券并提供满足融券金额一定比例的担保物(担保资金或担保证券)。经纪公司以自有或依法筹集的证券，在交易发生时为客户垫付证券，客户需在合同到期前还券付息。

沪、深两所《融资融券交易试点实施细则》规定，证券公司应当加强投资者适当性管理，明确投资者参与融资融券交易应具备的资产、交易经验等条件，如无重大违约要求、从业时长要求、日均账户余额最低下限要求等。

二、融资融券交易规则

证券公司为符合上述条件的投资者开立信用证券账户和信用资金账户，并根据客户的风险承受能力、资产和信用情况等授予客户一定的融资融券授信额度。在客户使用授信额度进行融资或融券交易时，证券公司会同步提取相应比例的保证金。保证金是投资者信用账户中的自有资产，作为向证券公司借入证券或资金的抵押。保证金可以是现金或交易所认可的可折算并充当保证金的有价证券。现金的保证金折算比例为100%，其他有价证券的折算比例则由各证券公司根据交易所公布的折算比例上限进行调整。

三、融资融券策略一般应用[①]

1. 预期上扬融资策略

假设投资者认为股票 A 当天会低开并走高,或者预测到盘中会出现低点机会。此时,可以通过融资的方式在低位先行买入股票 A。待股价冲至当日高点时,使用卖券还款的方式卖出持仓的股票 A,用所得资金立即归还当日的融资负债。只要账户中仍有可用股数,就可以重复这个策略,即低位吸纳、高位卖出,累积收益,并且不产生利息费用。

【例 2-3】投资者已经满仓持有通威股份(600438),某日早市通过融资买入 2 000 股,买入价格为 32 元/股,当日高点时卖出自有资金持仓的 2 000 股,卖出价格为 33.50 元。即可得出(不考虑手续费成本)

融资买入成本:32×2 000 = 64 000(元)

卖券还款资金:33.50×2 000= 67 000(元)

收益:67 000-64 000 = 3 000(元)

操作指令:融资买入+卖券还款 = 融资 T+0(不产生利息)。

2. 预期下跌融券策略

某股连续多日大涨,短线上涨乏力,一旦抛盘放量涌出,涨停板随时打开,短线做空机会出现,但此时原账户中无该股可卖,那么如何把握当天做空 T+0 机会呢?

解决方案:涨停价融券卖出后,回落至合适低位,随时低位担保品买入或融资买入相同数量的该股,该笔交易获利了结,不受未来行情波动影响。次日直接还券,并还款(如有融资负债)。

【例 2-4】某投资者发现豫能控股近期连续涨停,当天虽涨停开盘,但成交量较往日快速放大,当日涨停板随时打开,但手上无股可卖,此时,可以在涨停价格以 6.06 元融券卖出 10 000 股,若随后股价果真快速下跌,待跌至 5.75 元附近再融资买入或担保品买入 10 000 股。该笔交易即获利了结,即可得出(忽略手续费及利息成本)

融券卖出:6.06×10 000=60 600(元)

融资买入或担保品买入:5.75×10 000=57 500(元)

当天收益:60 600-57 500=3 100(元)

操作指令:融券卖出→担保品买入/融资买入,第二日直接还券 10 000 股及直接还款约57 500 元,若担保品买入则不用还款。融资和融券仅支付 1 天利息。

3. 预期偏误止损策略

通过分析判断某股当日将有反弹行情,但买入后发现走势不如预期,表现偏弱,因没有该股库存无法通过 T+0 止损控制风险。此时如何应对?

解决方案:低位担保品买入后,该股反弹不及预期,随后走弱破位下跌,立即融券卖出止损控制风险。次日直接还券(如有融资负债)。

---

① 融资融券案例援引自知乎:https://zhuanlan.zhihu.com/p/666163629.

【例 2-5】某投资者推测东诚药业(002675)将跌至上升通道，23.30～23.50 元附近将有强力支撑，此位大幅反弹可能较大，上午随即以 23.30 元价格担保品买入 10 000 股，但随后反弹无力，临近中午收盘股价更是不断走弱，判断反弹破位可能性较大。下午开盘后当即以 23.05 元融券卖出 10 000 股，及时止损。虽然该股以 22.25 元价格收盘，但回避了当日和隔日风险，即可得出(忽略手续费及利息成本)

担保品买入金额：23.30×10 000=233 000(元)

融券卖出金额：23.05×10 000=230 500(元)

止损：230 500-233 000=-2 500(元)

若无融资融券对冲工具，则收盘当日浮动盈亏：(22.25-23.30)×10 000=-10 500(元)

操作指令：担保品买入→融券卖出，第二日直接还券 10 000 股(融券仅支付 1 天利息)。

4. 冲高回落融券策略

市场偏弱时，某天股价高开低走，冲高回落，特别是前期有较大利空，形态表现较差，反弹无力，即有做空机会，却因无该股库存无法捕捉高抛机会。

解决方案：无量高开后，趁冲高融券卖出，待下跌出空间，随时低位担保品买入或融资买入相同数量的该股，该笔交易获利了结，不受未来行情波动的影响。次日直接还券并还款(如有融资负债)。

【例 2-6】中芯国际(688981)受近期高管离职风波利空影响，股价连续破位下跌，短期企稳后，早盘高开至 57 元附近，刚好为 5 天均线位置，短线可能存在较强反压。因该股表现较差，手上无该股库存可抛，投资者随即以 56.95 元融券卖出 2 000 股，果然该股一路走低，符合预期，下午更是出现一波跳水，投资者随即以 54.90 元担保品买入或融资买入 2 000 股，该笔交易获利了结。未来股价无论涨跌都与此无关，即可得出(忽略手续费及利息成本)

融券卖出金额：56.95×2 000=113 900(元)

担保品买入金额：54.90×2 000=109 800(元)

当天收益：113 900-109 800=4 100(元)

操作指令：融券卖出+担保品买入，第二日直接还券 2 000 股(融券仅支付 1 天利息)。

本 章 小 结

练习与思考

1. 请结合教材内容阐述你的短线市场理念和策略。

2. 谈谈你对高成长股的理解。目前市场上哪些行业具有高成长性？请在高成长的行业中选择三个有代表性的上市公司的股票，并给出判断依据。

3. 试找出 3～5 只券商一致预期的股票和 3～5 只券商短期持续增持的股票，分别作两组投资，对二者收益效果进行比较分析。

4. 目前市场有哪些是热门板块，请选择你看好的三个板块进行资源配置，以上证指数为基准，进行你的投资组合收益与风险分析。

5. 试说明牛市行情和熊市行情中上证指数比前一天上涨了 20 个点的市场行情差异。

6. 如果你购买了 1 000 股价格为 60 元的 B 股票，由于你看好这只股票，向经纪人借了 15 000 元，贷款利率为 5%，那么你的初始保证金是多少？如果 3 个月后股票价格上涨到 65 元，你卖出这只股票后的收益率是多少？

7. 假定某国的股票市场上只有 A、B、C 三家上市公司，它们的股份数和价格如表 2-4 所示，以股本为权数，以 2021 年 3 月 1 日为基期，基期定为 100 点，假定基期到即期各公司的股本不变，利用加权平均数法计算某国 2022 年 4 月 1 日股票价格指数是多少点？

表 2-4　利用加权平均数计算股票价格指数

日　　期		A 股票	B 股票	C 股票
—	总股本	2 亿股	5 亿股	10 亿股
2021 年 3 月 1 日	股票价格	10 元	15 元	8 元
2022 年 4 月 1 日	股票价格	13 元	17 元	7 元

实 践 案 例

巴菲特的选股逻辑

沃伦·爱德华·巴菲特(Warren Edward Buffett)是美国著名的投资家、慈善家、企业家和金融学家，被誉为"现代投资之父"。巴菲特的投资哲学被称为"价值投资"，并因此被誉为"股神"。巴菲特曾多次入选《时代》杂志评选的"全球最具影响力人物"名单和《福布斯》杂志评选的全球亿万富豪榜。

巴菲特选股的逻辑和方法主要基于以下几方面。

(1) 专注价值投资。巴菲特认为，一家公司的真正价值应该是由其未来现金流量所决定的。因此应在深度财务分析的基础上，选择那些内在价值大于其股票价格的优质公司，寻找和分析它们长期可持续的经济优势和盈利能力，并在股票价格下跌时买入。

(2) 关注优质公司。巴菲特选择那些稳健的、管理良好、具有市场竞争优势的公司。因为这些公司能够在经济低迷时保持其市场地位，而在经济复苏时则能获得更高的利润。他将那些具有低负债、高现金流和高盈利能力的公司作为重点关注的目标。

(3) 把握经济周期。巴菲特总是关注宏观经济周期，并在市场下跌时大量购买股票，以便在市场反弹时获利。他也倾向于选择那些即使在经济萎缩时也能继续赚钱的优质公司。

(4) 秉持逆向思维。巴菲特在投资时会采用逆向思维，即在市场行情不好时大量购买股票，而在市场行情好时减少购买。他认为股市的短期波动是市场不理性或过度情绪所导致的，需要采取相反的思考方式，并以此来获得更好的投资机会。

(5) 坚守长线信念。巴菲特坚持依赖自己的分析判断和经验，排除短期波动的干扰，长期持有手中的股票，除非通过独立分析确定目标公司基本面即将发生变化。

总之，巴菲特的投资方法是基于自己的经验、知识和判断，强调价值投资、长期投资和选股的细致分析。他追求高质量的股票，并以价格低于股票内在价值的优质公司为主要投资目标。

创造颠覆性产品的苹果

一家上市公司的投资价值立足于产品开发，特别是具备颠覆性的产品问世往往是最具有价值的增长战略，如苹果不断开发出新数码产品。1997年乔布斯回归苹果，1998年8月推出了iMac计算机，2001年10月推出了iPod，iPod颠覆了随身听市场，而在问世初期几乎没有竞争对手。2007年1月iPhone问世，iPhone颠覆了传统手机，成为智能手机的代名词。2010年1月iPad问世，颠覆了传统笔记本电脑。2014年9月iWatch问世。可以看出，苹果每一项数码产品的推出都为公司的增长打开了空间，苹果股价自乔布斯回归至2015年，上涨超过200倍。截至2023年12月31日，苹果公司股票每股市价为182.31美元，每股收益为6.54美元，净资产收益率为49.79%，市盈率为27.9倍，市净率为37.99倍。

全球化的可口可乐

价值投资潜藏于市场迅速扩张的理念与推行模式。1976年，可口可乐的首席执行官(CEO)保罗·奥斯丁(Paul Austin)在一篇文章中指出美国的软饮料消费已经成熟饱和，可口可乐的最大销售量增长将来自国际市场。全球化发展一直是公司的战略目标，到了1987年，可口可乐利润的3/4来自国际市场的销售，全世界都有可口可乐，到处都能购买，到处都有销售。这也正是股神巴菲特购买可口可乐的原因之一，当市场还停留在可口可乐是美国成熟型企业的认识时，巴菲特就已经看到了可口可乐向全球输出的远景。他在做完投资但股票尚未飞涨时写道，"当时我看到的是：很明白，很引人注目，世界上最流行的产品为自己建立了一座新的丰碑，它在海外的销量爆炸式地迅速膨胀"。截至2023年12月31日，可口可乐公司每股市价为53.39美元，每股收益为2.75美元，净资产收益率为42.82%，市盈率为23.97倍，市净率为9.9倍。[①]

思考

1. 如何识别和发掘品牌价值的市场潜力，做好股市投资的第一功课。
2. 试阐述投资与投机在风险与收益属性上的异同。
3. 试述短线投资者以及价值投资者应具备的品质和心理素养。

---

① 东方财富经典版F10苹果和可口可乐公司的财务资料。

第三章 证券市场投资工具

【章前导读】

本章介绍投资工具，亦即投资对象。我们知道，风险偏好的选择是构建理性投资的首要因素，只有知己知彼，才能"有的放矢"。本章通过讲述产品的收益与风险特征，帮助读者了解不同投资工具的属性。从投资工具的市场规模、结构、定价与交易方式，以及市场供给与需求状态和水平，我们可以发现不同市场主体之间各自的目标利益及其相互关联性。

我国证券市场的投资品种日渐丰富，有高风险高收益的权益类投资品，如股票、基金及其期权、期货等衍生品；也有低风险低收益的债券类投资品，如短期、中期和长期国债、商业票据等。它们有的与投资者建立债权债务关系，有的则与投资者建立权益关系。享受固定收益的"无风险"，就必定放弃权益溢价的高收益机会；而拥有权益溢价的机会，则必须承受市场波动的风险。无论是选择单一品种还是进行品种之间的"混搭"组合，都取决于你对投资品"质地"的"感觉"，也就是你的风险偏好。顺便提醒一下，如果市场节奏把握得当，"低收益"投资品的表现并不一定输给"高收益"投资品，当你盘点总收益时，或许会有意外的惊喜。

一个真正的投资者并不会如赌博般随意投放资金，他只会投放于有足够可能性获取利润的工具上。

——罗伊·纽伯格(Roy R.Neuberger)

【关键词】

货币市场　资本市场　短期国债　可转让大额存单　商业票据　商业承兑汇票　银行承兑汇票　银行同业存单　逆回购协议　中长期国债　地方政府债券　政策性银行债券金融债券　公司债券　可转换债券　资产证券化　普通股　优先股　投资基金

【案例引入】

证券市场提供了众多的金融工具供投资者选择。从工具属性上讲，有适合做短线的工具，也有适合做长线的投资产品。塞上医疗(603716)股票的基本面表现平平：权益净利率(ROE)为0.28%，每股收益为0.016元，市盈率为94.07倍，毛利率为22.07%。该股票做长线投资显然意义不大。2023年7月27日，该公司发布"关于使用部分闲置募集资金暂时补充流动资金的公告"，引发市场套利现象。7月28日，股票开始拉升，仅13个交易日，就走出6阴6阳1平的行情，股价从9.56元飙升至15.98元，涨幅高达67.15%，而同期板块和大盘拉升4.68和-1.38个百分点。而随后的近1年时间(截至2024年7月26日)，塞上医疗创上市7年以来新低，为5.13元，跌幅达59.39%，而同期板块和大盘分别下跌25.65和9.35个百分点。我们再来看看另一种投资品：基金。2024年以来的六个月，开放式基金净值增长排名前三的分别是湘财鑫睿债券、同泰恒利纯债A和同泰恒利纯债C，其净值涨幅分别为90.20%、75.51%和75.33%。从以上数据可以得出以下三个结论：第一，工具的选择很重要，对工具的属性的认知与正确使用也很重要；第二，短线机会的一次暴利可以让全年"躺平",而错踏股市的节奏必会浮云散尽、前功尽弃;第三,债券(基金)投资在熊市行情中超越股票投资收益不是概率,而可能是规律。

第一节 货币市场投资工具

货币市场投资工具是指期限在一年以内(含一年)的短期债务凭证,它们交易的场所称为货币市场。这里主要介绍和讨论短期国债、可转让大额存单、商业票据、商业承兑汇票与银行承兑汇票、银行同业存单及回购协议与逆回购协议等主要货币市场工具。

一、短期国债

国债,也称国家公债,是由国家发行的债券,是中央人民政府为筹集财政资金而发行的一种政府债券,是中央人民政府向投资者出具的、承诺在一定时期支付利息和到期偿还本金的债权债务凭证。期限在一年以内的为短期国债(Treasury Bills,T-bills),1~10 年的为中期国债,10 年以上的为长期国债。国债由国家财政信誉做担保,历来有"金边债券"之称,是稳健型投资者偏爱的投资产品。其种类有凭证式国债、无记名(实物)国债、记账式国债三种。

短期国债的主要市场功能表现在三个方面:①弥补财政资金临时性收支缺口;②作为宏观调控的货币政策工具;③作为投资者短期资金避险工具。

在我国,短期国债按期限划分,有 3 个月、6 个月、9 个月和 12 个月四种不同期限;按付息方式,可分为固定利率附息国债和贴现国债,前者发行价格有平价和溢价发行两种方式,后者按低于面值的价格贴现发行,到期归还面值。

短期国债是以贴现方式发行的,即一般以低于面值的价格发行。因此,短期国债在持有期间不再获取利息支付,故被称为零息票债券。截至 2023 年 9 月 22 日,通过对我国存量债券进行统计,我国短期国债发行总额为 1.95 万亿元,占全部国债发行总额比重约为 7%,平均利率约为 1.85%。贴现发行均价为 99.58 元,到期归还面值。

短期国债发行通常采取招标投标制。财政部确定本次发行规模后,向社会公告,各投标人在一定的约束条件下,报出自己拟购买的数量和价格。投标有两种形式:一种是竞争性投标,出价最高者首先中标,之后按出价顺序,由高到低依次配售,直至售完为止;另一种是非竞争性投标,适用于一些小规模的金融机构,它们无力或不愿意参与竞争性投标,便按照竞争性投标决出的最高价和最低价的平均数购买。短期国债以贴现方式发行居多,即以低于票面金额的价格发行,到期再按票面金额足值偿付。发售价格与票面金额之差即为国债的利息。其计算公式为

$$发售价格 = 票面金额 \times \left\{ 1 - \left[(短期国债期限) \div 360 \right] \times 贴现率 \right\} \tag{3-1}$$

短期国债一般在店头市场(场外交易市场)买卖,其买卖价格随证券商公布的贴现率的变化而变化,计算公式为

$$交易价格 = 票面金额 \times \left\{ 1 - \left[出售日距到期日天数 \div 360 \right] \times 贴现率 \right\} \tag{3-2}$$

投资者可以选择证券交易所、银行柜台、网上银行三种途径购买国债。凭证式国债只

能通过银行柜台进行交易；电子国债可以通过银行柜台购买或者网上银行购买；记账式国债可以通过证券交易所购买。

　　提示：如果你是极端风险厌恶的投资者，那么短期国债是你不二的选择。在一个投资组合中，根据市场变化适度调整短期国债的占比，可以有效改善资产组合的安全性。

二、可转让大额存单

　　可转让大额存单(Certificates of Deposit，CD)，也称为大额存单，是指由银行业存款类金融机构(包括政策性银行、商业银行、农村合作金融机构以及中国人民银行认可的其他金融机构)面向个人、非金融企业、机关团体等发行的一种大额存款凭证。我国大额存单于2015年6月15日正式推出，以人民币计价。大额存单凭证上印有一定的票面金额、存入日和到期日以及利率，到期后可按票面金额和规定利率提取全部本利，逾期存款不计息。大额存单发行者多是大银行，在到期之前可以流通转让，期限不低于7天。

　　目前，市场推出的大额存单期限包括1个月、3个月、6个月、9个月、1年、18个月、2年、3年和5年共9个品种。大额存单比同期限定期存款有更高的利率，大都在基准利率基础上上浮40%，少部分银行上浮45%，而定期存款一般最高上浮在30%左右。大额存单一般有两种付息方式，一是按月付息，二是到期一次性还本付息。另外，大额存单受《存款保险条例》保护，即当银行破产时，金额在50万元以内的账户，可获得100%的赔付。同时，它还能够"靠档"计息，若须提前赎回，也不会损失全部收益。

　　我国大额存单采用电子化发行方式，投资者可通过发行人的营业网点、电子银行、第三方平台以及经中国人民银行认可的其他渠道认购。个人投资者认购大额存单起点金额不低于20万元，以1万元递增；机构投资者认购起点金额不低于1 000万元，以100万元递增。

　　大额定期存单由银行发行，具有信誉良好，危险性小，利率高于活期存款，并且可随时转让融资等优势，为个人、企业投资者提供了一种兼顾收益性、安全性、流动性的投资工具。同时，也为金融机构弥补资金短缺创造了有利条件。大额定期存单采用一级市场发行、二级市场流通的市场运行模式。其利率水平变化反映了市场资金即时供求状况。

　　提示：大额存单分为短期投资品和中期投资品。其品种丰富，个人投资门槛低，可转让、可流通，利率水平高，安全性好，是财富储存积累的好去处。

三、商业票据

　　商业票据(Commercial Paper，CP)是指发行人为满足流动资金需求而发行的、期限不超过一年的、可流通转让的短期债务工具。它通常是指在商业活动中由出票人签发的无条件约定自己或要求他人支付一定金额、可流通转让的、持有人拥有一定权利的凭证。商业票据的面额一般都比较大，期限为20～40天，市场上未到期票据的平均期限为30天以内，很少超过270天。

　　商业票据是从商业信用工具逐渐演化而来的。在商品交易的过程中，每笔交易的成交，通常都在货物运出或劳务提供之后，卖方向买方收款，买方则按合约规定开出一张远期付款的票据给卖方。卖方可以选择持有票据到期向买方兑现取款，也可以将票据拿到金融市场上进行贴现。由此可见，这种商业信用工具既是商品交易的工具，又可作为融通资金的工具。

随着金融市场的发展，这种工具的融资功能与商品交易逐渐分离，变成了单纯债权债务关系的融资工具。20世纪20年代，美国的一些大公司为了刺激销售，实行商品赊销和分期付款，因需要大量资金而开始发行商业票据。此后，商业票据的发行规模不断扩大，成为工商企业筹资的重要方式。

商业票据的发行主体主要包括大型企业的子公司、银行控股公司、其他获得银行信用额度支持的企业和外国企业。商业票据的投资者主要包括中央银行、投资公司、各类基金、非金融机构和政府部门等。一般个人投资者较少。

商业票据的发行可采用两种方式，一种是直接发行，另一种是通过经纪商间接发行。

商业票据通常以贴现方式发行，即以低于面额的价格发行，并在到期时按面额兑付，其利率即为贴现率。其收益率的计算公式为

$$票据收益率 = \frac{面额 - 发行价格或交易价格}{发行价格或交易价格} \times \frac{360}{成交日至到期日的天数} \quad (3\text{-}3)$$

票据签发后可以在票据交易市场(paper market)进行转让交易。票据市场分为一级市场和二级市场。一级市场的主要功能是票据(汇票、本票和支票)的签发和承兑；二级市场则实现票据的流通、货币政策传导等功能，包括背书转让、贴现、转贴现、再贴现。"中央银行票据"和"企业短期融资券"等票据交易主要有以下三种渠道：①各大商业银行票据交易平台；②票据交易所平台(如上海票据交易所)；③新三板挂牌公司票据交易平台。

截至2023年9月22日，通过对我国存量债券进行统计，我国央行短期票据发行总额为1150亿元，占全部国债的比重约为0.08%，平均利率为2.61%。以面值100元发行，每年付息两次或一次还本付息。中长期票据发行总额为9.09万亿元，占全部债券的比重为6.01%，平均利率约为4.05%，以面值100元发行，到期按固定利率或累进利率计息付息。

提示：商业票据是发行人和投资者等机构(主要是企业)之间的交易或融资手段。个人投资者较少参与。它的期限较短，价格受市场利率波动的影响，但风险相对较小。

四、商业承兑汇票与银行承兑汇票

承兑汇票(Banker Acceptance)是为了方便商业交易活动而创造出的一种工具，属于票据市场的范畴。在商品交易活动中，售货人向购货人签发的汇票，一经承兑人承兑，即成为承兑汇票。当承兑人对汇票背书表示同意承兑后，就由承兑人承担最终的付款责任。因此，承兑汇票实质上是以承兑人的信用来代替企业的信用。如果承兑人是商业公司，则称之为商业承兑汇票；如果承兑人是银行，则称为银行承兑汇票。商业承兑汇票代表的是商业信用，而银行承兑汇票代表的是银行信用。商业承兑汇票在信用等级和流通性上低于银行承兑汇票，在银行办理贴现的难度也比银行承兑汇票高。

商业承兑汇票是企业获得融资的常用方式，它具有以下优点。

首先，它能够改善企业的资金流动性。中小企业供应商在完成订单后，可能由于资金周转不灵，支付不能及时到账，商业承兑汇票可以作为一种短期融资手段，及时解决中小企业的资金需求。其次，安全性较高。商业承兑汇票通常是由实力雄厚、信誉良好的大型企业签发的，兑付能力强，风险相对较低。再次，期限短，流动性好。商业承兑汇票是一

种短期投资产品，期限通常不超过 90 天。最后，收益稳定性和可控性好。商业承兑汇票的收益率一般为 6%～8%，相对来说收益稳定，风险可控。

综上所述，商业承兑汇票是一种收益较高且安全性较好的投资品。需要特别提醒的是，投资者需要对商业承兑汇票的承兑人信用有足够的认知，以最大限度地降低商业承兑汇票的投资风险。

银行承兑汇票与商业承兑汇票除了承兑主体的差别外，在性质与功能上基本一致。

我国的银行承兑汇票每张票面金额最高为 1 000 万元，银行承兑汇票按票面金额向承兑申请人收取 5‰的手续费，不足 10 元的按 10 元计。承兑期限最长不超过 6 个月。承兑申请人在银行承兑汇票到期未付款的，按规定计收逾期罚息。

2018 年 1 月—2021 年 12 月，我国银行承兑汇票发生额为 71.9 万亿元，月度日均承兑额为 717.55 亿元。商业承兑汇票发生额为 11.5 万亿元，月度日均承兑额为 137.76 亿元。

提示：承兑主体由企业转变为银行或商业公司，极大降低了票据交易的信用风险，是一种有保障的公司或企业的短期融资工具。

五、银行同业存单

银行同业存单是存款类金融机构在全国银行间市场上发行的记账式定期存款凭证。其投资和交易主体包括全国银行间同业拆借市场成员、基金管理公司及基金类产品。存款类金融机构可以在当年备案的发行额度内，自行确定每期同业存单的发行金额和期限，但单期发行金额不得低于 5 000 万元。

银行同业存单作为同业存款的替代品出现，对于上海银行间同业拆借利率(Shibor)报价的短期、中期、长期利率曲线具有重要作用。同业存单品种的投资机构 (以下简称投资人) 通常是指全国银行间同业拆借市场的成员、基金管理公司及基金类产品，包括政策性银行、商业银行、农村信用合作社县级联合社、中资商业银行授权的一级分支机构、外国银行分行、企业集团财务公司、信托公司、金融租赁公司、证券公司、保险公司、基金公司等各类投资人。

银行同业存单的发行利率、发行价格等以市场化方式确定。其中，同业存单期限不超过 1 年，为 1 个月、3 个月、6 个月、9 个月和 1 年，可按固定利率或浮动利率计息，并参考同期限上海银行间同业拆借利率定价。这表明同业存单债券是一种收益有保障，安全性较好，具有重要资产配置地位的投资品。截至 2023 年 9 月 22 日，通过对我国存量债券进行统计，我国同业存单发行总额为 14.66 万亿元，占全部债券发行总量比重约为 9.69%，平均利率约为 2.15%。以面值 100 元贴现发行，平均发行价格为 98.09 元。

提示：同业存单交易主体主要是银行、基金管理公司和基金类产品，它以固定利率或浮动利率方式支付利息，是一种期限短、风险小、收益稳定的投资品。

六、回购协议与逆回购协议

回购协议(Repurchase Agreement)是指以有价证券做抵押的短期资金融通，在形式上表现为附有条件的证券买卖。有价证券的持有者在其资金暂时不足时，若不愿放弃手中的证券，可以采用回购协议方式将证券售出，同时与买方签订协议，以保留在一定时期(如一天)

后将此部分有价证券按约定价格全部买回的权利。利息的支付可能包含在约定价格之内或另行计算。还有一种"逆回购协议",即贷出资金并取得证券的一方承诺在一定时期后出售证券,收回贷出的资金。回购协议作为重要的短期资金融通方式,已日益受到重视。

在我国,回购(逆回购)协议市场的利率一般以上海同业拆借利率为基准,或经常会略低一些。回购(逆回购)协议的期限一般很短,最常见的是隔夜拆借,但也有期限较长的。此外,还有一种"连续合同"的形式,这种形式的回购(逆回购)协议没有固定期限,只要双方都没有表示终止的意图,合同每天自动展期,直至一方提出终止为止。

逆回购协议从交易层级划分可分为央行逆回购和一般个人、机构逆回购交易。央行逆回购是指中国人民银行向一级交易商购买有价证券,并约定在未来特定日期将有价证券卖给一级交易商的交易行为。其实质是央行获得质押的债券,把钱借给商业银行。主要目的是向市场释放流动性,同时可以获得回购的利息收入。操作流程是央行把钱借给商业银行,商业银行把债券质押给央行,到期时,商业银行还钱,债券回到商业银行账户上。

一般个人或机构的逆回购可以在各大交易平台购买。首先,需要运用交易平台的 App 软件开通股票账户,并在账户中存放至少 1 000 元。沪市品种交易规模为 100 000 元的整数倍(起点是 100 000 元)。深市品种交易规模为 1000 元的整数倍(起点为 1000 元)。其次,选择与自己风险偏好相匹配的逆回购品种。最后,选择信誉和资质良好的金融机构进行买卖操作。在购买逆回购前,需要签署逆回购协议,协议中包括逆回购的利率、期限、交易金额等内容。购买逆回购需要缴纳一定比例的保证金,保证金金额与逆回购期限、利率等因素相关。

提示:回购(逆回购)协议安全性好,不仅适合机构投资者,也适合个人投资者实现财富保值增值的目标。

第二节 资本市场固定收益投资工具

一、中长期国债

中长期国债(Treasury Bonds)与短期国债一样,也是由财政部发行的,但其期限都超过 1 年。中期国债的到期期限通常为 1~10 年;而长期国债的到期期限通常为 10~50 年。在我国,中期国债占比较高,其期限通常为 2~3 年期和 4~5 年期;而长期国债的期限通常为 25~30 年,占比不到 10%。从 2018 年 1 月至 2023 年 9 月的发行额数据来看,发行总金额约为 25 万亿元。一年以下的短期国债占比约为 35%,1~10 年的中期国债占比约为 58%,而长期国债发行额占比仅为 7%。我国中长期国债平均利率为 3.16%,以面值 100 元发行,每年付息一次,以固定利率或累进利率方式计息。

与短期国债不同的是,中长期国债属于附息债券。债券持有者可以凭息票在债券期满之前定期收取利息。我国的中长期国债都规定每半年支付一次利息,最后一期利息则于债券期满时连同本金一同支付。中长期国债的价格是由其在投资者持有到期时全部现金流的现值决定的。

提示:中长期国债收益稳定,风险小,各期期末获得利息,到期收回本金。一般利率相对更高,是国家财政收入的重要来源之一。

二、地方政府债券

地方政府债券是指地方政府根据信用原则、以承担还本付息责任为前提而筹集资金的债务凭证，是有财政收入的地方政府及地方公共机构发行的债券。地方政府债券一般用于交通、通信、住宅、教育、医院和污水处理系统等地方性公共设施的建设。与中央政府发行的国债一样，地方政府债券一般也是以当地政府的税收能力作为还本付息的担保。

地方政府债券依据期限长短，也可分为短期、中期、长期地方政府债券。2018 年 1 月至 2023 年 9 月，发行额数据统计，地方政府债券发行总金额为 36.52 万亿元。一年以下的地方政府债券发行金额占比很小，不到 1%；1~10 年的中期债券占比约为 66%；而 10 年以上的长期债券占比约为 33%。

地方政府债券的安全性较高，被认为是安全性仅次于"金边债券"的一种债券。同时，投资者购买地方政府债券所获得的利息收入一般都免交所得税，这对投资者有很强的吸引力。

三、政策性银行债券

政策性银行债券是我国政策性银行(国家开发银行、中国进出口银行、中国农业发展银行)为筹集信贷资金，经中国人民银行批准，通过计划派购或市场化的方式，向国有商业银行、区域性商业银行、商业保险公司、城市合作银行、农村信用社、邮政储蓄银行等金融机构发行的债券。

发行政策性银行债券的主要目的是为政策性银行筹集资金。我国政策性银行承担着贯彻国家产业政策，支持国家重点建设的重要职能，其资金来源除了国家财政拨款外，主要依靠发行政策性银行债券。作为规模仅次于国债的债券种类，政策性银行债券有力地支持了国家大中型基础设施、基础产业、支柱产业的发展，对缓解瓶颈，调整产业和区域经济结构，促进整个国民经济健康发展发挥了重要作用。我国政策性银行债券从发行、使用和偿还等方面来看，其性质与国债差别不大，可以说是一种"准国债"。其由于有中央财政担保，不存在偿付危机问题。国际上，我国政策性银行发行的外债被国际权威评级机构评为国家主权级债券，在国际资本市场一直享有良好信誉。

截至 2023 年 9 月 22 日，通过对我国存量债券进行统计，我国政策性银行债券发行总额为 22.97 万亿元，占全部债券发行总量的比重约为 18.47%。一年以下的政策性银行债券发行金额占比约为 19%，1~10 年的中期政策性银行债券占比约为 80%，而 10 年以上的长期政策性银行债券占比不到 1%。平均利率约为 3.67%。以面值 100 元发行，每年付息 1~2 次，以固定利率方式计息。

提示：地方政府债券以及政策性银行债券是信用级别仅次于"金边债券"的两种债券，收益较高，安全性好，是个人长期资金保值增值的首选投资。

四、金融债券

金融债券是由银行和非银行金融机构发行的债券(如政策性银行债券、商业银行债券、商业银行次级债券、保险公司债券、证券公司债券、证券公司短期融资券、其他金融机构债券、保险公司金融债券)。在英、美等欧美国家，金融机构发行的债券被归类为公司债券，而在我国及日本等国家，金融机构发行的债券称为金融债券。

金融债券能够较有效地解决银行等金融机构的资金来源不足和期限不匹配的问题。

一般来说，银行等金融机构的资金来源有三个，即吸收存款、向其他机构借款和发行债券。存款资金的特点之一是，在经济发生动荡时，容易发生储户争相提款的现象，从而造成资金来源不稳定。金融债券的资信通常高于其他非金融机构债券，违约风险相对较小，具有较高的安全性。因此，金融债券的利率通常低于一般的企业债券，但高于风险更小的国债和银行储蓄存款利率(而且发行金融债券不需要缴纳存款准备金)。

2018 年 1 月至 2023 年 9 月的发行额数据统计显示，金融债券发行总金额为 18.94 万亿元。一年以下的金融债券发行金额占比约为 18%，1～10 年的中期金融债券占比约为 79%，而 10 年以上的长期金融债券占比不到 1%。金融债券发行总额约占全部债券总额的 24%。平均利率水平约为 3.66%。按面值 100 元发行，每年付息一次，以固定利率或累计利息方式支付。

提示：金融债券安全性仅次于国债、地方政府债券，而收益高于后者。一般情况下，其违约风险可以忽略不计。中期金融债券供给充足，占全部金融债券发行量的比重接近 80%。值得注意的是，收益稳定、安全性较好的债券，往往难以弥补通货膨胀及其他风险所带来的财富迅速贬值。

五、公司债券与企业债券

1. 公司债券

公司债券(Enterprise Bond)是企业依照法定程序发行的，承诺在一定时期内还本付息的债务凭证。公司债券代表了发债公司与投资者之间的债权和债务关系。由于公司的资金需求，其可以通过向银行申请贷款或者利用各种票据进行融资。公司发行债券主要是为了筹集长期资金，期限一般在 1 年以上。发行公司债券具有以下优势。首先，与向银行借款相比，发行公司债券的利息成本较低，因为银行作为金融中介机构需要获取利差，而发行公司债券是直接从投资者那里进行融资，节省了银行的中介费用。其次，与发行股票相比，发行公司债券不会稀释原有股东的控制权，债券持有人不享有公司的经营投票权，不能干预公司的决策制定与实施。

公司债券主要有以下几种类型。

(1) 抵押债券(Mortgage Bond)：以某种特定的财产为抵押品而发行的债券。抵押债券持有人拥有对被抵押资产的留置权，即在抵押债券发行人不能按时偿付本金或利息时，债券持有人有权出售该抵押财产以维护自身利益。除了被抵押的财产外，抵押债券持有人还享有对发债公司的普通索取权。

(2) 质押信托债券(Collateral Trust Bond)：以其他公司的证券为抵押品而发行的债券。这些证券可以是其他公司的股票、票据或债券，作为抵押品时，一般保存在受托人处。发行这种债券的公司一般为母公司，其他公司为其子公司。

(3) 设备抵押债券(Equipment Obligation)：又称设备信托凭证，是以特定的设备为抵押品而发行的债券。发行这种债券的公司主要有铁路公司、卡车运输公司和航空公司等运输行业的企业，融资所得的资金用于购买专用资产，如铁路机车、车辆、飞机等。在需要时，这些设备可以很容易地转让出售。

(4) 担保债券(Guaranteed Bond)：由一家公司发行，但由另一家公司提供担保的债券。担保债券的安全性除了取决于发行债券公司的经济实力外，还取决于担保公司的经济实力。

(5) 信用债券(Debenture Bond)：凭借企业的信用发行的、没有担保的债券。

2. 企业债券

企业债券(Corporate Bond)是企业依照法定程序发行，约定在一定期限内还本付息的债券。公司债券的发行主体是股份公司，非股份公司的企业也可以发行债券，而非股份公司的企业发行的债券则称为企业债券。在我国，公司债券与企业债券是有区别的。根据深交所、上交所关于上市企业债券的规定，企业债券发行的主体可以是股份公司，也可以是有限责任公司，申请上市的企业债券必须符合规定条件。企业债券与公司债券在发行主体、发债资金用途、信用基础、管理制度、市场功能五个方面存在显著差异。

中国发行企业债券始于 1983 年。目前，主要有地方企业债券、重点企业债券、附息票企业债券、利随本清的存单式企业债券等。

地方企业债券，是由中国全民所有制工商企业发行的债券；重点企业债券，是由电力、冶金、有色金属、石油、化工等国家重点企业向企业、事业单位发行的债券；附息票企业债券，是附有息票，期限为 5 年左右的中期债券；利随本清的存单式企业债券，是平价发行，期限为 1~5 年，到期一次还本付息的债券，各地企业发行的大都为这种债券。

截至 2023 年 9 月 22 日，通过对我国存量债券进行统计，公司债券和企业债券发行总额为 12.5 万亿元，占全部债券发行总量的比重约为 8.26%。公司债券与企业债券平均利率分别为 4.67%和 5.42%。以面值 100 元发行，每年付息一次，以固定利率或累进利率方式计息。

提示：不要被公司债券或企业债券的高利率迷惑，除非你对公司或企业的经营策略和未来预期有足够深入的调研，否则潜在的违约将无时不在动摇你心底的预期。

六、可转换债券

可转换债券(Convertible Bond)，即可转债，是一种固定收益证券，在一定条件下可以转换为发行公司的股票(以下简称正股)。从历史发行情况来看，国内可转债的发行面值通常为 100 元，规模在几亿元至几百亿元之间，期限大都为 5~6 年，票面利率可以随定期存款利率浮动，通常低于同期限的企业债券票面利率。条款设计的独特性使可转债攻防兼备。一方面，它约定了票面利率和到期赎回价格，这部分可以看作通常意义上的纯债券；另一方面，它可以在一定条件下按照约定比例转换为正股，使债权人转换为股东，从而获取正股价值上涨带来的利益。即使暂时不转换成股票，可转债的价值也会因正股价格上涨而增值。从投资收益和风险的角度来看，可转债介于股票与债券之间。由此可见，可转债能够为投资者提供相对稳定的回报。一般而言，机构投资者在研究技术、信息收集整理、流动性管理、分散风险等方面具有明显优势，因此通过专业机构投资者进行可转债投资应是一个较好的选择。

【例3-1】中矿转债(128111.SZ)：已知该转债转股价格为 11.01 元，转股股数为 N=100÷11.01 =9.0827 股。假设当前正股价为 70.01 元，则每百元转股价值为 P*=9.0827×70.01=635.88 元。

截至 2023 年 9 月 22 日，我国存量债券统计显示，可转换债券发行总额为 0.89 万亿元，占全部债券发行总量的比重约为 0.59%。平均利率约为 4.3%。以面值 100 元发行，每年付息一次，以累进利率方式计息。

提示：可转换债券是一种债市与股市灵活转换的投资品种，但具有单向切换特性，即只允许债权向股权转换，而不可逆向转换。

七、资产证券化债券

根据产生现金流的证券化资产的类型不同，资产证券化可分为住房抵押贷款证券化 (Mortgage-Backed Securitization，MBS)和资产支持证券化(Asset-Backed Securitization，ABS) 两大类。其区别在于前者的基础资产是住房抵押贷款，而后者的基础资产是除住房抵押贷款以外的其他资产。MBS 是资产证券化发展史上最早出现的证券化类型。它是以住房抵押贷款这种信贷资产为基础，以借款人对贷款人进行偿付所产生的现金流为支撑，通过金融市场发行证券(大都是债券)融资的过程。

ABS 是以非住房抵押贷款资产为支撑的证券化融资方式，它实际上是 MBS 技术在其他资产上的推广和应用。ABS 的种类也日益繁多，具体可以细分为以下品种：①汽车消费贷款、学生贷款证券化；②商用、农用、医用房产抵押贷款证券化；③信用卡应收账款证券化；④贸易应收账款证券化；⑤设备租赁费证券化；⑥基础设施收费证券化；⑦门票收入证券化；⑧俱乐部会费收入证券化；⑨保费收入证券化；⑩中小企业贷款支持证券化；⑪知识产权证券化；等等。随着资产证券化技术的不断发展，证券化资产的范围也在不断扩展。

在我国，资产证券化债券包括交易商协会主管的资产支持票据(ABN)、中国证监会主管的 ABS 以及国家金融监督管理总局主管的 ABS。

截至 2023 年 9 月 22 日，通过对我国存量债券进行统计，资产证券化债券发行总额为 4.08 万亿元，占全部债券发行总量的比重约为 2.69%。平均利率约为 4.08%。以面值 100 元发行，每年付息 1 次、2 次、4 次、12 次不等，以固定利率或累进利率方式计息。

大多数的债券品种都可以通过交易所(上交所、深交所)、银行柜台或委托理财等渠道进行申购、交易或投资。例如，在上交所、深交所流通的债券品种有国债、地方政府债券、企业债券、公司债券、资产证券化债券、可转换债券等，个人投资者只要在证券公司的营业部开设债券账户，就可以像买股票一样来购买债券，并且还可以实现债券的差价交易。有些债券市场品种仅在银行间债券市场流通(如次级债、企业短期融资券、商业银行普通金融债券以及外币债券等)，个人投资者一般通过购买相应的基金理财产品进行投资。

提示：资产证券化投资品的风险取决于被证券化的"标的"资产的风险性，各类证券化的标的设计五花八门，信用增级的手段也是无奇不有，风险隐患无处不在。因此，资产证券化投资品风险相对较大，投资需谨慎。

两轮车铅酸
电池新机遇

第三节 资本市场权益证券投资工具

一、普通股股票

随着经济体制改革的深化，我国股票市场也在不断地发展与完善，参与股市投资的投资者日益增多，股市投资已成为一种人们愿意承担其风险的理财手段，而股票自然而然也成为人们关心的热门话题。

(一)普通股股票的概念

股票是股份证书的简称，是股份公司为筹集资金而发行给股东作为持股凭证，并使其借以取得股息和红利的一种有价证券。一股股票即代表股东对企业拥有一个基本单位的所有权。股票是股份公司资本的构成部分，可以转让、买卖或作价抵押，是资金市场的主要长期信用工具。

假设小王、小陈、小李、小高、小赵五个人，每人出资 200 万元共 1 000 万元组建一家股份公司，则这五个人每人拥有这家公司 20%的股份，假设公司赚了 10 000 元，则每个人理论上可以分得 2 000 元。但口说无凭，要以白纸黑字为证。于是，股份有限公司就印制了股票，作为公司股东的权益凭证，并交给投资人持有。若出资时以每股价值为 1 元计，则 1 000 万元就对应 1 000 万股，假定一张股票代表 1 000 股，则小王他们每人应得到 2 000 张股票作为权益凭证。

股票是股份公司发给投资者用以证明其在公司的股东权利和投资入股份额，并使其据以获得股利收入的有价证券。从这个定义中可以看出，股票有三个基本要素：发行主体、股份、持有人。股票作为一种所有权凭证，具有一定的格式。《公司法》规定，股票可以采用纸面形式或国务院证券管理部门规定的其他形式。

股票的作用有三点：①股票是一种出资证明，当一个自然人或法人向股份有限公司参股投资时，便可获得股票作为出资的凭证；②股票的持有者凭借股票来证明自己的股东身份，参加股份公司的股东大会，对股份公司的经营发表意见；③股票持有者凭借股票参加股票发行企业的利润分配，也就是通常所说的分红，以此获得一定的经济利益。

(二)普通股股票的特征

普通股(Ordinary Share)股票具有以下特征。

1. 期限上的永久性

股票投资是一种没有期限的长期投资。股票一经买入，只要股票发行公司存在，任何股票持有者都不能退股，即不能向股票发行公司要求抽回本金。同样地，股票持有者的股东身份和股东权益也不能改变，但他可以通过股票交易市场将股票卖出，使股份转让给其他投资者，以收回自己原来的投资。

2. 投资上的风险性

任何一种投资都是有风险的，股票投资也不例外。股票投资者能否获得预期的回报，首先，其取决于企业的盈利情况，利润多则分红多，利润少则分红少，公司破产时则可能血本无归。其次，股票作为交易对象，就如同商品一样，有自己的价格。而股票的价格除了受企业的经营状况影响外，还受经济、政治、社会甚至人为等因素的影响，处于不断变化的状态中，大起大落的现象也时有发生。股票市场上股票价格的波动虽然不会影响上市公司的经营业绩和投资者的股息与红利收入，但股票的贬值仍会使投资者蒙受部分损失。因此，欲入市的投资者一定要谨慎行事。

3. 责任上的有限性

普通股股东以其入股资金对公司债务承担有限责任。也就是说，当公司破产时，普通股股东仅承担与其出资额相等的债务，其他的财产不受连带影响。

4. 决策上的参与性

股票持有者享有参与股份公司盈利分配和承担有限责任的权利和义务。

《公司法》规定，股票的持有者就是股份有限公司的股东，他有权或通过其代理人出席股东大会、选举董事会并参与公司的经营决策。股东权力的大小取决于其持有股票的多少。持有股票的股东一般有参加公司股东大会的权利，享有投票权，在某种意义上也可看作享有参与经营权。

5. 报酬上的剩余性

股东享有参与公司的盈利分配的权利，也可称为利益分配权，即股东可以凭其持有的股份向股份公司领取股息。公司盈利后的资金分配顺序是：首先，弥补上一年度的亏损；其次，偿还债务人的利息；再次，发放优先股股东的股利；最后，发放普通股股东的红利。

6. 清偿上的附属性

在公司解散或破产时，股东需向公司承担有限责任，他们应按其所持有的股份比例对债权人承担清偿债务的有限责任。在债权人的债务得到清偿后，优先股和普通股的股东可以对剩余资产按其所持有股份的比例向公司请求清偿(即索偿)，但优先股股东要优先于普通股股东，普通股股东只有在优先股股东索偿后仍有剩余资产时，才享有追索清偿的权利。

7. 交易上的流动性

股票可以在股票市场上随时转让，进行买卖，也可以继承、赠与、抵押，但不能退股。因此，股票也是一种具有较强流通性的流动资产。无记名股票的转让只需将股票交付给受让人，即可达到转让的法律效果；记名股票的转让则需要卖出人签章背书后才可转让。正是由于股票的流通性，才使其成为一种重要的融资工具并不断发展。

8. 权益上的同一性

任何股东，无论所持份额大小、所属部门类别与级别高低，如果持有同一家公司的同一只股票，那么他们所拥有的权益是同等的，即所谓"同股同权"，确保股东在权益上的同一性。

(三)普通股股票票面的基本内容

股票凭证是股票的具体表现形式。股票不但要经过国家有关部门的批准才能发行上市，而且其票面必须具备一些基本内容。股票凭证在制作程序、记载内容和记载方式上都必须规范化，并符合有关的法律、法规和公司章程的规定。一般情况下，上市公司的股票凭证票面上应具备以下内容。

(1) 发行该股票的股份有限公司的全称及其注册登记的日期与地址。

(2) 发行的股票总额、股数及每股金额。

(3) 股票的票面金额及其所代表的股份数。

(4) 股票发行公司的董事长或董事签章，主管机关核定的发行登记机构的签章，有的还注明是普通股还是优先股等字样。

(5) 股票发行的日期及股票的流水编号。如果是记名股票，则需写明股东的姓名。

(6) 印有供转让股票时所用的表格。

(7) 股票发行公司认为应当载明的注意事项，如注明股票过户时必须办理的手续、股票的登记处及地址等。另外，如果是优先股，则应说明优先权的内容。

随着电子技术的发展与应用，我国深、沪股市股票的发行和交易都借助电子计算机及电子通信系统进行，上市股票的日常交易已实现了无纸化，因此，现在的股票仅仅是由电子计算机系统管理的一组组二进制数字而已。但从法律上来说，上市交易的股票都必须具备上述内容。我国发行的每股股票的面额均为一元，股票的发行总额为上市的股份有限公司的总股本数。

(四)普通股股票的行业划分

按照中国证监会对我国证券市场的行业划分标准，我国证券市场的普通股股票可以划分为化肥农药、食品、软饮料、汽车、酒类、精细化工、能源设备、燃气、建材、航天军工、贵金属、环保、制药、钢铁、房地产、文化传媒、教育等65个行业板块。由于各行业在经济产业链中的前后关联位置不同，现行的国家产业政策导向、消费者消费观念的转变提升以及上市公司内在价值的变化，都直接影响着各行业上市公司的股票市场走势与波动幅度。例如，2010年国家的产业政策就以新能源、新材料、自主创新技术以及节能环保、生物制药、稀缺资源的保护和开发利用为主导方向；而最近3~5年，国产芯片、半导体、人工智能等行业快速发展。2022年10月下旬至2023年5月初，市场经历了一波慢牛行情，第五代固定网络(F5G)概念、共封装光学(CPO)概念、光通信模块、算力概念、ChatGPT等新兴板块股票受到市场关注和热捧。

在牛市与熊市行情中，市场对板块的追逐热点和集中度也存在差异。例如，2023年5月9日，上证指数触及3 418.95点后开始步入下降通道。8月4日，指数从3 296.09点断崖式连续下跌至2024年1月22日的2 807.90点。不到6个月时间，沪市跌幅高达15%。统计资料显示，这一时期A股全部板块资金净流入均为负值，位于前列的板块包括国产芯片、大数据、元宇宙、储能、国产软件、无人驾驶等。而排名靠后的若干行业是酒类、医废处理、精准医疗、体外诊断、拼多多、净水概念、鸡肉概念、在线旅游、光伏高速、生态农业等。这些行业大都与老百姓的衣食住行相关，也就是说，这些行业受经济周期波动的影响较小。由此可见，由于股票具有不同行业的属性，其市场表现也各不相同。有的股票属于经济周期敏感性行业，在牛市中表现活跃，在熊市中表现低迷；有的股票属于经济周期非敏感性行业，在牛市中表现平平，而在熊市中却能逆市上扬。因此，深入分析股票的行业属性是投资股市的必做功课。

提示：股票是一把锋利的双刃剑，收益与风险之间存在多种搭配。辨识行业的属性和市场节奏，是获利的关键。

二、优先股股票

优先股(Preferred Stock)是相对于普通股而言的，主要指在利润分红及剩余财产分配的权利方面，优先于普通股。

商务印书馆出版的《英汉证券投资词典》中将优先股解释为 preferred share、preferred stock，是公司的一种股份权益形式。持有这种股份的股东先于普通股股东享受分配，通常为固定股利。优先股的收益不受公司经营业绩的影响。其主要特征包括享受固定收益、优先获得分配、优先获得公司剩余财产的清偿、无表决权。除了这些本质特征外，发行人为了吸引投资者或保护普通股股东的权益，对优先股附加了很多定义，如可转换概念、优先概念、累计红利概念等。在表达优先股时，美、英两国的习惯差异很大。美国多简单地使用形容词 preferred 表示优先股，有时在后边加上名词 stock；而英国多使用 preference，习惯加名词 share。另外，其他表达方式包括 preference share、preference stock、preferential share、preferred、preferred stock。

(一)优先股的特征

优先股的主要特征如下。

一是优先股通常预先设定股息收益率。优先股的股息收益率事先固定，因此优先股的股息一般不会根据公司经营情况而增减，而且一般也不能参与公司的分红，但优先股可以先于普通股获得股息。对公司来说，其股息固定，因此它不影响公司的利润分配。

二是优先股的权利范围小。优先股股东一般没有选举权和被选举权，对股份公司的重大经营无投票权，但在某些情况下可以享有投票权。

(二)优先股的权利

优先股的优先权主要包括以下几点。

(1) 在分配公司利润时，优先股可先于普通股且以约定的比率进行分配。

(2) 当股份有限公司因解散、破产等进行清算时，优先股股东可先于普通股股东分配公司的剩余资产。

(3) 优先股股东一般不享有公司的经营参与权，即优先股股票不包含表决权，优先股股东无权过问公司的经营管理。但在涉及优先股股票所保障的股东权益时，如公司连续几年不支付或无力支付优先股股票的股息，优先股股东可发表意见并享有相应的表决权。

(4) 优先股股票可由公司赎回。股份有限公司须向优先股股东支付固定的股息，优先股股票实际上是股份有限公司的一种举债集资的形式。但优先股股票又不同于公司债券和银行贷款，这是因为优先股股东享有分配收益和公司资产的权利，只能在公司满足了债权人的要求之后才能行使。优先股股东不能要求退股，却可以依照优先股股票上所附的赎回条款，由股份有限公司予以赎回。大多数优先股股票都附有赎回条款。

优先股一般不上市流通，也无权干涉企业经营，不具有表决权。

(三)优先股的种类

优先股的种类很多，以适应一些专门想获取某些优先好处的投资者的需求。优先股有各种各样的分类方式，主要包括以下几种。

(1) 累积优先股和非累积优先股。累积优先股是指在某个营业年度内，如果公司所获取的盈利不足以分派规定的股利，日后优先股的股东对往年未付给的股息，有权要求如数补给。对于非累积优先股，虽然对于公司当年所获得的利润享有优先于普通股获得分派股息的权利，但若该年公司所获得的盈利不足以按规定的股利分配时，非累积优先股的股东不能要求公司在以后年度中予以补发。一般来讲，对投资者来说，累积优先股比非累积优先股具有更大的优越性。

(2) 参与优先股与非参与优先股。当企业利润增加时，除享受既定比率的股息外，还可以与普通股共同参与利润分配的优先股，称为参与优先股。除了既定股息外，不再参与利润分配的优先股，称为非参与优先股。一般来讲，参与优先股比非参与优先股对投资者更为有利。

(3) 可转换优先股与不可转换优先股。可转换优先股是指允许优先股持有人在特定条件下把优先股转换成为一定数额的普通股。否则，就是不可转换优先股。可转换优先股是近年来日益流行的一种优先股。

(4) 可收回优先股与不可收回优先股。可收回优先股是指允许发行该类股票的公司，按原来的价格再加上若干补偿金将已发行的优先股收回。当该公司认为能够以较低股利的股票来代替已发行的优先股时，往往就会行使这种权利；反之，就是不可收回优先股。

提示：目前，我国证券市场发行优先股的上市公司尚属小众行为，鉴于新冠疫情尤其是经济恢复以来，市场疲软低迷，可以预期优先股的发行与发展是保护投资者利益的可选方向。

波动小收益稳定的市场策略

三、投资基金

投资基金[①](Investment Funds)在不同国家或地区称谓有所不同，美国称之为"共同基金"，英国和中国香港称之为"单位信托基金"，日本和中国台湾称之为"证券投资信托基金"。投资基金遵循共同投资、共享收益、共担风险的基本原则和股份公司的某些原则，运用现代信托关系的机制，将各个投资者彼此分散的资金集中起来，交由投资专家运作和管理。这些资金主要投资于证券等金融部门或其他产业部门，以实现预定的投资目的。这就是说，它将市场上的小额资金，比如，1 000 元、2 000 元或几千元的"小资金"交由专业人士汇集成几亿元、十几亿元甚至上百亿元的"大资金"进行分散投资，以期用"小资金"获取与"大资金"同风险、同收益的投资效果。

---

① 投资基金也是重要的投资工具之一。本书第四章详细介绍了投资基金的有关内容，此处从略。

四、金融衍生证券

金融衍生证券[①](Derivative Securities)是由本章前述的基本证券派生出来的交易合约，包括远期、期货、期权以及互换等工具。金融衍生工具主要是用来对投资者资产风险进行规避以及运用这些衍生工具实现套利。此外，保值衍生工具还可以是在基本衍生品基础上再派生的更为复杂、更具风险的复杂衍生证券。这些远期工具大都采用杠杆方式运作，并使用少量的保证金，使风险和收益都可能放大了几倍甚至几十倍。因此，衍生工具是较具风险的投资品种之一。目前，我国已经开发了包括股指期货、债券期货以及股指期权在内的数十种金融衍生产品，并在市场上进行交易。

本 章 小 结

练 习 与 思 考

1. 简述适合个人、家庭选择的短期投资品的概念、品种以及投资方式和方法。
2. 简述固定收益类与权益类投资品的风险与收益特性，阐述你的风险偏好，并说明理由。
3. 请谈谈回购协议与逆回购协议投资品的运作机理，你会选择这种投资品吗？为什么？
4. 简述可转换债券的投资价值。
5. 简述资产证券化产品的设计机理和投资价值。

实 践 案 例

期权、期货单边行情应用策略

本案例以商品及权益市场单边上涨与下跌行情对比介绍了期权、期货简单策略。

1) 单边上涨行情

品种：铁矿石；时间段：2023 年 8 月 9 日至 9 月 1 日。

策略推荐：期货端建议使用期货多头策略。期权端建议使用看涨多头及看涨反比率价差策略。看涨多头策略的构建方式为买入一份看涨期权，能够在大涨行情中获取上涨的非线性收益；看涨反比率价差策略的构建方式为卖出一份实值(或平值)看涨期权，买入两份虚值看涨期权(一般选取的实值期权的价格会接近所选虚值看涨期权的两倍)。

---

① 衍生证券相关内容请参阅吴可于 2016 在清华大学出版社出版的《金融工程理论与方法》(第 2 版)。限于篇幅此处从略。

具体操作如下。

(1) 期货多头：初始本金为 1 万元，2023 年 8 月 9 日开盘时做多 1 手铁矿石 I2401 期货合约，开仓价为 712 元；在 2023 年 9 月 1 日开盘时平仓，平仓价为 852 元，铁矿石期货合约乘数为 100 吨/手，盈利为(852-712)×100 = 14 000(元)。

(2) 看涨多头：初始本金为 1 万元，2023 年 8 月 9 日开盘时做多 1 手 I2401-C-710 期权合约，开仓价为 49.3 元；在 2023 年 9 月 1 日开盘时平仓，平仓价为 137.8 元，盈利为(137.8-49.3)×100= 8 850(元)。

(3) 看涨反比率价差：初始本金为 1 万元，2023 年 8 月 9 日开盘时做空 1 手 I2401-C-670 期权合约，开仓价为 71.9；同时做多 2 手 I2401-C-750 期权合约，开仓价为 33.0。在 2023 年 9 月 1 日开盘时平仓，I2401-C-670 期权合约平仓价为 171.8 元，I2401-C- 750 期权合约平仓价为 111.4 元，总盈利为[(71.9-171.8)+(111.4-33)×2]×100 = 5 690(元)。

(4) 表现对比：从绝对收益的角度上来看，在这段铁矿石的上涨趋势行情中，期货多头>看涨多头>看涨反比率价差。

从资金占用的角度来看，期货多头>看涨多头>看涨反比率价差(资金占用综合考虑了期货及期权的保证金、期权的权利金以及交易所的组合保证金优惠政策)。

图 3-1～图 3-3 分别为 I2401 单边上涨行情、持仓期间累计损益对比和持仓期间资金占用对比。表 3-1 所示为 I2401 收益表现对比。

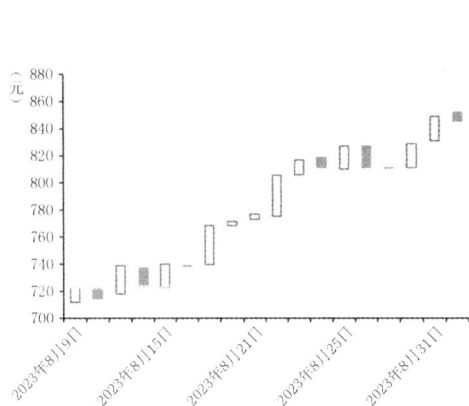

图 3-1　I2401 单边上涨行情

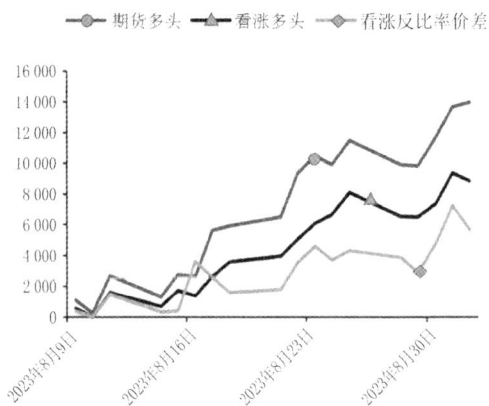

图 3-2　持仓期间累计损益对比

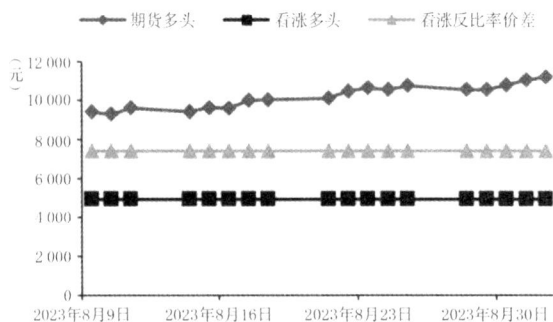

图 3-3　持仓期间资金占用对比

表 3-1　收益表现对比

项　目	期货多头	看涨多头	看涨反比率价差
总收益	14 000	8 850	5 690
资金占用收益比率(%)	137.32	179.51	77.20
最大回撤率(%)	11.02	8.78	15.02

2) 单边下跌行情

品种：螺纹钢；时间段：2023 年 9 月 21 日至 10 月 10 日。

策略推荐：期货端建议使用期货空头策略。期权端建议使用看跌多头及看跌反比率价差策略。看跌多头策略的构建方式为买入一份看跌期权，能够在大跌行情中获取下跌的非线性收益。看跌反比率价差策略的构建方式为卖出一份实值(或平值)看跌期权，买入两份虚值看跌期权(一般选取的实值期权的价格会接近所选虚值看跌期权价格的两倍)。

具体操作如下。

(1) 期货空头：初始本金为 1 万元，2023 年 9 月 21 日开盘时做空 1 手螺纹钢 RB2401 期货合约，开仓价为 3 847 元；在 2023 年 10 月 10 日开盘时平仓，平仓价为 3 638 元，螺纹钢期货合约乘数为 10 吨/手，盈利为(3 847-3 638)×10=2 090(元)。

(2) 看跌多头：初始本金为 1 万元，2023 年 9 月 21 日开盘时做多 1 手 RB2401-P-3850 期权合约，开仓价为 132.5 元；2023 年 10 月 10 日开盘时平仓，平仓价为 251.5 元，盈利为：(251.5-132.5)×10 = 1 190(元)。

(3) 看跌反比率价差：初始本金为 1 万元，2023 年 9 月 21 日开盘时做空 1 手 RB2401-P-3850 期权合约，开仓价为 132.5 元；同时做多 2 手 RB-2401-P3800 期权合约，开仓价为 104 元。在 2023 年 10 月 10 日开盘时平仓，RB-2401-P3850 期权合约平仓价为 251.5 元，RB2401-P-3800 期权合约平仓价为 209 元，总盈利为[(132.5-251.5)+(209-104)×2]×10 = 910(元)。

图 3-4～图 3-6 分别为 RB2401 单边下跌行情、持仓期间累计损益对比和持仓期间资金占用对比。表 3-2 所示为 RB2401 收益表现对比。

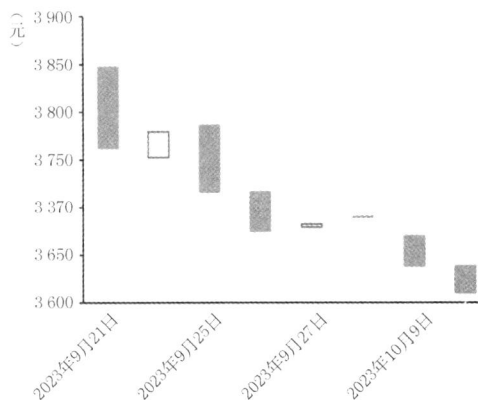

图 3-4　RB2401 单边下跌行情

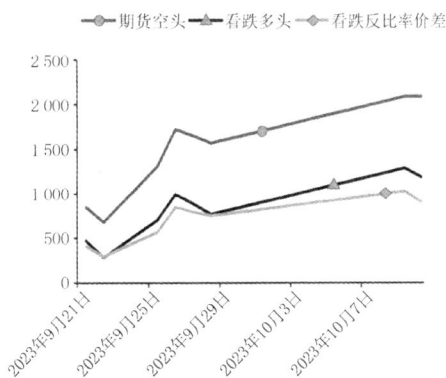

图 3-5　持仓期间累计损益对比

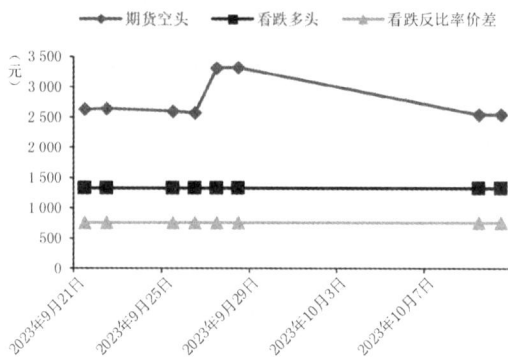

图 3-6 持仓期间资金占用对比

表 3-2 收益表现对比

项 目	期货空头	看跌多头	看跌反比率价差
总收益	2 090	1 190	910
资金占用收益比率(%)	75.38	89.81	120.53
最大回撤率(%)	1.57	2.05	1.10

(4) 表现对比：从绝对收益的角度上看，在这段螺纹钢的下跌趋势行情中，期货空头>看跌多头>看跌反比率价差。

从资金占用的角度来看，期货空头>看跌多头>看跌反比率价差(注：2023 年 9 月 27 日上调了 RB2401 的保证金比率)。从投入产出比的角度上看，看跌反比率价差>看跌多头>期货空头。从持仓体验的角度上看，看跌反比率价差>期货空头>看跌多头。

(资料来源：东方财富 Choice 数据终端.)

思考

1. 如何构建看涨反比率价差与看跌反比率价差交易方式。

2. 试比较期权与期货交易做多与做空交易方式的异同。

3. 试比较期权与期货交易在收益和风险方面的一般差别。

第四章　证券投资基金工具

【章前导读】

基金是一种特殊的投资工具，具有很多优秀品质。其组合投资、专业管理的特性，能够分散风险，摆脱个人投资的非专业性，极大缓解了散户面临的"资金少、时间紧"的困境。基金投资是成熟投资市场的主力军，同时对基金管理人提出了更高的专业素质要求。我国基金市场涌现出一批投资理念不断创新、管理运营模式先进、服务质量优秀的基金公司和专业基金管理人才。

投资基金起源于英国，却盛行于美国。自 1926 年起，波士顿的马萨诸塞金融服务公司设立了"马萨诸塞州投资信托公司"，投资基金就成为机构职业操盘手的盈利工具。它涵盖了个人投资所必需的所有操作业务，包括市场分析、优选股票、构建投资组合、市场运作以及投资风险规避策略的实施等。投资人对于选定的基金所需要做的只有两件事：一是"申购"，即申购基金份额，将资金交给基金管理人；二是"等待"，即等待基金的分红。与一般股票不同，基金通常规定了最低分红比例。例如，封闭式基金的年度收益分配比例不得低于基金年度已实现收益的 90%。如果你是上班族，时间不够，精力不足，不熟悉股市规律与选股策略，那么可以选择一只或几只基金品种进行组合搭配投资，便可"一劳永逸"。

股票市场是有经验的人获得更多金钱，有金钱的人获得更多经验的地方！

——朱尔(Jules)

【关键词】

开放型基金　　封闭型基金　　公司型基金　　契约型基金　　成长型基金　　收入型基金混合型基金　　股票基金　　债券基金　　货币基金　　保本基金　　交易型开放式指数基金QDII 基金　　QFII 基金　　上市型开放式基金　　基金中的基金

【案例引入】

基金的特点和优势在于集小汇大、专家管理、分散投资、共享收益等。但从近年来的基金表现来看，出现了两极分化、良莠不齐的现象，甚至令人大跌眼镜。截至 2024 年 7 月 26 日，近两年基金净值涨幅超过 10%的公司约达 620 家，其中最大涨幅为金鹰添盈纯债债券 A 的 145.47%；而基金净值跌幅超过 10%的公司则达 7 251 家，其中最大跌幅为鑫源清洁能源混合发起式 C 的−69.10%。从近期来看，近 6 个月基金净值涨幅超过 10%的公司约达 740 家，其中最大涨幅为湘财鑫睿均衡的 90.19%；而基金净值跌幅超过 10%的公司约达 1 750 家，其中最大跌幅为金元顺安产业甄选混合 C 的−35.91%。而同期(2 年和 6 个月)大盘跌幅分别为−11.06%和−0.52%。[①] 由此可见，基金投资依然存在较大的风险，并不像我们想象的把钱交给专家便可一劳永逸坐享其成了。基金的风险有时甚至高于市场的平均水平。而且选择不同的基金进行投资，其收益差距也是很大的。在选择基金时至少有三个方面需要认真考虑：一是基金经理人，包括其经历、阅历以及过往基金管理绩效；二是基金的旗帜，

---

① 根据东方财富 Choice 数据终端所发布的数据整理而得。

即基金秉持的投资理念,包括投资收益与规避风险的思想、方法及能力;三是基金管理人(团队)对市场的认知力和决断力。因此,学习、细分和认识不同基金品种的收益与风险属性特征就显得十分重要。

第一节　证券投资基金概述

一、投资基金基本概念

证券投资基金是指通过发售基金份额,将众多投资者的资金集中起来,形成独立财产,由基金托管人托管,基金管理人管理,以投资组合的方式进行证券投资的一种利益共享、风险共担的集合投资方式。从投资者的角度来看,投资基金是一种由众多不确定的投资者自愿将不同的出资份额汇集起来,交由专家管理投资,所得收益按投资者出资比例分享的一种金融组织。投资基金的资金来源于公众、企业、团体和政府机构。居民个人投资,可以在基金募集发行时申请购买,也可以在二级市场上购买已挂牌上市的基金。

证券投资基金一般由发起人设立,通过发行证券募集资金。基金的投资者不参与基金的管理和操作,只定期取得投资收益。基金管理人根据投资人的委托进行投资运作,并收取管理费收入。

在证券市场品种不断增多、交易复杂程度不断提高的背景下,普通投资者与专业人士相比,在投资业绩方面的差距越来越大,将个人不多的资金委托给专门的投资管理人集中运作,可以实现投资分散化,达到提高收益水平、降低风险的效果。比如,某投资者有1 000 元闲散资金,购买了银行 ETF 易方达,而该基金 2022 年 11 月 1 日至 2023 年 1 月 17日的收益率为 17.5%,理论收益高达 175 元。如果将 1 000 元存入银行,2022 年一年定期存款利率为 1.75%,年收益为 17.5 元,再除以 4.8(按两个半月计),约为 3.65 元。假设该投资者去 A 股市场投资,考虑高价股和低价股两种情形。比如,2022 年芯片热点板块的"纳芯微(688052)"股票,2022 年 8 月 4 日的开盘价为 331.03 元,1 000 元可以购买 3.02 股,但按市场规定必须按一手 100(或 200)股的整数倍成交,1 000 元连纳芯微一股也买不到。再来考虑低价股爱康科技,2022 年 11 月 1 日开盘价为 3.07 元,1 000 元可以购买 325 股,实际可购买 300 股,不考虑交易费用,价值约 921 元股票市值(余 79 元现金)。爱康科技同期两个半月跌幅达 3.91%,1 000 元损失 36.01 元。值得一提的是,上证指数同期上涨 12.83%。银行 ETF 易方达为 17.5%,跑赢大盘约 5 个百分点。由此可见,选择投资基金,可以汇"小资金"成"大资金",分散投资于不同行业、不同类别几十只,甚至上百只证券,风险极大降低的同时还能享受与"大资金"同等收益率水平。

需要指出的是,基金同样是具有风险的。比如,前述银行 ETF 易方达基金,近一年的收益率为-0.18%,1 000 元的年亏损为 1.8 元。但从另一方面来看,上证指数同期一年下跌达 10.30%,相当于 1 000 元如果投资股市,平均亏损 103 元。因此,投资基金具有抗风险、稳定收益的品质特征可见一斑。

投资基金的投资领域可以是股票、债券,也可以是实业、期货等,而且对一家上市公司的投资额不得超过该基金总额的 10%(这是中国的规定,各国都有类似的投资额限制)。这使投资风险随着投资领域的分散而降低,因此基金是介于储蓄和股票两者之间的一种投资方式。

历史回顾：在2007—2008年所发生的全球金融危机中，我国股市平均减值70%，而基金平均减值50%～60%，即基金损失低于市场平均水平。而在2005—2006年的大牛市中，相当多数的股票型基金业绩却明显好于大盘。由此可见，专业人士管理的投资基金在资产配置与风险规避能力上是有优势的。

二、投资基金分类

证券投资基金的种类繁多，可以根据不同的标准进行分类。主要的分类方法包括：①根据投资基金的组织形式不同，可分为契约型基金和公司型基金；②根据基金受益单位是否可以随时认购或赎回及转让方式的不同，可分为封闭型基金和开放型基金；③根据对投资收益与风险的设定目标，可分为收入型基金、成长型基金和混合型基金；④根据资金募集方式和来源，可分为公募基金和私募基金；⑤根据投资基金的投资对象不同，可分为货币基金、债券基金和股票基金。下面介绍前三种分类概念。

(一)契约型基金和公司型基金

1. 契约型基金

契约型基金，也称为单位信托基金，是指投资者、管理人、托管人三方作为基金的当事人，通过签订基金契约的形式发行受益凭证而设立的一种基金。投资者、管理人和托管人三方订立契约。投资者也即受益人；管理人也称委托者，通常是一些基金管理机构；托管人也称受托者，通常是由银行或信托公司承担。管理人负责经营运作信托资产，托管人保管信托资产，投资者(受益人)提供资金，并享有投资收益。可见，契约型基金是基于契约原理而组织起来的代理投资行为，没有基金章程，也没有公司董事会，而是通过基金契约来规范三方当事人的行为。基金管理人负责基金的管理操作；基金托管人作为基金资产的名义持有人，负责基金资产的保管和处置，并对基金管理人的运作实行监督；投资者作为受益凭证的持有人，通过购买受益凭证参与基金投资，并享有投资收益。基金发行的受益凭证表明投资者对投资基金所享有的权益。契约型基金的一般运作模式如图4-1所示。

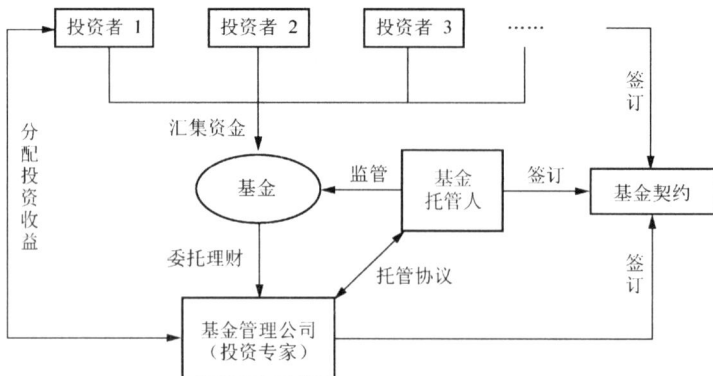

图4-1 契约型基金的一般运作模式

2. 公司型基金

公司型基金是按照股份公司的方式运营的,在组织形式上与股份有限公司类似。它通过发行基金股份将集中起来的资金投资于各种有价证券。投资者购买基金公司的股票成为公司股东。基金公司的资产归投资者(股东)所有,由股东选举董事会,董事会聘请基金管理人,基金管理人负责管理基金业务。公司型基金的设立需要在工商管理部门和证券交易委员会注册,同时还要在股票发行的交易所在地登记。因此,公司型基金本身是一家股份有限公司,公司通过发行股票或受益凭证的方式来筹集资金,然后再由公司委托一家投资顾问公司进行投资。公司型基金的组织结构主要包括以下几个方面的当事人:基金股东、基金公司、投资顾问或基金管理人、基金保管人、基金转换代理人、基金主承销商。

目前,我国设立的证券投资基金大都是契约型基金。

(二)封闭型基金和开放型基金

1. 封闭型基金

封闭型基金是指事先确定发行总额,当筹集到这个总额的 80%以上时,基金即宣告成立,并进行封闭。在封闭期内,基金不再接受新的投资,即在封闭期内基金单位总数不变。基金上市后,投资者可以通过二级市场转让、买卖基金单位。

资料:在深交所上市的博时蛇口产园 REIT(180101)于 2021 年 6 月 7 日设立,发行额为 9.00 亿基金份额,价值为 20.81 亿元。存续期限(封闭期)为 50 年。也就是说,博时蛇口产园基金从 2021 年开始运作,运作期限为 50 年,运作的额度为 20.81 亿元。在此期限内,基金不再接受申购与赎回请求。允许投资者到二级市场进行交易变现资金或购买基金份额。

我国封闭型基金单位的流通采取在证券交易所挂牌上市交易的方式,投资者买卖基金单位都必须通过证券商在二级市场上进行竞价交易。基金到期后,可以选择清算或进行"封转开"操作。

2. 开放型基金

开放型基金,也称为共同基金。开放型基金的特点是,在设立后,基金发行总额不封闭,投资者可以随时根据需要在指定的开放型基金网点向基金公司进行申购或赎回。开放型基金可以根据投资者的需求追加发行,也可以按投资者的要求赎回。对投资者来说,既可以要求发行机构按基金的现期净资产值扣除手续费后赎回基金,也可以再次买入基金,增持基金单位份额。

资料:开放型基金"易方达中证银行 ETF(516310)",基金管理人为易方达基金,基金托管人为中国建设银行,设立时间为 2021 年 5 月 20 日,没有存续期。创始投资组合主要包括招商银行、宁波银行、兴业银行、浦发银行等合资或地方银行的股票。首发 3.066 亿份基金单位,认购价格为 1 元,募集资金为 3.066 亿元。募集的基金单位会在"开放"后随时发生变动。例如,可能因为投资者赎回而减少,或者因为投资者申购或选择"分红再投资"而增加。事实上,截至 2022 年 12 月 31 日,基金份额为 1.77 亿份,净值为 1.53 亿元。基金规模缩水接近 60%。近三年疫情对市场的影响,可能成为基金业绩表现不佳的重要原因之一。

我国传统开放型基金申购与赎回是通过基金管理公司直销网点或代销网点(主要是银行

营业网点)的柜台、电话或网络来进行的。只有创新型开放型基金如 ETF、LOF 等产品是可以在二级市场进行交易的。

截至 2023 年 9 月 25 日，我国封闭型基金约有 33 只，资产净值占比约为 0.24%；开放型基金 19 111 只(含子基金)，资产净值占比为 99.76%。其中有货币式开放型基金 337 只，净值占比为 41.76%，其余为非货币式开放型基金。深交所上市交易的基金数为 331 只；上交所上市交易的基金数为 507 只。

(三)收入型基金、成长型基金和混合型基金

1. 收入型基金

收入型基金追求投资的定期固定收益，因此主要投资于有固定收益的证券，如债券、优先股股票等。收入型基金不刻意追求在证券价格波动中可能形成的价差收益，因此投资风险较低，同时，投资收益也较低。收入型基金资产追求成长性相对稳健、非周期敏感性的行业投资品，损失本金的风险相对也较低，一般可分为固定收入型基金和权益收入型基金。前者的基金主要投资信用等级较高的公司债券、市政债券、财政部债券、优先股等；后者主要是购买红利较高、有一定增长潜力且比较安全的普通股。若基金是以获取经常性收入为目标，则其投资的债券大都由长期的高质量的债券组成；若基金是以本金安全为目标，那么，在其组合中，大部分将是短期债券。在由债券和股票共同构成的组合中，普通股和其他债券的比例主要取决于股票市场的前景，政治、经济、文化氛围，以及各种证券的收益率。

提示：收入型基金多投资于行业发展前景广阔，处于行业领先地位，具有技术优势和市场优势以及规模优势等的龙头上市公司，如互联网、房地产、金融业、IT 行业、教育、通信、物流业、网络游戏、网络传媒以及专业服务(会计、审计、法律诉讼)等行业。

2. 成长型基金

成长型基金多投资于处于产业成长期的公司，选择指标包括收入、净利润、现金流以及经济增加值(EVA)等。这类基金通常是股票基金。成长型基金在选择股票时对股票价格考虑得较少，更青睐投资于具有成长潜力的公司，如网络科技、生物制药和新能源材料类的公司。

成长型投资组合策略的目标不在于当前收入的多少，而在于投资组合的未来价值的快速增长。成长型基金比较重视资本利得，较少考虑经常性收入，不惜牺牲近期的当期收入来换取资本的增值。为了达到这一目标，基金管理人通常将基金资产投资于信誉度较高且具有长期成长前景或长期盈余的公司的股票。选择成长型股票主要有以下几个原则：①公司盈利预期持续稳定增长；②每股资本公积金增长快，股本扩张能力强；③稳定增长的留存收益；④公司产品符合市场主流需求并存在不断创新的增长点。为了达到以上这些目标，基金在选择成长型股票时，必须利用基础分析法，深入分析各个公司。研究分析的目的是，通过比较各种股票的内在价值和市场表现，选择价格被低估的股票，同时预期收益率较高、风险又较低的股票。

提示：近年来，市场需求大且发展迅速的行业有人工智能、半导体、光伏、风电、锂电池、新能源汽车、ChatGPT、小金属、北斗导航、数字货币、软件开发、物联网、车联网、手游、云计算、3D 打印等行业。

3. 混合型基金

混合型基金的投资目标是既要获得当期收入，又要追求长期增值。通常是把资金分散投资于股票和债券，以保证资金的安全性和营利性。混合型基金，顾名思义，就是介于收入型和成长型之间的基金，在投资策略上一部分投资于股价被低估的股票或好品质的债券，一部分投资于处于成长型行业上市公司的股票。上述三种类型的基金中，收入型基金的风险最小，但收益也往往较低；成长型基金的风险最大，收益也最高；混合型基金的风险和收益介于两者之间。

按投资规模和特征分类，混合型基金可分为九大类：大型综合企业型基金(Large Blend)、大型成长型基金(Large Growth)、大型收入型基金(Large Value)、中型综合企业型基金(Mid-cap Blend)、中型成长型基金(Mid-cap Growth)、中型收入型基金(Mid-cap Value)、小型综合企业型基金(Small Blend)、小型成长型基金(Small Growth)、小型收入型基金(Small Value)。一般来说，风险承受能力较差或保守型投资者(如退休人员)一般偏好于投资大型综合企业型基金、债券基金等，因为投资回报较稳定，风险又小；风险承受能力较好、追求高收益的投资者一般偏好于投资中型收入型基金；追求高风险、高收入的投资者一般偏好于投资小型成长型基金。

资料：中国基金业起步于 20 世纪 90 年代初期。1991 年 8 月，珠海国际信托投资公司发起成立珠信基金，规模达 6 930 万元，这是我国最早设立的国内基金。1998 年，在深交所上市了我国第一只封闭型基金——基金开元(4688)，发行 20 亿基金份额，存续期限为 20 年。2001 年，我国首只开放型基金——华安创新混合(040001)诞生，发售 50 亿基金份额。

我国投资基金经历了萌芽与起步、走向市场、规范运作以及稳步发展四个阶段。尤其是在 2011—2022 年，我国基金市场更是有了长足的发展。截至 2022 年 11 月底，我国境内共有基金管理公司 141 家，其中，外商投资基金管理公司 46 家，内资基金管理公司 95 家；取得公募基金管理资格的证券公司 12 家、保险资产管理公司 2 家。机构管理的公募基金资产净值合计 26.38 万亿元。[1]上交所和深交所交易的场内基金分别为 1 279 只和 673 只。其中，包括 ETF 基金 893 只、LOF 基金 174 只、货币基金 12 只。场外可交易的基金包括：股票型 2 500 只，指数型 1 609 只，债券型 5 268 只，混合型 7 658 只，货币型 772 只，QDII 基金 385 只以及 QFII 基金 142 只。[2]由此可见，我国基金市场发展速度惊人，在品种创新、交易规模以及规范管理等方面，对于促进我国金融资本市场投资与交易甚至国民经济发展都做出了积极且重要的贡献。

牛市与熊市条件下的基金选择策略

第二节　投资基金的收益与风险特征

证券投资基金的一大特色是数量众多、品种丰富，能够较好地满足广大投资者的投资需求。科学合理的基金分类，无论是对投资者正确选择基金，还是对维护基金业的公平竞

---

[1] 2023 年 1 月 3 日上海证券报·中国证券网.

[2] 新浪财经，http://vip.stock.finance.sina.com.cn/fund_center/index.html#jzkfall.

争，都具有重要意义。掌握各种不同类型基金的概念，认识主要基金类型的风险与收益特征和分析方法，是对从业人员的基本要求。本节在对不同类型基金进行介绍的基础上，对股票基金、债券基金、货币基金、混合型基金、保本基金、交易型开放式指数基金(ETF)等特殊类型的基金品种进行了重点分析。

一、股票基金

(一)股票基金的概念

所谓股票基金，对于基金公司而言，是指将所融资金的大部分投资于各类股票。基金公司的股票投资占比高达80%～90%。对于投资者而言，股票基金可以作为中长线投资品种。与其他类型的基金相比，股票基金的风险较高，但预期收益也较高。股票基金提供了一种长期的投资增值性，可供投资者用来满足教育支出、退休支出等远期支出的需求。与房地产一样，股票基金是应对通货膨胀的有效手段之一。

作为一揽子股票组合的股票基金，与单一股票之间存在许多不同，这主要表现在以下几方面。

(1) 股票价格在每一个交易日内始终处于变动之中；而股票基金净值的计算每天只进行一次，因此每一个交易日股票基金只有一个价格。

(2) 股票价格会受到投资者买卖股票数量及强弱对比的影响；而股票基金份额净值则不会由于买卖数量或申购、赎回数量的多少而受到影响。

(3) 人们在投资股票时，一般会根据上市公司的基本面，如财务状况、产品的市场竞争力、盈利预期等方面的信息对股票价格高低的合理性做出判断，但不能对股票基金份额净值进行合理与否的评判。换言之，对基金份额净值高低进行合理与否的判断是没有意义的，因为基金份额净值是由其所持有的证券价格复合而成的。

(4) 单一股票的投资风险较为集中，投资风险较大；而股票基金由于进行分散投资，投资风险低于单一股票。但从风险来源看，股票基金增加了基金经理投资的委托　代理风险。

(二)股票基金的类型

股票可以根据所在市场、规模、性质以及所属行业等因素归结为几种主要类型。相应地，我们也可以根据基金所投资股票的特性对股票基金进行分类。一种股票可能同时具有两种以上的属性。类似地，一只股票基金也可以被归为不同的类型。

1. 按投资市场分类

按投资市场分类，股票基金可以分为国内股票基金、国外股票基金和全球股票基金三大类。

国内股票基金以本国股票市场为投资场所，其投资风险主要受国内市场的影响。国外股票基金以非本国的股票市场为投资场所，由于币制不同，存在一定的汇率风险。全球股票基金以包括国内股票市场在内的全球股票市场为投资对象，进行全球化分散投资，可以有效克服单一国家或区域的投资风险，但由于投资跨度大，费用相对较高。

国外股票基金可进一步分为单一国家型股票基金、区域型股票基金和国际股票基金三种类型。

2. 按股票规模分类

按股票市值的大小，可将股票分为小盘股、中盘股与大盘股。与此相对应，专注于投资小盘股的基金就称为小盘股基金。类似地，有中盘股基金与大盘股基金之分。

统计资料表明，截至 2023 年 8 月 10 日，我国股票首发融资 5 亿元以下公司占比为52.84%，融资 10 亿元以下公司占比为80.13%，20 亿元以下公司占比达 92.82%，融资 20亿元以上的公司占比仅为 7.17%(见表 4-1)。因此，5 亿元以下为小盘股，5 亿～20 亿元为中盘股，20 亿元以上为大盘股，可以以此来界定小盘股、中盘股和大盘股基金的投资风格和类别。

表 4-1　我国上市公司首发融资规模占比

首发实际融资规模 S(亿元)	上市公司数量(家)	占比(%)
$S \leqslant 5$	2 556	52.84
$5 < S \leqslant 10$	1 320	27.29
$10 < S \leqslant 20$	614	12.69
$20 < S \leqslant 50$	253	5.23
$50 < S < 200$	94	1.94
总计	4837	100

(资料来源：东方财富 Choice(剔除 ST 类股票)数据库.)

3. 按股票性质分类

根据股票性质的不同，通常可将股票分为价值型股票与成长型股票。价值型股票通常是指收益稳定、价值被低估、安全性较高的股票，其市盈率与市净率通常较低。成长型股票则是指收益增长速度快、未来发展潜力大的股票，其市盈率与市净率通常较高。价值型股票的投资者一般比成长型股票的投资者表现得更有耐心，更倾向于长期投资。与此相反，一旦市场有变，成长型股票的投资者往往会选择快进快出，进行短线操作。

专注于价值型股票投资的股票基金称为价值型股票基金；专注于成长型股票投资的股票基金称为成长型股票基金；同时投资于价值型股票与成长型股票的基金则称为混合型基金。价值型股票基金的投资风险通常低于成长型股票基金，但回报通常不如成长型股票基金高。混合型基金的收益、风险则介于价值型股票基金与成长型股票基金之间。

另外，还可以根据股票的波动属性进一步细分价值型基金与成长型基金。例如，低市盈率基金、蓝筹股基金、防御性基金等价值型基金，而趋势增长型基金、周期敏感性股票基金等则属于成长型基金。

资料：20 世纪经历了蒸汽机、电传、电报、电灯电话、无线通信、计算机、石油、机械制造、汽车运输等行业，这些都属于价值型投资领域；21 世纪已经经历或正在经历的行业包括互联网、大数据、云计算、数字化金融、人工智能、机器人、数字医疗、生物工程、遗传工程、手机通信、网络游戏、网络媒体、高速铁路、房地产、建筑制造重装备、物流业、航天航空等。这些行业在发展初期多被视为成长型投资领域，而在中后期逐渐转变为价值型投资行业。

4. 按基金投资风格分类

一只小盘股既可能是价值型股票，也可能是成长型股票；而一家较大规模的大盘股同样既可能是价值型股票，也可能是成长型股票。为了有效分析股票基金的特性，人们常常会根据基金所持有的全部股票市值的平均规模与性质的不同而将股票基金分为不同投资风格的基金，如大盘价值型基金、大盘混合型基金、大盘成长型基金、小盘价值型基金、小盘混合型基金、小盘成长型基金等。表 4-2 所示直观地将股票基金按投资风格分为了 9 种类型。

表 4-2　按投资风格分类的股票基金类型

分　类	小　盘	中　盘	大　盘
成长型基金	小盘成长型基金	中盘成长型基金	大盘成长型基金
混合型基金	小盘混合型基金	中盘混合型基金	大盘混合型基金
价值型基金	小盘价值型基金	中盘价值型基金	大盘价值型基金

需要注意的是，很多基金在投资风格上并非始终如一，而是根据市场环境对投资风格进行不断调整，以期获得更好的投资回报。这就是所谓的风格变化现象。

5. 按行业分类

同一行业内的股票往往表现出类似的特性与价格走势。以某一特定行业或板块为投资对象的基金就是行业股票基金，如基础行业基金、资源类股票基金、房地产基金、金融服务基金、科技股基金等。不同行业在不同经济周期中的表现不同，为追求较好的回报，还有一种行业轮换型基金。行业轮换型基金专注于行业投资，投资风险相对较高。

(三)股票基金的投资风险

股票基金所面临的投资风险主要包括系统性风险、非系统性风险、[①]管理运作风险、操作和技术风险以及合规性风险。

基金管理运作风险是指基金经理对基金的主动性操作行为导致的风险基金管理人的专业技能、研究能力及投资管理水平直接影响到其对信息的占有、分析和对经济形势、证券价格走势的判断，进而影响基金的投资收益水平。操作和技术风险是指诸如越权交易、内幕交易、交易错误和欺诈等所产生的风险。合规性风险是指基金管理或运作过程中，违反国家法律、法规或基金合同有关规定的风险。

资料：统计资料显示，截至 2024 年 1 月 11 日，我国证券市场基金总体亏损面达 80%，且亏损深度为 30%～50%的占比超过 20%。近一年来已有 256 只基金宣告退场。可见，风险无处不在，"专家"经营的基金也不例外。

(四)股票基金分析

在投资股票时，投资者通常可以借助每股收益、市盈率等分析指标对股票投资价值进行分析。同样地，对股票基金的分析也有一些常用的分析指标，如反映基金经营业绩的指

---

① 系统性风险与非系统性风险的概念请参见第一章有关阐述，在此不再赘述。

标、反映基金净值敏感度的指标、反映基金组合特点的指标、反映基金运作成本的指标、反映基金操作策略的指标等。限于篇幅，这里我们介绍前两种分析指标。

1. 反映基金经营业绩的指标

反映基金经营业绩的主要指标包括基金分红、已实现收益、净值增长率等。其中，净值增长率是最主要的分析指标，最能全面反映基金的经营成果。基金分红是基金对基金投资收益的派现，其大小会受到基金分红政策、已实现收益、留存收益的影响，不能全面反映基金的实际表现。如果基金只卖出有盈利的股票，保留被套的股票，已实现收益可能很高，但基金的浮动亏损可能更大，基金最终可能是亏损的。因此，使用已实现收益并不能很好地反映基金的经营成果。

净值增长率指标的计算公式为

$$G_{net} = \frac{V_1 - V_0 + d}{V_0} \times 100\% \tag{4-1}$$

式中：G_{net} 为净值增长率；V_0 为期初份额净值；V_1 为期末份额净值；d 为每份期间分红。

净值增长率对基金的分红、已实现收益、未实现收益都加以考虑，因此是最能有效反映基金经营成果的指标。

净值增长率越高，说明基金的投资效果越好。但如果单纯考察一只基金本身的净值增长率并不能说明什么问题，通常还应该将该基金的净值增长率与同类基金的净值增长率进行比较，才能对基金的投资效果进行全面评价。

2. 反映基金净值敏感度的指标

基金净值敏感度是指股票基金的净值增长率与股票市场某个指数变化的敏感性，通常用 β 值来计量。其计算公式为

$$\beta = \frac{F_{net}}{S_I} \tag{4-2}$$

式中：F_{net}、S_I 分别为基金净值增长率和股票指数增长率。

如果股票指数上涨或下跌 1%，某基金的净值增长率上涨或下跌 1%，那么该基金的 β 值为 1，说明该基金净值的变化与指数的变化幅度相当。如果某基金的 β 值大于 1，说明该基金是一只活跃型或激进型的基金；如果某基金的 β 值小于 1，说明该基金是一只混合型或防御型的基金。

二、债券基金

(一)债券基金的概念

债券基金主要以债券为投资对象，因此对追求稳定收入的投资者具有较强的吸引力。债券基金的波动性通常要小于股票基金，因此常常被投资者视为收益和风险适中的投资工具。此外，当债券基金与股票基金进行适当的组合投资时，常常能较好地分散投资风险，因此债券基金常常也被视为组合投资中不可或缺的重要组成部分。

资料：中银彭博政策性银行债券 1～5 年指数基金，发行日期为 2021 年 1 月 18 日，成立日期为 2021 年 3 月 11 日，当日基金规模为 30.201 亿份。截至 2022 年 12 月 31 日，基金

规模为 0.886 5 亿份，资产规模为 1.03 亿元。基金经理为田原，基金管理人为中银基金，基金托管人为上海银行。管理费率为 0.15%，托管费率为 0.05%。2022 年第四季度投资组合只有两个品种，一是 22 国开 03 债券，二是 20 农发 07 债券。它们的占比分别为 69.36% 和 29.69%。该基金运作目标是通过指数化投资，争取在扣除各项费用之前获得与标的指数相似的总回报，追求跟踪偏离度及跟踪误差的最小化，力争日均跟踪偏离度的绝对值不超过 0.2%，年化跟踪误差不超过 2%。基金因受新冠疫情影响遭到大规模市场赎回，基金份额减少了 97%。

(二)债券基金的类型

债券有不同类型，债券基金也会有不同类型。通常可以依据债券发行者(政府、企业等)的不同、债券到期日的长短以及债券信用等级的不同对债券进行分类。根据发行者的不同，可以将债券分为政府债券、企业债券、金融债券等。根据债券到期日的不同，可以将债券分为短期债券、中期债券和长期债券等。根据债券信用等级的不同，可以将债券分为低、中、高信用等级的债券等。相应地，也就产生了以某一类债券为投资对象的债券基金。

与股票基金类似，债券基金也被分成不同的投资风格分类。债券基金投资风格主要依据基金所持债券的久期与债券的信用等级来划分(见表 4-3)。

表 4-3　债券基金风格类型

信用等级	短　期	中　期	长　期
高等级	短期高信用	中期高信用	长期高信用
中等级	短期中信用	中期中信用	长期中信用
低等级	短期低信用	中期低信用	长期低信用

(三)债券基金的收入来源

债券基金的投资对象主要是国债、企业债等债券，有些债券基金还能投资于股票。根据债券基金的种类不同，其投资的金融产品偏重也不同。债券基金的盈利途径主要有以下几方面。

(1) 利息收入。债券基金的主要盈利来源是债券的利息。债券到期后，债券基金就能拿回投资的本金和利息，再继续投资下一批债券，如此就能不断地获得利息收入。

根据债券的信用评级和到期期限不同，债券所带来的收益也不同。一般来说，信用评级越高，风险越低，利率越低，收益相对较少；到期期限越长，利率越高，收益越高。债券基金根据投资方向不同，在债券的购买上也会有所不同，投资者要根据自己的投资需求选择合适的债券基金进行投资。

(2) 资本利得。债券的资本利得主要是通过银行间市场和证券交易所的二级市场获得的买卖价差。债券的价格会受到市场利率、债券的信用评级、到期期限等因素的影响，会向上或者向下波动。债券基金通过低价买入债券再高价卖出债券赚取中间的差额，从而获得盈利。

(3) 债券回购收益。债券基金还可以进行债券的回购业务。作为回购方，将持有的债券作为质押融资，融得资金后再继续投入到债券市场，进行杠杆交易。

需要注意的是，杠杆交易风险很大，如果判断失误，可能会遭受巨大亏损。因此，一般杠杆交易都有限制，公募基金的杠杆比例目前限制为：一般开放型基金的杠杆比例不可以超过140%，而封闭型基金的杠杆比例在封闭期可以达到200%。

(4) 权益市场投资收入。债券基金分为两种，一级债券基金和二级债券基金。一级债券基金是不可以在股票市场进行买卖的。二级债券基金除了投资固定收益类的金融产品外，还可以参与股票市场的买卖，包括一级股票市场的申购与二级股票市场的买卖交易。这样，二级债券基金就可以通过参与股票投资来赚取超额收益，但同时也必须承担股市的风险。

(四)债券基金的投资风险

债券基金的风险与其投资对象基本一致，即债券基金的风险与固定收益证券本身具有的投资风险是相同的。主要的投资风险包括：①利率风险；②信用风险；③提前赎回风险；④利息再投资风险；⑤未付利息风险；⑥通货膨胀风险；⑦流动性风险；⑧管理风险。通货膨胀风险是指通货膨胀引起的债券投资收益贬值的风险。流动性风险是指当央行货币政策收紧，市场流动性出现暂时的紧张时，债券无法兑现。管理风险是指基金经理在投资操作中失策或失误，如投资方向及目标选择失误、资产配置结构不合理、介入市场时机不当等。其他风险①~⑤在第八章中有比较详尽的分析，在此不再赘述。

(五)债券基金分析

对债券基金的分析可以借鉴股票基金分析的大部分指标，如净值增长率、标准差、费用率、周转率等。但由于债券基金的市场波动与债券期限和信用等级密切相关，因此对债券基金的分析须增加债券基金久期指标分析与基金所持债券信用等级的考量。

1. 久期的意义和计量

久期是指债券在存续期内能够获得全部现金流的平均到期时间。其计算方法是用债券存续期内所获得各期现金流的现值与债券价格的比值作为权重，对期限进行加权求和，即得到该债券获得全部现金流所需的平均期限。久期主要用来衡量债券价格变动对利率变化的敏感度，久期越短，债券价格波动越小，风险越小；反之，久期越长，债券价格波动越大，风险越大。我们将债券价格对利率求导数，[①]不难得出久期 D_{Mac} 计算公式为

$$D_{\text{Mac}} = \frac{1 \times \dfrac{C}{(1+r)} + 2 \times \dfrac{C}{(1+r)^2} \cdots + n \times \dfrac{C+M}{(1+r)^n}}{P} \tag{4-3}$$

式中：C，r，M，P 分别为债券的各期利息、贴现率、面值和债券价格。

债券基金的久期等于基金组合中各个债券的投资比例与对应债券久期的加权平均值。与单个债券的久期一样，债券基金的久期越长，其净值的波动幅度就越大，所承担的利率风险也就越高。一个厌恶风险的投资者应选择久期较短的债券基金，而一个愿意接受较高风险的投资者则应选择久期较长的债券基金。

2. 债券的信用等级

除了对债券久期进行风险分析之外，还应重视对债券基金所持有债券的平均信用等级

---

① 有关债券估值的相关内容请参阅本书第八章。

加以考察。在其他条件相同的情况下，信用等级较高的债券风险较小，但收益率较低；信用等级较低的债券风险较大，但收益率较高。

国际上最具权威的债券信用评级机构主要有美国标准普尔公司、美国穆迪投资服务公司、加拿大债券级别服务公司、日本公司债券研究所和上海远东资信评估公司等。其中，美国标准普尔公司和穆迪投资服务公司负责评级的债券比较广泛。

资料：我国证券交易所市场上具有债券发行信用评级资格的评级机构有大公国际、联合资信、东方金诚、鹏元资信、中诚信以及上海新世纪资信评估投资服务有限公司等。债券信用等级通常分为九个级别。"AAA"级是最高等级，表示安全度最高，风险最小；"AA"级表示安全度相当高，风险较小，能保证偿付本息；"A"级表示安全度在平均水平之上，有一定能力保证还本付息。"BBB"级表示安全度处于平均水平，状况较安全，但从稍长时期看，缺少一些保护性因素；"BB"级表示将来可能会出现一些影响还本付息的不利因素；"B"级表示收益率极低，将来安全性无保障。"CCC"级表示债务过多，有可能不履行偿还义务；"CC"级表示有高度投机色彩，经常不支付或延付利息；"C"级是最低等级，表示前途无望，根本不能还本付息。在债券发行市场上，只有被评为前四个等级的债券才准予发行。

三、货币基金

(一)货币基金的基本概念

货币基金，也称货币市场基金，与其他类型基金相比，货币市场基金具有风险低、流动性好的特点。它是厌恶风险、对资产流动性和安全性要求较高的投资者进行短期投资的理想工具，也是暂时存放现金的理想场所。但需要注意的是，货币市场基金的长期收益率较低，并不适合进行长期投资。

货币市场工具通常指到期日不足 1 年的短期金融工具。由于货币市场工具到期日非常短，因此也称为现金投资工具。这些工具通常由政府、金融机构以及信誉卓著的大型工商企业发行。货币市场工具流动性好、安全性高，但其收益率与其他证券相比非常低。货币市场与股票市场的一个主要区别是：货币市场的进入门槛通常很高，在很大程度上限制了一般投资者的进入。此外，货币市场属于场外交易市场，交易主要由买卖双方通过电话或电子交易系统以协商价格完成。货币市场基金的投资门槛极低，因此，其为普通投资者进入货币市场提供了重要通道。

(二)货币市场基金的投资对象

依据《货币市场基金管理暂行规定》以及其他有关规定，目前我国货币市场基金能够进行投资的金融工具主要包括：①现金；②1 年以内(含 1 年)的银行定期存款、大额存单；③剩余期限在 397 天以内(含 397 天)的债券；④期限在 1 年以内(含 1 年)的债券回购；⑤期限在 1 年以内(含 1 年)的中央银行票据；⑥剩余期限在 397 天以内(含 397 天)的资产支持证券。

货币市场基金不得投资于以下金融工具：①股票；②可转换债券；③剩余期限超过397 天的债券；④信用等级在 AAA 级以下的企业债券；⑤国内信用评级机构评定的 A-1 级或相当于 A-1 级的短期信用级别及该标准以下的短期融资券；⑥流通受限的证券。

(三)货币市场基金的投资风险

货币市场基金同样会面临利率风险、购买力风险、信用风险、流动性风险。我国货币市场基金不得投资于剩余期限超过 397 天的债券,投资组合的平均剩余期限不得超过 180 天,货币市场基金投资标的期限短,风险低,但并不保证收益水平,即货币市场基金依然存在一定的投资风险。

(四)货币市场基金分析

1. 收益分析

货币市场基金的份额净值固定在 1 元。基金收益通常用日每万份基金净收益和最近 7 日年化收益率来表示。日每万份基金净收益是将货币市场基金每天运作的净收益平均分摊到每一份额上,然后以 1 万份为标准进行衡量和比较的一个数据。最近 7 日年化收益率则是以最近 7 个自然日日均收益率折算的年化收益率。这两个反映收益的指标均为短期指标。

2. 风险分析

用以反映货币市场基金风险的指标包括投资组合平均剩余期限、融资比例和浮动利率债券投资情况等。

(1) 投资组合平均剩余期限。低风险和高流动性是货币市场基金的主要特征。投资组合平均剩余期限是反映基金组合风险的重要指标。投资组合平均剩余期限越短,货币市场基金的收益对利率的敏感性越低,但收益率也可能较低。因此,在比较不同货币市场基金收益率时,应考虑其投资组合平均剩余期限的控制要求。对于单只货币市场基金,应特别注意其投资组合平均剩余期限的水平和变化情况,以及各期间资产剩余期限的分布情况。

(2) 融资比例。一般情况下,货币市场基金对财务杠杆的运用程度越高,其潜在的收益可能越高,但风险也相应越大。另外,按照规定,除非发生巨额赎回,否则货币市场基金债券正回购的资金余额不得超过其净资产的 20%。因此,在比较不同货币市场基金收益率时,应同时考虑其同期财务杠杆的运用程度。

(3) 浮动利率债券投资情况。货币市场基金可以投资于剩余期限在 397 天以内但剩余存续期超过 397 天的浮动利率债券。虽然其剩余期限在 397 天以内,但实际上这类债券的期限往往很长(如 10 年),因此,这类债券在收益率、流动性、信用风险、利率风险等方面会与同样剩余期限的其他债券存在差异。在判断基金组合剩余期限分布时,应充分考虑基金投资该类债券的情况。

资料:华泰紫金天天金交易型货币 A(511670),成立于 2017 年 8 月 11 日,基金规模为 870.98 亿元。基金管理人为华泰证券资产管理,基金托管人为中国农业银行。投资风格为收入型。2022 年第四季度投资组合包括:22 民生银行 CD038、22 农发贴现 04、22 苏交通 SCP024、22 湘高速 SCP004 等十只超短期融资券。七日年化利率为 1.947%,成立以来净资产涨幅 14.74%。

四、混合基金

(一)混合基金的概念与分类

混合基金的风险低于股票基金,而预期收益则要高于债券基金。它为投资者提供了一种在不同资产类别之间进行分散投资的工具,比较适合较为保守的投资者。

混合基金尽管会同时投资于股票、债券等,但常常会依据基金投资目标的不同而进行股票与债券的不同配比。因此,通常可以根据资产配置的不同将混合基金分为偏股型基金、偏债型基金、股债混合型基金和灵活配置型基金等。

偏股型基金中股票的配置比例较高,债券的配置比例相对较低。通常情况下,股票的配置比例为50%~70%,债券的配置比例为20%~40%。

偏债型基金与偏股型基金正好相反,债券的配置比例较高,而股票的配置比例则相对较低。

股债混合型基金的股票与债券的配置比例较为均衡,比例为40%~60%。

灵活配置型基金在股票、债券上的配置比例会根据市场状况进行调整,有时股票的比例较高,有时则债券的比例较高。

资料:银华集成电路混合 A(013840)基金,设立于 2021 年 12 月 8 日,基金规模为 8.44 亿元,截至 2022 年 12 月 31 日,基金份额为 10.7354 亿份,资产规模为 9.27 亿元,资产规模增长 9.834%。基金管理人为银华基金,基金托管人为中国建设银行,投资风格为成长型。2022 年第四季度投资组合包括:万业企业、长川科技、至纯科技等股票,以及 22 国债 01 和 03 国债(3)等债券。股票占比大于 50%,而债券占比小于 1%。

(二)混合基金的投资风险

混合基金的投资风险主要取决于股票与债券配置的比例大小。一般而言,偏股型基金、灵活配置型基金的风险较高,但预期收益率也较高;偏债型基金的风险较低,预期收益率也较低;股债混合型基金的风险与收益则较为适中。

混合基金尽管提供了一种"一站式"的资产配置投资方式,但如果购买多只混合基金,投资者在各类资产上的配置可能变得模糊不清,这将不利于投资者根据市场状况进行有效的资产配置。

五、保本基金

(一)保本基金的概念与类型

保本基金是指基金在满足一定的持有期限后,为投资者提供本金或最低收益保障的基金。在实际操作中,为了能够保证本金安全或实现最低回报,保本基金通常会将大部分资金投资于与基金到期日一致的债券;同时,为了提高收益水平,保本基金会将剩余部分投资于股票、衍生工具等高风险资产,使市场不论是上涨还是下跌,该基金在投资期限到期时,都能保障其本金不遭受损失。保本基金的投资目标是在锁定风险的同时,力争有机会获得潜在的高回报。

保本基金从本质上讲是一种混合基金。此类基金锁定了投资亏损的风险,产品风险较低，也并不放弃追求超额收益的空间，因此，比较适合那些不能忍受投资亏损、偏好稳健和保守的投资者。

依据保本性质的不同，保本基金可分为本金保证、收益保证和红利保证三种类型，具体比例由基金公司自行规定。一般本金保证比例为100%，但也有低于100%或高于100%的情况。至于是否提供收益保证和红利保证，各基金情况各不相同。通常，保本基金若有担保人，则可为投资者提供到期后获得本金和收益的保障。

(二)保本基金的保本策略

保本基金于20世纪80年代中期起源于美国，其核心是运用投资组合保险策略进行基金的操作。国际上比较流行的投资组合保险策略主要有对冲保险策略与固定比例投资组合保险策略(Constant Proportion Portfolio Insurance，CPPI)。

对冲保险策略主要依赖金融衍生产品，如股票期权、股指期货等，以实现投资组合价值的保本与增值。在国际成熟市场中，保本投资策略较多地采用衍生金融工具进行操作。固定比例投资组合保险策略则通过比较投资组合的当前净值与投资组合的价值底线，从而动态调整投资组合中风险资产与保本资产的比例，以实现保本与增值的目标。CPPI投资策略的投资步骤可分为以下三步。

第一步，设置保本基金价值底线。根据投资组合期末最低目标价值(基金的本金)和合理的折现率设定当前应持有的保本资产的价值，即投资组合的价值底线。比如，在三年后到期时保本基金应向投资者提供10亿元的货币价值，按照10%贴现率，10亿元的现值为7.5131亿元。此为保本基金应持有的最低投资价值底线。

第二步，计算投资组合当前净值超过价值底线的数额。该值通常称为安全垫，是风险投资(如股票投资)可承受的最高损失限额。比如，保本基金投资组合当前净值为8亿元，价值底线为7.5131亿元，则安全垫(基金净值与基金价值底线之差)为0.4869亿元。

第三步，设定安全垫乘数。安全垫乘数，即指以安全垫的某个倍数的比重用于投资风险资产，并将剩余资金投资于保本资产(如债券投资)，从而在确保实现保本目标的同时，实现投资组合的增值。

风险资产投资额和保本基金风险资产投资比例的计算公式分别为

$$S_{\text{risky}} = \alpha \times (V_{\text{PV}} - V_{\text{min}}) \tag{4-4}$$

$$m_S = \frac{S_{\text{risky}}}{V_{\text{PV}}} \times 100\% \tag{4-5}$$

式中：S_{risky}、α、V_{PV}、V_{min}分别为风险资产投资额、放大系数、基金净值和基金价值底线；m_S为保本基金风险资产投资比例。

如果选择安全垫乘数$\alpha = 1$，即使风险资产投资额S_{risky}完全亏损，理论上基金也能够实现到期保本。如果适当放大安全垫的倍数，即选择$\alpha > 1$，可提高风险资产投资比例以增加基金的收益。例如，假设将安全垫放大2倍，根据上述例子的数据，需要将0.9738(2×0.4869)亿元投资到风险资产中。这时即使风险资产亏损50%，基金仍然能够实现保本。随着安全垫放大倍数的增加，虽然能提高基金的收益，但投资风险也会同步增大；反之，如果过小，则可能导致基金收益不足。基金管理人必须在股票投资风险加大和收益增加之间寻找适当的平衡点。

(三)保本基金的投资风险

保本基金虽然承诺保本服务，但仍然具有投资风险。其投资风险主要表现在以下几方面。

(1) 保本基金有一个保本期，投资者只有持有到期后才能获得本金保证或收益保证。如果投资者在到期前急需资金，提前赎回，则不享有保证承诺，投资可能发生亏损。保本基金的保本期通常为3～5年，但也有长达7～10年的。基金持有人在认购期结束后申购的基金份额不适用保本条款。

(2) 保本的性质在一定程度上限制了基金收益的上升空间。为了保证到期能够向投资者兑现保本承诺，保本基金通常会将大部分资金投资在期限与保本期限一致的债券上。保本基金中债券的比例越高，其投资于高回报资产的比例就越低，收益上升空间就会受到一定限制。

(3) 尽管投资保本基金亏本的风险几乎为零，但投资者仍必须考虑投资的机会成本与通货膨胀损失。如果到期后不能取得比银行存款利率和通货膨胀率高的收益率，保本将变得毫无意义。投资时间的长短，决定了投资机会成本的高低。投资期限越长，投资的机会成本越高。

保本基金在投资到期后，当基金份额累计净值低于投资者的投入资本金时，基金管理人或基金担保人应向投资者支付其中的差额部分。

六、ETF 基金

(一)ETF 基金的概念与分类

交易型开放式指数基金(Exchange Traded Fund，ETF)，属于开放型基金的一种特殊类型，它综合了封闭型基金和开放型基金的优点，投资者既可以向基金管理公司申购或赎回基金份额，同时，又可以像封闭型基金一样在证券市场上按市场价格买卖 ETF 份额。不过，申购、赎回必须以一揽子股票换取基金份额或者以基金份额换回一揽子股票。由于同时采用二级市场交易和一级市场按净值申购赎回的"双轨"制，投资者可以利用二者之间的差价实现套利。套利机制的存在，使 ETF 避免了封闭型基金普遍存在的折价问题。

ETF 是跟踪某一种设定指数的基金，属于被动式运营资产模式，投资管理要求相对简单，管理费用比较低，而且分散投资避免基金持股集中，降低了流动性风险。由于采用一揽子股票组合兑换基金份额，无须现金管理应付赎回，极大降低了基金交易成本和佣金，有效实现了资本利得避税。

根据 ETF 跟踪某一标的市场指数的不同，可以将 ETF 分为股票型 ETF、债券型 ETF 等。在股票型 ETF 与债券型 ETF 中，如果进一步细分，可分为全球指数 ETF、综合指数 ETF、行业指数 ETF、风格指数 ETF(如成长型、价值型)等。例如，华夏国证半导体芯片 ETF 联接 A、国泰中证沪港深创新药产业 ETF 发起联接 C 都属于股票成长型 ETF 基金。

(二)ETF 的套利交易

一般来说,基于 ETF 的套利交易有两类。第一类是现货与衍生产品之间的套利,主要是依据衍生产品与其基础证券之间的内在定价关系,获取套利收益,其中以 ETF 现货与期货之间的套利交易最为常见。第二类则是 ETF 净值与市价之间的套利,即通过捕捉 ETF 二级市场价格偏差进行套利。目前,我国金融期货市场上已经提供了比较丰富的股票指数 ETF 期货产品,投资者可以在期货与现货两个市场作等量反向操作实现第一类套利。

ETF 第二类套利是利用 ETF 二级市场交易价格与基金份额净值两者存在价差时进行套利交易。具体而言,由于交易心态、交易环境、交易时差等因素的影响,ETF 市价与净值之间会出现差价,这就提供了套利的机会。

当 ETF 市价大于 ETF 基金净值时,投资者可以采取先在股票二级市场上买入一揽子 ETF 指数对应的股票,用以向基金公司申购 ETF 基金份额,取得 ETF 份额后,随即在二级市场上出售,除去相应的交易费用,从而获得二者之间的价差收益。

当 ETF 市价小于 ETF 基金净值时,投资者可以采取先在二级市场上买入 ETF,然后在一级市场赎回一揽子股票,再在二级市场中卖掉股票,赚取之间的差价。

(三)ETF 的收益与风险

ETF 适合所有的投资者操作,无论是个人还是机构,无论是打算进行长期投资、短期波段还是套利操作,ETF 都能带来益处。投资者可以从以下几方面投资 ETF 获得收益。

(1) 伴随指数上涨而获利。当基金跟踪的目标指数上涨时,ETF 的基金单位净值和市场交易价格也会随之上涨,投资者就可以获得其中的增值收益。

(2) 股票分红带来基金分红。当目标指数的成分股发放现金红利时,基金在符合分红条件的情况下,会将所得股息红利以现金方式分配给投资者。

(3) 套利收益。当 ETF 的市场交易价格与基金单位净值偏离较大时,投资者可以进行套利操作,获得价差收益。

与其他指数基金一样,首先,ETF 会不可避免地承担所跟踪指数面临的系统性风险。其次,尽管套利交易的存在使二级市场交易价格不会大幅偏离基金份额净值,但由于受供求关系的影响,二级市场价格常常会高于或低于基金份额净值。此外,ETF 的收益率与所跟踪指数的收益率之间往往会存在跟踪误差。抽样复制、现金留存、基金分红以及基金费用等因素都可能导致跟踪误差。

资料:截至 2023 年 9 月 25 日,我国交易所交易的 ETF 基金为 844 只,包括股票型 ETF(规模指数、行业指数、策略指数、主题指数)684 只,债券型 ETF 为 18 只,货币型 ETF 为 27 只,商品型 ETF 为 17 只,跨境型 ETF 为 98 只。

七、其他基金

除了前述各类常见基金之外,我国还有一批市场表现不俗的基金品种,如上市型开放式基金、基金中的基金、QDII 和 QFII 等颇具特色的基金,以下进行简要介绍。

(一)上市型开放式基金及其特点

上市型开放式基金(Listed Open-Ended Fund，LOF)，是指在 LOF 基金发行结束后，投资者既可以选择在银行等代销机构，按当日收市的基金份额净值进行场外申购、赎回基金份额；也可以选择在深交所各会员证券营业部，按撮合成交价进行场内买卖基金份额。LOF 基金在交易所内的交易费用(低于 6‰)远低于场外交易费用(15‰)。LOF 基金的交易速度快，效率高：买入的基金份额 T+1 日可以卖出，卖出的基金款当日就可使用进行再购买，T+1 日可提现金。与场外交易相比，买入比申购提前 1 日，卖出比赎回最多提前 6 日。场外买入的份额在 T+2 日才可以卖出，卖出的份额在 T+7 日才能提现。LOF 与 ETF 基金同样采用双向交易机制，LOF 基金具有二级市场交易价格和基金净值两种价格。当二者价格不一致产生差价，并且其差价足够大于交易费用(一般申购费为 1.5%，二级市场交易费用为 0.3%)时，那么投资者就可以进行套利交易了。如果基金净值高于成交价格，投资者可在场内按成交价格买入，然后按净值赎回；如果基金净值低于成交价格，投资者可选择在场外申购或在场内申购，然后在场内按成交价格卖出，获得套利收益。

(二)基金中的基金及其特点

基金中的基金(Fund of Funds，FOF)指投资对象为非 FOF 基金的其他投资基金，即其投资组合由各种基金组成。

截至 2023 年 9 月 25 日，国内市场上一共有 465 只 FOF，总资产净值为 1835.45 亿元。[①] 根据 FOF 基金的资产配置不同大致可以分为股票型 FOF、债券型 FOF、货币型 FOF、混合型 FOF 和养老目标型 FOF 等。FOF 基金投资的资产种类比一般基金要多，可以直接投资股票、债券等资产，还可以同时投资各类公募基金、QDII 基金、商品基金等。由于 FOF 基金投资对象具有资产配置的"二次分散"的特殊性，投资 FOF 基金可以帮助投资者更充分地降低风险，保障收益。因此，FOF 基金比较适合风险偏好保守的投资者，尤其是中老年投资者。

(三)QDII 基金和 QFII 基金

QDII(Qualified Domestic Institutional Investor)基金是指国内机构投资者赴海外投资资格认定制度，是国内投资者投资海外资产的基金。

按照投资地域来看，共分为 4 类：单一国家类(如美国、印度等)、地区类(欧洲、亚洲等)、组合类和全球类。其中，全球类的数量和规模占比最大，其次是投资于中国香港地区的 QDII，之后分别是投资于美国和亚太地区的 QDII。

按照投资品种来看，共分为 4 类：股票型、债券型、混合型、另类投资型。其中，股票型的数量和规模占比最大。

股票型 QDII 按照投资区域大体分为六类，包括全球、美国、欧洲、亚洲、大中华、新兴市场。大部分基金主要投资于全球的互联网、医疗、能源、消费四大行业，还有部分各行业灵活配置型基金。投资美国基金以跟踪标普 500 指数和纳斯达克(NASDAQ)指数的为

---

① 东方财富 Choice 数据库。

主。投资欧洲的基金一是面向整个欧洲市场，一是跟踪德国 DAX 指数的 ETF。投资亚洲市场基金主要面向中国香港地区。

债券型 QDII 按照投资目标大体分为六类，包括投资中国概念类、投资亚洲债券类、投资新兴市场类、投资全球市场类、投资全球市场高收益债类、投资美元债类。其中，投资美元债的最多。另外，高收益债也是投资的重点品种。

混合型 QDII 已有 30 余只，从混合型基金的持仓结构来看，平均仓位股票、债券、基金以及银行存款占比分别为 66.7%、0.03%、8.3%和 20.3%。

另类投资型 QDII 按照投资标的大体分为 5 类，包括投资于境外房地产类、投资于大宗商品类、投资于贵金属类、投资于原油类、投资于境外 ETF 等开放型基金类。其中，投资于境外房地产类今年以来表现最佳。

根据 Wind 数据，截至 2023 年 9 月底，我国 QDII 基金数量为 501 只，资产净值为 4 460 亿元。同时，QDII 基金的投资范围也持续丰富，已涵盖全球重要的股票、债券、商品、衍生品等。最近半年多，海外市场走势强劲，QDII 基金表现颇佳，万得 QDII 基金指数从 2022 年 10 月低点至 2023 年 5 月上涨近 13%。其中，汇添富全球消费混合 QDII(006308)表现亮眼。根据银河证券数据，截至 2023 年第一季度末，该产品过去一年在 44 只 QDII 混合型基金(A 类)中排名前三，该基金自成立以来收益率达 92.60%，远超同期业绩比较基准。

QFII(Qualified Foreign Institutional Investor)基金是指国外机构投资者到内地投资资格认定制度，是指合格的境外投资者通过成立基金的方式，将本币兑换成人民币，投资于我国证券市场的 A 股及其他投资产品。在退出时，投资所得的资本利得和分红预期收益，以人民币兑换成本币转回所在国的投资方式。在投资额度限制取消以及投资范围扩大后的同时，合格境外投资者数量显著提升。2020 年和 2021 年，分别有 71 家、118 家机构 QFII 资格获批。中国证监会数据显示，截至 2023 年 5 月底，合格境外机构投资者数量达 770 家。[①]根据东方财富网数据分析，QFII 基金近半年和近 1 年的净值增长市场排名位居基金前三。

格力电器：投资
30 亿元启动
"以旧换新"

第三节　优选基金策略

目前，我国尚未建立起较为成熟的基金绩效评价体系，也没有客观独立的基金绩效评价机构提供基金绩效评价结论，投资者只能依靠媒体提供的资料，自行做出分析评价。

一、基金投资前的必做功课

在选择基金时，投资者应该注意浏览各类报刊、销售网点公告或基金管理公司的信息，了解基金的收益、费用和风险特征，以判断该基金是否符合你的投资目标。

具体来说，基金投资需要明确以下几方面。

(1) 明确自身的风险偏好、可投资的资金量和期限，由此确定你要求的投资目标(高收

---

① QFII 入市 20 年机构家数从 2 家增至 770 家，https://baijiahao.baidu.com/s?id=1770838024835245437&wfr=spider&for=pc.

益高风险基金，或低收益低风险基金，或其他)。若不愿承担太大的风险，就应考虑低风险的保本基金、货币基金；若风险承受能力较强，则可以优先选择股票型基金。股票型基金比较适合具有固定收入且喜欢激进型理财的中青年投资者。承受风险中性的人宜购买混合型基金或指数基金。与其他基金不同的是，混合型基金的投资结构是平衡持有股票和债券，能确保投资始终在中低风险区间内运作，达到收益和风险平衡的投资目的。风险承受能力差的人宜购买债券基金、货币基金。

(2) 明确投资基金的业绩水平。为此，可以从以下几方面进行分析。

① 将拟选基金与同类型基金的收益情况进行比较。比如，比较两个基金 30 天、90 天、半年以及一年的市场收益率；比较历年两个基金的分红水平等。这些数据均可在基金分析软件或基金网站上获得。

② 将基金收益与大盘走势相比较。如果一只基金在大多数时间的业绩表现都比同期大盘指数好，那么可以说这只基金的管理是比较有效的。大多数股票分析软件都有价格曲线叠加功能，将大盘指数线与基金价格线叠加在一起，基金的表现将一目了然。

③ 考察基金业绩评价指标。

④ 如果是认购新成立的基金时，比较对象选择同一公司管理的其他基金的情况。因为受管理模式以及管理团队等因素的影响，如果同一基金管理公司旗下的其他基金有着良好的业绩，那么该公司发行新基金的盈利能力也会相对较高。

(3) 基金投资费用。基金的申购、赎回都有一定的费用，有些基金申购、赎回费用还相当高。一般申购手续费为每股 0.012 元，赎回费为每股 0.005 元。例如，如果你购买当天的单位净值是 1 元，买入 10 000 股(一共是 1 万元)。申购时需支付手续费 120 元，赎回时还需缴纳 50 元的手续费。如果用网上银行购买，会有相应的折价，手续费大概是 110 元(各个银行规定不一样)。

二、优选基金的重要指标

在选择基金时需要关注三个重要指标：基金市净率指标、基金净值指标和累计净值增长率。

(1) 选择市净率低的基金。公司净资产的多少是由股份公司的经营业绩决定的。公司业绩越好，其资产增值越快，股票净值就越高，因此股东所拥有的权益也越多。一般来说，市净率较低的股票，意味着风险较低，投资价值较高；相反，则投资价值较低。但在判断投资价值时还要考虑当时的市场环境以及公司的经营情况、盈利能力等因素。基金市净率的计算公式为

$$市净率=股票市价÷每股净资产 \tag{4-6}$$

(2) 选择基金净值高的基金。基金资产净值是在某一时点上，基金资产的总市值扣除负债后的余额，代表了基金持有人的权益。单位基金资产净值，即每一基金单位代表的基金资产的净值，计算公式为

$$单位基金资产净值=(总资产-总负债)÷基金单位总数 \tag{4-7}$$

式中：总资产指基金拥有的所有资产，包括股票、债券、银行存款和其他有价证券等；总负债指基金运作及融资时所形成的负债，包括应付给他人的各项费用、应付资金利息等；

基金单位总数指当时发行在外的基金单位的总量。

为了克服行业的可比性和基金大小的可比性问题，还可以用累计单位净值来反映基金的业绩水平。其计算公式为

$$累计单位净值=单位净值+基金成立后累计单位派息金额 \quad (4-8)$$

(3) 选择基金净值增长快的基金。除了基金净值的高低可反映基金的业绩水平外，更为关键的是，要考察基金业绩的增长速度，通常可以用基金累计净值增长率来计量基金业绩的增长速度。其计算公式为

$$基金累计净值增长率=(份额累计净值 － 单位面值) ÷ 单位面值 \quad (4-9)$$

例如，某基金目前的份额累计净值为 1.18 元，单位面值为 1.00 元，则该基金的累计净值增长率为 18%。当然，基金累计净值增长率的高低，还应该与基金运作时间的长短联系起来看，如果一只基金刚刚成立不久，其累计净值增长率一般会低于运作时间较长的可比同类型基金。

本 章 小 结

练习与思考

1. 阐述投资基金的特点，投资基金的优势表现在哪些方面？
2. 简述保本基金是如何实现"保本"的，为什么说保本基金仍然存在风险？
3. 试比较 ETF 与 LOF 基金的运作方式、收益及风险方面的异同。
4. 请问基金投资品已经作了分散投资，为什么还有投资风险？
5. 比较最近六个月以来证券市场股票基金和债券基金的平均收益水平，再将二者的收益水平与上证综合指数收益水平作一个对比，请制定你的基金资产配置方案。

实 践 案 例

LOF 场内与场外申购、赎回与套利

赵女士通过场外申购，即通过银行柜台申购了 10 万元的 LOF 基金。按照申购当日的基金单位净值 1.632 5 元、对应申购费率 1.5%计算，赵女士需要缴纳的申购费用=申购金额÷(1+申购费率)×申购费率=100 000÷(1+1.5%)×1.5% ＝1 478(元)，剩下的净申购金额=申购金额÷(1+申购费率)=100 000 ÷(1+1.5%)=98 522(元)，则其可得到的份额=净申购金额÷基金净值=98 522 ÷1.632 5=60 350(份)。

邓先生选择了在场内申购，即像炒股一样通过证券交易所买入这只基金。邓先生买入这只基金的价格将按其当日的收盘价 1.615 8 元计算，并且在交易过程中不需要支付申购和

赎回费用，只需要支付一定比率的券商佣金。按照对应券商佣金比率为 0.2%计算，同样获得 60 350 份该基金份额，邓先生需要支付的券商佣金=挂牌价格×申购份额×券商佣金比率=1.615 8 × 60 350 × 0.2% =195(元)，需要支付的总申购金额=挂牌价格×(1+券商佣金比率)×申购份额=1.615 8 ×(1+0.2%)×60 350=97 709(元)。

最终，同样拥有 60 350 份该 LOF 基金，赵女士需支付 100 000 元，而邓先生只需支付 97 709 元，节省了 2 291 元。

案例中的邓先生就是通过交易所在二级市场购买的 LOF 基金，不仅交易成本低，而且更便利。LOF 基金在二级市场的交易过程中，需要支付的成本主要就是券商佣金，通常来说，买卖一个来回费率最多只有 0.5%；而如果是在一级市场申购、赎回，需要支付的费用则与普通开放型基金相同，约为 2%。这样，整个买卖过程可省下约 1.5%的交易成本。如上述案例中，赵女士需缴纳的申购费用为 1 478 元，而邓先生购买同样多的基金份额，只需要支付 195 元的券商佣金。

除了成本上的优势外，LOF 基金在二级市场上的流动性与股票类似，即在二级市场上卖出后，资金 T+1 日就可以到账；而如果在一级市场上赎回，资金到账的时间则需要 T+3 日以上。

此外，通过二级市场购买 LOF 基金，有机会以低于基金净值的价格买入同一只基金。这是因为 LOF 基金的二级市场价格像封闭型基金一样，是受供求关系影响的，因此与基金净值并不相同。而且，其交易价格还很有可能低于基金净值。上例中，赵女士在一级市场买入时，需按当日基金净值 1.632 5 元申购；而邓先生在二级市场交易时，其当日收盘价格只有 1.615 8 元。这样就可以利用两个市场的价差，实现低买高卖的无风险套利。

思考

1. 你认为基金交易中交易费用的高低在多大程度上影响投资者的收益。
2. LOF 基金场内与场外申购、赎回有哪些差异。
3. 如何运用场内与场外交易的价差实现套利。

第五章　证券投资基本分析

【章前导读】

基本分析的主要目的，是通过定性和定量分析方法，揭示上市公司的发展状态和水平，辨识公司财务真伪，挤出市场价格泡沫，还原上市公司股票的真实投资价值。基本分析要求从国内甚至国际政治、经济环境分析入手，科学定位行业发展水平以及公司经营现状和发展潜力。一方面，为长线投资提供研判依据；另一方面，用于发现股票价格与价值的偏离，制定中短线套利策略。基本分析目标是引导资金流向符合国家产业政策的方向，实现资源优化配置，促使金融市场真正成为国民经济健康发展的"大动脉"和"发动机"。

巴菲特曾经说过，"除非你打算持有一辈子，否则你绝不要购买那只股票"。事实上，巴菲特的股票大都在 10 年以内作了相应的更换或调整。巴菲特的"持有一辈子"，强调的是在充分做好市场分析之后再作投资，而这正是本章将要介绍的 "基本分析"。

顺应趋势，花全部的时间研究市场的正确趋势，如果保持一致，利润就会滚滚而来！

——威廉·江恩(William D. Gann)

【关键词】

基本分析法　国内生产总值　利率　汇率　通货膨胀率　物价指数　经济周期　资产负债表　利润表　现金流量表　行业增长驱动　行业生命周期　行业垄断性　公司盈利能力　公司成长能力　公司偿债能力　公司营运能力　每股收益　每股净资产　净资产收益率　财务报表分析

【案例引入】

2023 年 1 月 5 日，比亚迪"敢越星河"仰望品牌暨技术发布会在深圳召开，正式发布了全新高端汽车品牌仰望及其核心技术"易四方"。百万级新能源硬派越野 U8 和百万级纯电动性能超跑 U9 也同步亮相。

首先，我们来看看新能源汽车市场的"基本面"。

2024 年上半年，我国新能源汽车的产销量分别达到了 492.9 万辆和 494.4 万辆，同比分别增长了 30.1%和 32%，市场占有率达到了 35.2%。这一数据表明，新能源汽车在国内市场的普及度和接受度正在不断提高，成为推动汽车市场增长的重要力量。此外，新能源汽车的出口也呈现强劲的增长态势，2024 年 1—5 月，我国汽车产销量分别达 1138.4 万辆和 1149.6 万辆，同比分别增长 6.5%和 8.3%。其中，新能源汽车产销量分别达 392.6 万辆和 389.5 万辆，同比分别增长 30.7%和 32.5%，市场占有率达 33.9%。这些数据反映了国内新能源汽车不仅在国内市场占据了一席之地，同时在国际市场上也展现出了强大的竞争力。比亚迪公司提前预判了这一发展趋势，创新推出了比亚迪新能源品牌，凭借超级混动、刀片电池、四电机驱动、横向平移、原地掉头、爆胎自平衡控制等一系列技术，领跑国内乃至全球新能源汽车技术、生产与市场。预计未来，比亚迪将借助智能电动汽车这一行业创新平台，开发具有引领性和品牌意义的新技术，推动并拓展新能源汽车市场占有率。

其次，我们来分析比亚迪财务"基本面"。

比亚迪上市公司股票每股收益为 1.57 元，每股净资产为 47.26 元，净资产收益率(ROE)为 3.24%，毛利率为 21.88%，市盈率为 24.69 倍。公司总市值为 7 417 亿元，流通市值为 2 964 亿元，净利润为 47.71 亿元，市盈率增长率为 0.44%，行业估值排名 9/25，三年复合每股收益增长率为 91.48%，三年复合净资产收益率增长率为 14.73%，多项指标行业排名第一。截至 2024 年 7 月 31 日，比亚迪公司股票 6 个月涨幅达 46.96%，大盘与行业涨幅分别为 5.26% 和 28.82%，分别超过市场和行业 41.7 个和 18.14 个百分点。比亚迪公司的财务指标及市场表现表明，公司经营管理及运营状况优秀，发展潜力十分显著。[①]

当前，全球厄尔尼诺气候现象日渐显著，降低碳排放量，发展清洁能源，保护人类生存环境已成永恒的主题。结合上述比亚迪公司的基本分析可以得出投资结论：比亚迪上市公司的股票具有中长线投资价值的基本特征。

第一节　证券投资基本分析概述

我国证券市场历经 30 多年的快速发展，投资规模得到大幅提升，投资主体结构进一步优化。目前，我国大约拥有 1.9 亿股民和 6 亿基民。公募基金在股票市场上的定价权进一步增强，流通股持股比例快速提升。北向资金自 2014 年正式进入 A 股市场以来，已成为影响中国股市定价权的重要因素之一。中国股市机构化、国际化的趋势是明确的，股市生态也将逐步演变为以机构化为主导的新型市场。可以预期，价值投资将会成为证券投资市场的主流选择，而基本分析又是实现真正投资意义上的财富增长不可或缺的手段或方法。

一、基本分析法的概念

证券市场的交易价格(股票价格或股价)总在不断地上下波动。这种股价波动除了受各种经济、政治等因素影响外，还受投资心理和交易技术等因素的影响。概括来说，影响股票价格及其波动的因素主要可以分为两大类：一类是基本因素；另一类是技术因素。就股票市场而言，前者是指一个国家或地区的政治形势、经济发展状况以及经济政策等非股票市场内部的因素；后者则是指股票市场内部的因素，包括股票价格、交易量、投资者心理预期以及市场的人气等因素。基本因素的研究产生了所谓的基本分析法，而技术因素的研究产生了技术分析法，包括图形分析法、指标分析法等内容。本章主要讨论基本分析法。

所谓基本分析法，也称为"基本面"分析法，是指把对股票的分析研究重点放在它本身的内在价值即股票的投资价值上。所谓投资价值，最主要的内涵是不考虑市场供求关系干扰、投资者心理预期等主观因素，上市公司通过产品经营、项目投资所创造的公司资本财富增长所具有的价值。基于此，上市公司的股票交易价格与其投资价值经常是背离的，如果市场价格低于投资价值，就可能出现多头市场；反之，则可能出现空头市场。

基本分析法要解决三个层面的问题，并借以评估股票的投资价值：①上市公司所在的国家或地区的经济环境是繁荣还是萧条？②上市公司所属行业的发展速度与发展水平如何？③上市公司的财务状况、经营管理水平、市场占有率以及盈利能力如何？

---

① 根据东方财富 Choice 数据终端所发布的数据资料整理而得。

因此，基本分析法的定义如下。基本分析法是运用经济学、投资学等相关学科的基本原理和分析方法，对目标国家或地区的经济状态、行业发展阶段以及公司的盈利能力和水平三个层面进行深度分析和综合判断，揭示上市公司股票的投资价值和发展潜力，为投资者的投资决策提供必要的信息。

像巴菲特这样的投资大师，其投资的基本理念就是进行"价值投资"。在长线投资、价值投资中战胜市场，立于不败之地，获得令人咋舌的投资收益。

二、证券投资分析的必要性

投资者进行基本分析具有很重要的意义和必要性，这体现在以下几方面。

第一，股票属于风险性资产，其风险由投资者承担，因此每一个投资者在走每一步时都应谨慎行事。高收益带来的也是高风险。在进行股票投资时，为了获取尽可能大的收益，并把可能的风险降到最低限度，必须认真做好股票投资的事前分析。

第二，股票投资是一种智慧型投资。长期投资者要注重基本分析方法，短期投资者则要注重技术分析。而在股市上进行投机，更是一种需要高超智慧与勇气的行为，其前提是看准了时机再去投资。而时机的把握需要投资者综合运用自己的知识、理论、技术以及方法，进行详尽的周密分析与科学决策，以获得有保障的投资收益。

第三，从事股票投资要量力而行，适可而止。要时刻保持冷静的头脑，坚决杜绝贪念，哪怕只有一次要赌一把的热血来潮的冲动，也会让你追悔莫及。

投资者在进行股票投资分析时往往会受到资讯不足、分析工具不全、个人分析能力有限等问题的制约，因此，投资者除自行分析外，还应参考外界对股票投资所作的分析，从而做出正确的判断。

第二节　证券投资宏观环境分析

一、国际政治、经济环境分析

(一)国际政治环境与证券投资

国际政治环境是指本国以及本国以外的其他国家，尤其是在全球政治经济中占主导地位的国家政治体制、政治观点、政治地位的差异或变革，或达成某种新的共识而对一国证券市场所产生的重大影响。具体来说，包括本国及其他国家或地区如北约、欧盟以及联合国安理会常任理事国等国家或地区团体的政治制度变化、军事政变或政治选举导致的领导人更替，以及政治观点分歧、经济利益冲突导致国家之间的政治排斥、军事对峙、恐怖袭击、武装冲突乃至大规模军事战争等，都会影响到本国的经济环境、投资者的投资预期及证券市场的价格。例如，2022 年 2 月 24 日，俄罗斯对乌克兰发起"特别军事行动"，俄罗斯市值加权指数(RTS)当日早盘暴跌逾 50%，盘中两度熔断暂停交易。我国 A 股市场三大股指低开低走，午后加速跳水。截至收盘，上证指数大跌 1.7%，深证成分指数、创业板指数均跌逾 2%。目前"俄乌冲突"已持续 3 年多，不仅导致了该地区的政治经济动荡与骚乱，也引发了全球经济、金融形势的恶化。又如，2023 年 10 月 7 日，巴以冲突导致大量平民百姓伤亡和物资损毁。这些局势的变化都极大地影响了一个国家或地区的证券市场的信心和预期，产生负面的消极作用。

(二)国际经济环境与证券投资

国际经济环境可以从两个主要方面考虑：一是国际贸易总量与结构的变化；二是国际金融市场的动态。

1. 国际贸易总量与结构的变化

世界贸易总额的持续增长与否、快与慢，反映了全球经济贸易的向好与否。总量决定了世界经济的兴衰，决定了证券市场的投资可能性。全球贸易持续快速增长，投资机会增多，可能性提高；反之亦然。而世界贸易结构的格局与变化，则决定了投资方向和投资结构布局。显然，对全球贸易增速贡献大的国家、行业乃至公司是首选的投资对象。国际贸易投资关系的变动主要影响到产品、技术、原料和材料供应依靠国外的公司。因此，在确认投资方向和布局时应着重关注以下几方面：①贸易投资目标区域或方向的政治与经济等外部环境是否持续稳定向好；②公司的贸易投资方向与结构是否与国际贸易投资占优行业分布以及区域分布基本一致；③技术贸易投资是否与国际市场的朝阳产业、热门产业、创新产业发展方向一致，如芯片技术、人工智能、新能源、绿色环保、国防军工以及其他高科技产品等；④要密切关注目标公司与主要贸易投资国的贸易投资关系变化。

2. 国际金融市场的动态

中国的资本市场尚未完全对外开放，人民币在资本项目下不能自由兑换，从理论上讲，国际金融市场的动向对我国股票市场的影响不大。但随着全球经济一体化的深度发展以及网络通信信息技术应用的普及，国际金融市场的动荡对一国证券市场的影响将会日益凸显。国际金融市场的汇率、利率变化，经济增长以及金融信用评级也会直接或间接影响一国的证券市场价格波动。例如，美联储的货币政策不仅会影响美国经济的走向，而且会波及全球经济的发展，包括引发各国汇率市场、利率市场乃至证券市场的连锁反应。美联储自2023年2月以来加息次数达10次之多，导致2023年人民币大幅贬值，达14%左右。美联储的这一反常市场调控举措对中国经济至少从五个方面产生了负面影响。①资本回流效应。美元加息引发中国资本外流风险增加，影响了我国资金市场供求稳定性。②进出口效应。美元加息，美元走强，人民币趋软，进口商品价格上升，企业经营成本上涨。同时，造成我国经济输入性通货膨胀压力。③债务成本效应。中国拥有大量的外债存量，美元加息，全球利率上升，致使我国还债成本增加。④资产价格波动效应。美元加息加剧全球金融经济波动，对中国证券市场投资者预期产生负面影响。⑤经济增长不确定性效应。美元加息造成全世界经济增长放缓，对中国引进外资造成严重影响，进而遏制中国经济快速发展。

由此可见，美联储持续加息是一种高强度的紧缩货币政策，对中国股市释放的是利空信号，大量资金向美国银行和市场出逃。逻辑上，美国市场流动性降低势必导致美国股市下跌，进而加大了世界金融市场的不确定性，我国A股市场投资者心理预期因此严重受挫，市场做空能量持续加大。美联储加息是导致A股市场不断下行的重要推手之一。

二、国民经济发展现状分析

企业所处的宏观经济环境非常复杂，投资者不可能对经济环境的方方面面逐一进行分析。一个国家的国民经济运行状况可通过一系列指标，如国内生产总值、通货膨胀率、利率、汇率等予以反映，这些正是投资者了解宏观经济与证券市场发展的重要信息资料。

(一)国民生产总值和国内生产总值

国民生产总值(Gross National Product, GNP)是一个国家在一定时期(通常为一年)内获得的最终产品和劳务的价值总和，是综合反映一个国家在一定时期内经济活动成果最概括、最主要的指标。国内生产总值(Gross Domestic Product, GDP)是与国民生产总值有密切联系的总量指标，它是一定时期内一个国家在国内领土上生产的最终产品和劳务的价值总和。国内生产总值同样是综合反映一个国家经济成果的一项主要指标。国民生产总值与国内生产总值都反映最终产品的价值，是最终产品增值的总和。区别在于，前者是一个收入概念，按国民原则计算；后者是一个生产概念，按领土原则计算。两个指标之间的差额为国外净要素收入。

GNP 和 GDP 基本上反映了一个国家在一定时期内经济增长的速度。市场投资行情的波动归根结底是经济变化的结果。事实上，证券价格的涨跌总体上是与这两个指标的变化相一致的。GNP 和 GDP 增长快，表明这一时期的国民经济状况良好，大多数企业有较高的利润率，投资者开始选择购买业绩较好的股票。随着投资者信心的增强，推动证券市场行情看好；反之，国民经济发展速度放慢，GNP 和 GDP 相对降低，企业赖以生存的经济环境低迷，难以创造出较好的业绩，必将降低投资者的投资热情，进一步使证券市场走入低谷。

经济增长速度多少合适，并没有绝对的标准，不同国家、不同经济发展阶段，会有不同的情况。一般来说，与本国国力相符并能保持国民经济持续、稳定、健康发展的速度是较为适当的。经济发展过慢或者长期徘徊乃至不能满足人们日益增长的物质文化生活需要固然不行；但经济过热，片面追求超高速发展，可能会导致破坏社会经济的正常比例关系，也必将给未来经济发展留下隐患，经济前景不容乐观。因此，不能笼统地以 GNP 和 GDP 指标轻率地下结论，而应做具体深入的分析。GNP 和 GDP 是总量指标，可将它们层层分解(如国民经济各部门、企事业单位的 GDP 或 GNP 规模、结构以及增长速度)，使之成为一个个具体的分层指标。通过对比分析这些分层指标变动的原因，从不同侧面了解国民经济运行的内在规律，并在此基础上预测未来的经济形势。

另外应注意的是，从投资决策的角度分析，投资市场(特别是证券市场)一般会提前对 GNP 和 GDP 等指标的变动做出反应，也就是说，未来 GDP 的大致趋势是可以通过证券市场的变化来事先体现的。当 GNP 和 GDP 等指标的实际变动公布时，证券市场只对实际变动与预期变动的差别做出进一步反应。

资料[①]：2013 年至 2022 年年底，我国国内生产总值从 59.3 万亿元增长到 121 万亿元，年均增长 6%以上，按年平均汇率折算，经济总量达 18 万亿美元，稳居世界第二位。2023

---

① 东方财富 Choice 金融终端。以下同。

年，国内生产总值达 1 260 582 亿元，按不变价格计算，比上年增长 5.2%，增速比 2022 年加快 2.2 个百分点。这表明中国经济形势总体向好，继续保持稳定健康发展态势。

(二)利率

利率与投资市场的各种价格波动有着密切的关系。一般来说，市场利率与证券价格成反比：市场利率升高时，证券价格下跌；反之，市场利率下跌时，证券价格升高。

利率水平是债券价格发生变动的最主要因素。债券发行时都有其固定的票面利率，因此各期支付的利息是不变的。在市场利率发生变化时，各期债券现金流的折现值之和，即债券价值会随之变动，并随之表现在债券价格的变化上。当市场利率上升时，债券价值降低，债券价格下降；而市场利率下降时，则使债券价值增加，债券价格上升。

对股票而言，利率对股票价格的影响主要体现在以下两个方面。

(1) 利率的变动会引起预期企业利润的变化，导致证券价格变化。一方面，利率水平的高低反映了企业资金调度的难易、融资成本的升降，致使企业利润水平发生变化。例如，在利率下降时，企业能以较低成本筹集所需资金，企业利润率会有所上升，体现在股票市场则是股价上涨；反之，将导致股价下跌。另一方面，利率水平的高低也反映了国家宏观调控政策的倾向。一般来说，低利率源自政府刺激整体经济增长的政策目的，而高利率则很可能与政府为抑制通货膨胀而采取的紧缩货币政策相关联，目的是使整体经济的增长速度放慢，这些都将影响企业的未来利润，导致股票价格发生变化。

(2) 利率还会通过股票市场供求关系的变化影响股票价格，这主要是因为利率水平的变动将影响投资者在股票和其他金融资产上的资金分配。例如，利率升高时，投资者为寻求一定风险下的较高收益，会增加银行存款，减少对股票的投资，从而使股票需求下降，股价下跌；反之，则会增加股票需求，使股价上涨。

资料：2023 年，我国做了 3 次较大幅度的利率下调，国有各大商业银行 3 年期定期存款利率进入"2"时代，旨在拉动需求，刺激消费和投资，启动经济恢复预期。

(三)汇率

汇率，又称汇价，是一国货币兑换另一国货币的比率。作为一个重要的经济杠杆，汇率的变动对一个国家经济的多方面产生影响。一般来说，如果一个国家实行的是货币升值基本方针，股价就会上涨；而一旦其货币贬值，股价则随之下跌。就股市而言，汇率变动最直接影响的是那些从事进出口贸易产品业务的公司的股票。它通过对公司营业及利润的影响，进而反映在股价上。其主要表现在以下几方面。

(1) 若汇率下跌，人民币升值，则对出口不利，对进口有利。因为此时出口产品相对价格提高了，企业竞争力下降，盈利水平下降，股价下跌；反之，汇率下跌使进口产品价格相对便宜了，企业成本下降而盈利水平提高，股票价格趋于上涨。

(2) 若汇率上升，人民币贬值，则对出口有利，对进口不利。因为此时出口产品价格变得相对便宜而更具竞争力，公司盈利上升，股价上涨；反之，汇率上升使进口产品价格相对更贵了，企业成本增加导致盈利水平下降，股价下跌。

(3) 如果预测到某国汇率将要上涨，那么该国货币需求增加，而其中部分资金将进入该国股市，股票行情也可能因此而上涨。

市场分析：目前，美元对人民币的汇率为 7.18(截至 2024 年 1 月 26 日)，与 2021 年年底的 6.37 相比，2 年跌幅达 12.72%。美元不断加息，引发人民币汇率步入下跌通道，而人民币持续贬值也是证券市场长期徘徊不振的重要原因之一。目前，美元对人民币的汇率持续上升，则依赖于原材料进口的行业企业的经营业绩会大打折扣，导致其投资价值下降。

(四)通货膨胀率

通货膨胀是物价总水平的持续上涨，通常用一般物价水平的上涨幅度来衡量。常用的指标有消费者价格指数(Consumer Price Index, CPI)、生产者价格指数(Producer Price Index, PPI)及零售物价指数(Retail Price Index, RPI)。其中消费者价格指数的使用最为普遍。根据以上指标的衡量，可将通货膨胀按程度不同分为温和通货膨胀和恶性通货膨胀，不同程度的通货膨胀对投资市场及不同的投资品种具有不同的影响。

一般来说，通货膨胀会导致债券贬值，这是因为债券的收益相对固定，通货膨胀会降低债券的实际利率，导致债券投资者抛售债券而购买能保值增值的其他投资对象。对股票市场而言，通货膨胀对股价特别是个股的影响并无恒定的模式。适度温和的通货膨胀是经济增长过程中的正常现象，对股价不会产生负面影响，反而有利于股价上升，因为一定程度的物价上涨将使企业收入增加，体现出较好的业绩。同时，公众为避免手中货币购买力下降，将倾向于投资股票市场，以达到保值增值的目的。若公众将货币直接用于消费，则将带来市场的暂时繁荣，企业从中获取较高的利润，这些都将推动股票价格的上升。但是，一旦通货膨胀发展为恶性通货膨胀，对经济的负面影响将很快显现出来。一方面，货币的迅速贬值，使公众疯狂囤积商品，购买不动产，以期对资金进行保值，造成大量资金流出金融市场，这将使企业难以筹集到必需的生产资金，而原材料、劳务等成本价格飞涨更使企业雪上加霜，企业经营严重受挫，盈利水平下降，甚至倒闭。另一方面，为遏制恶性通货膨胀的长期存在，政府将采取一定的调控政策，这些政策必然对经济运行产生重大影响。一般来说，严厉的通货膨胀措施会导致经济的衰退，而投资者对此的预期也将对股票市场的低迷起加剧作用。

市场动态：统计数据显示，中国改革开放后的通货膨胀最高点出现在 1994 年，当年的通货膨胀率达到了 24.7%，这也是自中国改革开放以来最高的一年。近 10 年来，我国 CPI 指数较为稳定，最高点在 2011 年前后，约为 5%，其他年份在 2% 上下波动，平均为 2%～3%。2023 年，通货膨胀水平在 2% 左右，表明我国经济平稳健康持续向好的态势没有改变。

(五)物价变动对股市的影响

普通商品价格的变动对股票市场具有重要影响。一般情况下，物价上涨时，股价也随之上涨；物价下跌时，股价也相应下跌。商品价格对股票市场价格的影响主要体现在以下几方面。

(1) 商品价格出现缓慢上涨，且幅度不大，但如果物价上涨率高于借贷利率的上涨率时，公司库存商品的价值会上升。产品价格的上涨幅度高于借贷成本的上涨幅度，于是公司利润增加，股票价格也会因此上升。

(2) 商品价格上涨幅度过大，导致公司生产成本上升，且无法通过商品销售完全转嫁出去，公司利润下降，股价也随之下降。

(3) 物价上涨过快时，人们倾向于及时消费，导致股价下跌；当商品价格回落时，反而成为投资股票的良好时机，从而引起股价上涨。

(4) 物价持续上涨会增强股票投资者的保值意识，促使他们从股市撤资，转而投资于动产或不动产，如房地产、贵重金属等保值性强的资产，导致股票需求量下降，进而使股价下跌。

注意：这里的物价上涨与 CPI 的物价上涨不同，它不代表一般商品的普遍持续上涨，多数情况下是指个别或某类商品的局部性、阶段性波动。

三、国家宏观经济政策分析

(一) 财政政策对证券市场的影响概述

1. 财政政策的含义

财政政策是政府依据客观经济规律制定的指导财政工作和处理财政关系的一系列方针、准则和措施的总称。财政政策分为长期、中期和短期的财政政策。财政政策的短期目标是促进经济稳定增长。财政政策的中长期目标，首先是资源的合理配置，其次是收入的公平分配。财政支出主要用于公共事业，如国防、义务教育、社会医疗体系等。

财政政策一般通过"收支两条线"实施。财政收入包括：①税收收入；②各类规费收入等。财政支出包括：①贫困补助；②失业救济等转移支付；③财政在固定资产方面的投入。

通常在经济低迷时期，政府会增加财政支出，刺激投资和消费(如增加对公路、铁路、电网、通信等基础设施的投资)，进而带动相关行业的启动与发展。同时，提高社会低收入阶层的收入水平，通过给予低收入者的转移支付直接增加他们的可支配收入，助推这一群体的消费。另外，基本生活用品的生产部门也可以间接从转移支付中获得资金支持。

2. 财政政策的手段

财政政策手段主要包括国家预算、税收、国债、财政补贴和转移支付制度等。

(1) 国家预算。国家预算能够全面反映国家财力的规模和平衡状态，是各种财政政策手段综合运用结果的反映，也是财政政策的主要手段。国家预算收支的规模和平衡状态可以对社会供求的总量平衡产生影响。国家预算的支出方向可以调节社会总供求的结构性平衡。

(2) 税收。税收是国家凭借政治权力参与社会产品分配的重要形式，它既是筹集财政收入的主要工具，又是调节宏观经济的重要手段。税收可以调节收入分配和社会总供求的结构。

(3) 国债。国债是国家遵循有偿信用原则筹集财政资金的一种形式，也是实现政府财政政策和进行宏观调控的重要工具。国债可以调节国民收入初次分配形成的格局，还可以调节国民收入的使用结构、产业结构以及资金供求和货币流通量。

(4) 财政补贴。财政补贴是国家为了某种特定需要，将一部分财政资金无偿补助给企业和居民的一种再分配形式。

(5) 转移支付制度。转移支付制度是中央财政将集中的一部分财政资金，按照一定标准拨付给地方财政的一项制度。其主要功能是调节中央政府与地方政府之间的财政纵向不平衡。

3. 财政政策对证券市场的影响

财政政策分为松的财政政策、紧的财政政策和中性财政政策。总的来说，紧的财政政策使过热的经济受到控制，证券市场将走弱；而松的财政政策则刺激经济发展，证券市场将走强。

为了实现短期财政政策目标，财政政策的运作主要是发挥"相机抉择"的作用，有以下几种情况。

(1) 当社会总需求不足时，对应的调控目标为刺激需求，一般采用"松"收入或"松"支出的财政政策。前者通过扩大税收减免、增加财政补贴，刺激微观经济主体的投资需求；后者则通过扩大税收支出，增加财政赤字，扩大社会总需求。这种"松"财政政策的逻辑结果，将导致证券价格上涨。

(2) 当社会总供给不足时，对应的调控目标为抑制需求，一般采用"紧"收入或"紧"支出的财政政策。前者通过提高税率、增加规费收入、增加公开市场出售业务等措施，后者通过降低就业补贴、减少社会转移支付，进而达到压缩社会总需求，实现供给与需求总体均衡的目的。其理论预期将导致证券价格下跌。

(3) 当社会总供给大于社会总需求时，对应的调控目标为抑制供给，同时扩大需求，可搭配"松"支出、"紧"收入的财政政策。前者通过增加就业补贴、增加转移支付、提高财政赤字等政策刺激总需求增长；后者通过扩大税收、调高税率等措施抑制微观经济实体的供给。如果支出的总量效应大于税收效应，那么可能的逻辑结果是证券价格上扬。

(4) 当社会总供给小于社会总需求时，对应的调控目标为刺激供给，同时控制需求，可搭配"松"收入、"紧"支出的财政政策。前者通过扩大税收减免、减少税收等措施刺激微观经济实体增加供给；后者则通过降低就业补贴、减少社会转移支付等政策缩小社会总需求。如果支出的压缩效应大于税收的紧缩效应，可能的逻辑结果是证券价格将下跌。

(二)货币政策对证券市场的影响概述

1. 货币政策的含义及目标

货币政策是指政府为实现一定的宏观经济目标而制定的关于货币供应和货币流通组织管理的基本方针和准则。货币政策对经济的调控体现在：①通过调控货币供应量保持社会总供给与总需求的平衡；②通过调控利率和货币总量控制通货膨胀，保持物价总水平的稳定；③调节国民收入中消费与储蓄的比重；④引导储蓄向投资转化并实现资源的合理配置。

货币政策的目标总体上包括稳定币值(物价)、充分就业、经济增长和国际收支平衡。货币政策的中介指标为货币供应量、信用总量、同业拆借利率和银行备付金率。

2. 货币政策工具

货币政策工具，又称为货币政策手段，是指中央银行为调控中介指标，实现货币政策目标所采用的政策手段。货币政策工具可分为一般性政策工具和选择性政策工具。

1) 一般性政策工具

一般性政策工具主要有三类：存款准备金政策、再贴现政策和公开市场业务。

(1) 存款准备金政策是中央银行凭借法律授权规定，调整商业银行缴存中央银行的存款准备金比率以变动货币乘数，影响商业银行信贷规模、信贷结构，间接调控货币供应量的金融政策。当中央银行提高法定存款准备金率时，商业银行可运用的资金减少，贷款能力下降，货币乘数变小，市场货币量便会相应减少，因此在通货膨胀预期上升时，中央银行会采取提高法定准备金率的措施；反之亦然。

(2) 再贴现政策是指中央银行对商业银行用持有的未到期票据向中央银行再贴现的政策规定。再贴现政策一般包括再贴现率的确定和再贴现的资格条件。再贴现率主要着眼于短期，中央银行根据市场资金供求状况调整再贴现率，能够影响商业银行资金借入的成本，进而影响商业银行对社会的信用量，从而调节货币供给总量。中央银行对再贴现资格条件的规定则着眼于长期，可以起到抑制或扶持作用，并改变资金流向。

(3) 公开市场业务是指中央银行在金融市场上公开买卖有价证券，以此来调节市场货币量的政策行为。当中央银行认为应该增加货币供应量时，就在金融市场上买入有价证券(主要是政府债券)；反之，则出售所持有的有价证券。

2) 选择性政策工具

选择性政策工具主要有两类：直接信用控制和间接信用指导。

(1) 直接信用控制通过行政命令或其他方式，直接对金融机构尤其是商业银行的信用活动进行控制。其具体手段包括规定利率限额、信用配额、信用条件限制、金融机构流动性比率和直接干预等。

(2) 间接信用指导是指中央银行通过道义劝告、窗口指导等办法来间接影响商业银行等金融机构行为的做法。

3. 货币政策对证券市场的影响

货币政策分为紧的货币政策、松的货币政策。总的来说，紧的货币政策使过热的经济受到控制，证券市场将走弱；而松的货币政策则刺激经济发展，证券市场将走强。

(1) 紧的货币政策是指通过减少货币供应量、提高利率、加强信贷控制等途径调控市场。如果市场物价上涨、需求过度、经济过热、秩序混乱，则被认为社会总需求大于总供给，这时中央银行就会采取紧缩货币的政策以减少需求。货币供给总量下降→经济发展放缓→证券市场交易减少→证券价格下跌。

(2) 松的货币政策是指通过增加货币供应量、降低利率、放松信贷控制等措施来刺激经济。如果市场产品销售不畅、经济运转困难、资金短缺、设备闲置，则被认为社会总需求小于总供给，中央银行会采取扩大货币供应的办法增加总需求。货币供给总量增加→经济发展加快→证券市场交易增加→证券价格上涨；但是，货币供应持续增加→通货膨胀加剧→企业发展下滑→实际投资收益率下降→证券价格回调下跌。货币政策对人们的心理影响也非常大，这种影响对股市的涨跌又将产生极大的推动作用。

国家在宏观调控中，通常将财政政策与货币政策结合起来形成合力以达到调控目的。按照"从紧"和"宽松"两个标志组合，可分为四种组合调控方式，即"紧财政，紧货币""紧财政，松货币""松财政，紧货币""松财政，松货币"。通常为了达到"精确调控"目的，实现经济的"微调"，还可以使用所谓"适度从紧"或 "适度宽松"来显示调控力度。表 5-1 所示为 2017—2024 年我国财政政策与货币政策组合情况及其对股市的影响。[①]

---

① 2024 年上半年宏观政策"三策合一"指数与政策展望，https://baijiahao.baidu.com/s?id=18048978908
77979822&wfr=spider&for=pc.

表5-1　2017—2024年我国财政政策与货币政策组合情况及其对股市的影响

年　份	政策性质	财政政策描述	货币政策描述	股市方向
2017	松财政，稳货币	促投资、稳增长、稳就业	稳利率、稳汇率、稳进出口	股市上行
2018	松财政，稳货币	优化支出、重点支持	保持合理信贷规模	股市下行
2019	松财政，稳货币	减税、增加地方政府债务	改善直接民营小微融资	上行徘徊
2020	松财政，稳货币	保工资、保运转、保民生	增加制造业中长期融资	牛市上行
2021	松财政，稳货币	提质增效、更可持续	灵活精准、合理适度、稳字当头	高位震荡下行
2022	松财政，稳货币	增强度、快进度、减税费	小微科技创新、绿色发展	低位震荡反抽
2023	松财政，松货币	积极的财政政策	降准降息、优化地产金融	下行
2024	松财政，松货币	靠前发力、提质增效	持续发力稳增长	反抽震荡徘徊

提示：2024年12月的中央政治局会议和中央经济工作会议，为2025年的经济发展做了总体部署和安排。力推超级"双松"的财政货币政策，即适度宽松的货币政策和积极的财政政策。通过降息、降准、降税为企业减负，大力支持新基建、新能源的"两新"技术创新，提高就业率；以刺激内需，提振消费为导向，在新能源、汽车、手机、科技、娱乐、育儿等多个行业实施消费补贴、消费折扣和以旧换新。推行超常规逆周期宏观经济调节战略。发行超长期特别国债，财政赤字率提升至4%或以上，增加流动性13万亿元，安排10万亿元化债资金。特别强调要实现"稳股市"和"稳楼市"的双稳目标。

(三)收入政策对证券市场的影响概述

1. 收入政策的含义及目标

收入政策是国家为了实现宏观调控的总目标和总任务，在分配方面制定的原则和方针。它规定了财政政策和货币政策的作用方向和作用力度，收入政策最终也要通过财政政策和货币政策来实现。

收入政策的目标包括收入总量目标和收入结构目标。收入总量目标着眼于近期的宏观经济总量平衡，根据供求不均衡的两种状况分别选择紧分配政策和超分配政策。收入结构目标则着眼于中长期的产业结构优化和经济与社会协调发展，着重处理积累与消费、公共消费与个人消费、各种收入的比例、个人收入差距等关系。

2. 收入政策对证券市场的影响

收入总量调节政策主要分为紧分配政策与超分配政策两种。紧分配政策导致社会可分配收入减少，除了消费及实业投资外，通过提高交易费用、印花税或入市门槛，调控流入股市的资金。同时，企业居民收入增长率降低，使人们对未来经济预期不乐观，导致股价下跌。超分配政策可以使企业居民收入增加，有更多的资金进入股市，推动股价上涨。但超分配如果超越了一定界限，会导致严重通货膨胀，也会对股市产生不利影响。

收入结构政策侧重对积累与消费、公共消费与个人消费以及各种收入比例进行调节。如果财政收入、公共消费比例减少，企业居民可支配收入增加，将会有更多的资金流入股市；反之亦然。收入差距拉大，使社会游资比重增大，会强化股市投机，有利于股价上涨；反之，收入过于平均化，以分散资金入市，则会使股价走势相对平稳。

四、经济发展周期与证券市场

市场经济的运行总是遵循一定的规律，它通常要经历复苏、繁荣、衰退和萧条四个阶段，周而复始，螺旋式上升，形成一定的经济周期。投资市场的变动与经济周期有着密切的关系，证券价格往往随着经济周期的波动而波动。同时，经济周期的波动也可以通过证券价格反映出来，在经济周期的各个阶段，证券价格会呈现比较明显的规律。在复苏和繁荣阶段，市场需求旺盛，生产、销售、投资日渐景气，企业利润不断增加。就业水平和工资水平的提高使人们有更多的资金用于投资，证券投资活动由此得到发展，证券价格呈现持续上升的良好趋势。在衰退和萧条阶段，整个社会需求过剩，企业经营规模收缩，产量下降，失业人数迅速增加，商品销售价格回落，导致企业盈利能力急剧下降。同时，在衰退阶段，倒闭破产企业数量增加，投资者对经济前景持悲观态度，纷纷抛售股票，股价必然急剧下跌。不过，不同行业受经济周期的影响程度并不一样。有些行业，如能源和耐用消费品生产行业等受影响程度大，而生活必需品和公共产品行业等则受影响程度相对小一些。这要求投资者在证券投资分析过程中，注意了解经济周期变动的同时，结合行业特征和企业具体情况进行综合分析，以免做出错误的决策。

股票市场变化通常要超前于经济周期，这是因为投资者能够根据预期对未来经济形势做出迅速反应，而从事生产经营活动的企业对规模做出调整需要花费较长的时间。因而，股票市场又有经济"晴雨表"之称。投资者可以根据股市与经济周期的密切关系指导投资活动，如在经济开始复苏前买入股票，在经济达到繁荣顶点前卖出股票。当然，这需要对经济周期处于哪个阶段有清醒的认识和把握。

在分析经济运行状态与股价变动的关系时还应注意以下几点：①股票指数有可能领先或滞后于经济运行的阶段(见图5-1)；②股价变动与经济周期的关系并非如影随形；③在经济增长周期的不同阶段，不同行业的股票表现会不尽相同。

提示：判断经济所处的经济周期的阶段的方法主要有经济指标分析法、计量经济模型法、概率预测法三种方法。请扫二维码查阅拓展资料。

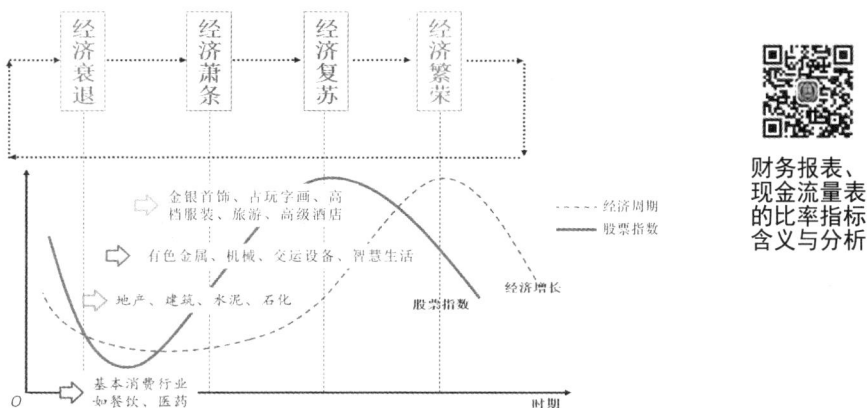

财务报表、现金流量表的比率指标含义与分析

图5-1 经济周期与股票指数

第三节　证券投资的中观分析——行业分析

证券投资的行业分析主要是指对证券投资所选择的上市公司所属行业状况和发展水平的判断和分析。这一分析主要包括两个方面：一是对所属行业的垄断性质的分析；二是对所属行业生命周期阶段的判断分析。其中，行业的垄断性反映出行业投资风险的大小，行业越具有垄断性，其投资风险就越小。而行业生命周期则是向投资者提供投资对象的投资价值的潜力大小，即处在行业生命周期初级阶段的上市公司具有投资潜力，适合做长线投资；处在行业快速增长的中级发展阶段的上市公司适合做中长线投资；处在行业成熟阶段的上市公司适合做短线投资。

一、行业分析的必要性概述

(一)行业概念及其划分

行业一般定义为生产或提供相同或类似产品或服务的一个群体。作为现代社会中基本经济单位的企业，由于其劳动对象或生产活动方式的不同，生产的产品或所提供的劳务的性质、特点和在国民经济中的作用不同而形成不同的行业类别。这就是说，行业是由一群企业组成的，这些企业由于其产品或劳务的高度可相互替代性而彼此紧密联合在一起，并且由于产品替代性的差异而与其他企业群体相区别。

根据我国国民经济行业分类方法，我国行业可划分为三类：第一产业是指农业(包括种植业、林业、畜牧业、渔业等)；第二产业是指工业(包括采矿业、制造业，以及电力、热力、燃气及水生产和供应业等)和建筑业；第三产业是指除上述第一、第二产业以外的其他行业。具体又分为两大部门：①流通部门，包括交通运输、仓储和邮政业，批发和零售业，住宿和餐饮业；②服务部门，包括金融业，房地产业，居民服务、修理和其他服务业，文化、体育和娱乐业，教育，卫生和社会工作，科学研究和综合技术服务业，公共管理、社会保障和社会组织以及租赁和商务服务业等。

一些证券公司还结合股票市场的特点自行划分了行业。例如，万点分析软件将行业划分为贵金属、环保、能源、精细化工、酒类、煤炭、医疗保健、制药、航空、煤气等70多个行业；大智慧分析软件则更细分为 100 个行业；美国标准普尔公司将美国上市公司所属的行业划分为100种；价值线投资评估公司将行业划分为90个行业，并定期公布每个行业的现状、前景及公司的业绩分析。表 5-2 所示为 2022 年我国部分行业盈利及增长水平估值。

表 5-2　2022 年我国部分行业盈利及增长水平估值

行　业	净资产收益率/%	利润总额增长率/%	加权评分
肥料制造业	23.20	27.50	24.71
信息技术服务业	20.70	6.30	15.66
出版业	20.20	21.50	20.66
白酒业	20.10	46.40	29.31

续表

行　业	净资产收益率/%	利润总额增长率/%	加权评分
煤炭业	19.20	38.50	25.96
住宿餐饮业	6.00	−14.20	−1.07
农林牧渔业	9.70	69.10	30.49
信息咨询服务业	21.70	23.30	22.26
纺织工业	7.00	−9.90	1.09
家用影视设备制造业	7.50	−6.90	2.46
造纸及纸制品制造业	6.80	5.40	6.31
权重	65.00	35.00	

(资料来源：根据东方财富 Choice 数据终端获取数据计算而得.)

由表 5-2 可知，白酒业、煤炭业、肥料制造业、信息咨询服务业、出版业、信息技术服务业以及农林牧渔行业发展强劲，而纺织工业、家用影视设备制造业、住宿餐饮业、造纸及纸制品制造业颓势比较明显。因此，上市公司所属的行业发展状况决定了投资者的投资收益和投资风险水平。

(二)行业分析的必要性

行业分析的必要性在于以下两点。

首先，它是国民经济形势分析的具体化。在分析国民经济形势时，我们可以根据国民生产总值等指标来了解或预测某个时期整个国民经济的状况。整体经济形势良好，只能说明大部分行业的形势较好，而不是每个行业都好；反之，经济整体形势恶化，则可能是大多数行业面临困境，而某些行业的发展仍然较好。因此，仅分析国民经济形势无法了解某个行业的兴衰发展情况，也无法反映行业结构的调整趋势。例如，一个世纪前，美国的铁路行业处于鼎盛时期，铁路股票备受青睐。但在今天，有 50%以上的美国人没有坐过火车，铁路股票已不能再引起人们的兴趣。相反，过去被人们冷落的高新技术行业如计算机、移动电话等行业的股票现在已是门庭若市。这些说明，只有进行行业分析，才能更加明确地了解某个行业的发展状况，以及它所处的行业生命周期的位置，并据此做出正确的投资决策。如果只进行国民经济形势分析，那么我们只能了解某个行业笼统的、模糊的轮廓。

其次，行业分析是企业分析的基础。行业是由许多同类企业构成的群体。如果只进行企业分析，虽然可以了解某个企业的经营和财务状况，但不能了解其他同类企业的状况，无法通过横向比较了解目前企业在同类行业中的位置。另外，行业所处生命周期的位置制约或决定着企业的生存和发展。

二、行业增长的内生驱动性与外生驱动性

(一)行业增长的内生驱动性

行业增长的内生驱动性，是指科技驱动、技术创新、消费升级等内生性因素引发的产品替代乃至行业升级。在各种技术突飞猛进的 21 世纪，行业内生驱动性替代现象比比皆是。例如，网络电视(IPTV)取代了有线电视，导致中国广电旗下的东方明珠、歌华有线、电广传

媒、华数传媒等昔日主流传媒的影响力下降；淘宝、京东、拼多多等新型商业模式给华润万家、国美电器、小商品城等传统零售业带来了难以逆转的冲击；智能手机取代了传统手机以及计算机的部分市场，使消费电子行业快速增长。消费电子行业的快速崛起是典型的科技驱动行业，每一次科技创新在重塑行业业态的同时，也带来了新兴的产业需求。从过去二三十年的发展来看，电子行业基本呈现以 10 年为周期的技术迭代，且新一轮周期的开启往往带来硬件行业 5~7 年的快速成长。随着技术创新放缓，此后 3~5 年进入平台期，但用户的积累也使软件及应用的红利得以持续释放。因此，作为投资者，应对具有内生驱动增长的行业及产品替代题材的上市公司股票给予持续的高度关注。

(二)行业增长的外生驱动性

行业增长的外生驱动性，是指行业外部环境的变化导致产业生态改变，因而引发的产品升级替代，如政治环境、政策环境、生产环境以及科技技术环境等变化。但无论何种原因导致产品替代效应的出现，从公司战略发展的角度来看，都将重新定义或细分行业类别及其规模。行业外生驱动性替代的最典型代表就是当前我国国产替代产业投资浪潮引发的诸多行业规模与空间变化。

所谓国产替代，是指国内企业生产的产品对国外具有科技含量的产品的替代。现阶段我国倡导的国产化即替代被垄断的外国产品。例如，信息化应用创新，包括硬件(芯片、服务器等)和软件(操作系统、中间件、数据库等)的一系列产品技术替代，也可以理解为数字基建，属于新基建底层的一环。国产替代至少具备两个方面的特征。首先，国产替代一定是发生在具有某些科技含量高并且被外资垄断的行业，且之前国内企业无法生产同类产品或只能生产低端、低附加值的产品，如芯片、汽车零部件、医疗器械、特种材料、特定行业的软件等。其次，国产替代的产品大都是工业品(非消费品)领域。这是因为工业品领域的企业在采购工业产品时，主要关注产品的性能与价格，即性价比，因而容易形成国产替代市场规模。目前，在信创领域已经出现三大国产化势力，分别是中国电子信息产业集团有限公司(中国电子)、中国电科科技集团有限公司(中国电科)以及华为。从细分领域看，A 股上市公司中的系统集成商、网络安全服务商、办公软件、中间件、数据库、操作系统、存储、服务器、固件、核心芯片等领域的龙头公司未来都将面临行业国产化外生驱动的大幅增长。以中长线、价值投资为目标的投资者应做好这类行业现状及发展动态的分析和预判。

三、行业增长的经济周期性

(一)行业增长特性

1. 增长性行业

增长性行业的运动形态与经济活动总水平的周期及其振幅关系不大。这些行业收入增加的速率相对于经济周期的变动来说，并未出现同步变化，因为它们主要依靠技术的进步、新产品的推出以及更优质的服务，从而使其呈现高增长态势。近几年，计算机软件、通信、电子元件和生物工程等行业表现出了这种形态。投资者对高增长的行业十分感兴趣，主要是因为这些行业的高增长性给投资者带来了股票价值的成倍增长。

2. 周期性行业

周期性行业的运动状态直接与经济周期相关。当经济处于上升时期，这些行业会紧随其扩张；当经济衰退时，这些行业也相应萎缩。产生这种现象的原因是，当经济上升时，对这些行业相关产品的购买被延迟到经济改善之后，如耐用消费品、建材、房地产、金融、工程机械、酒店服务等行业属于典型的周期性行业。

3. 防御性行业(非周期性行业)

防御性行业的产品需求相对稳定，受经济周期的影响不大。正是这个原因，对其投资便属于收入投资，而非资本利得投资。公用事业属于防御性行业，因为需求对其产品的收入弹性较小，所以这些公司的收入相对稳定。

总之，简单来说，提供生活必需品的行业就是非周期性行业，提供生活非必需品的行业就是周期性行业。

(二)我国经济周期敏感性行业及投资策略

目前，我国正处于工业化快速进程之中，在相当长一段时间内经济高速增长是主要特征，出现严重经济衰退或萧条的可能性很小，但经济的周期性特征还是存在。中国的经济周期更多表现为 GDP 增速的加快和放缓。例如，GDP 增速达到 12%以上可以视为景气高涨期，GDP 增速跌落到 8%以下则为景气低迷期。不同的景气阶段，行业和企业的感受当然会很不一样。在景气低迷期间，公司经营的压力自然会很大，一些公司甚至会出现亏损。

在我国，钢铁、有色金属、化工等基础大宗原材料行业，水泥等建筑材料行业，工程机械、重装设备、交运设备、电子元器件、信息设备等资本集约性行业，具有明显的经济周期敏感特征。当经济高速增长时，市场对这些行业的产品需求也高涨，这些行业所在公司的业绩改善就会非常明显，其股票就会受到投资者的追捧；而当经济低迷时，固定资产投资下降，对其产品的需求减弱，业绩和股价就会迅速回落。此外，还有一些非必需的消费品行业也具有鲜明的周期性特征，如轿车、高档白酒、高档服装、奢侈品、航空、酒店等，因为一旦人们收入增长放缓及对预期收入的不确定性增强，都会直接减少对这类非必需商品的消费需求。金融服务业(保险除外)由于与工商业和居民消费密切相关，也有显著的周期性特征。

在整个经济周期内，不同行业的周期表现还是有所差异的。当经济在低谷出现拐点并开始复苏时，房地产、石化、建筑施工、水泥、造纸等基础性行业会最先受益，股价上涨也会提前启动。在随后的复苏增长阶段，机械设备、周期性电子产品(如空调、电风扇等)等资本密集型行业及其相关零部件行业会表现优异，投资者可以考虑调仓买入相关股票。在经济景气的最高峰，商业一片繁荣，此时的主角就是非必需的消费品，如轿车、高档服装、奢侈品、消费类电子产品和旅游等行业，投资者买入这类股票可以享受到经济周期的"盛宴"。

因此，在一轮经济周期中，配置不同阶段受益最多的行业股票，可以让投资回报最大化。此外，在挑选那些即将迎来行业复苏的股票时，对比一下这些公司的资产负债表，可以找到表现最好的股票。那些资产负债表健康、现金相对宽裕的公司，在行业复苏初期会有更强的扩张能力，股价表现通常也会更为抢眼。

(三)经济周期各阶段投资策略

美林证券的策略分析师对美国1970—2004年的经济周期进行了划分,研究了各周期下的行业表现,得出了投资时钟理论。根据时钟理论中经济增长和通货膨胀的周期性表现,经济周期可以划分为以下四个阶段。

第一阶段为经济萧条阶段,此时整个经济刚结束上一轮的过热和停滞性通货膨胀,陷入冷淡期,货币当局会通过不断减息及其他宽松货币政策来刺激经济,提升价格水平。这个阶段最好的资产是债券,股票类资产中表现相对较好的是金融保险、消费品、医药等防守型股票,表现最差的需要回避的是工业类股票、资本品股票。

第二阶段是经济复苏阶段,上一阶段放宽货币供给等政策逐步起作用,经济开始转暖,价格水平开始回归。这个阶段以持有股票为主,尤其是成长型股票,表现最差的资产是现金类或防守类资产。

第三阶段为经济过热阶段,此时央行开始加息,紧缩经济。这个阶段表现最好的是大宗商品、资本品、工业类、基础原材料等股票,表现最差而需要回避的是债券和金融类股票。

第四阶段为停滞性通货膨胀阶段,经济高增长停滞,但通货膨胀仍余威未断。这个阶段现金、货币市场基金是最佳资产类别,防守型投资股票如公用事业类股票也不错,其余类型资产要全面回避。

综上所述,在不同的经济周期阶段,应采取相应的投资策略。

(1) 预测经济将要步入衰退时期时,投资重点应转移到对经济周期敏感性较低的行业。

(2) 预测经济将要复苏,经济前景看好时,应投资于那些对经济周期敏感性较高的行业。

四、行业的市场垄断性

对行业的市场垄断性进行分析,可以帮助我们基本把握所考察公司股票的一般风险特征。一般认为,垄断性行业的投资风险较小,而竞争性行业的投资风险较大。根据行业垄断性,我们可以将行业划分为完全竞争行业、垄断竞争行业、寡头垄断行业和完全垄断行业四类。

(一)完全竞争行业

完全竞争是指许多企业生产同质产品的市场类型。完全竞争的特点是:①生产者众多,各种生产要素可以完全流动;②产品不论是有形或无形的,都是同质的、无差别的;③没有任何一个企业能够影响产品的价格,企业始终是价格的接受者,而不是价格的制定者;④企业的盈利由市场对产品的需求决定;⑤生产者和消费者对市场具有完全和充分的信息。完全竞争行业的根本特点在于所有企业都无法控制市场价格和使产品差异化。在现实经济中,完全竞争的市场类型较为罕见,初级产品的市场类型接近于完全竞争,如农、林、牧、渔等农产品行业。

(二)垄断竞争行业

垄断竞争是指许多生产者生产同种但不同质产品的市场类型。垄断竞争的特点是:

①生产者众多，各种生产要素可以自由流动；②生产的产品同种但不同质，即产品之间存在差异，这是垄断竞争与完全竞争的主要区别；③由于产品差异性的存在，生产者可以树立自己产品的信誉，从而对其产品的价格有一定的控制能力。制成品市场一般属于这种类型。在我国，垄断竞争行业主要包括餐饮业、酿酒业、造纸业、纺织业、药业，以及贸易、化工原料、精细化工、办公用品、家居、建筑、装饰、基本金属等行业。

(三)寡头垄断行业

寡头垄断是指相对较少的生产者在某种产品的生产中占据很大市场份额的情形。在寡头垄断市场上，寡头对市场价格和交易具有一定的垄断能力。每个生产者的价格政策和经营方式及其变化都会对其他生产者产生重要影响。

在寡头垄断市场上，通常存在着一个起领导作用的企业，其他企业会随着该企业的定价与经营方式的变化而进行相应的调整。生产资本密集型、技术密集型产品的行业一般属于这种类型。我国的寡头垄断行业包括贵金属、钢铁、石油、发电设备、天然气、航空、汽车、能源设备、家用电器、电工电网、重型机械、券商、银行保险等。

(四)完全垄断行业

完全垄断是指一个企业独家生产某种特质产品的情形，特质产品是指那些没有或缺少相近的替代品的产品。完全垄断可分为两种类型：①政府完全垄断，如铁路、邮政、彩票等部门；②私人完全垄断，如根据政府授予的特许专营权或根据专利形成的独家经营，以及由于资本雄厚、技术先进而建立的排他性的私人垄断经营，如微软对计算机操作系统的垄断。

完全垄断市场类型的特点是：①由于市场被独家企业控制，产品又没有或缺少合适的替代品，因此，垄断者能够根据市场的供需情况制定理想的价格和产量，在高价少销和低价多销之间进行选择，以获取最大利润；②垄断者在制定产品的价格与生产数量方面的自由是有限度的，它要受到反垄断法和政府管制的约束。我国完全垄断的行业包括航天、军工、供水、供电、机场、教育、高铁、高速公路等。

图 5-2 所示为行业垄断性与投资风险的关系。投资风险按由大到小排序是完全竞争、垄断竞争、寡头垄断和完全垄断。完全竞争性行业的公司股票投资风险最大，主要原因是其产品价格依赖于行业以外的市场因素，没有价格自主权。完全垄断性行业由于其产品价格的垄断性，公司可以在利润最大化目标下持续经营，因而完全垄断行业公司股票投资风险最小。显然，就投资风险控制而言，一般意义上，我们首选的投资目标应该是完全垄断行业，其次是寡头垄断行业。但这不等于说完全竞争行业、垄断竞争行业就没有投资机会。事实上，在完全竞争行业和垄断竞争行业中同样存在"潜力股""绩优股"可做价值投资，也从不缺乏有想象空间的"题材股"做短线操作。

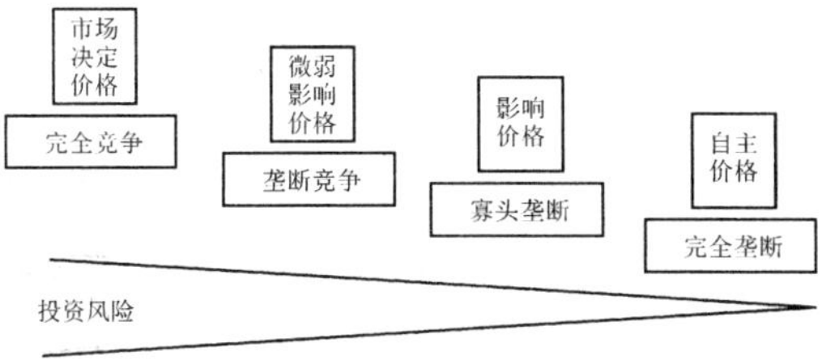

图 5-2　行业垄断性与投资风险的关系

五、行业生命周期特征

与任何生物一样，任何行业都要经历从诞生到衰亡的过程，或者是从行业孕育诞生到被"新兴行业"取代的过程。不同时期的行业，其特性与价值是不同的。因此，掌握行业的发展周期对把握投资时机，确定投资方向至关重要，它能帮助我们将资金投向潜在收益最大的行业。

(一)行业生命周期

从初创到衰退的行业发展演变过程称为行业生命周期。行业生命周期一般可分为 4 个阶段，即初创期(也称为幼稚期)、成长期、成熟期和衰退期，如图 5-3 所示。

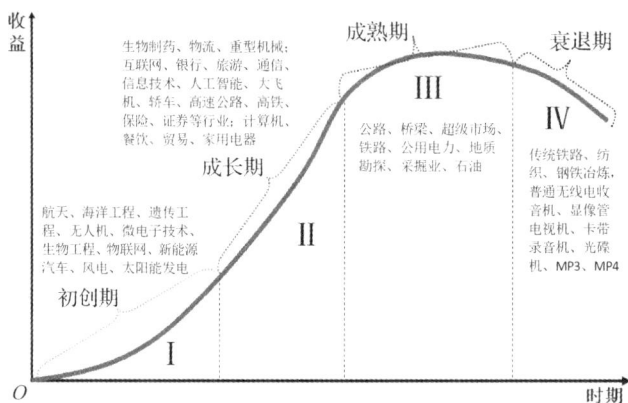

图 5-3　行业生命周期

(1) 初创期。处于初创期的行业具有以下几个特征。①由于初创期行业的前期创业投资和研究开发费用较高，而产品性能尚待完善，市场尚未打开，销售收入低。这类公司大部分盈利微弱，甚至普遍亏损，因此一般只有少数的风险基金投资于这个新兴的行业。②较高的产品成本和价格与较小的市场需求使这些创业公司面临很大的投资风险。③企业还可能因财务困难引发破产的危险，因此，一般市场对这类行业公司的股票更关注其"题材""概念"，进行短线投资，也可能有一些职业投资人或机构做长线投资。

在初创期后期，随着行业生产技术的提高、生产成本的降低和市场需求的扩大，新行业便逐步由高风险低收益的初创期转向高风险高收益的成长期。

(2) 成长期。处于成长期的行业具有以下特点。①在这一时期，拥有一定市场营销和财务力量的企业逐渐主导市场，这些企业往往是较大的企业，其资本结构比较稳定。②在成长期，新行业的产品经过广泛宣传和消费者的试用，逐渐以其自身的特点赢得了市场，市场需求开始上升，新行业也随之繁荣起来。与市场需求变化相适应，供给方面相应地出现了一系列的变化，产品逐步从单一、低质、高价向多样、优质和低价方向发展，形成生产厂商和产品相互竞争的局面。③生产厂商随着市场竞争的不断发展和产品产量的不断增加，市场的需求日趋饱和。生产厂商不能单纯地依靠扩大生产量，提高市场份额来增加收入，而必须依靠追加生产投资、提高生产技术、降低成本及研制和开发新产品的方法来争取竞争优势，战胜竞争对手和维持企业的生存。因而，这一时期企业的利润虽然增长很快，但所面临的竞争风险也非常大，破产率与合并率相当高。

在成长期的后期，由于行业中生产厂商与产品竞争优胜劣汰规律的作用，市场上生产厂商的数量在大幅下降之后开始稳定。随着市场需求基本饱和，产品的销售增长减缓，迅速赚取利润的机会减少，整个行业开始进入稳定期。成长期行业的股票在市场上会受到更多中短线投资者的追捧。因为此阶段公司产品质量被市场认可，利好消息频传，经营业绩节节攀升，丰厚的红利为公司赢得市场口碑，股票价格会一路上扬。

(3) 成熟期。处于成熟期的行业特征如下。①在这一时期，在成长期竞争中生存下来的少数大厂商垄断了整个行业的市场，每个厂商都占有一定比例的市场份额。②行业的利润由于一定程度的垄断达到了很高的水平，而风险却因市场比例比较稳定，新企业难以打入成熟期市场。③行业增长速度下降至一个适当的水平。在这一阶段的中后期有一个明显的特征是成熟期行业发展逐渐滞后于国民经济的发展水平。成熟期的长短取决于行业的技术创新能力。如果采用了新的生产技术提高了生产效率，采用了新材料节约了成本，提高了产品品质，那么成熟期的时间会延长。但新的产品设计理念和创新思路已经在孕育之中。投资者应在行业公司成熟期的中期见好就收，全身而退，保住收获，规避风险。

(4) 衰退期。这一时期出现在较长的稳定期后。由于新产品和大量替代品的出现，原行业的市场需求逐渐减少，产品的销售量也开始下降，某些厂商开始向其他更有利可图的行业转移资金。因此，原行业出现了厂商数量减少、利润下降的萧条景象。至此，整个行业便进入了生命周期的最后阶段。在衰退期，厂商的数量逐步减少，市场逐渐萎缩，利润率停滞或不断下降。当正常利润无法维持或现有投资折旧完毕后，整个行业便逐渐解体了。行业终究迎来技术的全面革新，旧行业全面颠覆，新兴行业将取而代之。

(二)行业生命周期阶段识别与战略选择

如前文所述，行业生命周期可分为以下四个阶段：初创期、成长期、成熟期和衰退期。在评估行业成熟度时，一般会考虑以下因素：增长率、增长潜力、产品线范围、竞争者数量、市场占有率分布状况、市场占有率的稳定性、顾客稳定性、进入行业的难易程度和技术等。

根据行业生命周期理论，一个公司的战略竞争地位对应行业发展的每个阶段，可分为支配地位、强大地位、有利地位、防御地位和软弱地位五种类型，如图 5-4 所示。

	初创期	成长期	成熟期	衰退期
支配地位		投资战略：①②③④，中长线		
强大地位		投资战略：②③，中短线		
有利地位		投资战略：③，短线		
防御地位			退出战略	
软弱地位				

图 5-4 行业生命周期分析基本战略

(1) 支配地位：能够控制竞争者的行为；具有较广的战略选择范围，且战略能独立于竞争者而制定。

(2) 强大地位：能够遵循自己的战略和政策，而不会危及长期的地位。

(3) 有利地位：可能具有一定的战略优势，有能够保持其长期地位的好机会。

(4) 防御地位：具有证明其运营可继续存在的满意的经营绩效，通常以忍耐来抵御最重要的竞争对手，有能够维持其长期地位的一般机会。

(5) 软弱地位：令人不满意的经营绩效，但有改进的可能；可能具备较好的地位特点，但有主要的弱点；短期内能够生存，但想要长期生存下去则必须改进其地位。

以行业成熟度为横坐标，竞争地位为纵坐标，组成一个具有 20 个单元的生命周期方阵。如图 5-4 所示，有四种战略选择。处于区域Ⅰ的公司可以继续采用投资发展战略；区域Ⅱ的公司应采用有重点、有选择的发展战略；区域Ⅲ的公司应采用适时适当的恢复性战略；区域Ⅳ的公司应选择退出行业。投资者在证券市场可以依据公司的发展战略做出相应的调整。例如，一个在市场上处于"有利地位"的上市公司，在行业的整个生命周期内其投资机会大于风险，可做中长线投资；如果一个上市公司处于"防御地位"，并且所属行业处在成长期，则可以有选择地进行投资；如果一个上市公司处于"软弱地位"，则其证券市场的投资风险大于机会，应尽量避免或减少投资；对于市场地位低于"软弱"等级的公司股票，则不考虑投资。

(三)我国行业生命周期的划分

我国行业生命周期的划分如下。

(1) 处于行业生命周期初创阶段的行业有航天、海洋工程、遗传工程、微电子技术、生物工程、物联网、新能源汽车、风电、太阳能发电等。

(2) 生物制药、物流、重型机械等行业处于成长阶段的初期；处于成长阶段中期的行业有银行、旅游、通信、信息技术、轿车、高速公路、高铁、保险、证券等，计算机、餐饮、贸易、家用电器等行业则处在成长阶段的后期。

(3) 公路、桥梁、超级市场、铁路、公用电力、地质勘探、采掘业、石油等行业已进入成熟期。这些行业将继续增长，但发展速度会逐步趋缓。成熟期的行业通常能够盈利，且投资的风险相对较小。当然，一般来说盈利也不会太大。

(4) 铁路、纺织、钢铁冶炼、普通无线电收音机、黑白电视机等行业已进入衰退期或已消亡。由此可知，对这些行业投资的收益率较低，投资者应避免对进入衰退期的行业进行投资。

我们根据经济周期、行业垄断性以及行业生命周期理论，构建了经济周期、行业垄断和行业生命周期的三维坐标系(见图 5-5)。不难发现，最优投资策略应将由经济向好，行业垄断性较强，且行业处于快速成长期所形成的"No.1"魔箱作为首选目标。当然，并不排除其他区域存在可能的投资机会，这里主要是阐述理性投资行为的逻辑思路。

公司经营财务分析报告撰写案例

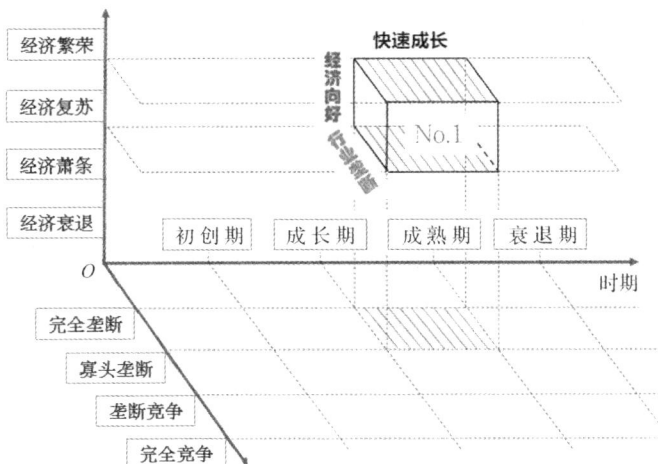

图 5-5 经济周期、行业垄断和行业生命周期的三维坐标系

第四节 证券投资的微观分析——公司分析

证券投资基本分析的最后一个层面是公司分析，包括所考察公司的经营状况分析和财务状况分析。

一、公司经营状况分析

(一)产品竞争力分析

产品分析，首先，要考察的是公司产品是否具有品牌效应。与同行业相比，市场认同度是否更高，口碑是否更好。其次，要看市场占有率，评估公司的核心竞争力以及后续发展潜力。最后，考察和判断公司产品所处的生命周期阶段，优先选择快速成长期朝阳行业的公司股票。对于极具发展潜力的处于初创时期的公司，可以考虑进行中长线投资，如科创板上市的公司股票。

(二)产品技术水平分析

产品的技术水平分析包括三个方面。首先，产品技术开发理念上是否追求"高新尖"。其中，"高"是指产品能够反映现代科技水平；"新"即产品设计独到，创意新颖；"尖"即产品的关键技术是否达到国际或国内的一流水平。其次，技术研发实力包括人才结构、管理机制是否配置合理。最后，技术开发的速度和连续性，即是否具备实现"销售一代、生产一代、开发一代、研究一代"的快速更新换代能力。

此外，还应对公司董事会、监事会、总经理等高级管理人员的学历、经历、工作能力、管理水平、办事风格乃至个人兴趣爱好进行深入的了解。同时，对公司内部控制、人事管理、激励机制等制度章程的完善性和执行情况也应有足够的了解。

以上是上市公司内部管理能力分析的标准化考察内容。作为专业投资机构，应尽可能不折不扣地按照上述诸多方面进行深入细致的调研，甚至亲临现场进行实地考察。

二、公司财务报表①

公司财务报表主要包括资产负债表、利润表和现金流量表。此外，还有财务报表附注和财务状况说明书。

财务报表分析是为相关各方提供可以用来做出决策的信息。

一是通过分析资产负债表，可以了解公司的财务状况，对公司的偿债能力、资本结构是否合理、流动资金充足性等做出判断。

二是通过分析利润表，可以了解公司的盈利能力、盈利状况、营运能力，从而对公司在行业中的竞争地位、持续发展能力进行评估。

三是通过分析现金流量表，可以了解和评价公司获取现金和现金等价物的能力，并据此预测公司未来获取现金流量的水平。

(一)资产负债表

1. 资产负债表的结构与内涵概述

资产负债表是反映公司在某一特定日期(通常是年末或年中)财务状况的静态报告，反映了公司资产与负债之间的平衡关系。资产负债表由资产、负债和股东权益三部分组成，各项一般按流动性的高低排序。资产部分表示公司所拥有的或所控制的，以及其他公司所欠的各种资源或财产；负债部分表示公司应支付的所有债务，如应付账款、长期应付款等；股东权益则表示公司的净值。资产、负债和股东权益的关系用公式可表示为

$$资产=负债+股东权益 \tag{5-1}$$

资产负债表的主要项目解释如下。

(1) 资产。资产主要包括流动资产、固定资产、长期投资和无形资产四种。流动资产主要包括现金、短期投资、应收账款、存货和预付账款，期限通常在一年以内。现金包括公司所有的钞票或银行中的活期存款。当公司现金过多而超过需要的持有量时，公司就把超额部分投资于短期的适销证券或商业票据。应收账款是赊销或分期付款引起的。存货包括原材料、在产品和产成品。生产企业的存货通常包括原材料、产成品和半成品，而零售企业则只有产成品库存。预付账款是指企业因购货和接受劳务，按照合同规定预付给供应单位的款项，主要包括预付工程款、预付备料款等。固定资产包括公司的建筑物、厂房、机器设备、仓库、运输工具等。它们是企业用来生产商品与劳务的资本商品，使用期限通常在一年以上。长期投资是指企业为了使资产多样化、扩大企业规模或兼并其他企业而进行的，期限超过一年的投资。无形资产指像商标、专利和商誉(good will)这些没有实际形态，但对公司的未来发展有价值的资产。

(2) 负债。负债的两个主要成分是流动负债与长期负债。流动负债是指一年以内到期的债务，主要包括应付账款、应付票据、应付费用和应付税款。应付账款表示公司由于赊购而欠其他公司的款项。应付票据表示公司欠银行或其他贷款者的债务，它通常由公司的短

---

① 有关资产负债表、利润表和现金流量表等信息资料，可参阅东方财富网，如武商集团(000501.SZ)新财务分析-PC_HSF10 资料，https://emweb.securities.eastmoney.com/PC_HSF10/NewFinanceAnalysis/Index?type=web&code=sz000501#zcfzb-0。

期或季节性资金短缺而引起。应付费用包括员工的工资、到期的利息和其他类似的费用，它表示公司在编制资产负债表时所应付的费用情况。应付税款表示公司应缴纳税款的金额，它与公司所在地的所得税法有密切的联系。长期负债是指一年以上到期的债务，它包括应付债券、抵押贷款等项目。一般而言，公司通常借入短期资金来融通短期资产，如存货和应收账款等。当存货售出或应收账款收回时，短期负债就被偿清。长期负债通常用来融通长期资产或固定资产，如厂房、设备等。短期负债的利率通常比长期负债的利率要低，原因之一是短期贷款所涉及的风险较小。因此，当长期利率水平相对较高，并预计不久将会下降时，企业可能会先借入短期资金周转，等利率下降后再借入所需的长期资金，以便降低筹资成本。

(3) 股东权益。它表示除去所有债务后公司的净值，反映了全体股东所拥有的资产净值情况。股东权益分为实缴股本和留存收益两部分。实缴股本包括以面值计算的股本项目。留存收益表示公司利润中没有作为股息支付而重新投资于公司的那部分收益，它反映了股东对公司资源权益的增加。留存收益通常并非以现金的形式存在，虽然其可能包括部分现金，但大部分都被用于投资存货、厂房、机器设备，或用于偿还债务。留存收益增加了公司的收益资产，但其本身却不能再作为股息进行分配。

2. 资产负债表提供的主要信息

资产负债表提供的主要信息包括：①上市公司的资产及其分布状况；②上市公司的负债及其分布状况；③上市公司的净资产金额；④上市公司的偿债能力；⑤与利润及利润分配表结合可以计算公司的经营效率和盈利能力。

3. 资产负债表阅读分析要点

资产负债表阅读分析要点包括以下几方面。

首先，要理解资产负债表中特定会计科目的含义。一些会计科目是为专属行业而设定的。比如，存放中央银行款项、拆出资金、买入返售金融资产是银行类资产负债表中的科目。其次，对于重要的会计科目，应查阅财务报表附注以了解细节。再次，要观察主要数据的期初和期末数值变化，包括流动资产、长期投资、固定资产、折旧、无形资产等。最后，分析会计科目结构，如公司资产、负债、股东权益之间的占比结构。此外，还需关注总资产中流动资产和非流动资产的占比，总负债中短期负债与长期负债的占比，应收账款、存货在流动资产中的占比，等等。

(二)利润表

1. 利润表的结构与内涵概述

(1) 营业收入。营业收入是指企业通过销售产品或提供劳务而获得的新资产，其形式通常为现金或应收账款等项目。对一般公司来说，销售收入是公司最重要的营业收入来源。一般而言，公司的营业收入通常与其营业活动有关，但也有部分营业收入与其自身的业务并无关系。因此，区分营业收入和其他来源的收入具有重要意义。

(2) 营业费用。营业费用是指企业为获得营业收入而使用各种财物或服务所发生的耗费。销货成本是一般公司最大的一笔费用，它包括原材料耗费、工资和一般费用。一般费用包括水电费、物料费和其他非直接加工费。与销货成本不同的销售和管理费用包括广告费、行政管理费、职员薪水、销售费和一般办公费用。利息费是指用以偿付债务的费用。上述费用都会导致公司现金开支的增加。折旧费和摊销费是非现金开支。折旧费的增加表示公司固定资产价值的下降，摊销费的增加则表示公司所拥有的资产或资源价值的减少。计算折旧费的方法通常有 3 种：直线折旧法、年数总和法、双倍余额递减法。直线折旧法是使用最广泛也是最保守的折旧方法。这种折旧法在资产的有效使用年限里每年提取等量的折旧费。年数总和法和双倍余额递减法属于加速折旧的方法。加速折旧法在资产有效使用年限初期提取的折旧费较多，以后逐年减少，具有加速资产折旧、推迟初期税款缴纳的作用。直线折旧法与加速折旧法两者应缴纳的总税额相同，但缴纳的时间先后不同。

(3) 利润。税前利润通常由营业收入与营业费用的差来决定。从税前净利润中减去税款，并做非常项目调整后，剩余的利润就是税后净利润。税后净利润又分为支付给股东的股息和公司的留存收益两项。若公司亏损，公司的留存收益将减少，公司多半会因此而停止派发现金股息。若公司盈利，这些收益将首先用于支付优先股的股息，之后再由普通股股东取息分红。若公司收益不足以支付优先股股息时，则有两种情况出现：若优先股是累积优先股，则本年度的所有股息转入到期未付的债务项下，待有收益时再优先偿付；若优先股是非累积优先股，则优先股股东与普通股股东一样不能得到股息。每股收益等于普通股的收益除以已发行普通股的股数。每股收益的水平和增长情况是反映公司增长情况的重要指标之一。

2. 利润表提供的主要信息

利润表提供的主要信息包括：①上市公司的收入、成本费用、产品销售税金及附加、税前利润；②上市公司的资产周转情况以及资产创利指标；③结合资产负债表计算得到的上市公司销售利润率、销售成本率等有关指标。

3. 利润表阅读分析要点

利润表阅读分析要点包括以下几方面。

第一，查看表头，核实公司名称、报表时间、货币单位等信息。确认报表的时段。

第二，观察利润，观察每股收益、净利润、利润总额、营业利润的变化，确认盈亏及其变化程度。

第三，比较若干年的利润及其相关项目的绝对数值变化和相对变化，观察趋势。

第四，与同行业公司的利润及其相关项目的绝对数值和相对数值进行比较，观察差距。

第五，查看收入，首先检查营业收入是否增长；其次分析来源结构分布，如投资收益和营业外收益的占比；最后关注异常波动项目的真实性与原因。

第六，查看成本费用，一是检查成本费用的确认是否合规合理，必要时查阅财务报表附注；二是对各项成本和费用(销售费用、管理费用和财务费用)的结构与变动趋势进行分析。

(三)现金流量表

1. 现金流量表的结构与内涵概述

公司的现金流量表是跟踪和记录公司现金使用情况的财务报表。它反映了公司在一定时期内现金收入和现金支出的情况。现金流量表用于反映现金的来源及运用，以及涉及现金的重大投资和理财活动。现金流量表中的"现金"一词，是一个广义的概念，包括现金、银行存款、其他货币资金和现金等价物。现金等价物是指企业持有的期限短、流动性强、可随时转换成已知金额的现金、价值变动风险很小的投资，如国库券、商业本票、货币基金、可转让存单以及银行承兑汇票等。现金流量表包括三个部分：一是经营活动产生的现金流量；二是投资活动产生的现金流量；三是筹资活动产生的现金流量。

2. 现金流量表提供的主要信息

现金流量表提供的主要信息包括：①提供上市公司现金流量表信息(尤其是销售收入回笼情况)；②分析上市公司应收账款和存货的质量；③投资活动和筹资活动的现金流入和流出情况；④预测上市公司未来的发展情况。

3. 现金流量表阅读分析要点

首先，查看表头，确认报表的时间、货币单位、报表类型(公司或合并报表)。其次，查看表尾，观察报表期初、期末现金流量余额以及本期现金流量增减净额。再次，关注中间部分，重视经营活动现金流量的变化，经营活动现金流量越大，公司的发展稳定性越强。最后，关注重点，对于现金流量表中的数值或其期初、期末差额变化较大的项目给予重点关注。

(四)财务报表

完整的公司财务报表还应包括财务报表附注和财务状况说明书。财务报表附注是以文字形式对资产负债、利润表和现金流量表的有关事项进行必要的说明和解释。

财务报表附注提供的主要信息包括：①上市公司的基本会计政策、会计年度的确定、执行的会计制度、执行的所得税政策等；②会计处理方法、折旧方法、存货发出计价方法、坏账准备计提方法、长期投资核算方法、收入确认方法、外汇业务核算方法；③会计处理方法的变更；④非经常性项目的说明(由于特殊情况下或突发事件所获得的收入或损失)；⑤财务报表中有关重要事项的明细资料；⑥或有事项(目前存在的不确定性事项，如公司未决诉讼案等)。

财务状况说明书是对上市公司一定会计期间内的成本、收入、利润、税金等情况进行分析总结的书面文字报告。

财务状况说明书提供的主要信息包括：①上市公司的生产经营情况；②利润的实现和分配情况；③资金的增减和周转情况；④税金的缴纳情况；⑤各种财产物资的变动情况；⑥对本期和下期财务状况造成重大影响的事项。

(五)财务分析的特别关注要点

综上所述，财务分析至少应关注以下九项要点。

(1) 关注利润：要特别关注主营业务利润的剧增或剧减。

(2) 关注应收账款：要特别关注账龄在两年及两年以上的应收账款。

(3) 关注存货：要特别关注是否存在存货积压或变现困难的情况。

(4) 关注坏账：要特别关注坏账的任意计提、计提不足或不计提。

(5) 关注长期投资：要特别关注项目投资是否与主营业务相关。

(6) 关注其他应收账款：要特别关注非主营业务应收账款中是否存在呆账、烂账、死账。

(7) 关注关联交易：要特别关注大股东是否存在内幕利益输送，掏空上市公司的情况。

(8) 关注现金流量表：要特别关注经营现金流量是否充足且持续强劲。

(9) 关注诉讼案件：要特别关注公司年报、中报所披露的各类经营信息，尤其是重大诉讼案件，以便及时调整投资策略，规避风险。

财务报表、现金流量表的比率指标含义与分析

三、财务报表分析方法

(一)比率①分析法

财务指标是指用来收集和传达财务信息，说明资金活动，反映企业生产经营过程和成果的经济指标。这些指标可以通过企业的基本财务报表中的数据计算得出。下面是公司财务分析中的常用指标。

1. 每股指标

每股指标包括每股收益、每股股利、每股股利发放率、每股净资产、每股公积金、每股未分配利润、每股经营现金流。

2. 盈利能力与收益质量

反映盈利能力的指标包括主营业务利润率、净资产收益率、销售毛利率、销售净利率、总资产报酬率等。反映收益质量的指标主要包括经营活动现金流量(营业总收入)、营业费用率、销售成本率等。

3. 财务风险

公司财务风险指标包括短期债务偿债能力和长期债务偿债能力(资本结构)两个方面的评价指标。公司短期债务偿债能力评价指标包括流动比率、速动比率和现金比率。资本结构比率指标包括资产负债率、股东权益比率、长期负债比率、产权比率、现金流动负债比率和现金债务总额比率。

4. 营运能力

公司营运能力常用的指标包括存货周转率(天数)、应收(应付)账款周转率(天数)、流动资产周转率(天数)和总资产周转率等。

5. 成长能力

公司成长能力可以通过每股收益增长率、每股净资产增长率、总收入增长率、总利润增长率和每股经营活动现金流增长率等指标来衡量。②

---

① 本节所涉及的各项财务指标的含义和计算方法可以参考吴可于 2012 年在清华大学出版社出版的《证券投资理论与市场操作》，限于篇幅，在此不予赘述。

② 读者可以登录东方财富网，查看上市公司盈利能力、财务风险、营运能力、成长能力等财务数据。

(二)横向分析法

公司财务横向分析是指对同一公司在不同会计期间的财务数据进行比较分析，以揭示各个会计项目在比较期内所发生的绝对金额和百分率的增减变化情况，以及经营水平的变化趋势。表 5-3 所示为 ABC 公司横向分析数据分析。由表中数据可以看出以下内容。

①2022 年，ABC 公司的销售收入比上一年增长了 2 209 000 元，增幅为 28.9%。②ABC公司 2022 年的销售毛利比上一年增加了 986 000 元，增幅达 37.3%。这意味着公司在成本控制方面取得了一定的成绩。③2022 年公司的销售费用大幅增长，增长率高达 56.1%。这将直接影响公司销售利润的同步增长。④ABC 公司 2022 年派发股利 150 000 元，比上一年增加了 20.0%。现金股利的大幅增长对潜在的投资者来说具有一定的吸引力。

值得一提的是，横向分析还有一种含义就是同业对比。比如，将洋河股份与贵州茅台、五粮液、泸州老窖、张裕 A 某年度的每股收益指标值放在同一表格内进行比较，从而发现该企业在行业内的竞争优势或劣势。

表 5-3 ABC 公司横向分析数据分析

单位：元，%

项　　目	2021 年	2022 年	绝对增减额	增减率
销售收入	7 655 000	9 864 000	2 209 000	28.9
减：销售成本	5 009 000	6 232 000	1 223 000	24.4
销售毛利	2 646 000	3 632 000	986 000	37.3
减：销售费用	849 000	1 325 000	476 000	56.1
管理费用	986 000	103 000	217 000	22.0
息税前利润(EBIT)	811 000	1 104 000	293 000	36.1
减：财务费用	28 000	30 000	2 000	7.1
税前利润(EBT)	783 000	1 074 000	291 000	37.2
减：所得税	317 000	483 000	166 000	52.4
税后利润(EAT)	466 000	591 000	125 000	26.8
年初未分配利润	1 463 000	1 734 100	271 100	18.53
加：本年净利润	466 000	591 000	125 000	26.8
可供分配的利润	1 929 000	2 325 100	396 100	20.54
减：提取法定盈余公积金	46 600	59 100	12 500	26.8
提取法定公益金	23 300	29 550	6 250	26.8
优先股股利				
现金股利	125 000	150 000	25 000	20.0
未分配利润	1 734 100	2 086 450	352 350	20.32

(三)纵向分析法

纵向分析是指对同一会计期间内不同财务指标之间的关系进行对比研究的方法。它揭示了财务报表中各个项目的占比是否合理，并比较这些占比在不同年份上的变化。通过这种方法，可以对公司的财务结构和运营情况有更全面的了解。各个报表项目的余额都转化为百分率,纵向分析法使不同规模的同行业公司之间的经营和财务状况具有可比性。

如表 5-3 所示,对 ABC 公司的利润变化进行计算,具体分析如下。

(1) ABC 公司销售成本占销售收入的比重从 2021 年的 65.4%(销售成本÷销售收入)下降至 2022 年的 63.2%。说明销售成本率的下降直接导致公司毛利率的提高。

(2) ABC 公司的销售费用占销售收入的比重从 2021 年的 11.1%上升到 2022 年的 13.4%,上升了 2.3 个百分点。这将导致公司营业利润率的下降。

(3) ABC 公司综合的经营状况如下。2022 年的毛利之所以比上一年猛增了 37.3%,主要原因是公司的销售额扩大了 28.9%,销售额的增长幅度超过销售成本的增长幅度。使公司的毛利率上升了 37.3%。然而,相对公司毛利的快速增长来说,公司净利润的改善情况并不理想,原因是销售费用的开支失控,使公司的净利润未能与公司的毛利同步增长。

(四)趋势分析法

趋势分析是通过对财务数据的历史变化趋势进行分析,以预测未来财务状况的变化。通过建立数学模型和趋势线,可以对财务数据的未来走势进行预测,为企业经营决策提供参考依据。在进行公司财务趋势分析时,首先要确定一个"基准年"或"基年",其指数设为 100%,然后将其他年份的财务报表与基年对应项目相比,计算变化百分比,以反映公司某项财务指标的变化趋势。表 5-4 为 ABC 公司 2019—2022 年的财务报表数据,运用趋势分析法计算的结果所编制的分析报表。

表 5-4　ABC 公司 2019—2022 年部分指数化的财务数据

单位:%

项　目	2019 年	2020 年	2021 年	2022 年
货币资金	100	189	451	784
资产总额	100	119	158	227
销售收入	100	107	116	148
销售成本	100	109	125	129
净利润	100	84	63	162

从 ABC 公司 2019—2022 年财务报表的有关数据中,我们了解到,ABC 公司的现金金额在 3 年内增长了近 7 倍。公司现金的充裕,一方面表明公司的偿债能力增强;另一方面也意味着公司的机会成本增加,如果公司将大量现金投入资本市场,可能会带来可观的投资收益。

另外,公司的销售收入连年增长,尤其是 2022 年,公司的销售额比基年增长了近 50%,表明公司这几年的促销工作是卓有成效的。但销售收入的增长幅度低于成本的增长幅度,导致公司在 2020 年和 2021 年的净利润出现下滑,这种情况在 2022 年得到了控制。

从公司总体情况来看,2019—2022 年,公司的资产总额增长了一倍多,增幅达 127%。相比之下,公司的经营业绩并不尽如人意,即使是情况最好的 2022 年,公司的净利润也只比基年增长了 62%。这表明 ABC 公司的资产利用效率不高,公司在生产经营方面仍有许多潜力可挖掘。

公司经营财务分析报告撰写案例

四、杜邦系统分析法与沃尔比重评分法

(一)杜邦系统分析法

1. 杜邦系统分析的基本概念

杜邦财务比率分析体系(The Du Pont System)，简称杜邦分析体系，最初由美国杜邦公司创造并成功应用，并因此得名。它主要通过图表揭示企业几种主要财务比率之间的关系，进而说明企业的综合财务状况，尤其是盈利能力，是西方国家较有影响力的综合财务分析方法之一。

如图 5-6 所示，杜邦分析体系是利用各种财务指标之间相互依存、相互联系的内在关系，从净资产收益率(ROE)这一核心指标出发，通过对影响该指标的各种因素进行自上而下的逐步分解分析，以达到对公司总体财务状况和经营成果进行评价的目的。其算法是依据财务指标内在逻辑关联，对所涉及的会计项目进行运算。本例中净资产收益率的最终结果为25.31%。显然，这一结果需要通过横向分析和与同行业对比分析来凸显杜邦分析体系的意义和价值。

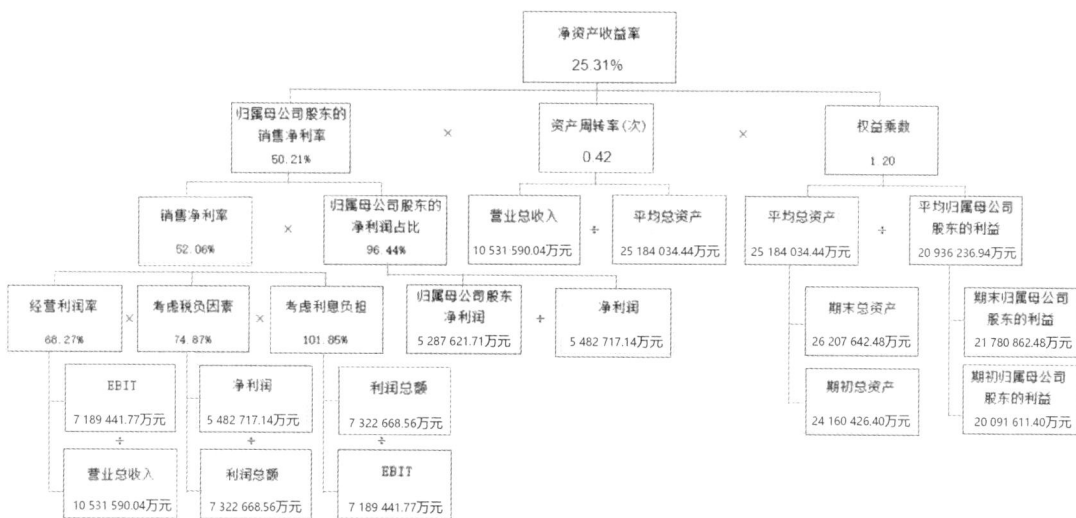

净资产收益率 25.31%
= 归属母公司股东的销售净利率 50.21% × 资产周转率(次) 0.42 × 权益乘数 1.20

归属母公司股东的销售净利率 50.21% = 销售净利率 52.06% × 归属母公司股东的净利润占比 96.44%

资产周转率(次) 0.42 = 营业总收入 10 531 590.04万元 ÷ 平均总资产 25 184 034.44万元

权益乘数 1.20 = 平均总资产 25 184 034.44万元 ÷ 平均归属母公司股东的权益 20 936 236.94万元

销售净利率 52.06% = 经营利润率 68.27% × 考虑税负因素 74.87% × 考虑利息负担 101.85%

归属母公司股东的净利润占比 96.44% = 归属母公司股东净利润 5 287 621.71万元 ÷ 净利润 5 482 717.14万元

平均总资产 25 184 034.44万元 = 期末总资产 26 207 642.48万元、期初总资产 24 160 426.40万元

平均归属母公司股东的权益 20 936 236.94万元 = 期末归属母公司股东的权益 21 780 862.48万元、期初归属母公司股东的权益 20 091 611.40万元

经营利润率 68.27% = EBIT 7 189 441.77万元 ÷ 营业总收入 10 531 590.04万元

考虑税负因素 74.87% = 净利润 5 482 717.14万元 ÷ 利润总额 7 322 668.56万元

考虑利息负担 101.85% = 利润总额 7 322 668.56万元 ÷ EBIT 7 189 441.77万元

图 5-6　杜邦分析体系

2. 杜邦分析体系的主要财务指标逻辑关联

杜邦分析法体系涉及的主要财务指标包括以下几项。①净资产收益率。[①]净资产收益率是整个分析系统的起点和核心，其高低反映了投资者的净资产获利能力的大小。净资产收益率由销售净利率、总资产周转率和权益乘数共同决定。②权益乘数。权益乘数表明了企

---

① 净资产收益率=资产净利率(净利润÷总资产)×权益乘数(总资产÷总权益资本)；资产净利率(净利润÷总资产)=销售净利率(净利润÷总收入)×资产周转率(总收入÷总资产)。

业的负债程度。该指标越大，企业的负债程度越高，它是资产权益率的倒数。③总资产收益率是销售净利率和总资产周转率的乘积，是企业销售成果和资产运营的综合反映，要提高总资产收益率，必须增加销售收入，降低资金占用额。④总资产周转率反映了企业资产实现销售收入的综合能力。

在进行杜邦分析时，必须综合销售收入来分析企业资产结构是否合理，即流动资产和长期资产的结构比率关系。同时，还要分析流动资产周转率、存货周转率、应收账款周转率等有关资产使用效率指标，以找出总资产周转率高低变化的准确原因。

3. 杜邦分析体系的局限性

杜邦分析体系的局限性主要体现在以下几方面：①现金流量表未能反映在其中；②对短期财务结果的过分依赖，可能助长公司的短期行为；③只反映当年或当季的财务状况，不能作为企业趋势研判的依据；④不能反映无形资产对企业价值的影响力；⑤无法体现信息时代顾客、供应商、技术创新等因素对企业经营业绩的影响作用。

(二)沃尔比重评分法

1928 年，美国学者亚历山大·沃尔在其出版的《信用晴雨表研究》和《财务报表比率分析》中提出了信用能力指数的概念。在这个概念中，他选择了 7 个财务比率来评价企业的信用水平。

这 7 个财务比率即流动比率、产权比率、固定资产比率、存货周转率、应收账款周转率、固定资产周转率和自有资金周转率。通过分别赋予各指标权重，并确定标准比率(以行业平均数为基础)，将实际比率与标准比率相比得出相对比率，再将此相对比率与各指标的权重相乘，以确定各项指标的得分及总体指标的累积分数。

沃尔比重评分法的原理与步骤如表 5-5 所示。在这里，我们没有采用沃尔的原始指标和权重，而是从企业的 4 种能力出发。下面我们对这 5 个步骤分别予以说明。

表 5-5　沃尔比重评分法原理与步骤

沃尔比重评分法原理与步骤				
第一步	第二步	第三步	第四步	第五步
选择合适的指标	为指标分配权重	设定指标的标准值	输入指标的实际值	计算实际得分
	①	②	③	④=③÷②×①
一、偿债能力指标	w_1=20			
1.资产负债率	12	60%	39%	7.8
2.已获利息倍数	8	10	24	19.2
二、获利能力指标	w_2=38			
1.净资产收益率	25	25%	16%	16.0
2.总资产报酬率	13	10%	10%	13.0
三、运营能力指标	w_3=18			
1.总资产周转率	9	2	1	4.5
2.流动资产周转率	9	5	5	9.0
四、发展能力指标	w_4=24			
1.营业增长率	12	25%	44%	21.1
2.资本累积率	12	15%	18%	14.4
五、综合得分	100			105

第一步，选择合适的指标。我们在企业的偿债能力、获利能力、运营能力和发展能力4项指标中各选择两个最重要的指标。当然，不同的使用者在选择指标时可以根据自己的关注重点，选择自己最关心的指标。

第二步，为选定的指标分配权重。在这里，我们为偿债能力、获利能力、运营能力和发展能力分配的比重分别为20、38、18和24分，4项能力之和等于100分。然后在每一种能力中，根据所选具体指标的重要程度把它们再分解。比如，在偿债能力的20分中，我们为资产负债率分配12分；为已获利息倍数分配8分。

需要注意的是，这里的比重分配与上面的指标选择一样，目前没有一个严格的标准，是根据分析者本人对4种能力及其中指标的看重程度不同而设定的，主观和经验成分比较大，可以根据使用者的经验和参考行业平均值而设。

第三步，设定各项指标的标准值。这种标准值的设定，可以是行业平均值，也可以是使用者的经验值，抑或是按照某种行业统计方法统计出来的一个统计值。比如，我们在这里设定偿债能力指标的标准值：资产负债率为60%，已获利息倍数为10倍。

第四步，输入待评估企业的实际值。待评估企业的实际值，可以自己通过基本财务报表计算得出，也可以直接查询相关网站或者股票软件来获得。在此输入的是一个假设的目标企业。比如，我们假设它的偿债能力指标：资产负债率为39%，已获利息倍数为24倍。

第五步，计算实际得分。沃尔比重分析法的计算公式如下：指标实际分数=实际值÷标准值×权重。例如，偿债能力的资产负债率分数=39%÷60%×12 =7.8，然后将所有指标分数相加，就是目标公司综合得分：105分。

最终结果解释：如果综合评分大于100分，表明目标公司财务状况良好；如果小于100分，表明目标公司财务状况有待改善。也可以按照分数的高低，给目标公司评定星级，比如，110~120分，评☆☆☆☆；100~110分，评☆☆☆；低于100分，评☆☆；等等。

沃尔比重评分法最主要的贡献就是它将互不关联的多个财务指标按照权重关系予以综合的联动，使综合评价成为可能。其缺点主要是反映公司经营水平的指标和权重的确定主观成分比较大。

小作业： 读者可以运用东方财富终端提供的数据参照上述分析方法拟定一家公司财务分析报告。

本 章 小 结

练习与思考

1. 什么是证券投资的基本分析？其主要包括哪三个层面？其主要内容是什么？
2. 结合我国证券市场的情况，阐述财政政策与货币政策影响股市的机理及其效果。

3. 比较牛市与熊市对周期敏感性行业资产配置的差异，并说明理由。

4. 根据图 5-5 所示的投资决策模式阐述你的投资策略。

5. 扫码阅读资料撰写一份某公司的投资价值分析报告。

公司经营财务
分析报告撰写
案例

实 践 案 例

*ST 美尚财务造假案重罚退市

美尚生态景观股份有限公司成立于 2001 年，2015 年美尚生态(300495)在 A 股深交所完成上市。公司招股说明声称，公司深耕生态景观建设行业 20 年，以"大美无言，至尚天成"的理念，修复、重构自然生态环境。主营业务涵盖生态文旅、生态修复、生态产品三大领域，形成了集策划、规划、设计、研发、融资、建设、生产、招商以及旅游运营于一体的完整产业链，为客户提供生态环境建设与运营的全方位服务。

2024 年 3 月，美尚生态"东窗事发"。根据中国证监会披露的《行政处罚决定书》，2012—2021 年及 2022 年上半年，*ST 美尚公司虚增的净利润高达 4.57 亿元。2012—2022 年，公司连续 9 年虚增净利润，平均年虚增利润 5 000 万元。其中最多的一年，凭空捏造了 1.48 亿元利润。2015 年，公司上市当年，虚增净利润 6 672.74 万元，占当期披露净利润的 60.52%；2018 年，公司虚增净利润约 1.48 亿元。

*ST 美尚虚增净利润的手段包括：将未收回的应收账款在账面虚假记账并提前收回，编制虚假原始凭证计提利息并入账，虚记银行利息收入，不按审定金额调整项目收入，虚增子公司收入等。*ST 美尚自 2012 年便开始通过提前确认应收账款收回虚增净利润，并虚记银行利息收入，一直持续到 2019 年或 2020 年 6 月。而公司不按审定金额调整项目收入的工程项目共计 15 个。在这些项目中，*ST 美尚均未按经建设方、施工方和第三方审计机构共同确认的项目审定金额调减前期已确认收入，导致公司 2015—2019 年连续虚增利润，且年虚增金额均达数十万元。在虚增子公司收入方面，2017 年、2018 年，*ST 美尚子公司金点园林通过虚增施工成本的方式，虚增项目完工进度，提前确认合同收入，分别虚增净利润 4 312.73 万元、6 116.20 万元。这致使金点园林时任董事长龙×，时任董事、总经理石×华，时任财务负责人江×利，均被予以警告并罚款。

此外，*ST 美尚的定期报告还存在重大遗漏。公司未按规定披露关联交易及资金占用情况，导致 2015 年公司招股说明书、2015—2019 年年报、2020 年半年报等文件存在重大遗漏。

2019 年 3 月 25 日，美尚生态(即*ST 美尚)非公开发行股票上市，募集资金总额达 9.30 亿元，申报披露的三年一期财务数据期间为 2015—2017 年及 2018 年 1—9 月。根据美尚生态本次非公开发行期间存在实控人非经营性资金占用情形、发行申请文件所依据的三年一期财务报表存在虚假记载的情形，公司不符合《创业板上市公司证券发行管理暂行办法》相关规定的发行条件，属于以欺骗手段骗取发行核准。公司非公开发行股票行为构成欺诈发行。

针对*ST 美尚信息披露违法违规行为，以及欺诈发行违法行为，中国证监会依据《证券法》相关规定，决定对公司多名相关当事人，时任公司财务总监钱×勇、公司副总经理周×蓉、会计机构负责人吴×娣、公司监事季×、公司副总经理惠×、金点园林董事长龙×

等给予行政警告，并处以数十万元至数百万元不等经济罚款。中国证监会认定，王×燕、季×在操纵"美尚生态"过程中分工协作，相互配合，属于共同违法主体，依据《证券法》相关规定，决定对王×燕、季×处以 800 万元罚款。其中，王×燕罚款 500 万元、季×罚款 300 万元。

*ST 美尚公司披露的累计诉讼事项进展公告显示，2024 年 3 月，公司作为被告方新增两起诉讼，案由均为"证券虚假陈述责任纠纷"。截至公告日，2021 年 2 月至 2024 年 3 月，*ST 美尚作为被告的案件涉及金额累计约为 26.42 亿元，占公司 2022 年度审计净资产的 382.18%。*ST 美尚及子公司诉讼涉及金额累计约为 31.62 亿元，占公司 2022 年经审计净资产的 457.43%。

*ST 美尚表示，因债务逾期，公司可能面临需支付相关违约金、滞纳金和罚息等情况，将导致公司财务费用增加，进而对公司本期利润或期后利润产生一定影响。公司所涉案件结果存在不确定性，尚未开庭审理或尚未结案的案件，其对公司本期利润或期后利润的影响存在不确定性。

截至 2024 年 5 月 8 日，美尚生态股票收盘价跌至 0.15 元，是沪、深市场 5 113 只股票中的最低股价，且已连续 20 个交易日低于 1 元，触发了交易类强制退市规制。5 月 9 日，美尚生态股票已被深交所终止上市交易。公司的市值从最高的 100 多亿元跌至不足 1 亿元，2 万多名投资者深套其中，这些人中的多数可能要经历一场血本无归的噩梦。

(资料来源：连续多年财务造假并欺诈发行 *ST 美尚高管遭罚 4.57 亿元，

https://baijiahao.baidu.com/s?id=1795177174933708910&wfr=spider&for=pc.)

思考

1. 从美尚生态造假退市案例中我们应该吸取哪些经验教训？
2. 基本分析对于类似财务造假案是否提供了足够的辨识方法和手段？
3. 如何防范上市公司财务造假风险？

第六章　证券价格形态分析

【章前导读】

本章阐述了技术分析的基本理论与方法。与基本分析方法不同的是，技术分析完全避开了市场以外的基本面复杂信息与信号，而仅仅依靠价格、成交量等场内要素来分析市场投资机会。技术分析之所以简约、玄妙且功效卓著，是因为那些外在的、被认为是重要的信息均被价格(成交量)或迟或早、或快或慢地包容和吸纳，其价格的形态特征被市场记忆并反复演绎。基本分析与技术分析并不相互排斥，二者分别担当投资分析的"左膀右臂"。前者依赖技术分析的场内渗透和细化，后者需要基本分析的宏观校验和佐证。技术分析方法是投资者对市场态势把控、趋势预判和风险规避的重要工具以及必备的基本功。

你永远不要犯同样的错误，因为还有很多其他错误你完全可以尝试！

——伯妮斯·科恩(Bernice Cohen)

【关键词】

技术分析 随机漫步理论 循环周期理论 道氏理论 波浪理论 相反理论 K 线组合 头肩顶反转 头肩底反转 M 顶和 W 底反转 三角形整理 矩形整理 旗形整理 跳空缺口 趋势线 支撑线 压力线 轨道线

【案例引入】

2024 年 5 月 15 日，百度萝卜快跑第六代无人车在武汉正式投入使用，年内将完成千台无人车的部署，方便市民享受绿色安全的出行服务。据悉，萝卜快跑无人车自动运营成本将降低 30%，通过自动驾驶技术和无人车舱效率的持续优化，服务成本将降低 80%。公司预计到 2024 年年底，萝卜快跑将在武汉实现收支平衡，并在 2025 年全面进入盈利期，成为全球首个实现商业化盈利的自动驾驶出行服务平台。

自动驾驶无人车与普通出租车相比更优惠且安全。以 10 公里路程为例，萝卜快跑车费为 4~16 元，而普通网约车车费为 18~30 元。在出行安全方面，百度 Apollo 过去两年的数据显示，其实际车辆出险率仅为人类司机的 1/14，且截至 2024 年 6 月，其自动驾驶里程已超数亿公里，且未发生过重大伤亡事故，自动驾驶技术已跨过安全门槛。随着智能驾驶无人车的批量入市，可以预期出租车市场将受到严重冲击。

从 A 股市场来看，在智能驾驶相关领域，不少上市公司披露已与百度集团开展合作，A 股市场对"萝卜快跑"概念股掀起了新一波热潮。其中，天迈科技、星网宇达、经纬恒润、金龙汽车和中海达等个股巨量连续跳空上扬，周(2024 年 7 月 8—14 日)涨幅分别达到了 68.91%、41.07%、34.21%、24.1% 和 20.8%，展现出强劲的上涨势头。这一现象不仅反映了市场对自动驾驶技术的热情，也揭示了我国智能网联汽车产业的发展前景。[①]这说明自动驾驶概念的基本面已被市场的技术面吸收和涵盖。也就是说，市场上所有关于自动驾驶概念的信息都可以通过股价和交易量得到验证，投资者可以据此做出市场价格的研判和交易

---

① 根据东方财富 Choice 数据终端——东方财富证券研究所方科等信息技术点评整理。

决策。从基本面到技术面的逻辑推理可以概述为"市场行为涵盖一切信息，价格沿趋势移动以及历史会重演"技术分析的三大假设，这就是所谓的技术分析理论基础。

第一节　技术分析概述

一、技术分析的概念

(一)技术分析的含义

所谓股价的技术分析，是相对于基本分析而言的。如第五章所述，基本分析法是从宏观经济分析、行业发展状况以及公司内部经营管理三个方面进行分析，研究股票的价值，判断股价的高低和投资机会。而技术分析则是利用过去和现在的成交价、成交量资料，以价格图形和市场指标等工具方法，来解释、预测未来的市场走势。这里的成交价、成交量是技术分析的基本要素，也是最主要的要素。也就是说，技术分析是一种独立于市场之外的因素，如基本分析所涉及的经济、政治、政策等因素，仅仅依赖于市场内部变量变化来进行投资机会的分析的方法。

(二)技术分析的三大假设

令人费解的是：为什么技术分析既脱离了国家、行业甚至上市公司本身的信息背景，也可以同样达到预测证券价格走势，把握投资机会的目的呢？技术分析为何具备如此功效？事实上，技术分析的理论是建立在三项市场假设基础之上的，这三项市场假设是：①市场行为涵盖一切信息；②价格沿趋势移动；③历史会重演。

"市场行为涵盖一切信息"这一假设是指影响股票价格的所有信息(国家、行业、公司全部信息)都会被价格、成交量等市场内部因素吸收，无须过多地去关心市场以外的其他具体影响股票价格的信息。比如，证券监管层提高印花税被市场预期，投资者意识到管理层意图抑制市场，股票价格会迅速做出下跌反应；降息消息一旦被确认，市场理性反应为股票价格的普遍上涨。因此，任何一个因素对股票市场的影响最终都必然体现在股票价格的变动上，在价格的图表上直观地反映出来。如果某一消息已公布，股票价格却没有大的变动，说明这个消息不是影响股票市场的因素。

"价格沿趋势移动"这一假设是进行技术分析最根本、最核心的理论基础。该假设认为股票价格的变动是按一定规律进行的，股票价格有保持原来方向的惯性。这种惯性来自人们的"价值观"定式。人们如果已经做出某只股票具有投资价值的决定，如果没有外界其他因素的干扰，一分钟前和一分钟后的价值判断不会有差别，一小时前和一小时后不会有改变，今天和昨天将保持一致。因此，基于投资价值波动的股票价格昨天上涨今天将继续上涨，昨天下跌今天将继续下跌，没有理由改变这一既定的运动方向，除非有"外力"作用。这就是所谓"价格沿趋势移动"。正是由于这一结果，技术分析者们才花费大量心血"按图索骥"，试图用价格"过去"的信息和规律性，预测股价变动，寻找套利机会。

"历史会重演"这一假设是进行技术分析的重要前提。市场运动在图表上留下的运动轨迹，常常有惊人的相似之处。这是因为股市总是"有记忆"的。比如，人们在股票指数 2 318 点进场买入股票，到 2 600 点回落之前抛出股票，获利颇丰。这个"赚钱效应"被投资者记忆，以后市场一旦到 2 300 点附近就会做多，而到 2 600 点附近就会做空。这种重复过去相似的操作所刻画的价格轨迹图形也会有惊人的相似。可以说，技术分析的理论就是人们对过去股票价格的变动规律进行归纳总结的结果。

在三大假设之下，技术分析有了自己的理论基础。第一条假设肯定了研究市场行为就意味着全面考虑了影响股价的所有因素；第二条假设和第三条假设使我们找到的规律能够应用于股票市场的实际操作之中，在概率意义上能获得可能的预期收益。

二、技术分析要素工具

(一)技术分析的四大要素

在股票市场中，价格、成交量、时间和空间是进行分析的四大要素，了解四大要素之间的相互关系是进行正确分析的基础。

价格是指股票过去和现在的成交价。技术分析中主要依据的价格有开盘价、最高价、最低价和收盘价。

成交量是指股票过去和现在的成交量(或成交额)。技术分析要做的工作就是利用过去和现在的成交价和成交量资料来推测市场未来的走势。价升量增、价跌量减、价升量减、价跌量增是技术分析所依据的最重要的价量关系。

时间是指股票价格变动的时间因素和分析周期。一个已经形成的趋势在短时间内不会发生根本改变，中途出现的反方向波动，对原来的趋势不会产生较大的影响。一个形成了的趋势又不可能永远不变，经过一段时间又会有新的趋势出现。循环周期理论着重关注的就是时间因素，它强调了时间的重要性。分析人员进行技术分析时，还要考虑分析的时间周期，可以以"日"为单位，也可以以"周""月""季"或"年"为单位。比如，用日 K线、周 K 线、月 K 线、季 K 线或年 K 线来进行短期、中期或长期分析。

空间是指股票价格波动的空间范围。从理论上讲，股票价格的波动是"上不封顶，下不保底"的。但是，市场是以趋势运行的，在某个特定的阶段中，股票价格的上涨或下跌受到上升趋势通道或下跌趋势通道的约束而在一定的幅度内震荡运行，空间因素考虑的就是趋势运行的幅度有多大。不言而喻，一个涨势或一个跌势会延续多大的幅度，这对市场投资者的实际操作有着重要的指导意义。

(二)价格和成交量是市场行为最基本的表现

市场行为最基本的表现就是价格和成交量。技术分析就是利用过去和现在的成交量、成交价数据，以图形分析和指标分析工具来解释、预测未来的市场走势。再将时间因素考虑进去，技术分析就可以简单地归结为对时间、价格、成交量三者关系的分析。在某一时点上的价格和成交量反映的是买卖双方在这一时点上的市场行为，是双方的暂时均衡点。随着时间的变化，均衡会不断发生变化，这就是价量关系的变化。

一般来说，买卖双方对价格的认同程度通过成交量的大小来确认。认同程度大，成交量大；认同程度小，成交量小。双方的这种市场行为反映在价格和成交量上往往呈现这样一种规律：价升量增，价跌量减。成交价、成交量的这种规律是技术分析的合理性所在。因此，价格和成交量是技术分析的基本要素，一切技术分析方法都是以价格和成交量的关系为研究对象的。

(三)成交量与价格趋势的关系

技术分析方法认为，价格的上涨、下跌和持平分别是股价变动的方向，成交量则是对价格变动方向的认同，也可以认为是价格变动的力量。股价变动与成交量之间的关系可以总结为以下几种情况。

(1) 股价上升，成交量增加，称为价升量增。这表明股价上涨得到了成交量的认同，后市具有进一步上涨的潜力。

(2) 股价上升，成交量减少，称为空涨。这表明股价上涨没有得到成交量的认可，股价上升的动力不足，后市看跌。

(3) 股价下跌，成交量增加，即价跌量增。这表明股价下跌得到了成交量的认同，后市具有进一步下跌的动力。

(4) 股价下跌，成交量减少，称为空跌。这表明股价下跌没有得到成交量的认可，股价下跌的动力不足，后市看涨。

(5) 股价持平，成交量增加。这种情况需要具体分析，股价经历一段下跌后，放出了一定的成交量，而股价持平，表明逢低吸纳的投资者增多，股价有反弹或反转的可能，这种情况常称为底部放量，后市应看好；股价经历一段上涨后，放出了一定的成交量，而股价持平，表明逢高减仓的投资者增多，股价有回调或反转的可能，这种情况常称为顶部放量，后市应看淡。

(6) 股价持平，成交量较小，称为无量盘整。这表明多空双方力量处于均衡状态，双方均在等待机会寻找突破方向，后市走向不明，涨跌依靠新的因素来打破平衡。

(7) 价创新高，量未创新高，预示股价将有反转趋势。

(8) 价升量增，但增幅逐渐萎缩，股价上涨原动力不足，显示股价趋势存在潜在反转的信号。

(9) 价升量增，股价井喷后量暴涨，后市将反转；或股价跳水后量萎缩，后市将反转。

(10) 两次跌入谷底，且后者更深，是股价上涨的信号。

(11) 股价跌破重要支撑线，且量渐大，是股价下跌的信号，强调趋势反转形成空头。

(12) 股价长期下跌，投资者恐慌性出逃，成交量渐增。若股价大跌创新低，则预期后市上涨，空头市场的结束。

(13) 市场行情长期上涨，量剧增，股价再升乏力，久盘不升，卖压沉重，预计股价下跌，考虑出货；股价长期下跌，低档量渐增，股价未继续下跌，可以进货。

关于价格与成交量分析，技术分析方法还认为：①成交量的大小是相对的，主要是相对于近期而言，没有绝对大小；②成交量的变动往往在价格变动之前，即所谓"量在价先"；③技术分析方法常用成交金额来代替成交量，这两者并没有太大的区别，但市场热点过分集中在高价股或低价股上时应适当调整；④成交价一般采用收盘价。

三、技术分析方法分类

在价格与成交量历史资料基础上进行的统计、数学计算、绘制图表等是技术分析方法的主要手段。从这个意义上讲，技术分析方法是多种多样的。一般来说，可以将技术分析方法分为五类：K线类、形态类、切线类、指标类、波浪类。

(1) K线类。K线类的研究手法是侧重若干天的K线组合情况，推测股票市场多空双方力量的对比，进而判断多空双方谁占优势，是暂时的还是决定性的。K线最初由日本人发明，K线图是进行各种技术分析的最重要的图表，许多股票投资者进行技术分析时往往首先接触的是K线图。

(2) 形态类。形态类是根据股票价格图表中过去一段时间走过的轨迹形态来预测股票价格未来趋势的方法。其主要的形态有头肩顶、头肩底、M顶、W底等十几种。从价格轨迹的形态中，可以推测出股票市场处于一个什么样的大环境之中，由此对今后的投资给予一定的指导。

(3) 切线类。切线类是按一定的方法和原则在由股票价格的数据所绘制的图表中画出一些直线，然后根据这些直线的情况推测股票价格的未来趋势，这些直线称为切线。切线主要是起支撑和压力的作用。支撑线和压力线的往后延伸位置对价格趋势起到一定的制约作用。画切线的方法有很多种，主要有趋势线、通道线、黄金分割线等。

(4) 指标类。指标类要考虑市场行为的各个方面，建立一个数学模型，给出数学上的计算公式，得到一个体现股票市场某个方面内在实质的数字，这个数字称为指标值。指标值的具体数值和相互间关系，直接反映股票市场所处的状态，为我们的操作行为提供指导方向。常用的指标有相对强弱指标(RSI)、随机指标(KDJ)、平滑异同移动平均线(MACD)、威廉指标等。

(5) 波浪类。波浪类是将股价的上下变动看作波浪的上下起伏。波浪的起伏遵循自然界的规律，股价的运动也遵循波浪起伏的规律。简单地说，上升是五浪，下跌是三浪。波浪理论的发明者和奠基人是拉尔夫·纳尔逊·艾略特(Ralph Nelson Elliott)。

以上五类技术分析流派从不同的方面理解和考虑股票市场，有的注重长线，有的注重短线；有的注重价格的相对位置，有的注重价格的绝对位置；有的注重时间，有的注重价格。

技术分析作为一种股票投资分析工具，在应用时须注意以下问题。

(1) 技术分析必须和基本面的分析结合起来使用。

(2) 注意多种技术分析方法的综合研判，切忌片面地使用某一种技术分析结果。

(3) 前人和别人得到的结论要通过自己的实践验证后才能放心使用。

第二节　技术分析理论概述

一、随机漫步理论

(一)随机漫步理论概述

随机漫步理论(Random Walk Theory)认为，证券价格的波动是随机的，像一个在广场上行走的人一样，价格的下一步将走向哪里，是没有规律的。证券市场中，价格的走向受到多方面因素的影响，一件不起眼的小事也可能对市场产生巨大的影响。从长期的价格走势图上也可以看出，价格上下起伏的机会差不多是均等的。

随机漫步理论假定涉足股票市场的人都是同等理智且具有分析能力的。各种信息，如反映股票内在价值的指标——每股净资产、市盈率、分红派息率等都是公开的，任何投资者都可以从各种渠道获得。因此，当前的股票市价必定体现了全体投资者的共同看法，构成了一个合理价位。股价将保持当前的均衡状态，直到突发消息如大到国与国之间的政治冲突、军事对峙乃至战争，小到行业兴起、公司重组、加息或减息等利好或利空消息出现后才会再次波动。而这些波动是随机的、没有任何轨迹可循的。这是因为所有的新信息(政治、经济)的到来都是随机的、无固定方式的，股票价格波动只能按随机漫步、无序方式进行。因此，任何企图运用股价波动的历史特征预测市场、赢得大市的努力都是徒劳的，是注定要失败的。

(二)随机漫步理论的检验

随机漫步理论对图表派无疑是一个大敌。如果随机漫步理论成立，所有股票专家都将无立足之地。因此不少学者曾经进行研究，以检验这个理论的可信程度。在众多研究中，有几项研究特别符合随机漫步的论调。

(1) 有人用美国标准普尔指数(S&P)的股票作长期研究，发现股票狂升或暴跌，狂升四五倍或暴跌 99%的比例只是极少数，大部分股票的涨跌幅度为 10%～30%。这符合统计学上的常态分布现象，即投资股票时，买上升的股票还是下跌的股票，其盈利机会是均等的。

(2) 一位美国参议员用飞镖去掷一份财经报纸，挑选出 20 只股票作为投资组合，结果这个随机的投资组合竟然和股市整体表现相似或相近，不逊色于专家建议的投资组合，甚至比某些专家的建议表现得更出色。这一试验验证了"企图依赖专家以往的经验对股市做出判断是徒劳的"。

(3) 有人研究过单位基金的成绩，发现今年表现好的，明年可能表现差；一些往年令人失望的基金，今年却可能脱颖而出，成为涨幅榜首。因此，股市无迹可寻，买基金也要看你的运气，投资技巧并不重要。

二、循环周期理论

循环周期理论认为，事物的发展都遵循从小到大和从大到小的过程，这种循环发展的规律在证券市场同样存在。该理论承认股票价格呈现"随机性"波动，但不会永远向一个方向持续发展。价格的波动过程必然产生局部的高点和低点，这些高低点的出现，在时间上呈现一定的规律性。投资者可以选择在低点出现时入市，在高点出现时离市。循环周期理论主要通过分析股价波动周期的长短来推测未来循环周期的低点和高点可能出现的日期，从而制定买卖策略。

股市循环周期理论认为：从每一个明显低点到下一个明显低点之间构成一个循环周期，同样地，从每一个明显高点到下一个明显高点之间也构成一个循环周期，且前者所确定的循环周期比后者更为可靠。在股市运动中存在着大小不同的循环周期，大周期包含小周期，多个小周期组成一个大周期。通常以四个以上连续的明显低(高)点之间的时间间隔为基础计算出的算术平均值即为某一级别的循环周期。以某个循环低(高)点为准，按循环周期计算出的下一个循环低(高)点会有±15%(统计意义上的，不是绝对的)的误差。包含两个低(高)点的时间区间称为时间窗口。

通过对循环周期理论的分析，可以得到以下几种买卖信号。

(1) 突破信号。当股价由下向上突破阻力线时，循环低点确立；当股价由上向下突破支撑线时，循环高点确立。

(2) 转向信号。向上普通转向信号、向上特殊转向信号、向下普通转向信号、向下特殊转向信号。

(3) 高、低收盘价信号：如果某日收盘价低，后一日收盘价高，构成由低到高的转势特征，是买入信号；如果某日收盘价高，后一日收盘价低，构成由高到低的转势特征，是卖出信号。

(4) 三高、三低信号：如果当日收盘价高于相邻的前三个交易日的收盘价，是三高买入信号；如果当日收盘价低于相邻的前三个交易日的收盘价，是三低卖出信号。

三、道氏理论

(一)道氏理论的基本要点

根据道氏理论，股票价格运动存在三种趋势。其中，最主要的是股票的基本趋势，即股价呈广泛或全面性上升或下降的变动情形。这种变动持续的时间通常为一年或一年以上，股价总升(降)的幅度超过20%。对投资者来说，基本趋势持续上升就形成了多头市场，持续下降就形成了空头市场。股价运动的第二种趋势称为股价的次级趋势。因为次级趋势经常与基本趋势的运动方向相反，并对其产生一定的牵制作用，所以也称为股价的修正趋势。这种趋势持续的时间从 3 周至数月不等，其股价上升或下降的幅度一般为股价基本趋势的1/3 或 2/3。股价运动的第三种趋势被称为短期趋势，反映了股价在几天之内的变动情况。修正趋势通常由 3 个或 3 个以上的短期趋势组成。

在三种趋势中，长期投资者最关心的是股价的基本趋势，其目的是尽可能地在多头市场上买入股票，而在空头市场形成前及时地卖出股票。投机者则对股价的修正趋势比较感兴趣。他们的目的是从中获取短期的利润。短期趋势的重要性较小，且易受人为操纵，因而不便作为趋势分析的对象。人们一般无法操纵股价的基本趋势和修正趋势，只有国家财政部门才有可能进行有限的调节。

1. 基本趋势

基本趋势是从宏观角度观察的价格上涨和下跌的变动。其中，只要下一个上涨的水平超过前一个高点，而每一个次级下跌的波底都比前一个下跌的波底高，那么主要趋势是上升的，这称为多头市场。相反地，当每一个中级下跌将价位带至更低的水平，而随后的反弹不能将价位带至前面反弹的高点，那么主要趋势是下跌的，这称为空头市场。通常(至少理论上以此作为讨论的对象)主要趋势是长期投资者在三种趋势中唯一考虑的目标，其做法是在多头市场中尽早买入股票，只要他能确定多头市场已经开始发动了，就一直持有到确定空头市场已经形成。对于所有在整个大趋势中的次级下跌和短期变动，他们是不会关注的。当然，对于那些经常性短线交易的人来说，次级变动是非常重要的机会。

(1) 多头市场，也称为主要上升趋势。它可以分为以下三个阶段。

第一个阶段是进货期。在这个阶段，一些有远见的投资者觉察到虽然目前处于不景气的阶段，但即将有所转变。因此，他们买入那些被大量抛售的股票，然后，在卖出数量减少时逐渐推高买入价格。此时市场氛围仍然十分悲观，相当多的投资者选择离开。而正是此时，交易量开始悄悄地、缓慢地以几乎难以被发现的方式增加了。

第二个阶段是十分稳定的上升和交易量增加，此时，企业景气的趋势上升和公司盈余的增加吸引了大众的注意。在这个阶段，使用技术分析的交易通常能够获得较大的利润。

第三个阶段，整个交易市场沸腾了。人们聚集在交易所，交易的结果经常出现在报纸的第一版，资金源源不断快速涌入市场。人们喜笑颜开："今天又涨了！"他们似乎不愿意谈及风险——"那是很遥远的事情"。而恰在此时，正是出货的好时机。在这个阶段的最后，随着投机气氛的高涨，成交量会持续上升。冷门股交易逐渐频繁，没有投资价值的低价股的股价急速地上升。但是，却有越来越多的优良股票，投资者拒绝跟进。

(2) 空头市场，也称为主要下跌趋势。它也分为以下三个阶段。

第一个阶段是出货期。它真正形成是在前一个多头市场的最后一个阶段。在这个阶段，企业的盈余增幅放缓，业绩下滑，资深投资者开始启动出货计划。此时，大众仍热衷于交易，成交量仍然很高，但股价涨幅乏力，投资者账户的浮盈也在流失。

第二个阶段是恐慌时期，想要买入的人开始退缩，而想要卖出的人则急于脱手。价格下跌的趋势突然加速到几乎是垂直的程度，此时成交量的比例差距达到最大。在恐慌时期结束后，通常会有一段相当长的次级反弹或横向变动。

第三个阶段是由那些缺乏信心者的卖出行为所构成的市场。在第三个阶段进行时，下跌趋势并没有加速。没有投资价值的低价股可能在第一个阶段或第二个阶段就跌掉了前面多头市场的全部收益。业绩较为优良的股票也在持续下跌，空头市场的"最后的晚餐"便是这些业绩优良的股票。空头市场在坏消息频传的情况下结束。通常，在坏消息完全传出之前，空头市场已经过去了。

2. 次级趋势

次级趋势是与基本趋势运动方向相反的一种逆动行情，它干扰了基本趋势。在多头市场中，它是中级的下跌或调整行情；在空头市场中，它是中级的上升或反弹行情。通常，在多头市场里，它会跌落基本趋势涨升部分的 1/3～2/3。属于调整行情时可能回落不少于 10 点，不多于 20 点。

这里需要指出的是，1/3～2/3 的原则并非一成不变的。大部分次级趋势的涨落幅度在这个范围内，它们中的大部分停在非常接近半途的位置，即回落到原先主要涨幅的 50%。这种回落达不到 1/3 的情况很少，同时也有一些几乎跌掉了前面的涨幅。因此，我们判断一个次级趋势的标准包括：①任何与基本趋势相反方向的行情，通常情况下至少持续 3 个星期；②回落基本趋势涨幅的1/3。

3. 短期趋势

短期趋势是短暂的波动，很少超过 3 个星期，通常少于 6 天。它们本身尽管没有什么意义，但使基本趋势的发展全过程充满了神秘多变的色彩。通常，不管是次级趋势还是两个次级趋势所夹的基本趋势部分，都是由一连串的 3 个或更多可区分的短期趋势所组成。

由这些短期趋势所得出的推论很容易导致错误的方向。在一个无论成熟与否的股市中，短期趋势都是唯一可以被操纵的，而基本趋势和次级趋势却是无法被操纵的。

上述股票市场波动的三种趋势，与海浪的波动极其相似。在股票市场中，基本趋势就像海潮的每一次涨(落)的整个过程。其中，多头市场好比涨潮，一个接一个的海浪不断地涌来拍打海岸，直到最后到达标示的最高点，然后逐渐退去。逐渐退去的落潮可以与空头市场相比较。在涨潮期间，每个接下来的波浪其水位都比前一波涨升得更高，退得更少，进而使水位逐渐升高。在退潮期间，每个接下来的波浪比先前的更低，后一波不能恢复前一波所达到的高度。涨潮(退潮)期的这些波浪就好比次级趋势。同样地，海水的表面被微波涟漪覆盖，这与市场的短期变动相对应。潮汐、波浪、涟漪代表着市场的基本趋势、次级趋势、短期趋势。

(二)道氏理论的缺陷

道氏理论有以下缺陷。

(1) 道氏理论的主要目标是探讨股市的基本趋势(primary trend)。一旦基本趋势确立，道氏理论假设这种趋势会一路持续下去，直到遇到外来因素的破坏而改变。正如物理学中牛顿定律所说，所有物体移动时都会以直线运动，除非有额外因素力量加诸其上。但需要注意的是，道氏理论只能推断股市的大势，却不能推断大趋势中的涨幅或跌幅将会达到何种程度。

(2) 道氏理论每次都要对两种指数互相确认，这种做法往往慢了半拍，从而错失了最佳的买入和卖出时机。

(3) 道氏理论对选股没有帮助。

(4) 道氏理论注重长期趋势，对于中期趋势，特别是在难以判断是牛市还是熊市的情况下，不能为投资者提供明确的指导。

四、波浪理论

美国证券分析家艾略特于20世纪30年代提出了波浪理论(The Wave Theory)，其被认为是道氏理论的重要补充。艾略特认为，市场走势不断重复一种模式，每个周期由5个上升浪和3个下跌浪组成。艾略特波浪理论将不同规模的趋势分为九大类，最长的超大循环波(Grand Super Cycle)是横跨200年的超大型周期，而次微波(Submicrowave)则只覆盖数小时之内的走势。无论趋势的规模如何，每个周期由8个波浪构成这一点是不变的。

波浪理论的前提是：股价随主趋势而行时，按照五波的顺序波动；逆主趋势而行时，则按照三波的顺序波动。长波可以持续100年以上，而次波的期间则相当短暂。

(一)波浪理论的特点

波浪理论具有以下特点。

(1) 股价指数的上升和下跌将会交替进行。

(2) 股市价格波动可分解为推动浪和调整浪，而推动浪(即与大市走向一致的波浪)可以再分割成五个小浪，一般用第1浪、第2浪、第3浪、第4浪、第5浪来表示，调整浪也可以划分成三个小浪，通常用 A 浪、B 浪、C 浪表示，如图 6-1 所示。

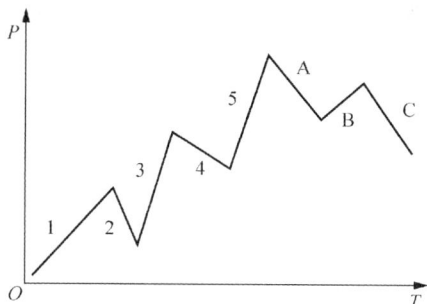

图 6-1　股价波动的八浪

(3) 在上述八个波浪(五上三落)完毕之后，一个循环即告完成，走势将进入下一个八波浪循环。

(4) 时间的长短不会改变波浪的形态，因为市场仍会依照其基本形态发展。波浪既可以拉长，也可以缩短，但其基本形态永恒不变。

总之，波浪理论可以用一句话来概括，即"八浪循环"。

(二)波浪的形态

一般来说，八个波浪各有不同的表现和特性。

第 1 浪：①几乎超过半数的第 1 浪是构成底部形态的第一部分，第 1 浪标志着循环的开始。这段行情的上涨出现在空头市场跌势后的反弹和反转，买方力量并不强大，加上空头继续存在卖压，因此，在此类第 1 浪上升之后出现第 2 浪调整回落时，其回档的幅度往往很深；②约另外半数的第 1 浪出现在长期盘整完成后，在这类第 1 浪中，行情上涨幅度较大，经验表明，第 1 浪的涨幅通常是 5 浪中最短的行情。

第 2 浪：这一浪是下跌浪。市场人士误以为熊市尚未结束，其调整下跌的幅度相当大，几乎抵消了第 1 浪的涨幅，当行情在此浪中跌至接近底部(第 1 浪起点)时，市场出现惜售心理，抛售压力逐渐衰竭，成交量也逐渐缩小，第 2 浪调整才会宣告结束。在此浪中经常出现图表中的转向形态，如头肩底、W 底等。

第 3 浪：这一浪的涨势往往是最大、最有爆发力的上涨浪，这段行情持续的时间与幅度经常是最长的。市场投资者信心恢复，成交量大幅上涨，常出现传统图表中的突破信号，如缺口跳升等，这段行情走势非常激烈，一些图形上的关卡非常轻易地被穿破，尤其在突破第 1 浪的高点时是最强烈的买入信号。第 3 浪涨势激烈，经常出现"延长波浪"的现象。

第 4 浪：这一浪是行情大幅上涨后的调整浪，通常以较复杂的形态出现，经常出现"倾斜三角形"的走势，但第 4 浪的底点不会低于第 1 浪的顶点。

第 5 浪：在股市中这一浪的涨势通常小于第 3 浪，且经常出现失败的情况。在第 5 浪中，二类、三类股票通常是市场内的主导力量，其涨幅常常大于一类股(绩优蓝筹股、大型股)，即投资者常说的"鸡犬升天"，此时市场情绪表现相当乐观。

第 A 浪：此时，市场投资者大多数认为上升行情尚未逆转，这一浪仅为一个暂时的回档现象。实际上，第 A 浪的下跌在第 5 浪中通常已有警告信号，如成交量与价格走势背离或技术指标上的背离等，但由于此时市场仍较为乐观，第 A 浪有时出现平势调整或者"之"

字形态运行。

第 B 浪：这一浪表现经常是成交量不大，一般而言，其是多头的逃命线。然而，其是一段上升行情，很容易让投资者误以为是另一波段的涨势，形成"多头陷阱"，许多投资者在此期间惨遭套牢。

第 C 浪：是一段破坏力较强的下跌浪，跌势较为强劲，跌幅大，持续时间较长，并伴随着全面性下跌。

综上所述，波浪理论似乎颇为简单和容易运用。实际上，其每一个上升—下跌的完整过程中均包含一个八浪循环，大循环中有小循环，小循环中有更小的循环，即大浪中有小浪，小浪中有细浪，因此，数浪变得相当繁杂和难以把握，再加上其推动浪和调整浪经常出现延伸浪等变化形态和复杂形态，使对浪的准确划分更加难以界定，这两点构成了波浪理论实际运用的最大难点。图 6-2 所示为波浪合并与细分 34 浪结构。

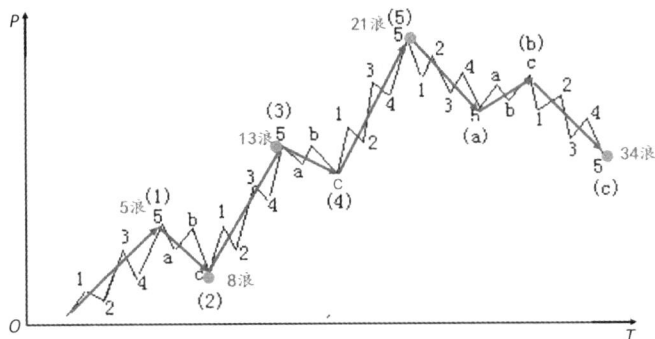

图 6-2　波浪合并与细分 34 浪结构

(三)波浪之间的比例

波浪理论推测股市的涨幅和跌幅采取黄金分割比率和神秘数字去计算。一个上涨浪可以是上一次高点的 1.618，另一个高点又再乘以 1.618，以此类推。另外，下跌浪也是这样，一般常见的回吐幅度比率有 0.236(0.382×0.618)、0.382、0.5、0.618 等。

(四)波浪理论的要点

波浪理论具有以下几个要点。

(1) 一个完整的循环包括八个波浪，五上三落。

(2) 波浪可以合并为更高一级的波浪，也可以再分割为更低一级的小波浪。

(3) 跟随主流行走的波浪可以分割为低一级的五个小波浪。

(4) 第 1、3、5 浪三个推动浪中，第 3 浪不可以是最短的一个波浪。

(5) 假如三个推动浪中的任何一个波浪成为延伸浪，其余两个波浪的运行时间及幅度会趋于一致。

(6) 调整浪通常以三个波浪的形态运行。

(7) 黄金分割比率和神秘数字组合是波浪理论的数据基础。

(8) 经常遇到的回吐比率为 0.382、0.5 及 0.618。

(9) 第 4 浪的底不可以低于第 1 浪的顶。

(10) 波浪理论包括三部分：形态、比率及时间，其重要性以排行先后为序。

(11) 波浪理论主要反映群众心理。参与市场的人数越多，其准确性越高。

(五)市场操作

波浪理论认为，不管是多头市场还是空头市场，每个完整循环都会有几个波浪。多头市场的一个循环中前五个波浪是看涨的，后三个则是看跌的；八浪中第 1、3、5 浪，以及第 7(第 B 浪)，即奇数序号是上涨的，第 2、4 浪，以及第 6(第 A 浪)、8(第 C 浪)，即偶数序号是明显看跌的。因此奇数序号波浪基本上在不同程度上是看涨或反弹，而偶数序号波浪则是看跌或回跌。整个循环呈现一上一下的规律。从更长的时间看，一个循环的前五个波浪构成一个大循环的第一个波浪，后三个波浪构成一个大循环的第二个波浪。整个大循环也由八个波浪组成。

就空头市场看，情形则相反，前五个波浪是看跌行情，后三个波浪则呈现看涨行情。前五个波浪中，又是第 1、3、5 奇数序号波浪看跌，第 2、4 偶数序号波浪反弹整理，看涨行情的三浪中，则第 6、8 浪看涨，第 7 浪回跌整理。整个循环依然是一上一下的八个波浪。在空头市场，一个循环也构成一个大循环的第 1、2 波浪，大循环也由八个波浪组成。无论是多头市场还是空头市场，第五波浪都是最长的，即上涨时涨幅最大，下降时跌幅也最大。

(六)波浪理论的缺陷

波浪理论的不足主要包括以下几个方面。

(1) 主观性和不一致性：波浪理论在数浪时容易发生偏差，不同的波浪分析者可能会对同一市场现象有不同的解读。

(2) 缺乏明确的标准：波浪理论的完整波浪的定义是不严谨的，且五升三跌波浪形态并不是唯一的，这使得数浪过程具有一定的随意性，难以准确预测浪顶和浪底的运行时间。

(3) 复杂性和多层次性：波浪理论涉及多层次的结构，主浪和调整浪的变形会产生复杂多变的形态，因而在实际应用中难以准确判断浪的层次和起始点，容易导致分析者在实际操作中发生错误。

(4) 机械性和灵活性：波浪理论在某些情况下显得过于机械，无法灵活应对突发事件或非典型市场行为。

(5) 适用范围有限：波浪理论主要适用于大盘指数和趋势明显的市场，对于个股的选择和应用效果不佳。这意味着在特定的市场环境下，波浪理论可能无法提供有效的分析工具。

五、相反理论

相反理论是一种介于基本分析与技术分析之间的方法，用于分析价格走势。

(一)相反理论的依据

相反理论主要认为，只有与大多数参与证券投资的人持相反的行动才可能获得最大的收益。它的出发点基于这样一条原则：证券市场本身并不创造新的价值，尽管有一些分红，但总的来说是没有增值的，甚至可以说是减值的。如果与大多数投资者的行动相同，那么一定不是获利最大的。因为不可能多数人获利，这一点大多数人在入市之初也都清楚。但是在实际操作中能够准确把握其含义,让它发挥出实际的指导价值的人却是少数,其中也蕴含着一些投资哲理方面的因素。投资买卖的决定,全部基于公众的行为。不论期市、股市,当所有的人都看好时,就是牛市开始到顶之时;当人人看淡时,就是熊市见底之时。只要你与公众意见相反,你就会获得成功。当市场交易商已经以压倒性的多数倒向了市场的某一边,那么,市场上已经没有足够的买入或卖出的压力来把当前的趋势继续下去,"顶"或"底"已经为期不远。

(二)相反理论的基本要点

相反理论的基本要点如下。

(1) 该理论强调考虑看好看淡比例的"趋势",是一个"动"的概念。

(2) 并非多数人一定是错的,但当市场变化到所有的人情绪趋于一致时,他们往往就会看错。

(3) 股市中,赢家只占5%,而95%都是输家。要成为赢家,只有与多数人的想法相反,不可随波逐流。

(4) 在市场将要转势,由牛市转入熊市前一刻,每个人都看好,都觉得价位会再上升,无止境地上升。此时,多数人都会尽量买入,升势耗尽了买家的购买力,直到想买入的都已买入了,而后续资金却无以为继,牛市就会在大家看好声中结束。相反,熊市会在所有人都清仓时跌入谷底。

(5) 在牛市最疯狂,但行将死亡之前,媒介都会反映普通大众的意见,尽量宣传市场的看好情绪。当人人热情高涨时,就是市场暴跌的先兆。相反,当媒介不愿意报道市场消息,市场已没有人理会,全是市场坏消息时,就是市场黎明前的一刻。

(三)相反理论的基本指数

上述所说的,只是相反理论的精神。关键问题是如何判断市场是被看好还是被看淡。仅凭直觉印象或想象是不够的。国外金融市场一般借助两个指标来评价市场的"好淡"水平:一个是好友指数(Bullish Consensus);另一个是市场情绪指标(Market Sentiment Index)。这两个指标都是根据一些大经纪行、基金或专业投资机构所收集的数据资料,经过设定计算公式计算而得的市场"好淡"情绪比例。以好友指数为例,该指数在 0 和 1 之间取值,且通常为 30%~80%。好友指数越接近 0,行情越看淡;越接近 100%,市场越看好。如果好友指数在 50%左右,则表示看好、看淡情绪参半。具体判断方法如下。

(1) 0~5%:大势淡到无可再淡,这是转势的时机。一个主要的上升趋势就在眼前,为期不远,应把握时机买入。

(2) 6%~20%:一个很难明确的区域,大部分人看淡,少部分人看好。市场可能随时见底,很多时候转势现象可能在这个区域产生,此时应辅以图表、成交量等去探测大市是否已经见底。

(3) 21%~40%:看淡仍占优势,若大市不再向下,市场就会十分不明朗。此时应忍耐观望;若大市转势上升,通常涨幅十分大,且创新高点。这是由于大家都看错了,市场一涨就一发不可收。

(4) 41%~55%:市价可上可下,走势不明朗。此时一定要忍耐,切勿轻率入市买卖。

(5) 56%~75%:看好者占多数,市场有很大的上升余地。但如果大市不涨反跌,多数会出现近期低点。

(6) 76%~95%：在大多数情况下，市场转势向下，但也有机会一路高涨，直到 100% 的人看好。

(7) 96%~100%：大市全面看好，投资本钱已全部入市。此时大市转势迫在眉睫，以迅速出货为上策。

当人们都为股市欢呼时，你就得果断卖出，别管它还会不会继续涨；当便宜到没人想要的时候，你应该敢于买入，不要管它是否还会再下跌。

——伯纳德·巴鲁克(Bernard Baruch)

碧桂园违约
风险分析

第三节　K 线组合的趋势信号识别

所谓趋势形态，是以日线图中 3~5 天行情变化为对象，对未来股价走势的分析。其是以短期行情变化为目标，不过在许多时候也必须将其放在更大的长期行情中去分析和理解。

以下介绍上升趋势、反弹趋势以及下跌趋势的 K 线组合形态。

一、上升趋势行情识别

1. 两颗星

上升行情中出现极线的情形即称为两颗星、三颗星，此时股价上涨若再配合成交量放大，即为可信度极高的买入时机，股价势必再出现另一波涨升行情(见图 6-3)。

2. 跳空上扬

在上涨行情中，某日跳空拉出一条阳线后，即刻出现一条下降阴线，此为加速股价上涨的前兆。投资者无须惊慌抛出持股，股价必将持续前一波涨势继续上升(见图 6-4)。

3. 下降阴线

在涨升的途中，出现如图 6-5 所示的三条连续下跌阴线，为逢低承接的大好时机。当第 4 天的阳线超越前一天的开盘价时，表示买盘强于卖盘，应立刻买入，以期股价上涨。

4. 上档盘旋

股价随着强而有力的大阳线往上涨升，在高档将稍做整理，也就是等待大量换手。随着成交量的扩大，即可判断另一波涨势的出现。上档盘整期间为 6~11 日，若期间过长，则表示上涨无力(见图 6-6)。

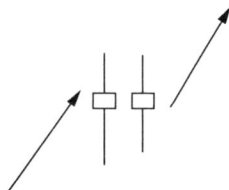

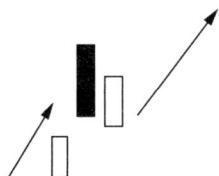

图 6-3　两颗星　　　　图 6-4　跳空上扬　　　　图 6-5　下降阴线　　　　图 6-6　上档盘旋

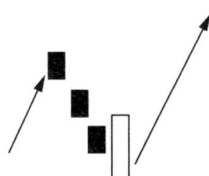

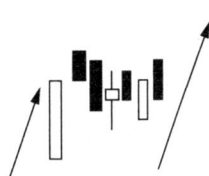

5. 并排阳线

持续涨势中，某日跳空出现阳线，隔日又出现一条几乎与其并排的阳线，如果隔日开高盘，则可期待大行情的出现(见图6-7)。

6. 超越覆盖线

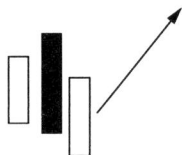

行情上涨途中若是出现覆盖线，表示已达天价区，此后若是出现创新天价的阳线，代表行情有转为买盘的迹象，股价会继续上涨(见图6-8)。

7. 上涨插入线

在行情震荡走高之际，出现覆盖阴线的隔日，拉出一条下降阳线，这是短期的回档，股价必将上涨(见图6-9)。

8. 三条大阴线

在下跌行情中出现三条连续大阴线，这是股价隐入谷底的征兆，行情将转为买盘，股价有望上扬(见图6-10)。

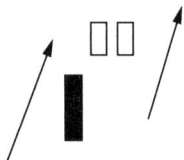

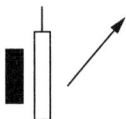

图6-7 并排阳线   图6-8 超越覆盖线   图6-9 上涨插入线   图6-10 三条大阴线

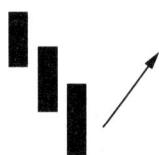

9. 上升三法

行情上涨中，大阳线之后出现三条连续小阴线，这是蓄势待发的征兆，股价将上涨(见图6-11)。

10. 向上跳空阴线

向上跳空阴线这一图形虽不代表将有大行情出现，但约可持续七天的涨势，为买入时机(见图6-12)。

二、反弹趋势行情识别

1. 反弹线

在低价圈内，行情出现长长的下影线时，往往即为买入时机。出现买入信号之后，投资者即可买入，或为了安全起见，可待行情反弹回升之后再买入，若无重大利空出现，行情必定反弹(见图6-13)。

2. 十字线

在大跌行情中，跳空出现十字线，这暗示着筑底已经完成，为反弹的征兆(见图6-14)。

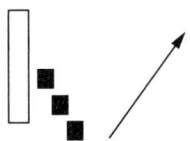 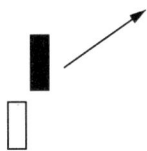 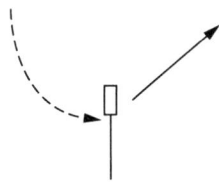 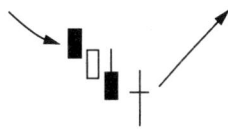

图6-11　上升三法　　图6-12　向上跳空阴线　　图6-13　反弹线　　图6-14　十字线

3. 阴线孕育阳线

在下跌行情中，出现大阴线的次日，行情呈现一条完全包容在大阴线内的小阳线，显示卖盘出尽，有转盘的迹象，股价将反弹(见图6-15)。

4. 五条阴线后出现一条大阴线

当阴阳交错拉出五条阴线后，出现一条长长的大阴线，可判断"已到底部"，如果隔日开高盘，则可视为反弹的开始(见图6-16)。

5. 两条插入线

两条插入线这一图形暗示逢低接手的力量强劲，股价因转盘而呈上升趋势(见图6-17)。

6. 最后包容线

在连续的下跌行情中出现小阳线，隔日即刻出现包容的大阴线，代表筑底已经完成，行情即将反弹。虽然图形看起来呈现弱势，但该杀出的浮码均已出尽，股价必将反弹而上(见图6-18)。

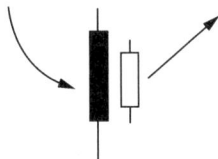  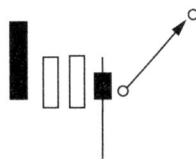 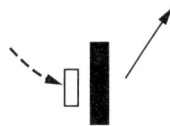

图6-15　阴线孕育阳线　　图6-16　五条阴线后出现　　图6-17　两条插入线　图6-18　最后包容线
　　　　　　　　　　　　　　　一条大阴线

7. 下档五根阳线

在低价圈内出现五根阳线，暗示逢低接手的力量不弱，底部可能已经形成，股价有望反弹(见图6-19)。

8. 反弹阳线

确认股价已经跌得很深后，某一天行情出现阳线，即出现"反弹阳线"时，这是一个买入信号。若反弹阳线附带着长长的下影线，表示低档已有主力大量承接，股价将反弹而上(见图6-20)。

9. 三空阴线

当行情出现连续三条跳空下降阴线时，则为强烈的买入信号，预示股价即将反弹(见图6-21)。

10. 连续下降三颗星

确认股价已跌深,于低档盘整时跳空出现连续三条小阴线(极线),这是探底的前兆,如果第四天出现十字线,第五天出现大阳线,则可确认底部已筑成,股价即将反转直上(见图6-22)。

 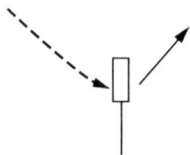 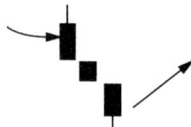 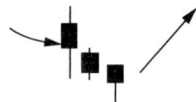

图6-19 下档五根阳线　　图6-20 反弹阳线　　图6-21 三空阴线　　图6-22 连续下降三颗星

三、下跌趋势行情识别

1. 覆盖线

股价连续数天上涨之后,隔日以高盘开出,随后买盘不愿追高,大势持续滑落,收盘价低于前一日的最低价,全天拉出大阴线。这是超买之后所形成的卖压涌现,获利了结股票大量释出之故,表明股价即将下跌(见图6-23)。

2. 十字线

在高价圈出现十字线(开盘、收盘等价线),并留下上、下影线,其中上影线较长。此情形表示股价经过一段时日后,已涨得相当高,欲振乏力,开始要走下坡,这是明显的卖出信号(见图6-24)。

3. 阴线孕育于较长阳线内

经过连日飙涨后,当日的开盘价、收盘价完全孕育在前一日的大阳线之中,并出现一根阴线,这也代表上涨力道不足,是股价下跌的前兆,若隔天再拉出一条上影阴线,更可判断为股价暴跌的征兆(见图6-25)。

4. 阳线孕育于较长阳线内

股价连续数天上涨之后,隔天出现一条小阳线,并完全孕育在前一日的大阳线之中,表示上升乏力,是暴跌的前兆(见图6-26)。

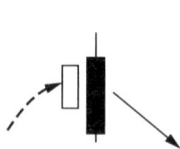 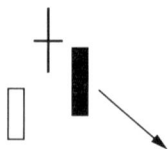 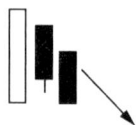 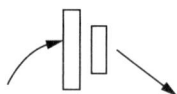

图6-23 覆盖线　　图6-24 十字线　　图6-25 阴线孕育于较长阳线内　　图6-26 阳线孕育于较长阳线内

5. 孕育十字线

孕育十字线是指今日的十字线完全包含在前一日的大阳线之中的情况。这种形态代表买盘力道减弱,行情即将转为卖盘,股价下跌(见图6-27)。

6. 最后包容线

当股价持续数天涨势后出现一条阴线，隔天又开低走高拉出一条大阳线，将前一日的阴线完全包住，这种现象看似买盘增强，但只要隔日行情比大阳线的收盘价低，则投资者应该果断卖出持股。若是隔日行情高于大阳线的收盘价，也很有可能成为"覆盖阴线"，投资者应谨慎防范(见图6-28)。

7. 两连跳空

所谓跳空，即两条阴、阳线之间不互相接触，中间有空格的意思。连续出现三条跳空阳线后，卖压必现，一般投资者在第二条跳空阳线出现后，即应先行获利了结，以防回档时惨遭套牢(见图6-29)。

8. 下影线过长

股价在高档开盘，先前的买盘因获利了结而卖出，使大势随之滑落，低档又逢有力承接，股价再度攀升，形成下影线为实体线的三倍以上。此图形看起来似乎买盘转强，然而应谨慎防范主力拉高出货，空仓者不宜贸然介入，持股者宜逢高抛售(见图6-30)。

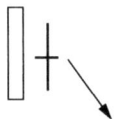

图6-27　孕育十字线　　图6-28　最后包容线　　图6-29　两连跳空　　图6-30　下影线过长

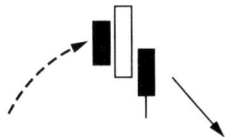

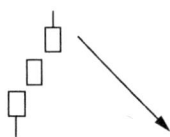

第四节　K线组合反转形态辨识

股价反转形态是指股票价格即将结束一个方向而向另一个方向变化的走势特征，比如，结束一段上升行情后预期下行，或结束一段下跌行情后预期上行。识别股价反转形态的意义在于，当确认顶部反转或底部反转形态出现时，有助于我们把握行情的买入时机和卖出时机。

一、头肩顶(底)反转形态

头肩形态反转分为头肩顶反转和头肩底反转两种形态。前者是股价由上涨转为下跌，后者则相反。

(一)头肩顶反转形态

1. 形态分析

头肩顶走势，可以划分为以下不同的部分。

(1) 左肩部分——持续一段时间上升，成交量很大，过去在任何时间买入的人都有利可图，于是开始获利卖出，导致股价出现短期的回落，成交量较上升到其顶点时有显著的减少。

(2) 头部——股价经过短暂的回落后，又有一次强力的上升，成交量也随之增加。不过，成交量的最高点与左肩部分相比，明显减退。股价升破上次的高点后再一次回落，成交量在这一回落期间同样减少。

(3) 右肩部分——股价下跌到接近上次回落的低点后再次获得支撑并回升，可是，市场投资的情绪显著减弱，成交量较左肩和头部明显减少，股价未能达到头部的高点便再次回落，于是形成右肩部分。

(4) 突破——股价从右肩顶部下跌，突破由左肩底部和头部底部所连接而成的底部颈线，其突破颈线的幅度需超过市价的3%。

简单来说，头肩顶的形态呈现三个明显的高峰。其中位于中间的一个高峰比其他两个高峰的高点略高。至于成交量方面，则呈现阶梯式的下降。图6-31所示为头肩顶反转形态。

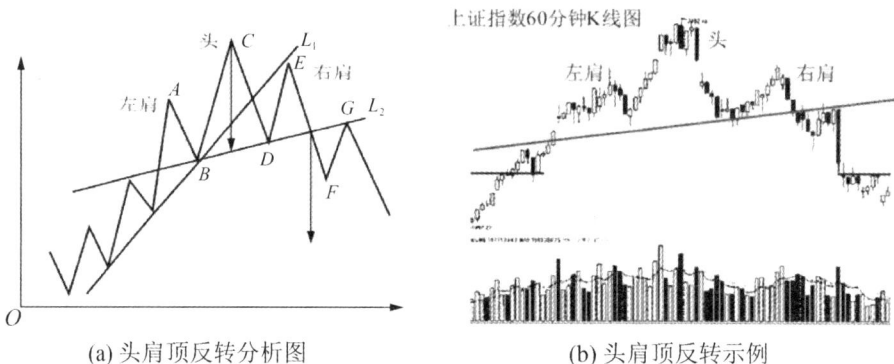

(a) 头肩顶反转分析图　　　　　(b) 头肩顶反转示例

图6-31　头肩顶反转形态

对头肩顶形态的分析如下。

(1) 牛市尽头的反转信号。

(2) 价格达到第二次高点，但成交量未创新高，顶部形成；第三次高点低于第二次高点，成交量继续下降时，应考虑卖出。

(3) 颈线被突破，为最后的卖出信号，否则可能被套牢。

(4) 最小跌幅的确认：从头部的最高点画一条垂直线到颈线，然后在完成右肩突破颈线的点开始，向下量出同样的长度，由此量出的价格即为该股将下跌的最小幅度。

2. 要点提示

(1) 左肩和右肩的高点大致相等，或右肩比左肩略低。若右肩高点比头部高，则形态不能确认。

(2) 如果其颈线向下倾斜，显示市场非常疲软无力。

(3) 成交量方面，左肩最大，头部次之，右肩最小。

(4) 颈线跌破为真突破(可以不考虑成交量)。

(5) 在跌破颈线后可能出现暂时性回升(后抽)，但暂时回升不应超越颈线水平。

(6) 头肩顶是一个杀伤力极强的形态，通常其跌幅大于量度出的最小跌幅。

(7) 失败的头肩顶：假如股价最后在颈线水平回升，且高于头部，或股价在跌破颈线后回升且高于颈线，这可能是一个失败的头肩顶，不宜信赖。

(二)头肩底反转形态

1. 形态分析

头肩底与头肩顶的形状相同，只是整个形态倒转过来而已，又称"倒转头肩式"。形成左肩时，股价下跌，成交量相对增加，接着为一次成交量较小的次级上升。然后股价再次下跌且跌破上次的最低点，成交量再次随着下跌而增加，比左肩反弹阶段的交易量更多——形成头部。当从头部最低点回升时，成交量有可能增加。当股价回升到上次的反弹高点时，出现第三次回落，这时的成交量明显小于左肩和头部，股价再次跌至左肩的水平，跌势便稳定下来，形成右肩。

最后，股价正式发动一次升势，且伴随成交量大幅增加。当其颈线阻力被冲破时，成交量显著上升，整个形态便告成立。头肩底反转形态如图 6-32 所示。

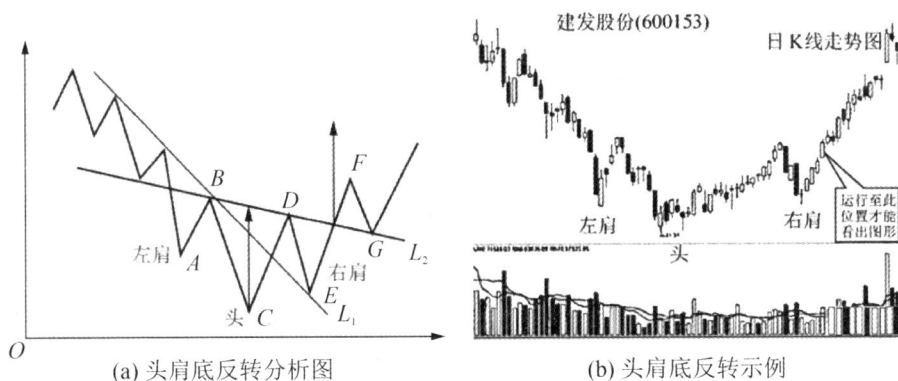

(a) 头肩底反转分析图　　　　(b) 头肩底反转示例

图 6-32　头肩底反转形态

2. 要点提示

(1) 头肩底与头肩顶的形状相似，只是将形态倒转，但成交量形态不同。

(2) 头肩底颈线突破，是买入信号。

(3) 最小升幅：从头部的最低点画一条垂直线相交于颈线，取其长度即可。

(4) 形态确认：颈线突破后，需有成交量的配合。

(5) 头肩底形态较为平坦，需要较长时间来完成。

(6) 在上升突破颈线后可能会出现暂时性的回跌，但回跌不应低于颈线。

(7) 头肩底是极具预测威力的形态之一，一旦获得确认，升幅大都会高于其最小升幅。

二、M 顶和 W 底反转形态

(一)形态分析

一只股票上升到某一价格水平时，出现大成交量，股价随之下跌，成交量减少；接着股价又升至与前一个价格几乎相等的顶点，成交量再随之增加，却不能达到上一个高峰的成交量；股价第二次下跌，其移动轨迹就像"M"字。这就是双重顶，又称 M 顶走势，如图 6-33(a)所示。

一只股票持续下跌到某一水平后出现技术性反弹，但回升幅度不大，时间也不长，股价又再次下跌；当跌至上次低点时却获得支撑，再一次回升，这次回升时成交量要大于前次反弹时的成交量。股价在这段时间的移动轨迹就像"W"字，这就是双重底走势，又称 W 底走势，如图 6-33(b)所示。无论是"双重顶"还是"双重底"，都必须突破颈线(双重顶的颈线是第一次从高峰回落的最低点；双重底的颈线是第一次从低点反弹的最高点)，形态才算完成。

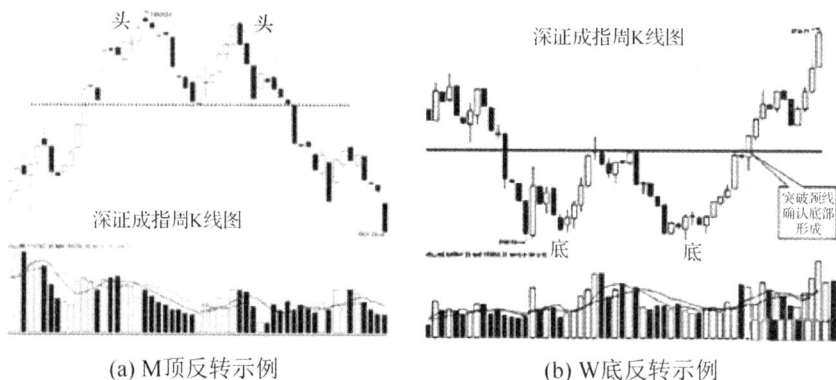

(a) M顶反转示例　　　　　　　(b) W底反转示例

图 6-33　M 顶与 W 底反转形态

(二)要点提示

(1) 双重顶的两个最高点并不一定在同一水平线上，二者相差少于 3%是可以接受的。但双重底的第二个底点一般比第一个底点稍高。

(2) 双重顶最小跌幅的量度方法是以颈线开始计算，至少会再下跌从两个最高点至颈线之间的差价距离。

双重底最小涨幅的量度方法也是一样，量度出两个最低点和颈线之间的距离，股价突破颈线后至少会上升相同长度。

(3) 形成第一个头部(或底部)时，其回落的低点是最高点的 10%～20%(底部回升的幅度也相近)。

(4) 双重顶(底)不一定都是反转信号，有时也会是整理形态，这要视两个波谷的时间差而定，通常两个高点(或两个低点)形成的时间相隔超过一个月为常见。

(5) 双重顶的两个高峰都有明显的高成交量，这两个高峰的成交量同样尖锐和突出，但第二个头部的成交量比第一个头部显著减少，反映出市场的购买力量已在减弱。双重底第二个底部成交量十分低沉，但在突破颈线时，必须得到成交量激增的配合才可确认。而双重顶跌破颈线时，不需成交量的上升也应该信赖。

(6) 通常突破颈线后，会出现短暂的反方向移动，称为反抽。双重底只要反抽不低于颈线(双重顶的反抽则不能高于颈线)，形态依然有效。

(7) 一般来说，双重顶或双重底的涨跌幅度都比量度出来的最小升幅(跌幅)要大。

三、潜伏顶(底)反转形态

(一)形态分析

股价在一个极狭窄的范围内横向移动，每日股价的高低波幅极小，且成交量也十分稀疏。在图表上，这种形态形成一条类似横线的形状，称为潜伏底，如图6-34(a)所示。

经过一段长时间的潜伏静止后，价位和成交量同时摆脱了沉寂不动的局面，股价大幅向上飙升，成交量也随之变得活跃，图表上此时会形成潜伏顶形态，如图6-34(b)所示。

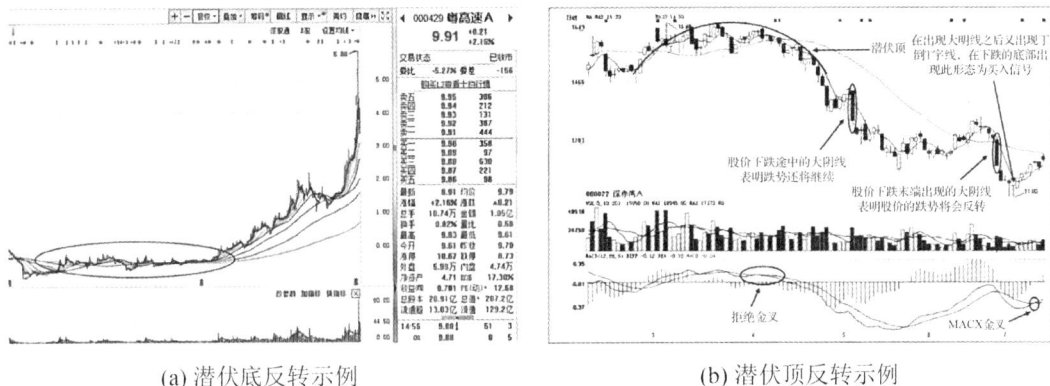

(a) 潜伏底反转示例　　　　　　　　　(b) 潜伏顶反转示例

图 6-34　潜伏顶(底)反转形成

(二)市场含义

潜伏底大都出现在市场淡静之时，以及一些股本少的冷门股上。这些股票流通量少，且公司不注重宣传，前景不明确，受到投资者的忽视，稀少的买卖使股票的供求十分平衡。持有股票的人找不到急于沽售的理由，有意买入的人也找不到急于追入的原因，于是股价就在一个狭窄的区域里一天天地移动，既没有上升的趋势，也没有下跌的迹象，表现令人感到沉闷，就像是处于冬眠时期的蛇虫，潜伏不动。最后，该股突然出现不寻常的大量成交，原因可能是受到某些突如其来的消息，如公司盈利大增、分红前景好等的刺激，股价也脱离潜伏底，大幅向上扬升。在潜伏底形态中，先知先觉的投资者在潜伏底形成期间不断进行收集性买入，当形态突破后，未来的上升趋势将会强而有力，而且股价的升幅很大。因此，当潜伏底明显向上突破时，值得投资者马上跟进，跟进这些股票的利润十分可观，风险却很低。

潜伏顶与潜伏底类似，限于篇幅不再赘述。

(三)要点提示

(1) 通常潜伏底的时间较长。

(2) 投资者应在长期性底部出现明显突破时才可跟进。突破的特征是成交量激增。

(3) 在突破后的上升途中，必须继续维持高成交量。

四、V形反转形态

(一)形态分析

V形走势，可分为以下三个部分。

(1) 下跌阶段：通常V形的左方跌势十分陡峭，而且持续时间短。

(2) 转势点：V形的底部十分尖锐，一般来说，形成转势点的时间仅两三个交易日，而且成交量在此低点明显增多。有时候转势点就在恐慌交易日中出现。

(3) 回升阶段：股价从低点回升，成交量也随之而增加。

V形反转形态如图6-35所示。

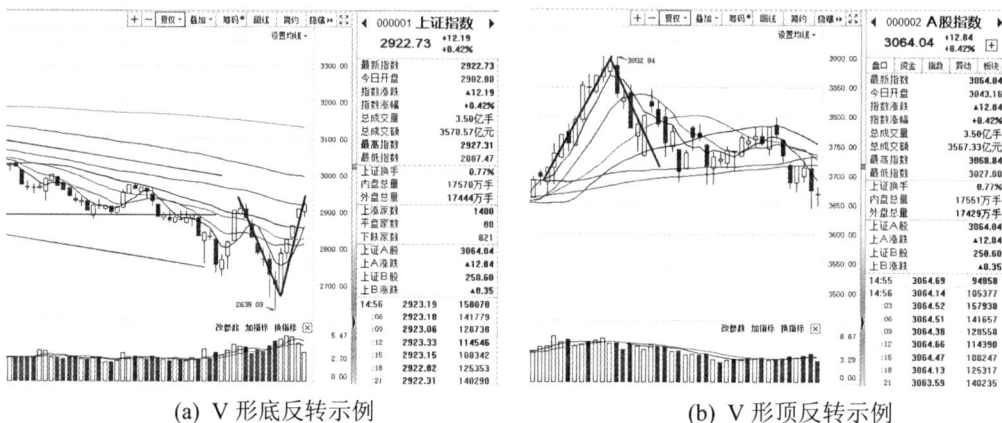

(a) V形底反转示例　　　　　　　　(b) V形顶反转示例

图6-35　V形反转形态

伸延V形走势是V形走势的变形。在形成V形走势期间，其中上升(或下跌)阶段呈现变异，股价有一部分呈现横向发展的成交区域，随后打破这一徘徊区，继续完成整个形态。

倒转V形和倒转伸延V形的形态特征与V形走势恰好相反。

(二)市场含义

市场中卖方的力量强大，导致股价稳定且持续下跌，当这股沽售力量消失后，买方力量完全控制市场，使股价戏剧性回升，几乎以下跌时同样的速度收复所有失地，因此在图表上股价形成一个像"V"字般的移动轨迹。倒转V形的情形则正好相反，市场看好的情绪使股价节节攀升，可是突如其来的一个因素扭转了整个趋势，股价以上升时同样的速度下跌，形成一个倒转V形的移动轨迹。通常此形态由一些突如其来或难以预料的因素造成。

V形走势是一个转向形态，显示过去的趋势已经逆转。伸延V形走势在上升或下跌阶段，其中一部分出现横行的区域，这是因为形成这一走势期间，投资者对形态缺乏信心，当这股力量被消化后，股价再次继续完成整个形态。

在出现伸延V形走势的徘徊区时，可以在徘徊区的低点买入，等待整个形态的完成。

伸延V形与V形走势具有同样的预测威力。

(三)要点提示

(1) Ｖ形走势在转势点必须有明显的成交量配合，在图形上形成倒Ｖ形。

(2) 股价在突破伸延Ｖ形的徘徊区顶部时，必须有成交量增加的配合；在跌破倒转伸延Ｖ形的徘徊区底部时，则不需要成交量增加。

第五节　Ｋ线组合整理形态辨识

所谓整理，俗称横盘，是指股价经过一段时间的快速变动后，即不再前进而在一定区域的上下窄幅内变动，等时机成熟后再继续以往的走势，这种显示以往走势的形态称为整理形态。股价整理形态主要包括三角形整理、矩形整理、旗形整理、楔形整理以及蝶形整理等几种形态。对价格整理形态的识别为投资者保持收益、规避风险提供了有效信息和指导。如果是上升过程中识别出整理形态，已经持股的投资者可以继续持有股票，还没有投资的投资者此时恰是建仓的好时机；如果是下跌过程中确认整理形态，未抛售股票的投资者此时应赶紧离市，已经离市的投资者不可轻举妄动。

一、三角形整理形态

(一)对称三角形整理

1. 形态分析

对称三角形由一系列的价格变动所组成，其变动幅度逐渐缩小，也就是说，每次变动的最高价低于前次的水平，而最低价比前次水平高，呈一个压缩图形，如果从横的方向看股价变动领域，其上限为向下斜线，下限为向上倾线，将短期高点和低点分别以直线连接起来，就可以形成一个相当对称的三角形。对称三角形的成交量因越来越小幅度的股价变动而递减，然后当股价突然跳出三角形时，成交量随之增加。图 6-36(a)所示为上涨对称三角形整理，图 6-36(b)所示为下跌对称三角形整理。

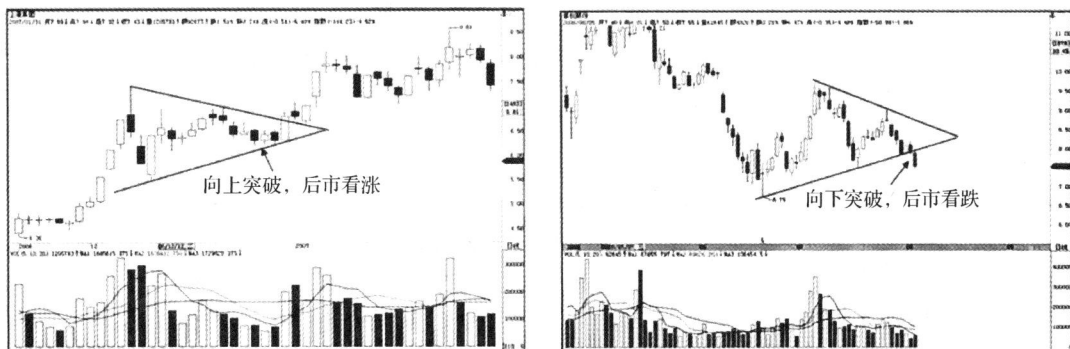

(a) 上涨对称三角形整理示例　　　　　　(b) 下跌对称三角形整理示例

图 6-36　对称三角形整理形态

2. 市场含义

对称三角形是因为买卖双方的力量在该价格区域内势均力敌，暂时达到平衡状态所形成。股价从第一个短期性高点回落，但很快便被买方消化，推动价格回升；但买方对后市没有太大的信心，或对前景感到犹豫，因此股价未能回升至上次高点便掉头，再次下跌；在下跌的阶段中，那些沽售的投资者不愿意以太低价出售或对前景仍存有希望，所以回落的压力不强，股价未跌到上次的低点便已回升，买卖双方的观望性争持使股价的上下波动日渐缩窄，形成了此种形态。成交量在对称三角形形成的过程中不断减少，正反映出买卖双方对后市犹豫不决的观望态度，使市场暂时沉寂。

一般情况下，对称三角形属于整理形态，即股价会继续原来的趋势移动。只有在股价朝其中一方明显突破后，才可以采取相应的买卖行动。如果股价向上突破阻力(必须得到大成交量的配合)，就是一个短期买入信号；反之，若是向下跌破(在低成交量之下跌破)，便是一个短期卖出信号。对称三角形的最小升幅量度方法是当股价向上突破时，从形态的第一个上升高点开始画一条与底部平行的直线，可以预期股价至少会上升到这条线才会遇上阻力。至于股价上升的速度，将会以形态开始之前同样的角度上升。因此，从这种量度方法可以估计该股最小升幅的价格水平和所需要的完成时间。形态最小跌幅的量度方法也是一样。

3. 要点提示

(1) 一个对称三角形的形成，必须要有明显的两个短期高点和两个短期低点出现。

(2) 对称三角形的股价变动越接近其顶点而未能突破界线时，其力量越小，若太接近顶点的突破即失效。通常在距三角形底边一半或3/4处突破时会产生最准确的移动。

(3) 向上突破需要伴随高成交量，向下跌破则不必。

有一点必须注意，假如对称三角形向下跌破时有极大的成交量，可能是一个错误的跌破信号，股价在跌破后并不会如理论般回落。若股价在三角形的尖端跌破，且伴随高成交量，则此情形尤为准确，股价仅下跌一两个交易日后便迅速回升，开始一次真正的升市。有假突破时，应随时重划界线，形成新的三角形。

(4) 对称三角形虽然大部分属于整理形态，不过也有可能在升市的顶部或跌市的底部中出现。根据统计，对称三角形中大约3/4属于整理形态，而余下的1/4则属于转势形态。

(5) 对称三角形突破后，可能会出现短暂的反方向移动，上升的反抽止于高点相连而成的形态线，下跌的反抽则受阻于低点相连的形态线。倘若股价的反抽大于上述所述的位置，形态的突破可能有误。

(二)上涨三角形与下跌三角形整理

1. 形态分析

股价在某水平呈现强大的卖压，价格从低点回升到此水平便回落，但市场的购买力十分强劲，股价未回至上次低点即告反弹，这种情形持续使股价随着一条阻力水平线波动日渐收窄。若把每一个短期波动高点连接起来，可画出一条水平阻力线；每一个短期波动低点则可相连出另一条向上倾斜的线，这就是上涨三角形，如图 6-37(a)所示。成交量在形态形成的过程中不断减少。下跌三角形的形状[见图 6-37(b)]与上涨三角形恰好相反，股价在某特定的水平出现稳定的购买力，因此每回落至该水平便回升，形成一条水平的需求线。可是市场的沽售力量不断加强，股价每一次波动的高点都比前次低，于是形成一条向下倾斜的供给线。成交量在完成整个形态的过程中，一直十分低沉。

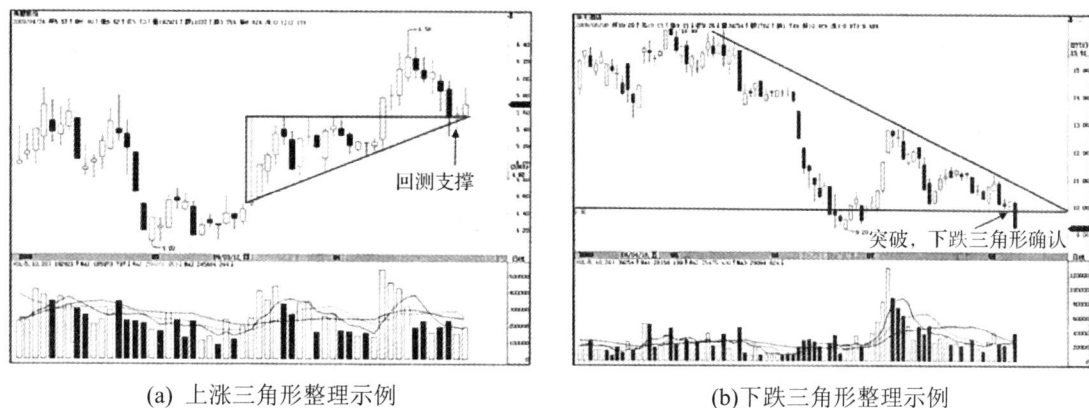

(a) 上涨三角形整理示例　　　　　　(b) 下跌三角形整理示例

图 6-37　三角形整理形态

2. 市场含义

上涨三角形显示买卖双方在该价格范围内的较量，其中买方的力量在争持中已稍占上风。卖方在其特定的股价水平不断沽售，不急于出货，但不看好后市，于是股价每当升到理想的沽售水平便即卖出，这样在同一价格的沽售形成了一条水平的供给线。不过，市场的购买力量很强，他们不待股价回落到上次的低点，便迫不及待地购进，因此形成一条向右上方倾斜的需求线。另外，也可能是有计划的市场行为，部分投资者有意把股价暂时压低，以达到逢低大量吸纳的目的。

下跌三角形同样是买卖双方在某价格区域内的较量表现，然而双方力量却与上涨三角形所显示的情形相反。看淡的一方不断地增强沽售压力，股价还没回升到上次高点便再卖出，而看好的一方坚守着某一价格的防线，使股价每回落到该水平便获得支撑。此外，这一形态的形成也可能是有人在托价出货，直到货源沽清为止。

3. 要点提示

(1) 上涨三角形和下跌三角形都属于整理形态。上涨三角形在上升过程中出现，暗示有突破的可能，下跌三角形则相反。

(2) 上涨三角形在突破顶部水平的阻力线时，有一个短期买入信号；下跌三角形在突破底部水平阻力线时有一个短期沽出信号。但上涨三角形在突破时须伴有大成交量，而下跌三角形突破时不必有大成交量来证实。

(3) 上涨三角形和下跌三角形形态虽属于整理形态，一般有向上或向下的规律性，但也有可能朝相反方向发展，即上涨三角形可能下跌，因此，投资者在向下跌破 3%(收盘价计)时，宜暂时卖出，以待形势明朗。同时在向上突破时，没有大成交量配合，也不宜贸然投入。相反下跌三角形也有可能向上突破，这里若有大成交量则可证实。另外，在向下跌破时，若出现回升，则观察其是否阻于底线水平之下，在底线之下是假性回升；若突破底线 3%，则图形失败。

二、矩形整理形态

(一)形态分析

矩形是股价在两条水平的上下界线之间变动而成的形态。股价在其范围之内出现上下波动。价格上升到某水平时遇到阻力,掉头回落,但很快获得支撑并上升,可是回升到上次同一高点时再一次受阻,而回落到上次低点时则再得到支撑。这些短期高点和低点分别连接,便可以绘出一条通道,通道既非上倾,亦非下降,而是平行发展,这就是矩形形态。图 6-38 所示为矩形整理形态。图 6-38(a)所示为上升过程中的矩形整理示例,图 6-38(b)所示为下降过程中的矩形整理示例。

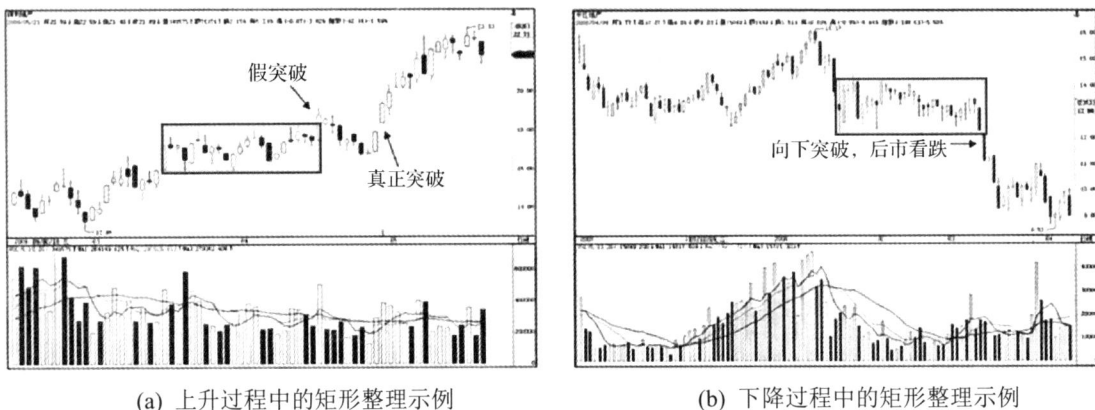

(a) 上升过程中的矩形整理示例   (b) 下降过程中的矩形整理示例

图 6-38　矩形整理形态

(二)市场含义

矩形为一种冲突形态,是描述实力相当的双方的竞争。

矩形形态显示,买卖双方的力量在该价格范围内完全达到均衡状态,在这期间谁也占不了便宜。看好的一方认为其价位是很理想的买入点,于是股价每回落到该水平即买入,从而形成了一条水平的支撑线。同时,另一批看淡的投资者对股市缺乏信心,认为股价难以突破这一水平,于是股价回升至该价位水平时立即出售,形成一条平行的供给线。

从另一个角度分析,矩形也可能是投资者因后市发展不明朗,投资态度变得迷茫和不知所措。因此,当股价回升时,一些对后市缺乏信心的投资者会选择退出;而当股价回落时,一批憧憬着未来前景的投资者则会加入。双方实力相当,于是股价便在这一区域内反复波动。

一般来说,矩形作为整理形态,可能出现在牛市或熊市中,长而窄且成交量小的矩形一般在市场底部较为常见。当股价突破矩形的上、下限后,会发出买入和卖出的信号,涨跌幅度通常等于矩形本身的宽度。

(三)要点提示

矩形整理形态的分析要点如下。

（1）矩形形成的过程中，除非有突发性的消息干扰，其成交量应该是逐渐减少的。如果在形态形成期间出现不规则的高成交量，那么形态可能失败。当股价突破矩形上限的水平时，必须伴随成交量的激增；但若跌破下限水平时，则不需要高成交量的配合。

（2）矩形呈现突破后，股价经常出现反抽，这种情形通常会在突破后的三天至三周内出现。反抽将止于顶线水平，而往下跌破后的假性回升，将受阻于底线水平。

（3）一个高波幅、低波幅较大的矩形，比一个狭窄而长的矩形形态更具影响力。

三、旗形整理形态

(一)形态分析

旗形走势的形态就像一面挂在旗杆顶上的旗帜，这种形态通常出现在急速且大幅的市场波动中，股价在经过一连串紧密的短期波动后，形成一个稍微与原来趋势呈相反方向倾斜的长方形，这就是旗形走势。旗形走势又可分为上升旗形[见图 6-39(a)]和下降旗形[见图 6-39(b)]。

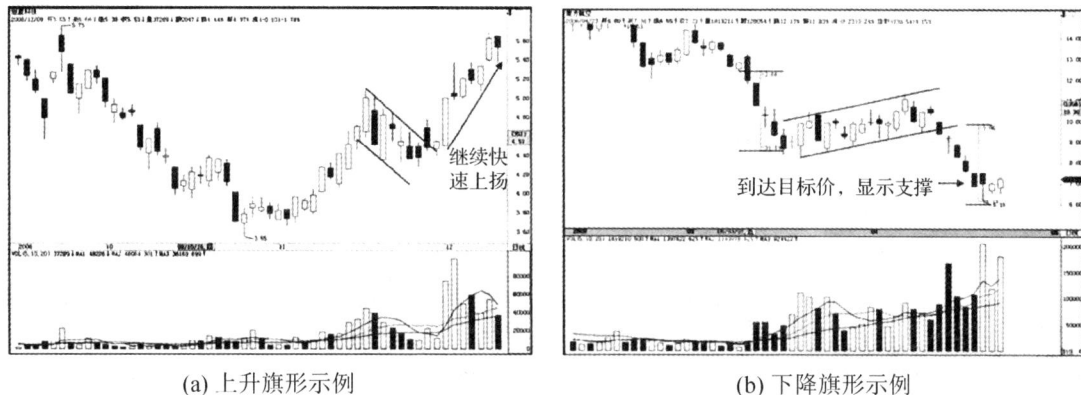

(a) 上升旗形示例　　　　　　(b) 下降旗形示例

图 6-39　旗形整理形态

上升旗形的形成过程是：股价经过陡峭的飙升后，接着形成一个紧密、狭窄和稍微向下倾斜的价格密集区域，将这密集区域的高点和低点分别连接起来，就可以画出两条平行而又下倾的直线，这就是上升旗形。

下降旗形则恰恰相反，当股价出现急速或垂直的下跌后，接着形成一个波动狭窄、紧密且稍微上倾的价格密集区域，像是一条上升通道，这就是下降旗形。成交量在旗形形成过程中，是显著地渐次递减的。

(二)市场含义

旗形经常出现在急速上升或下降的行情中。在急速的直线上升中，成交量逐渐增加，最后达到一个短期最高纪录。早先持有股票者，已因获利而卖出，上升趋势也遇到大的阻力，股价开始小幅下跌，形成旗形。不过，大部分投资者对后市依然充满信心，因此回落的速度不快，幅度也十分轻微，成交量不断减少，反映出市场的沽售力量在回落中持续减轻。经过一段时间整理，到了旗形末端，股价突然上升，成交量也大幅增加，而且几乎形成一条直线，股价又像形成旗形时一样急速上升，这是上升旗形的形成过程。

在下跌时所形成的旗形，其形状为上升时图形的倒置。在急速的直线下降中，成交量增加，达到一个高点，然后有支撑反弹，不过反弹幅度不大，成交量减少，股价小幅上升，形成旗形；经过一段时间整理，到达旗形末端，股价突然下跌，成交量大增，股价持续下跌。

综上所述，旗形是个整理形态，即形态完成后股价将继续原来的趋势方向移动，上升旗形将向上突破，而下降旗形则是往下跌破。

上升旗形大都在牛市第三期中出现，因此形态暗示牛市可能进入尾声。

下降旗形大都在熊市第一期出现，表明大市可能做垂直式的下跌。因此这阶段中形成的旗形十分细小，可能在三四个交易日内已经完成。如果在熊市第三期中出现，旗形形成的时间较长，而且跌破后只做有限度的下跌。

旗形形态可量度出最小升幅、跌幅。其量度的方法是突破旗形(上升旗形和下降旗形相同)后最小的升跌幅度，等于整根旗杆的长度。而旗杆的长度是由形成旗杆的突破点开始，直到旗形的顶点为止。

(三)要点提示

旗形整理形态分析要点如下。

(1) 旗形形态必须在急速上升或下跌之后才出现，成交量则必须在形成形态期间持续显著减少。

(2) 当上升旗形往上突破时，必须要有成交量激增的配合；当下降旗形向下跌破时，成交量也是大量增加的。

(3) 在形态形成的过程中，若股价趋势形成旗形而其成交量为不规则或很多且非渐次减少的情况时，下一步将是很快地反转，而不是整理，即上升旗形往下跌破，而下降旗形则是向上突破。换言之，高成交量的旗形形态市况可能出现逆转，而不是整理形态。因此，成交量的变化在旗形走势中是十分重要的，它是观察和判断形态真伪的唯一方法。

(4) 股价应在四周内向预定的方向突破，超出三周时，就应特别小心，注意其变化。

四、价格跳空缺口形态

(一)形态分析

在快速大幅变动中有一段价格没有任何交易，显示在股价趋势图上是一个真空区域，这个区域称为"缺口"，它通常又称为"跳空"。缺口形态如图 6-40 所示。当股价出现缺口，经过几天，甚至更长时间的波动，然后反转过来，回到原来缺口的价位时，称为"缺口的封闭"，又称"补空"。

缺口分普通缺口[见图 6-40(a)]、突破缺口[见图 6-40(b)]、持续性缺口[见图 6-40(c)]与竭尽性缺口[见图 6-40(d)]四种类型。根据缺口发生的部位大小，可以预测走势的强弱，确定是突破，还是已到趋势的尽头，它是研判各种形态时最有力的辅助材料。

(a) 普通缺口示例　　　　　　　　　(b) 突破缺口示例

(c) 持续性缺口示例　　　　　　　　(d) 竭尽性缺口示例

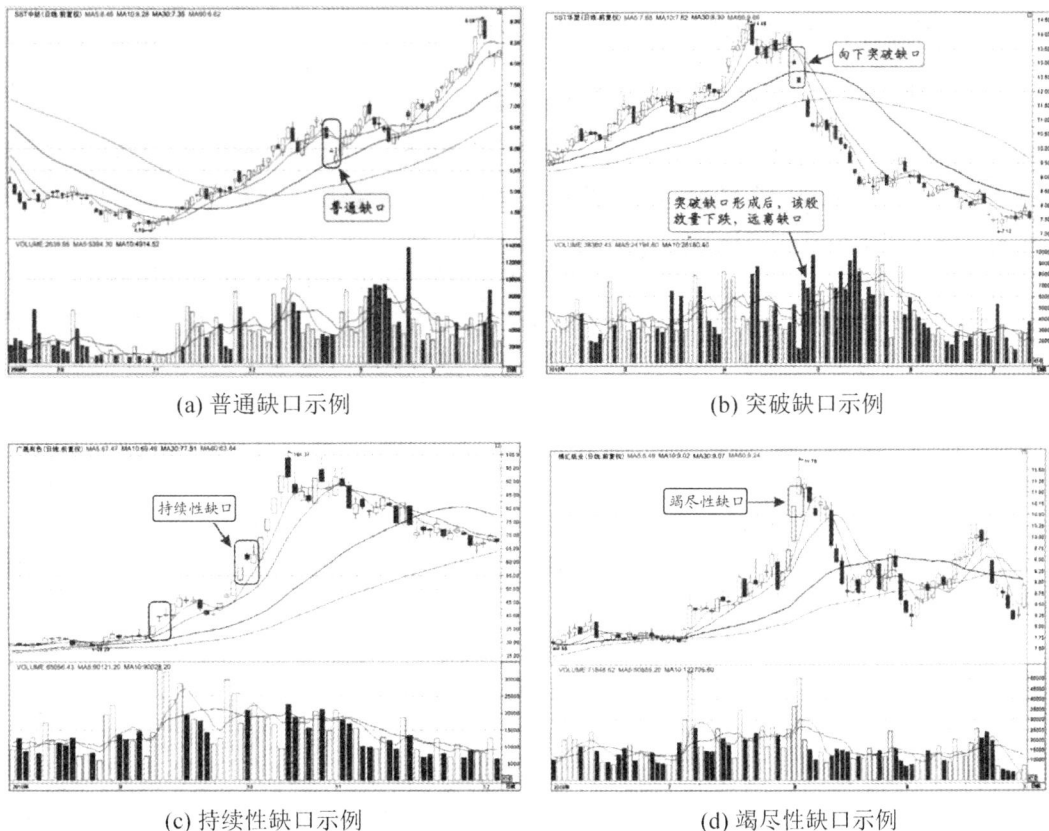

图 6-40　缺口形态

1. 普通缺口

普通缺口通常出现在密集的交易区域中，因此许多需要较长时间形成的整理或转向形态，如三角形、矩形等，常伴随这类缺口的形成。

2. 突破缺口

突破缺口是在密集的反转或整理形态完成后突破盘局时产生的缺口。当股价以一个较大的缺口跳空远离形态时，这表示真正的突破已经形成了。错误的移动很少会产生缺口，同时缺口的存在能显示突破的强劲性，突破缺口幅度与未来走势强度成正相关。

3. 持续性缺口

在股价上涨或下跌途中出现的缺口可能是持续性缺口。这种缺口不会与突破缺口相混淆，任何离开形态或密集交易区域后的急速上升或下跌，所出现的缺口大都是持续性缺口。这种缺口可以帮助我们估计未来市场波动的幅度，因此也称为"量度性缺口"。

4. 竭尽性缺口

竭尽性缺口与持续性缺口一样，是伴随着快速、大幅的股价波动而出现的。在急速上升或下跌中，股价的波动并非渐渐出现阻力，而是越来越急，这时价格的跳升(或跳位下跌)可能发生，此缺口就是竭尽性缺口。

竭尽性缺口大都在恐慌性抛售或竭尽性上升的末段出现。

(二)市场含义

(1) 普通缺口并无特别的分析意义,一般在几个交易日内便会完全填补,它只能帮助辨认清楚某种形态的形成。普通缺口在整理形态出现的机会要比在反转形态时大得多,因此当发现发展中的三角形和矩形有许多缺口时,就应该增强它是整理形态的信念。

(2) 突破缺口的分析意义较大,经常在重要的转向形态如头肩式的突破时出现,该缺口可以帮助辨认突破信号的真伪。如果股价突破支撑线或阻力线后以一个很大的缺口跳离形态,可见突破十分强而有力,很少有错误发生。形成突破缺口的原因是其水平的阻力经过时间的相持后,供给的力量完全被吸收,短暂时间缺乏货源,买入的投资者被迫要以更高价求货。又或是其水平的支持经过一段时间的供给后,购买力完全枯竭,卖家以更低价才能找到买家,因此便形成缺口。

假如缺口发生前有大的成交量,而缺口发生后成交量却相对地减少,则有一半的可能不久缺口将被封闭;若缺口发生后成交量并未随着股价远离缺口而减少,反而加大,则短期内缺口将不会被封闭。

(3) 持续性缺口的技术性分析意义最大,它通常是在股价突破后远离形态至下一个反转或整理形态的中途出现,因此根据持续性缺口能预测股价未来可能移动的距离,其又称为"量度性缺口"。其量度的方法是从突破点开始,到持续性缺口始点的垂直距离,就是未来股价将会达到的幅度。或者可以说,股价未来所走的距离,与过去已走的距离一样。

(4) 竭尽性缺口的出现,表示股价的趋势将暂告一段落。如果在上升途中出现,即表示快将下跌;若在下跌趋势中出现,就表示即将回升。不过,竭尽性缺口并非意味着市场必定出现转向,只意味着有转向的可能。在缺口发生的当天或后一天若成交量特别大,而且趋势似乎无法随成交量而有大幅变动时,这就可能是竭尽性缺口。假如在缺口出现的后一天其收盘价停在缺口的边缘形成了一天行情的反转时,就更确定这是竭尽性缺口了。

竭尽性缺口很少是突破前一形态大幅变动过程中的第一个缺口,绝大部分的情形是它的前面至少会再出现一个持续性缺口。因此可以假设,在快速直线上升或下跌变动中期出现的第一个缺口为持续性缺口,但随后的每一个缺口都可能是竭尽性缺口,尤其是当这个缺口比前一个空距大时,更应特别注意。

(三)要点提示

(1) 一般缺口都会填补。因为缺口代表一段没有成交的真空区域,反映出投资者当时的冲动行为。当投资情绪平静下来时,投资者反省过去的行为可能过于冲动,于是缺口便被补回。然而,并非所有类型的缺口都会被填补,突破缺口和持续性缺口未必会被填补,或不会马上被填补;只有竭尽性缺口和普通缺口才可能在短期内被补回。因此缺口填补与否对分析者观察后市的帮助不大。

(2) 突破缺口出现后是否会马上被填补可以从成交量的变化中观察出来。如果在突破缺口出现之前有大量成交,而缺口出现后成交量相对减少,那么迅即填补缺口的机会只是五五开;但假如缺口形成之后成交量大幅增加,股价在继续移动远离形态时仍保持大量成交,那么缺口短期内被填补的可能性便很小了,即使出现反抽,也会在缺口之外。

(3) 股价在突破其区域时急速上升，成交量在初期增加，然后在上升中不断减少，当股价停止原来的趋势时成交量又迅速增加，这是买卖双方激烈争持的结果。其中一方得到压倒性胜利之后，便形成一个巨大的缺口，这时成交量又再次开始减少。这就是持续性缺口形成时的成交量变化情形。

(4) 竭尽性缺口通常是形成缺口的一天成交量最高(但也有可能在成交量最高的翌日出现)，接着成交量减少，显示市场购买力(或沽售力)已经消耗殆尽，于是股价很快便告回落(或回升)。

(5) 在一次上升或下跌的过程中，缺口出现越多，显示其趋势越快接近终结。举例来说，当升市出现第三个缺口时，暗示升市即将终结；当第四个缺口出现时，短期下跌的可能性更加浓厚。

走低之后
再反弹技术
分析

第六节　价格趋势切线分析

一、趋势线

(一)形态分析

连接股价波动的低点的直线称为上升趋势线，连接股价波动的高点的直线称为下降趋势线如图 6-41(a)和图 6-41(b)所示。根据波动的时间，趋势线又可分为长期趋势线(连接长期波动点)和中期趋势线(连接中期波动点)。

一般而言，判断一个中期以上的上升趋势线的有效性及准确性应注意以下几点。

(1) 趋势线被触及的次数：次数越多，该趋势线的可靠性就越大。也就是说，如果股价回到趋势线上后就再度上升(或者下降)，这样的次数越多，则趋势线的有效性就越能得到确认。

(2) 趋势线的长度和持续时间：如果一轮涨势或跌势持续越过趋势线的时间越久，大市反转的可能性也就越大。趋势线延伸越长，同时两个靠近的次级底部的连线不能太平或太陡，否则其参考意义不大。相反，两个次级底部的距离如果相当远，则可靠性就会极大增强。

(3) 趋势线的角度(斜率)：趋势线的角度(斜率)越大，表明股价的上升或下降的速度越快。因此，其后的抵抗力也就越弱。对于上升趋势而言，通常斜率为 45°的斜线最具有研判意义。

(4) 趋势线被突破时的价差大小：股价在突破趋势线时必须有 3%以上的价差才可以确认突破的有效性，如图 6-41(c)所示。

(5) 股价在趋势线附近的反应大小：股价在趋势线附近的反应越大，则确认突破的有效性越强。

(6) 趋势线发生改变时其成交量的变化：在上升反转，上升趋势初始确认时，一般情况需伴随成交量显著放大；而在下跌反转，下跌趋势初始确认时，则无须对成交量进行确认，如图 6-41(d)所示。

图 6-42(a)所示为当 K 线向上突破趋势线为买入信号；图 6-42(b)所示为当 K 线向下跌破

趋势线为卖出信号。图 6-42(c)和图 6-42(d)分别表示趋势线的阻力位和支撑位被突破的情形。

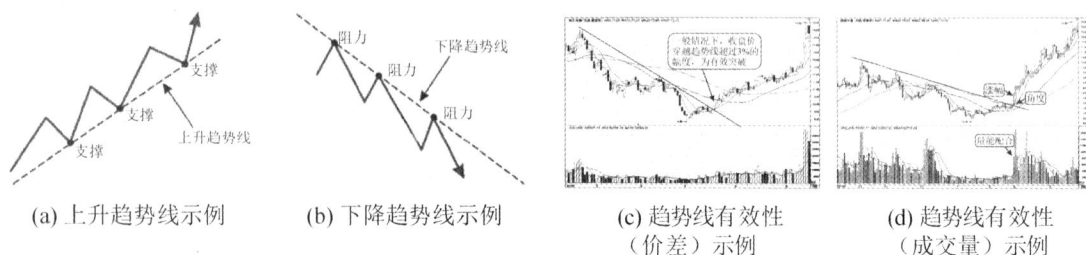

| (a) 上升趋势线示例 | (b) 下降趋势线示例 | (c) 趋势线有效性（价差）示例 | (d) 趋势线有效性（成交量）示例 |

图 6-41　趋势线形态及有效性

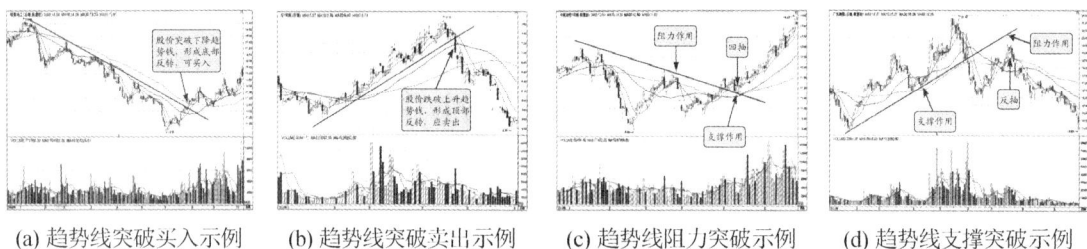

| (a) 趋势线突破买入示例 | (b) 趋势线突破卖出示例 | (c) 趋势线阻力突破示例 | (d) 趋势线支撑突破示例 |

图 6-42　趋势线突破

(二)市场含义

趋势线表明当股价向其固定方向移动时，它非常有可能沿着这条线继续移动。

(1) 当上升趋势线跌破时，显示出货信号。在未跌破之前，上升趋势线就是每一次回落的支撑。

(2) 当下降趋势线突破时，显示入货信号。在未突破之前，下降趋势线就是每一次回升的阻力。

(3) 一种股票随着固定的趋势移动时间越久，其趋势越可靠。

(4) 在长期上升趋势中，每一个变动都伴随着成交量的增加，当有非常高的成交量出现时，这可能是中期变动结束的信号，紧随其后的可能将是反转趋势。

(5) 在中期变动中的短期波动结尾，大部分都有极高的成交量，顶点比底部出现的情况更多，不过在恐慌性下跌的底部常出现非常高的成交量。这是因为在顶点，股市沸腾，散户盲目大量抢进，大户与操盘手乘机脱手。在底部，股市经过一段恐慌性大跌，部分散户信心动摇，见价就卖，而此时其实已到达长期下跌趋势的最后阶段，于是大户与操盘手开始大量买入，形成高成交量。

(6) 每一条上升趋势线，需要两个明显的底部才能确定；每一条下降趋势线，则需要两个顶点。

(7) 趋势线与水平线所形成的角度越陡，越容易被短期横盘走势突破。因此趋势线越平越具有技术性意义。

(8) 股价的上升与下跌，在各种趋势的末期，都有加速上升与加速下跌的现象。因此，股市反转的顶点或底部，大都远离趋势线。

(三)要点提示

(1) 上升趋势线是连接各波动的低点,而不是各波动的高点;下降趋势线是连接各波动的高点,而不是各波动的低点。

(2) 当股价突破趋势线时,突破的可信度可从以下几点判断。

① 假如在一天的交易时间里突破了趋势线,但其收盘价并没有超出趋势线,这并不算是突破,可以忽略它,而这条趋势线仍然有效。

② 如果收盘价突破了趋势线,必须超越 3% 才可信赖。

③ 当股价上升冲破下降趋势线的阻力时需要有成交量增加的配合;但向下跌破上升趋势线的支撑则不必如此,通常突破当天的成交量并不增加,不过,突破后的第二天会有增加的现象。

④ 当突破趋势线时出现缺口,这个突破将会是强而有力的。

(3) 有经验的技术性分析者经常在图表上画出各条不同的试验性趋势线,当证明其趋势线毫无意义时,就会将其擦掉,只保留具有分析意义的趋势线。此外,他们还会不断地修正原来的趋势线,如当股价跌破上升趋势线后又迅速回升到这条趋势线上面,分析者就应该从第一个低点和最新形成的低点重画一条新线,或从第二个低点和新低点修订出更有效的趋势线。

二、支撑线与压力线

支撑线又称为抵抗线,是指当股价跌到某个价位附近时,股价停止下跌,甚至有可能还有回升,这是多方在此买入造成的。从供求关系的角度看,"支撑"代表了集中的需求、股市上供求关系的变化。

压力线又称为阻力线,是指当股价上涨到某价位附近时,股价会停止上涨,甚至回落,这是空方在此抛出造成的。压力线起阻止股价继续上升的作用,这个阻止或暂时阻止股价继续上升的价值就是压力线所在的位置。从供求关系的角度看,"阻力"代表了供给的集中、股市上供求关系的变化。

将两个或两个以上的相对低点连成一条直线即得到支撑线,将两个或两个以上的相对高点连成一条直线即得到压力线。图 6-43 中(a)~(d)分别表示上升与下降过程中的支撑位与压力位,支撑线转换为压力线和压力线转换为支撑线的情形。

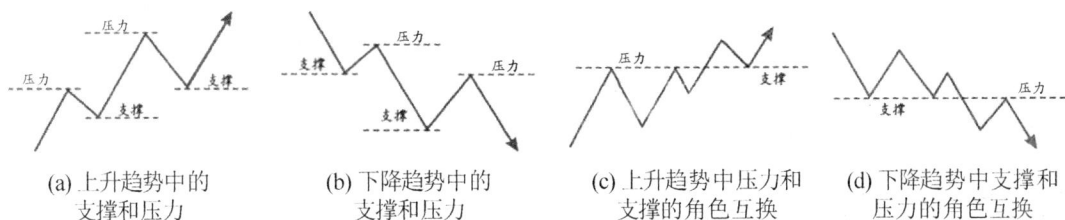

| (a) 上升趋势中的支撑和压力 | (b) 下降趋势中的支撑和压力 | (c) 上升趋势中压力和支撑的角色互换 | (d) 下降趋势中支撑和压力的角色互换 |

图 6-43　支撑位和压力位

(一)支撑线和压力线的作用

支撑线和压力线的作用是阻止或暂时阻止股价向一个方向继续运动。同时，支撑线和压力线也有彻底阻止股价按原方向变动的可能。

(二)支撑线与压力线相互转换

一条支撑线如果被跌破，那么这个支撑线将成为压力线；同理，一条压力线被突破，这个压力线将成为支撑线。这说明支撑线和压力线的地位并非一成不变，而是可以改变的，条件是它被足够强大的有效股价变动突破。

支撑和压力的相互转换的重要依据是被突破，那么怎样才能算被突破呢？用一个数字来严格区分突破和未突破是很困难的，没有一个明确的分界线。图 6-44 中(a)~(c)分别表示支撑位买入与压力位卖出的策略，支撑线转换为压力线和压力线转换为支撑线的情形。

一般来说，穿过支撑线或压力线越远，突破的结论越正确，越让我们认识到新的压力线和支撑线。

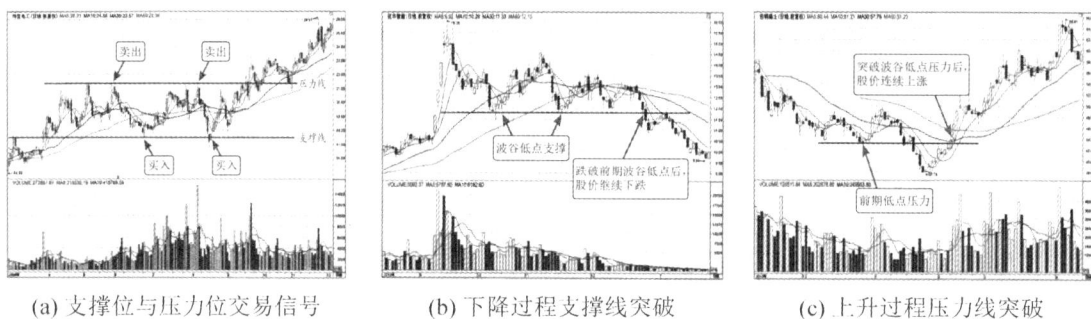

(a) 支撑位与压力位交易信号　　(b) 下降过程支撑线突破　　(c) 上升过程压力线突破

图 6-44　支撑线与压力线突破

(三)支撑线和压力线的确认

一般来说，一条支撑线或压力线对当前市场影响的重要性，需要从三个方面进行考虑：一是股价在该区域停留的时间长短；二是股价在该区域伴随的成交量大小；三是这个支撑区域或压力区域发生的时间距离当前时间的远近。上述三个方面是确认支撑线或压力线的重要标准。有时，由于股价的变动，可能会发现原来确认的支撑线或压力线并不真正具有支撑或压力的作用，即不完全符合上述三条标准。这时，就需要对支撑线和压力线进行调整，这个过程称为支撑线和压力线的修正。

对支撑线和压力线的修正过程，实际上是对现有各条支撑线和压力线的重新确认。每个支撑和压力在投资者心目中的地位是不同的。投资者可以根据积累的经验判断股价的支撑或压力的突破区域，并据此修正压力线和支撑线。

三、价格轨道线

(一)轨道线的概念

轨道线(channel line)，又称通道线或管道线，是基于趋势线的一种表示方法。在已经得到了趋势线后，通过第一个峰和谷可以做出这条趋势线的平行线，这条平行线就是轨道线如图 6-45(a)和图 6-45(b)所示。

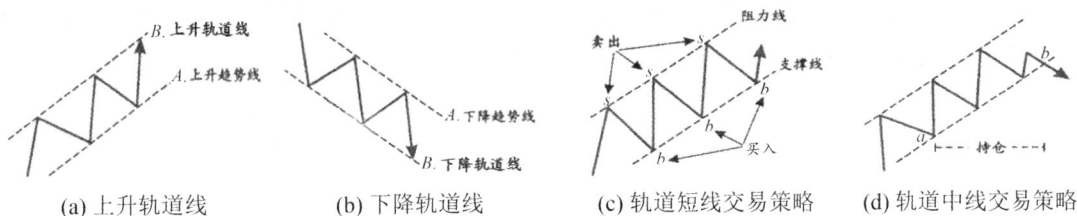

(a) 上升轨道线　　　(b) 下降轨道线　　　(c) 轨道短线交易策略　　　(d) 轨道中线交易策略

图 6-45　轨道线

轨道线是趋势线概念的延伸，利用轨道线与趋势线组合起来形成的价格通道，就可以形成投资者交易信号。若在上升通道中股票价格上触轨道线时，短线交易可以考虑卖出；下触趋势线时，则考虑买入。在下降通道中操作则相反。具体如图 6-45(c)和图 6-45(d)所示。

(二)轨道线与趋势线的区别和联系

与突破趋势线不同，对轨道线的突破并不是趋势反向的开始，而是趋势加速的开始，即原来的趋势线的斜率将会增加，趋势线的方向将会更加陡峭。

从图 6-46 和图 6-47 可以看到，轨道—趋势通道既可以宽确认，也可以窄确认。宽通道的突破是大行情的开始，窄通道的突破一般只显现中小行情。

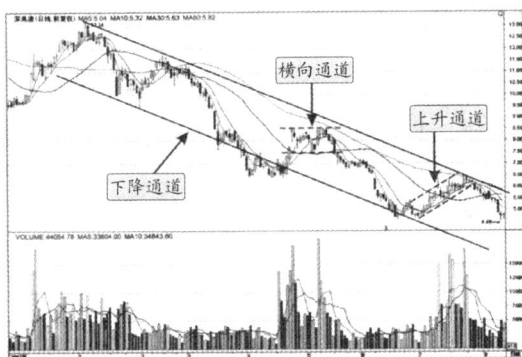

图 6-46　轨道细分

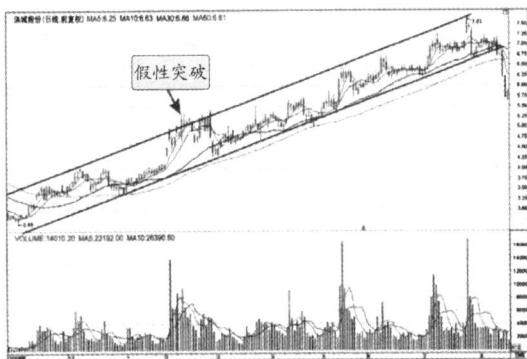

图 6-47　轨道假性突破

轨道线有效性的确认方式与趋势线有效性的确认方式基本相同。轨道线被触及的次数越多，延续的时间越长，其被认可的程度和重要性就越高。

轨道线的另一个作用是发出趋势转向的警报。如果在一次波动中未触及轨道线，而是在离得很远的地方就开始掉头，这往往是趋势将要改变的信号。它表明市场已经没有力量继续维持原有的上升或下降趋势。

轨道线和趋势线是相互配合的。很显然，先有趋势线，后有轨道线。趋势线比轨道线重要得多，趋势线可以独立存在，而轨道线则不能。

(三)轨道线的用法

轨道线的用法如下。

(1) 股价向上突破中轨是短线买入信号，股价向下跌破中轨是短线卖出信号。尤其当股价持续下行或上行后突破中轨的压力或支撑时，这时的信号准确度较高。

(2) 股价向上突破上轨是短线极佳的买入时机。如果此后股价快速上升，那么当股价跌破上轨时是短线极佳的卖出时机；如果此后股价只是缓慢上行，那么就选择跌破中轨作为卖出信号。

(3) 股价向下跌破下轨是短线极强烈的卖出信号。如果此后股价快速下跌，那么当股价向上突破下轨时是短线极佳的买入时机；如果此后股价只是缓慢下行，那么就选择向上突破中轨作为买入信号。

(4) 轨道线收敛预示着股价的突变，这时应密切关注中轨的变动方向。

(5) 轨道线的买卖信号以短线为主。如果中轨的趋势明显，可按照趋势来操作；如果中轨的趋势不明显，应该采取快进快出的操作。

本 章 小 结

练 习 与 思 考

1. 为什么说证券市场的典型图形会反复出现？
2. 简述道氏理论的基本趋势、次级趋势以及短期趋势的实际意义和作用。
3. 请在现行市场中找出"阴线孕育阳线"和"最后包容线"的案例。
4. 请在现行市场中找出价格整理形态和反转形态的案例，并加以说明。
5. 请画出当前股市上升通道或下降通道，以及市场的压力位和支撑位。

实 践 案 例

从技术分析看美债收益率顶部形态

1. 常见的顶部形态

经典的技术分析将典型的顶部形态归为以下几类：单顶、双顶、三顶、头肩顶。然而，现实的金融市场中顶部形态往往并不标准，出现各式各样的"变异"。例如，双顶或三顶形态的顶部高度通常存在差异；头肩顶的左肩和右肩高度差异较大，颈线斜率并不向上；等等。对于这些情况，我们应灵活对待，而非参照标准形态刻舟求剑。

2. 美债收益率顶部形态归纳

具体到美债收益率，我们以 10Y 收益率的日度收盘价为参照，复盘自 1966 年以来历次美联储加息周期和次贷危机后三轮量化宽松(QE)期间形成的收益率顶部(见图 6-48)。在界定顶部形态时，并不局限于收益率阶段性最高点附近数个交易日的短期形态，而是将时间尺度适当放大，寻找中期顶部，即顶部明确后收益率会出现年度级别的顺畅下行。我们共计划分 15 个顶部形态，绝大部分(9 个)都可以归为双顶形态，2 个归为头肩顶，2 个归为三角形，1 个归为通道形，1 个归为特殊三峰。

图 6-48　美债 10Y 收益率与联邦基金利率

1) 双顶

现实中标准的等高双顶并不常见，高低顶更为普遍。以下破双顶中部低点视为顶部形态成立。历史上中期双顶的规模(时间跨度)有较大差异，较小规模的双顶(如 1980 年、1984 年)在一个季度左右便可以确认，但大部分中期双顶形态需要半年甚至一年以上的时间才能确认。在一个中期顶部中，通常会嵌套更小尺度的双顶形态，这些形态通常在月度级别便可以确认，但形态确认后的收益率下行波段通常也只是月度或季度级别(见图 6-49，限于篇幅，仅列示 2009—2014 年情形)。

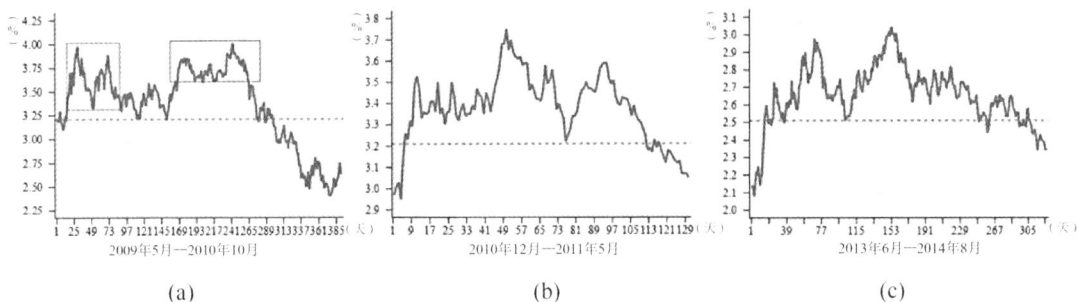

图 6-49　美债 10Y 收益率双顶

美债 10Y 收益率通常先于或同步联邦基金利率达到绝对高点，此后构筑顶部的时间和美联储政策走向有较大关系。当美联储较快进入连续降息时，美债收益率通常也能在短时间内形成顶部。相反，若美联储长时间维持高利率(如 2006—2007 年)或货币政策反复(如 1996 年前后降息、加息较快切换)，则会极大延迟构筑顶部的时间，且顶部的振幅也相对更大。

2) 头肩顶

另一种较常见的顶部类型是头肩顶，标准的头肩顶要求左右肩高度接近且低于头部，颈线斜率向上。不过在实践中，左右肩高度差异可能较大，颈线斜率也可能水平或向下，可以将此类形态视为"变异头肩顶"。

历史上的美债收益率头肩形态基本都不标准，此外，在其肩部或头部区域时常会出现较小的双顶或头肩顶。1994 年的头肩顶在半年内便得到确认，但 1981 年的头肩顶耗时约 1 年半才确认(见图 6-50)，其耗时较长与当时美联储在加息和降息间反复摇摆相关。

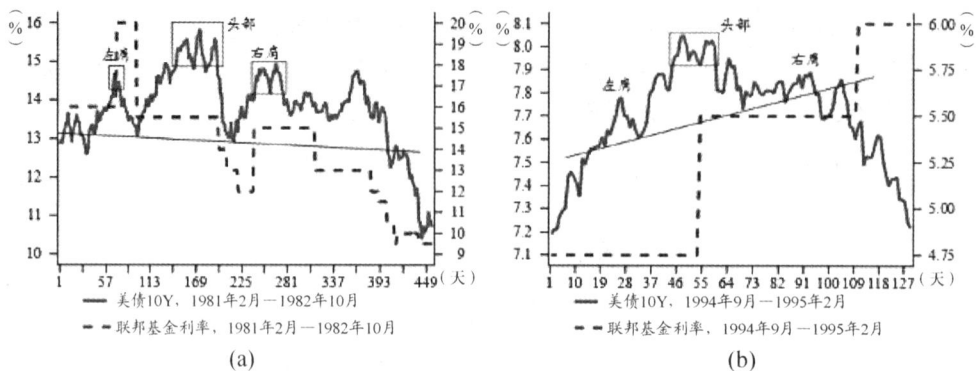

图 6-50　美债 10Y 收益率头肩顶

3) 三角形

三角形通常是中继形态，即作为趋势中的调整形态出现，但在历史上美债有两个三角形顶部。

1987—1992 年耗费了 5 年时间形成了一个逐渐收敛的下降三角形顶部[见图 6-51(a)]，这也是美债进入长期牛市前的最后一个平台期。该下降三角形是一个复杂的大规模顶部，在三角形内部我们可以发现双顶、头肩顶等结构，但这些顶部形态出现后收益率并没有能够进入长期下行趋势，而是震荡区间逐渐收敛，直至最终向下跌破。

2018—2019 年则是较为少见的扩散三角形[见图 6-51(b)]。虽然这是理论的标准顶部形态，但实际出现频率不高。随着时间推移，常规的三角形震荡区间会逐渐收敛，而扩散三角形则是震荡区间越来越大。扩散三角形同样是一个大规模的顶部形态，在内部也可以发现双顶结构。

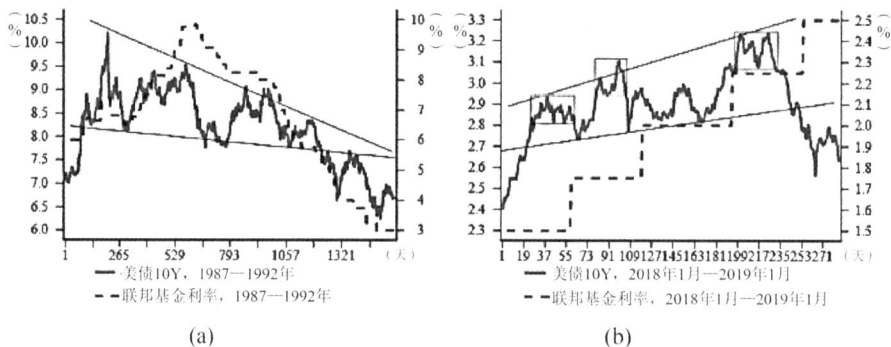

图 6-51　美债 10Y 收益率三角形顶部

4) 通道形

平行通道作为顶部形态并不常见，更多是以中继形态出现。1973—1976 年的持续高通货膨胀是美债收益率进入上行通道的宏观背景。上行通道持续了近 3 年时间(见图 6-52)。

5) 特殊三峰

1969—1970 年美债 10Y 收益率形成了一个特殊的三峰结构(见图 6-53)，一峰高过一峰，各峰之间的回撤和上行点位也不符合黄金分割点位。若要归为通道或扩散三角形，因第一峰太低无法构成。若要归为头肩顶，右肩(第三峰)高于头部，也不成立。该形态很难归入常见类型，形态非常特殊。

图 6-52　美债 10Y 收益率通道形

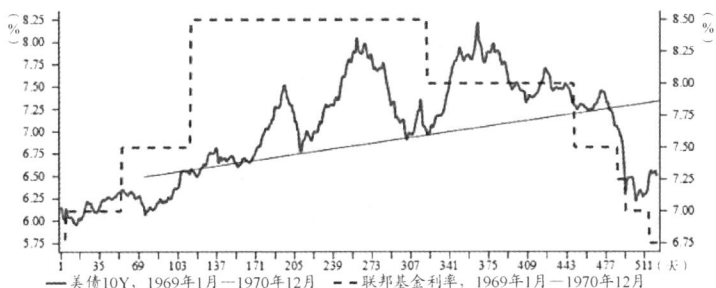

图 6-53　美债 10Y 收益率三峰

3. 本轮美债收益率顶部可能出现的形态

鉴于历史上美债顶部最常见的形态为双顶，我们首先考虑出现双顶的可能。假设 2023 年 7 月为最后一次加息，10Y 收益率在 10 月的 5%高点为绝对高点，则 2023 年 12 月 3.8% 的低点暂时视为双顶的潜在中间低点，其间下行幅度为 120bp，与历史场景接近。自中间低点至右顶的历史上行幅度为 29～92bp，则右顶潜在高点为 4.1%~4.7%。若要形成更标准的双顶，则右顶需再次逼近 5%(见图 6-54)。

当前走势也有形成头肩顶的概率(见图 6-55)。假设以 2022 年 10 月高点为左肩，以 2023 年 10 月高点为头部，暂时将 2023 年 12 月低点视为头部和右肩之间的低点，理想情况下右肩高度应接近左肩，即 4.3%左右。不过这是标准头肩顶的情况，然而历史上的美债头肩顶并不标准，可能出现颈线斜率向下，右肩与左肩高度差异较大等情况。

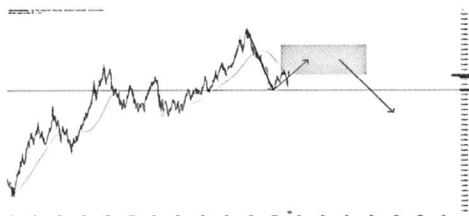

图 6-54　美债 10Y 收益率双顶

图 6-55　美债 10Y 收益率三峰

目前，2022 年 10 月以来的上下高点能够由两条平行线连接，当前走势也有演化为上行通道的可能(见图 6-56)，但这意味着收益率还需要一个高于 5%以上的高点。从当前通货膨胀和利率走势判断，可能性相对较低。

图 6-56　美债 10Y 收益率潜在通道

当前走势构成其他顶部形态的迹象尚不明显，但不排除在一段时间后走势结构发生变化，酝酿出新的形态。

(资料来源：根据东方财富 Choice 数据终端公布的兴业研究张峻滔等研究报告整理.)

思考

1. 请阐述顶部技术反转的分析要点。

2. 请在上证指数中寻找 M 顶和头肩顶特征的图形，并做出技术分析解读。

第七章　证券指标技术分析

【章前导读】

指标分析是技术分析的重要内容，它是在图形反转与图形整理分析的基础上，以价格和成交量、心理预期等场内元素所构建的定量分析指标作为分析工具，从而增强了股价走势研判的敏感度、精细度和可信度。学习、分析与熟练应用技术指标模型，是市场参与者走向成熟的重要标志之一。

本章集合了市场上比较流行、比较常用的 10 种技术分析指标，它们大都是价格、成交量或其他市场变量的某种函数。由于函数构建和映射方式的不同，其指标值所表达的市场动态信号也不一样。目前，技术指标已有成百上千种，而且还在不断出新。有的指标适于短线分析，有的指标限于长期趋势判断；有的指标适于个股分析，有的指标限于大盘研判；有的指标信号"敏感"，有的指标信号"迟钝"。"敏感"指标信号"快速及时"，却难免掉入误报的"陷阱"；而"迟钝"指标信号虽然"姗姗来迟"，却可能获得低风险的稳健收益。因此，每位投资者要根据不同的市场行情、不同股票的波动性认知，以及自身的使用习惯，优化设定各种技术指标的超买超卖阈值，以期获得最佳的市场预期效果。

行情总在绝望中诞生，在半信半疑中成长，在憧憬中成熟，在希望中毁灭。

——约翰·坦伯顿(John Templeton)

【关键词】

金叉 死叉 顶背离 底背离 超买区 超卖区 MA RSI KDJ MACD BIAS
OBV BRAR ADL ADR OBOS

【案例引入】

基本面分析注重分析企业的内在价值及增长潜力来进行选股，而技术分析则是通过对市场行为的研究来对股票的未来价格走势进行预测，常用的方法包括指标类、切线类和形态类等。国内学界的大量实证研究表明，通过运用基本面(或技术)的指标构建交易策略或选股模型能在 A 股市场上获得超额收益。因此，我们可以认为基本面分析(运用基本面指标构建价值选股模型) 与技术分析(利用技术分析规则产生买卖信号)有可能在国内 A 股市场上获得一定的超额收益。从理论上讲，两种分析方法并不相互排斥，而应是相互补充、相互印证的关系。而在实践中，对于不同的市场状态(熊市与牛市)，基本面分析与技术分析如何结合起来以实现收益率更优的效果，是一个值得研究和探索的课题。

一般而言，基本面分析与技术分析结合的方法主要有以下四种。

(1) 先基本面分析后技术分析。

(2) 先技术分析后基本面分析。

(3) 基本面与技术的线性回归模型。

(4) 基本面与技术的随机森林模型。

从上证综合指数 K 线形态来看，2024 年 2 月 5 日至 5 月 20 日，市场走出一波反弹行情，之后掉头向下，大盘一直在 30 日均线下方游离徘徊，平均日交易量约为 2.5 亿元，不足 2017年以来最大成交量的一半。热点散淡，交易萎靡。从基本面来看，市场尚未摆脱投资萎缩，消费低迷，就业困顿，经济增长持续放缓的局面。证券市场正面临秩序、规则、机制与制度的重建与完善等重大改革变迁过程，基本面与技术面短期均不支持证券市场出现实质性的改变，但不排除市场散点题材如人工智能、自动驾驶、低空经济、新质生产力、新能源等所引发的局部行情。

(资料来源：《精品案例｜基本面分析与技术分析如何结合？——基于 A 股市场收益率的实证研究》，

https://business.sohu.com/a/497245792_455817.)

第一节 技术指标分析方法概述

技术分析主要分为两大类：一类是技术图形分析，另一类是技术指标分析。前者在第六章做了全面介绍，本章的主要内容是技术指标分析方法。

一、技术指标的概念

所谓技术指标，是指由市场变量(价格和交易量等)构成，为反映市场动态和变化趋势而设计的计算模型。通过对市场变量的原始数据采集、整理以及模型输入，便可获得技术指标值。指标值在价格—时间坐标系中的轨迹称为技术指标曲线。投资者可依据参数设定不同的指标曲线之间的关联性和差异性特征，判断证券价格的状态和趋势，并获得买入、卖出的信号指标，从而达到辅助投资决策的目的。这一过程正是所谓的技术指标分析。技术指标所使用的市场信息或原始数据，一般是指"四价二量"，即开盘价、最高价、最低价、收盘价、成交量和成交金额。大多数的技术指标仅涉及这 6 种数据。

目前，证券市场上的各种技术指标很多。例如，反映中短线的指标有相对强弱指数(RSI)、随机指数(KDJ)、能量潮(OBV)、心理线(PSY)、乖离率(BIAS)等，反映长线的指标有平滑异同移动平均线(MACD)、移动平均线(MA)等。另外，还有一些指标只能反映大盘而不能用于个股分析，如腾落指数(ADL)等。一些股票分析软件的开发商还在不断开发新的技术指标，如反映主力资金的主力线指标，多头、空头力道指标等。

二、技术指标研判技术

技术指标分析方法主要有以下几种。

(1) 技术指标的偏离研判技术。技术指标的偏离研判技术是指应用技术指标与证券价格的偏离或背离来研判市场价格的走势。如果二者价格保持一致，则证券价格将继续保持原有方向不变；否则证券价格将反向变化。如果技术指标与证券价格发生顶背离(Negative Divergence)，即股价持续上升，而技术指标开始掉头向下，则预示股价有可能不久要下跌；反之，如果技术指标与证券价格发生底背离(Bottom Divergence)，即如果股价持续下跌，而技术指标开始掉头向上，则表明市场将有可能展开一轮新的行情(见图 7-1)。

(2) 技术指标的交叉研判技术。技术指标的交叉研判技术是指运用不同期限的同一指标曲线变化快与慢、灵敏与迟钝的特性，在曲线的交叉处的交点做买入或卖出操作。一般而言，同一指标由于期限长度选取不同，会表现为对证券价格的同步性差异(如 6 天的平均线和 12 天的平均线，前者比后者要更灵敏地反映市场动态；或者说前者是快线、灵敏线，而后者为慢线、迟钝线)，而且期限越短，对价格的反应越灵敏。交叉研判技术为投资者提供的决策依据是：当快线由下而上穿越慢线时，交点为买点，为买入信号；当快线由上而下穿越慢线时，交点为卖点，为卖出信号。前者交叉称为金叉，而后者则称为死叉(见图 7-2)。

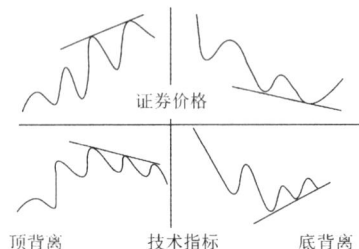

图 7-1　顶背离与底背离

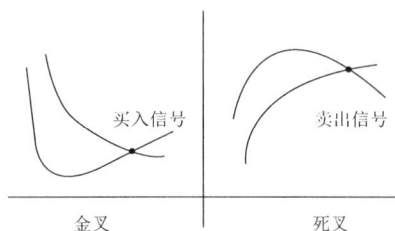

图 7-2　金叉与死叉

有时，我们还可利用技术指标线与坐标轴的关系来判断市场的状态。当技术指标线位于 O 轴线上方时，我们判定市场为多头市场；否则，为空头市场。技术指标线由下向上或由上向下穿越 O 轴线，是空转多、多转空的开始。

(3) 技术指标的极端值研判技术。反映价格、成交量某种特性的技术指标值一般有两种类型，一种是范围限定指标，另一种是无范围限定指标。前者的取值在某个区间内，为 0～100。靠近端点的值通常为市场牛熊转换的临界点。比如，指标接近 0 值可以看作进入超卖区间，可以考虑补仓；指标接近 100 则视为进入超买区间，要考虑及时出货。对于无范围限定指标，一般而言，指标值越大，表明多头市场越强；反之，则表明空头市场越强。

三、技术指标分析的不足

技术指标分析技术为投资者投资决策提供了方便的工具，但技术分析仍存在很多不足，主要体现在以下几方面。其一，不同的人使用相同指标可能因为选取的参数不一致导致信息结果不一致，哪个指标更能准确地代表市场的变化趋势取决于个人的技术素养和市场经验。其二，技术指标分析提供的决策信息可能滞后，因为技术指标的快线与慢线的交叉通常比股价变化要迟钝，从而导致错失市场机会。其三，人们对顶背离与底背离的确认时机不容易把握，往往是技术指标与市场价格已经发生背离了还没有意识到，或者提前误判发生背离。这些问题都可能影响到技术指标分析的实际效果。甚至可以说，技术指标在多数情况下是无能为力的，如果"每天都期待技术指标提供有用信息"，是对技术指标的误解。因此，不断地对技术指标的效果进行考察是成功使用技术指标不可或缺的步骤。

弥补技术指标分析不足的措施包括：①对投资品种同时进行基本面分析和技术分析；②熟悉指标特性，勤于实践，积累经验，提高成功率；③采用多种指标同时研判同一证券产品走势，以提高技术分析的可靠性。

基于基金持仓变化看市场中短线机会

第二节 技术分析常用指标

一、移动平均线

(一)移动平均线的功能

对一组数据计算平均数，可以起到平滑数据、凸显趋势的作用，我们能够迅速把握看似杂乱无章的数据的大致水平。移动平均线(Moving Average, MA)技术指标就是利用"凸显趋势"这一功效，将若干天的股票价格加以平均，然后连接成一条线，用以观察股价趋势。在分析应用中通常使用 5 日、10 日、20 日、30 日、120 日和 200 日的移动平均线。其目的在于取得某一段期间的平均成本，而以此平均成本的移动曲线配合每日收盘价的线路变化，分析某一期间多空的优劣形势，以研判股价的可能变化。计算价格平均值并据此画出平均线还有以下几方面的功效：①揭示平均成本功能；②揭示买卖时机功能；③助涨、助跌功能；④起支撑和阻力作用；⑤辨别多头市场与空头市场。

(二)移动平均线的计算方法

第一日的平均价计算公式为

$$MA = \frac{P_1 + P_2 + \cdots + P_n}{n} \tag{7-1}$$

第 t 日平均价计算公式为

$$MA_t(n) = \frac{1}{n}[P_t + MA_{t-1}(n-1)] \tag{7-2}$$

式中：$MA_t(n)$ 为第 t 日的 n 日平均线指标值；P_t 为每日收盘价格或日平均价；n 为天数。

例如，计算 10 日平均线指标。

第一日($t=1$)，由式(7-1)计算可得 $MA_1(10)$。

第二日以后由式(7-2)计算，如

$$t = 2，\quad MA_2(10) = \frac{1}{10}[P_2 + MA_1(9)]$$

$$t = 3，\quad MA_3(10) = \frac{1}{10}[P_3 + MA_2(9)]$$

$$\cdots$$

如法炮制，可以得到序列 $MA_1(10)$，$MA_2(10)$，…，$MA_k(10)$ 在图上便可画出 10 日移动平均线。值得强调的是，移动平均期间越短，其价格灵敏度越高；反之，平均线的价格灵敏度就越低。

(三)移动平均线的研判方法

移动平均线的一般使用方法是构造两条移动平均线：一条是短期的快速线，时期短，对股价反应灵敏；另一条是长期的慢速线，时期长，对股价反应迟钝。

(1) 如果快速线由下向上穿越慢速线，交点即为金叉，为买入信号(见图 7-3)。

(2) 如果快速线由上向下穿越慢速线，交点即为死叉，为卖出信号(见图 7-4)。

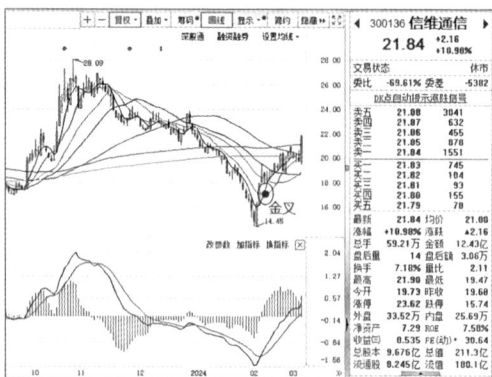

图 7-3　移动平均线金叉示例

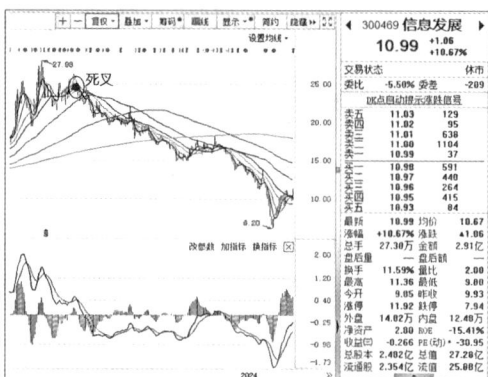

图 7-4　移动平均线死叉示例

(3) 一般来说，现行价格在平均价之上，意味着市场买力(需求)较大，行情看好；反之，行情价在平均价之下，则意味着供过于求，卖压显然较重，行情看淡。

(4) 在通常情况下，以 6 日、10 日移动平均线观察短期走势；以 10 日、20 日移动平均线观察中短期走势；以 30 日、72 日移动平均线观察中期走势；以 13 周、26 周移动平均线研判长期趋势。

西方一些投资机构非常看重 200 日长期移动平均线，并以此作为长期投资的依据。行情价格若在长期移动平均线之下，则为空头市场；反之，则为多头市场。

(5) 葛兰维尔法则。运用移动平均线的实践中，一般遵循以下葛兰维尔八大法则，如图 7-5 所示。

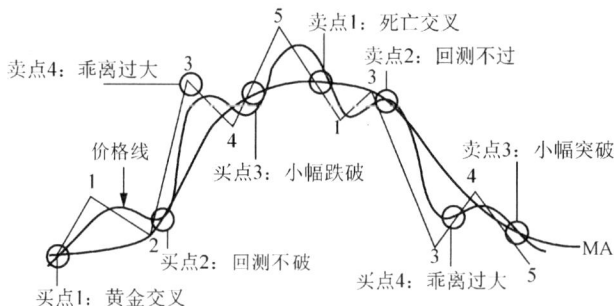

图 7-5　葛兰维尔法则

① MA 从下降逐渐走平，而价格从 MA 的下方突破 MA 时，是买入信号。

② 价格虽然跌至 MA 下方，但 MA 在上扬，不久价格又回到 MA 上为买入信号。

③ 价格走在 MA 之上并且下跌，但未跌破 MA，价格又上升时可以加码买入。

④ 价格低于 MA 并突然暴跌，远离 MA 之时，极可能再度趋向 MA，是买入时机。

⑤ MA 从上升逐渐走平，而价格从 MA 的上方往下跌破 MA 时，是卖出信号。

⑥ 价格向上突破 MA，但又立刻回到 MA 之下，而且 MA 仍在继续下跌时，是卖出时机。

⑦ 价格在 MA 之下并上涨，但未突破 MA 又告回落，是卖出时机。

⑧ 价格在上升过程中并走在 MA 之上，突然暴涨并远离 MA，很可能再度趋向 MA，

是卖出时机。

(6) 移动平均线排列分析。一般来说，移动平均线的排列顺序是股票价格线、快速线(如5日线、10日线等，简称快线)、慢速线(如30日线、60日线等，简称慢线)。牛市中平均线由上而下的排列顺序是股票价格线、快速线、慢速线；熊市中平均线由上而下的排列顺序为慢速线、快速线、股票价格线。前者称为移动平均线"牛排列"，后者称为"熊排列"。在熊市转牛市过程中，快线由下而上穿越慢线，形成金叉，发出买入信号。此时的慢线可视为"空方墙"或阻力墙，即牛市真正到来必须快线有效突破阻力墙；在牛市转熊市过程中，快线由上而下穿越慢线，形成死叉，发出卖出信号。此时的慢线可视为"多方墙"或支撑墙，即熊市的真正到来必须是快线有效突破支撑墙。

(四)评价

1. 移动平均线的优点

移动平均线的优点如下。

(1) 使用移动平均线可以观察股价的整体走势，不考虑股价的偶然波动，从而可自动选择入市和出市的时机。

(2) 移动平均线能显示"买入"和"卖出"的信号，将风险水平降低。无论平均线如何变化，反映买入或卖出信号的途径是一致的，即若股价(一定要用收盘价)向下跌破移动平均线，便是卖出信号；反之，若股价向上突破移动平均线，便是买入信号。利用移动平均线，作为买入或卖出的信号，通常可以获得可观的投资回报率，尤其是在股价刚开始上升或下降时。

(3) 移动平均线分析比较简单，投资者能够清晰了解当前价格动向。

2. 移动平均线的缺点

移动平均线的缺点如下。

(1) 移动平均线变化缓慢，不易把握股价趋势的高峰与低谷。

(2) 在价格波动不大的牛皮市期间，移动平均线折中于价格之中，出现上下交错型的买卖信号，使分析者难以得出结论。

思考：5日、10日和30日均线在股价上涨和下跌的排列形态分别称为牛排列和熊排列。试观察其排列顺序，并解释其市场含义。

二、相对强弱指数

(一)相对强弱指数的基本概念

相对强弱指数(Relative Strength Index, RSI)是通过比较一段时期内的平均收盘涨幅和平均收盘跌幅之比来分析市场多空盘的意向和实力，从而预测未来市场的走势。这一模型的构造思路是明确的。在一段时间内，比如10天中有7天上涨，将7天涨幅加总除以9得到10天内的平均上涨幅度；用同样方式计算剩余3天下跌的平均数。用两者之比RS来反映市场变化状态。显然，10天内涨幅越大，表明行情越好；反之亦然。

(二)计算公式和方法

RSI 的计算公式为

$$RSI = 100 - \frac{100}{1 + RS} \tag{7-3}$$

式中:

$$RS = \frac{\overline{\Delta u}}{\overline{\Delta d}} \tag{7-4}$$

式中: $\overline{\Delta u}$、$\overline{\Delta d}$ 分别为 N 日内平均上涨幅度和平均下跌幅度。

【例 7-1】 试计算 9 日 RSI,数据如表 7-1 所示。首先我们要找出前 9 日内的上升平均数及下跌平均数。举例如下。

表 7-1 计算今日 RSI 的前 10 日数据

单位: 元

日　　期	前 10 日收盘价	上　涨	下　跌
前 10 日	23.70		
前 9 日	27.90	4.20	
前 8 日	26.50		1.40
前 7 日	29.60	3.10	
前 6 日	31.10	1.50	
前 5 日	29.40		1.70
前 4 日	25.50		3.90
前 3 日	28.90	3.40	
前 2 日	20.50		8.40
前 1 日	23.30	2.80	
(1~10 日之和)		+15.00	+15.40
RS		15÷9=1.67	15.40÷9=1.71

昨天 RS=1.67÷1.71=0.977

前 10 天上涨平均幅度 = (4.20+3.10+1.50+3.40+2.80) ÷ 9 = 1.67 (元)

前 10 天下跌平均幅度 = (1.40+1.70+3.90+8.40) ÷ 9 = 1.71 (元)

今日的 RS 指标为:RS= 1.67÷1.71 = 0.977,代入式(7-3),得:RSI=49.42。

如果今天收盘价为 25.40 元,则相对前一日上涨幅度为 2.10 元。

今日上涨平均幅度= (1.67×8+2.10×1)÷9 = 1.72(元)

今日下跌平均幅度= (1.71×8+0×1)÷9 = 1.52(元)

今日 RS = 1.72÷1.52 = 1.132,将其代入式(7-3),计算得:RSI = 53.10。

同样地,用此方法还可计算其他任何日期的 RSI。通常 5 日、9 日以及 14 日 RSI 用得比较多。

(三)运用原则

相对强弱指数的运用原则如下。

(1) 0 < RSI <100，如果 RSI>50，则表示强势市场；RSI<50，则表示弱势市场。

(2) RSI>80，为市场显现超买现象，应考虑出货。

(3) RSI<20，为市场显现超卖现象，可考虑买入。

(4) RSI 在 50 附近徘徊，为牛皮市，不能反映买卖信号。

(5) 当 RSI 快线由下向上穿越慢线，且 RSI<20 时，买入。

(6) 当 RSI 快线由上向下穿越慢线，且 RSI>80 时，卖出。

(四)评价

相对强弱指数的评价如下。

(1) 相对强弱指数能够显示市场的超卖和超买情况，预测价格将见顶回落或见底回升等。但在市场剧烈震荡时，超卖之后可能还有超卖，超买之后可能还有超买，RSI 只能作为一个警示信号。这时应参考其他指标进行综合分析，不能单独依赖 RSI 的信号而做出买卖决策。

(2) 背离走势的信号通常是事后的历史分析，而且有时背离走势发生后，行情并无反转的现象，需要经过一两次背离后才真正发生反转，因此这方面研判需不断分析历史资料以积累经验。

(3) 在牛皮市行情时，RSI 在 40～60 徘徊，虽有时突破阻力线和压力线，但价格并无实际变化。图 7-6 所示为 RSI 买入、卖出信号示意图。

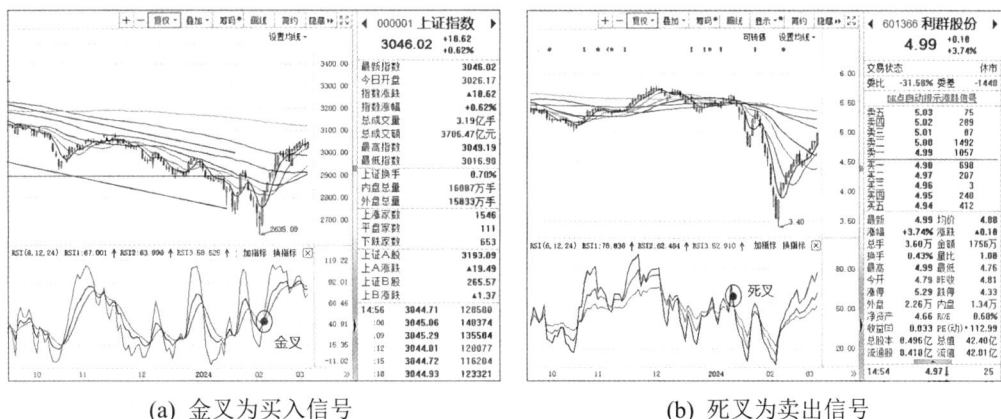

(a) 金叉为买入信号　　　　　　　　　(b) 死叉为卖出信号

图 7-6　RSI 买入、卖出信号示意图

三、随机指数

(一)随机指数的基本概念

随机指数(Stochastics Indicator)，也称 KDJ，是期货和股票市场常用的技术分析工具。它在图表上是由%K 和%D 两条线形成的，因此也简称"KD 线"。随机指数在设计中融合了动量观念、相对强弱指数和移动平均线的一些优点，在计算过程中主要研究高低价位与收盘价的关系，即通过计算当日或最近数日的最高价、最低价及收盘价等价格波动的真实波幅，反映价格走势的强弱和超买、超卖现象。因为市场上升而未转向之前，每日多数都

会偏于高价位收盘，而下跌时收盘价就常会偏于低位。随机指数在设计中还充分考虑了价格波动的随机振幅和中期、短期波动的测算，使其短期预测市场的功能比移动平均线更准确有效，在市场短期超买、超卖的预测方面，又比相对强弱指数更为敏感。因此，随机指数作为股市的中期、短期技术预测工具，非常实用有效。

(二)计算方法

随机指数可以选择任何一种日数作为计算基础。例如，N 日 KD 线的计算公式为

$$\%\mathrm{K}=100\times\frac{P_C-P_L^N}{P_H^N-P_L^N} \tag{7-5}$$

$$\%\mathrm{D}=100\times\frac{\sum_{i=1}^{M}\left(P_C-P_L^N\right)_i}{\sum_{i=1}^{M}\left(P_H^N-P_L^N\right)_i} \tag{7-6}$$

式中：P_C 为最后一日收盘价；P_L^N 为最后 n 日内最低价；P_H^N 为最后 N 日内最高价；$\sum_{i=1}^{M}\left(P_C-P_L^N\right)_i$ 为最后 M 日 $P_C-P_L^N$ 值的和；$\sum_{i=1}^{M}\left(P_H^N-P_L^N\right)_i$ 为最后 M 日 $P_H^N-P_L^N$ 值的和（$M<N$）。

KD 是短线指标，为了凸显近期价格的敏感性，一般在式(7-5)和式(7-6)中取 $N=5, M=3$。容易验证 $0<\%\mathrm{K}<100$，$0<\%\mathrm{D}<100$。在使用中，经常会有%J 指标与%K 和%D 配合使用，%J 指标为 K 值与 D 值的离差程度，%J 指标一般可以领先于%K 值和%D 值找出底部和头部。%J 的计算公式为

$$\%\mathrm{J}=3K-2D \tag{7-7}$$

通常在股票分析软件中，K 线用黄线表示，而 D 线用绿线表示，J 线一般用红线表示。

(三)研判法则

随机指数的研判法则如下。

(1) 超买、超卖区域的判断。

① 当%K>80，%D>70 时，为市场显现超买现象，应考虑出货。

② 当%K<20，%D<30 时，为市场显现超卖现象，应考虑买入。

(2) 背离判断——当股价走势一峰比一峰高时，随机指数的曲线一峰比一峰低，称为底背离；或股价走势一底比一底低时，随机指数的曲线一底比一底高，称为顶背离。当背离现象发生时，一般为转势的信号，表明中期或短期走势已到顶或见底，此时应选择正确的买卖时机。

(3) %K 线与%D 线交叉突破判断——当%K 值>%D 值时，表明当前处于上涨趋势，因此%K 线从下向上突破%D 线时，是买入信号；反之，当%D 值>%K 值时，表明当前的趋势向下，因而%K 线从上向下跌破%D 线时，是卖出信号。

(4) K 线形状判断——当%K 线倾斜度趋于平缓时，是短期转势的警示信号，这种情况在大型热门股及指数中准确度较高，而在冷门股或小型股中准确度则较低。表 7-2 所示为 KDJ 性质与市场操作。

表 7-2　KDJ 性质与市场操作

指标线	名　称	性　质	作　用
K 线(黄线)	快速确认线	快线，但容易出错	数值在 90 以上为超买，数值在 10 以下为超卖
D 线(绿线)	慢速主干线	慢线，但稳重可靠	数值在 80 以上为超买，数值在 20 以下为超卖
J 线(红线)	方向敏感线	辅助，对信号进行确认	数值大于 100，若连续 5 天以上，则形成短期头部；数值小于 0，若连续数天以上，则形成短期底部

(5) %J 大于 100 时为超买，小于 10 时为超卖。值得强调的是，随机指数是一种短线敏感指标，适用于 3～5 天，不超过两周的短线操作。随机指数的典型背离准确性颇高，尤其是 D 线与股价所形成的背离态势有较好的操作效果，而 K 线的主要作用是发出买卖信号。

图 7-7 所示为 KDJ 买入、卖出信号示意图。

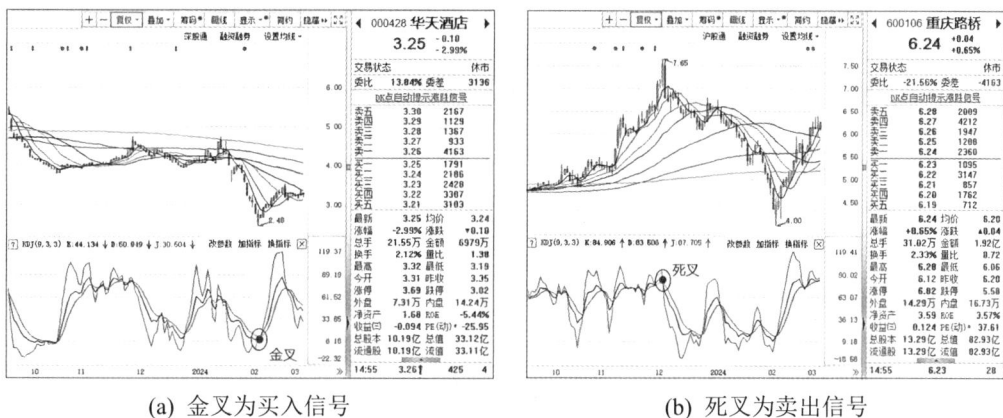

(a) 金叉为买入信号

(b) 死叉为卖出信号

图 7-7　KDJ 买入、卖出信号示意图

四、平滑异同移动平均线

(一)平滑异同移动平均线的基本概念

平滑异同移动平均线(Moving Average Convergence/Divergence，MACD)是构造一条快速移动(如 12 日)平均线和一条慢速移动(如 26 日)平均线，计算其离差 DIF 值，然后再求其 DIF 的 9 日平滑移动平均线，即 MACD 线。将 DIF 与 MACD 分别看作快线和慢线，依据快线与慢线交叉信号分析法则，当 DIF 线向上突破 MACD 平滑线即为涨势确认点，也就是买入信号；反之，当 DIF 线向下跌破 MACD 平滑线时，即为跌势确认点，也就是卖出信号。实际上，MACD 就是运用快速移动平均线与慢速移动平均线聚合与分离的征兆，来研判买入与卖出的时机和信号。

(二)计算方法

(1) 构造快速移动平均线和慢速移动平均线。

$$EMA(12) = 12 日平均价之和 \div 12$$
$$EMA(26) = 26 日平均价之和 \div 26$$

(7-8)

(2) 计算平滑系数，其计算公式为

$$L_n = \frac{2}{1+n} \tag{7-9}$$

则 12 日和 26 日的平滑系数分别为

$$L_{12} = \frac{2}{1+12} = 0.1538 , \quad L_{26} = \frac{2}{1+26} = 0.0741$$

(3) 计算指数平均值(EMA)，其计算公式为

$$\text{EMA}(n)_t = L_n \left[P_t - \text{EMA}(n)_{t-1} \right] + \text{EMA}(n)_{t-1} \tag{7-10}$$

$$\text{EMA}(12)_t = \frac{2}{13} P_t + \frac{11}{13} \text{EMA}(12)_{t-1}$$

$$\text{EMA}(26)_t = \frac{2}{27} P_t + \frac{25}{27} \text{EMA}(26)_{t-1}$$

(4) 计算离差，其计算公式为

$$\text{DIF} = \text{EMA}(12) - \text{EMA}(26) \tag{7-11}$$

(5) 计算 DIF9 日平滑，构造 MACD，其计算公式为

$$\text{MACD} = \frac{1}{9} \sum_{i=1}^{9} \text{DIF}_i \tag{7-12}$$

$$\text{MACD} = \frac{8 \times \text{MACD}_{t-1}}{10} + \frac{2 \times \text{DIF}}{10} \tag{7-13}$$

(三)研判法则

MACD 的研判法则如下。

(1) DIF 与 MACD 在 0 以上，大市属于多头市场。DIF 向上突破 MACD 可作买入。若两线交叉向下，只能看作行情的回档，不能看作空头市场的开始。

(2) 反之，DIF 与 MACD 在 0 以下，大市属空头市场。DIF 向下跌破 MACD，可作卖出。若 DIF 向上突破 MACD，是市场回补现象，也可看作少数投资者在低价位试探着去接手，只适合买入走短线。

(3) 牛背离：股价出现两三个近期低点，而 MACD 并不配合出现新低点，可作买入。

(4) 熊背离：股价出现两三个近期高点，而 MACD 并不配合出现新高点，可作卖出。

(5) MACD 可配合 RSI 与 KDJ，互相弥补各自的缺点。

(6) 高档二次向下交叉要大跌，低档二次向上交叉要大涨。

(四)评价

MACD 运用 DIF 线与 MACD 线相交点与背离现象，作为买卖信号，尤其当市场股价走势为较为明确的波段趋势时，MACD 可发挥其应有的功能。但当市场呈牛皮盘整格局，股价不上不下时，MACD 买卖信号较不明显。当用 MACD 做分析时，也可运用其他的技术分析指标如短期 K、D 图形作为辅助工具，而且可对买卖信号作双重的确认。

图 7-8 和图 7-9 所示分别为 MACD 买入信号、卖出信号和 MACD 底背离示意图。

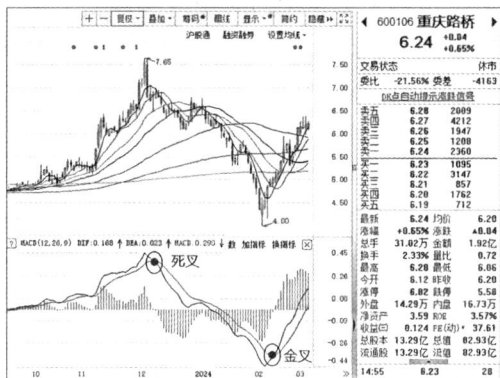

图 7-8　MACD 买入信号、卖出信号示意图

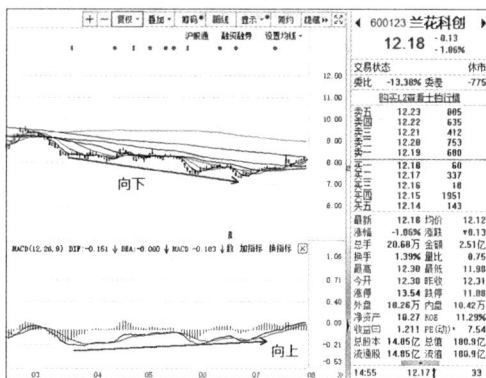

图 7-9　MACD 底背离示意图

五、乖离率

(一)乖离率的概念

乖离率(BIAS)(通常使用 Y 符号代表)的主要功能是测算股价在波动过程中与移动平均线的偏离程度。如果股价偏离移动平均线太远，不管其在移动平均线之上或之下，都有"回归"平均线的压力存在。价格偏离平均线越远，回归压力越大(见图 7-10)。因此，我们从股价的这一变化规律中获得市场回档或反弹的信号。

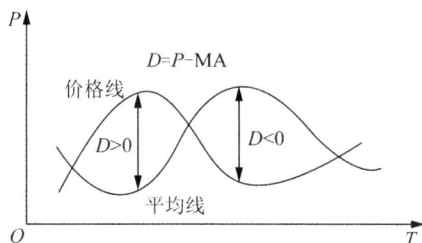

图 7-10　BIAS 买入、卖出信号

(二)计算公式

乖离率的计算公式为

$$Y(N) = \frac{\overline{P} - \mathrm{MA}(N)}{\mathrm{MA}(N)} \times 100\% \tag{7-14}$$

式中：N 为设立参数，可按自己选用移动平均线日数设定。一般设定为 6 日、12 日、24 日和 72 日，也可按 10 日、30 日、75 日设定。

(三)运用原则

乖离率分为正乖离率和负乖离率。当股价在移动平均线之上时，其乖离率为正；反之则为负。当股价与移动平均线一致时，乖离率为 0。随着股价走势的强弱和升跌，乖离率周而复始地穿梭于 0 点的上方和下方，其值的高低对未来走势有一定的测试功能。

一般而言，正乖离率涨至某一百分比时，表示短期多头获利回吐的可能性大，呈卖出信号；负乖离率降到某一百分比时，表示空头回补的可能性大，呈买入信号。对于乖离率达到何种程度为正确的买入点或卖出点，目前并没有统一原则。一般来说，在大势上升市场，若遇负乖离率，可以顺跌价买入，因为进场风险小；在大市下跌的走势中，若遇正乖离率，可以待回升高价时，出脱持股。股价相对于不同日数的移动平均线有不同的乖离率，除暴涨或暴跌会使乖离率瞬间达到高百分比外，短线、中线、长线的乖离率一般均有规律可循。图 7-11 所示为 BIAS 买入、卖出信号示意图。

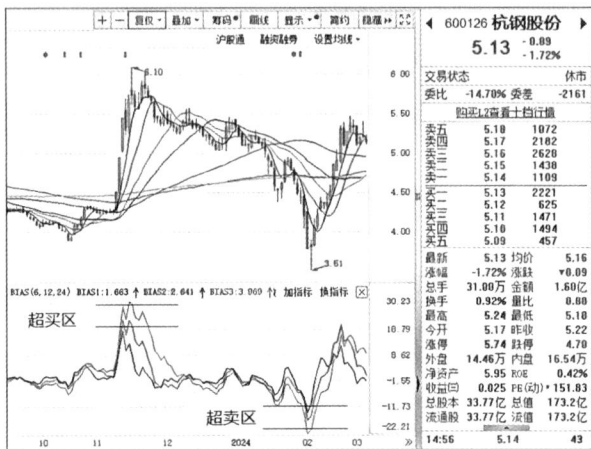

图 7-11　BIAS 买入、卖出信号示意图

不同期限参数的乖离率显现的买卖信号参考数据如下。

6 日平均值乖离率：-3%是买入时机，+3.5%是卖出时机。

12 日平均值乖离率：-4.5%是买入时机，+5%是卖出时机。

24 日平均值乖离率：　7%是买入时机，＋8％是卖出时机。

72 日平均值乖离率：-11%是买入时机，+11%是卖出时机。

六、能量潮

能量潮(On Balance Volume，OBV)，也称 OBV 线，是将成交量值予以数量化，制成趋势线，配合股价趋势线，从价格的变动及成交量的增减关系推测市场气氛。OBV 的理论基础是市场价格的变动必须有成交量的配合，若价格有升降而成交量不相应升降，则市场价格的变动难以持续。

1. 计算方法

逐日累计每日上市股票总成交量，当日收盘价高于前一日时，总成交量为正值；反之，为负值；若平盘，则为零。其计算公式为

$$\begin{aligned}\text{OBV}_t &= \text{OBV}_{t-1} + V_t & (P_t > P_{t-1}) \\ \text{OBV}_t &= \text{OBV}_{t-1} - V_t & (P_t \leqslant P_{t-1})\end{aligned} \tag{7-15}$$

式中：V_t 为当日成交额；P_t 和 P_{t-1} 分别为当日和前一日收盘价。

将累计所得的成交量逐日定点连接成线，便得 OBV 线，与股价曲线并列于图表中作分析研判。

2. 运用原则

(1) 当股价上涨而 OBV 线下降时，表示能量不足，股价可能将回跌。

(2) 当股价下跌而 OBV 线上升时，表示买气旺盛，股价可能即将止跌回升。

(3) 当股价上涨而 OBV 线同步缓慢上升时，表示股市继续看好。

(4) 当 OBV 线暴升时，不论股价是否暴涨或回跌，表示能量即将耗尽，股价可能止涨反转。

(5) OBV 线对双重顶(M 顶)第二个高峰的确定有较为标准的显示。当股价自双重顶第一个高峰下跌又再次回升时，如果 OBV 线能随股价趋势同步上升，价量配合，则可能持续多头市场，并出现更高峰。反之，当股价再次回升时，OBV 线未能同步配合，却见下降，则可能即将形成第二个峰顶，完成双重顶的形态，并进一步导致股价反转回跌。

(6) OBV 线适用范围比较偏向于短期进出，与基本分析无关。同时，OBV 也不能有效地反映当期市场的转手情况。

图 7-12 和图 7-13 所示分别为 OBV 金叉、死叉信号与 OBV 超买、超卖信号示意图。

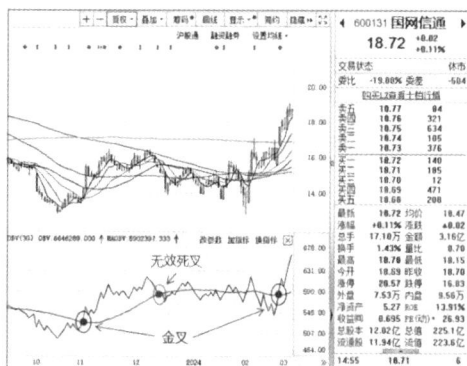

图 7-12　OBV 金叉、死叉信号示意图

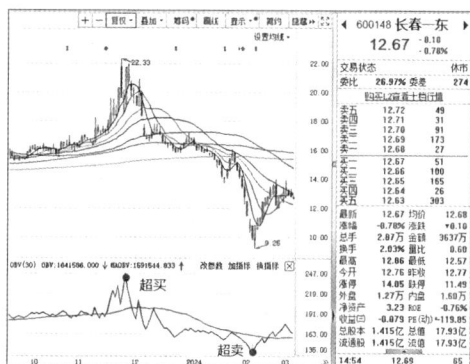

图 7-13　OBV 超买、超卖信号示意图

七、人气意愿指标

(一)人气指标

人气指标(AR)和意愿指标(BR)都是以股价波动特征如开盘价、收盘价、最高价以及最低价等信息来构造的技术分析指标。其中，人气指标以开盘价的高低反映市场买卖的人气，意愿指标则以收盘价的变化反映市场买卖意愿。两项指标分别从不同角度对股价波动进行分析，以达到追踪股价未来动向的共同目的。

人气指标是以当日开盘价为基础，即以当日开盘价为基础分别比较当日最高价、最低价，通过一定时期内开盘价在股价中的地位，反映市场买卖人气。人气指标的计算公式为

$$\mathrm{AR}(N) = \frac{\sum\limits_{i=1}^{N}(P_h - P_o)_i}{\sum\limits_{i=1}^{N}(P_o - P_l)_i} \tag{7-16}$$

式中：P_h 为当日最高价；P_l 为当日最低价；P_o 为当日开盘价；N 为公式中的设定参数，一般设定为 26 日。

人气指标的基本应用法则如下。

(1) AR 值以 100 为中心地带，当 AR 值在 80～120 波动时，属于盘整行情，股价走势比较平稳，不会出现剧烈波动。

(2) AR 值走高时表示行情活跃，人气旺盛，而过高则表示股价进入高价，应选择时机退出。当 AR≥150 时，股价随时可能回档下跌。

(3) AR 值走低时表示人气衰退，需要充实，而过低则暗示股价可能跌入低谷，可考虑伺机介入。一般来说，当 AR≤70 时，股价有可能随时反弹上升。

(4) 从 AR 曲线可以看出一段时期的买卖气势，其具有先于股价到达峰顶或跌入谷底的功能。观图时主要凭借经验，以及与其他技术指标配合使用。

(二)意愿指标

意愿指标是以前一日收盘价为基础，分别与当日最高价、最低价相比，通过一定时期收盘价在股价中的地位，反映市场买卖意愿。意愿指标的计算公式为

$$BR(N) = \frac{\sum_{i=1}^{N}(P_h - P_{c-1})_i}{\sum_{i=1}^{N}(P_{c-1} - P_l)_i} \tag{7-17}$$

式中：P_{c-1} 为前一日收盘价；N 为公式中的设定参数，设定值与 AR 一致。

意愿指标的基本应用法则如下。

(1) BR 值的波动较 AR 值敏感，当 BR 值在 70～150 波动时，属于盘整行情，应保持观望。

(2) BR 值高于 300 时，股价随时可能回档下跌，应选择时机卖出；BR 值低于 40 时，股价随时可能反弹上升，应选择时机买入。

一般情况下，AR 可以单独使用，而 BR 则需与 AR 结合使用，才能发挥效用。因此，在同时计算 AR 与 BR 时，AR 与 BR 曲线应绘于同一张图内。AR 与 BR 合并后，应用及研判的规则如下。

(1) AR 和 BR 同时急速上升，意味着股价峰位已近，应注意及时获利了结。

(2) BR 比 AR 低，且指标低于 100 时，可考虑逢低买入。

(3) BR 从高峰回跌 20%，若 AR 无警示信号出现，应逢低买入。

(4) BR 急速上升，AR 盘整或小回时，应逢高卖出，及时获利了结。

在 AR、BR 指标基础上，还可引入 CR 指标，作为研判和预测走势的参考指标。

(三)中间意愿指标

中间意愿指标(CR)的计算公式为

$$CR(N) = \frac{\sum_{i=1}^{N}(P_h - P_{m-1})_i}{\sum_{i=1}^{N}(P_{m-1} - P_l)_i} \tag{7-18}$$

式中：P_{m-1} 为前一日中间价，$P_{m-1} = \dfrac{P_h + P_l + P_c}{3}$。

CR 在应用上，其急升、急落和其他变化，与 AR、BR 可做相同解释。CR 介于 AR 和 BR 之间，一般比较接近 BR，当 CR 低于 90 时，一般情况下买入后的风险不大。

图 7-14 所示为 BRAR 超买、超卖信号和金叉、死叉信号示意图。

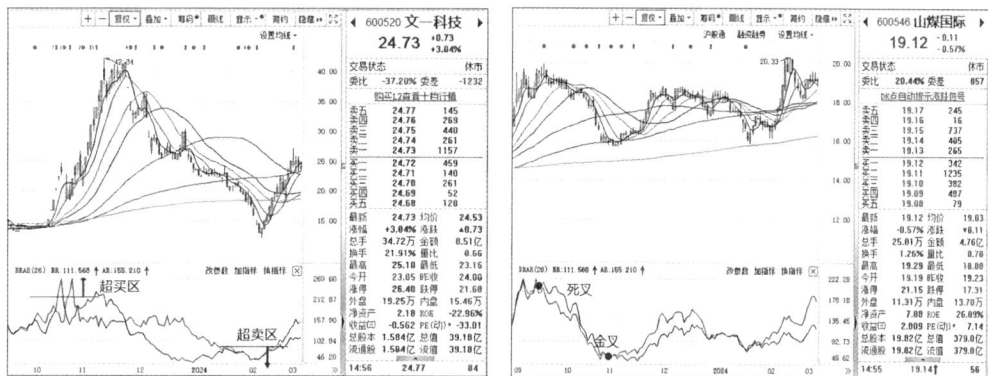

(a)　BRAR 超买、超卖信号　　　　　　(b)　BRAR 金叉、死叉信号

图 7-14　BRAR 超买、超卖信号和金叉、死叉信号示意图

小试验：请对 RSI、KDJ、MACD 等指标调整其参数，即改变快速线和慢速线的期限，比如慢速线期限设置提高，使慢速线变得"更慢"，重新观察比较指标的信号效果。

上证指数短线震荡整理分析

第三节　大盘分析技术指标

一、腾落指数

(一)腾落指数的基本概念

腾落指数(Advance Decline Line, ADL)，是以股票每天上涨或下跌的家数作为计算与观察的对象，以了解股市人气的盛衰，探测大市内在的动量是强势还是弱势，进而研判股市未来动向的技术性指标。

一般来说，大盘指数是以股价和股本来计算的，因此高股价股票与大盘股股票(一般为主流股)的涨跌对指数的影响力度较大。而腾落指数无论对大盘股还是小盘股都"一视同仁"，按涨跌归类一只股票。因此，利用大盘指数与腾落指数结构上的差异，可以辨析市场波动结构。一般来说，在上升行情中，若大盘指数上涨，但 ADL 指数没有明显上涨，或微跌微涨，表明股市中主要是大盘股或高价股在拉升，可能呈现"二八现象"的市场态势；反之，大盘指数涨幅不大，或微跌微涨，但 ADL 指数强势上升，则表明市场主要由多数中小盘股拉升带动，而主流股、高价股则在回调蓄势。同理，我们可以得到下跌行情中的股市波动结构及发展趋势。

(二)计算方法

腾落指数是将每天收盘价上涨的股票只数减去收盘价下跌的股票只数(平盘股票不计)的累积值,其计算公式为

$$ADL(t) = ADL(t-1) + N_{At} - N_{Dt} \tag{7-19}$$

式中: N_{At}、N_{Dt} 分别为第 i 日上涨只数和第 i 日下跌只数。

(三)运用原则

腾落指数与股价指数类似,两者均为反映大市的动向与趋势指标,不为个股的涨跌提供信号。然而,股价指数在一定情况下受制于权重大的股票,当这些股票出现暴涨与暴跌情形时,股价指数可能会反应过度,从而给投资者提供不实的信息。腾落指数则可以弥补这一缺点。

由于腾落指数与股价指数的关系比较密切,观察图表时应将两者结合起来共同使用。一般情况下,如果股价指数上升,腾落指数也上升,或者两者都下跌,则可以对上升趋势或下降趋势进行确认。如果股价指数大幅波动而腾落指数横行,或两者反向波动,则无法互相印证,说明大势不稳,投资者不可贸然入市。

具体来说,ADL 指数的研判法则如下。

(1) 股价指数持续上升,腾落指数也上升,股价可能仍将继续上升。

(2) 股价指数持续下降,腾落指数也下降,股价可能仍将继续下降。

(3) 股价指数上升,而腾落指数下降,股价可能回落。

(4) 股价指数下降,而腾落指数上升,股价可能反弹。

(5) 股市处于多头市场时,腾落指数呈上升趋势,其间如果突然出现急速下跌现象,接着又立即掉头向上,创下新高,则表明行情可能再创新高。

(6) 股市处于空头市场时,腾落指数呈下降趋势,其间如果突然出现上升现象,接着又回落,跌破原先所创的低点,则表明另一段新的下跌趋势可能产生。

图 7-15 所示为 ADL 金叉信号示意图。

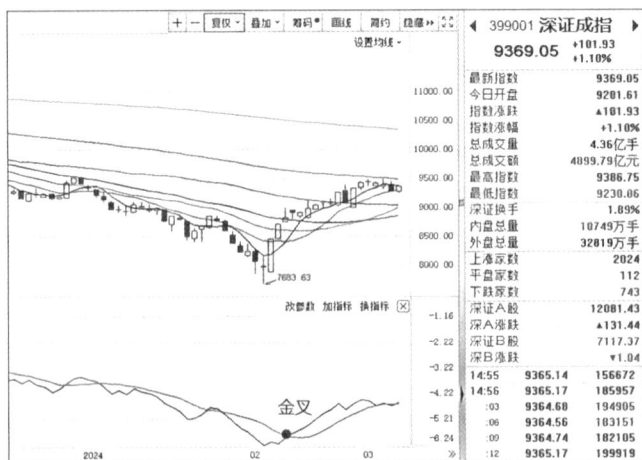

图 7-15 ADL 金叉信号示意图

二、涨跌比率

涨跌比率(Advance Decline Ratio, ADR),也称为回归式的腾落指数,是将一定期间内上涨的股票只数与下跌的股票只数进行统计,并计算出其比率。其理论基础是"钟摆原理",即股市的供需关系类似于钟摆的两个极端位置。当供给量增大时,会产生物极必反的效果,即向需求方向摆动的拉力增强;反之亦然。其样本大小无硬性规定,可以根据使用者的需要选取。根据我国股市价格波动频繁且幅度大的特点,国内技术分析专家通常采用10日比率。

(一)计算方法

N 值一般取 14 日,也可用 10 日或者 24 日,甚至 6 周、13 周、26 周等。其计算公式为

$$R(N) = \frac{\sum_{i=1}^{N} N_{Ai}}{\sum_{i=1}^{N} N_{Di}} \tag{7-20}$$

式中: N_{Ai}、N_{Di} 分别为第 i 日上涨只数和第 i 日下跌只数。

(二)研判法则

涨跌比率的研判法则如下。

(1) ADR 上升,而指数也上升时,股市将继续上升;ADR 下降,而指数也下降时,股市将继续下降。如果 ADR 上升,而指数却下滑,则股市将会反弹;反之亦然。

(2) 对大势而言,涨跌比率有先行警示作用,尤其是在短期反弹或回档方面,更比图形领先出现征兆。若图形与涨跌比率方向相反,则大势即将反转。

(3) 当涨跌比率 R 在 0.5~1.5 上下跳动时,表明股价处于正常的涨跌状况中,没有特殊的超买或超卖现象。

(4) 当涨跌比率 $R \geq 1.5$ 时,表明股价长期上涨,有超买过度的现象,股价可能要回跌。

(5) 当涨跌比率 $R \leq 0.5$ 时,表明股价长期下跌,有超卖过度的现象,股价可能出现反弹或回升。 这时候投资者要注意不能恐慌性杀跌。

(6) 当涨跌比率 $R \geq 2$ 或 ≤ 0.3 时,表明股市处于大多头市场或大空头市场的末期,有严重超买或超卖现象。

(7) 除了股价进入大多头市场,或展开第二段上升行情的初期,涨跌比率有机会出现 2.0 以上的绝对买卖数字外,其余次级上升行情超过 1.5 即是卖点,且多头市场低于 0.5 现象极少,是极佳的买点。

(8) 涨跌比率如果不断下降,低于 0.75,通常显示短线买入机会。在空头市场初期,如果降至 0.75 以下,通常暗示中级反弹机会;而在空头市场末期,10 日涨跌比率降至 0.5 以下时,是买入时机。

图 7-16 所示为 ADR 买入、卖出信号示意图。

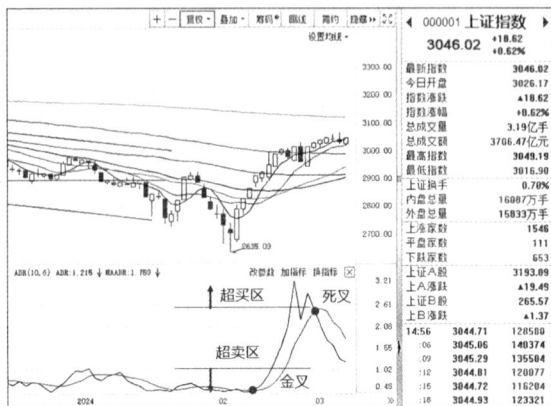

图 7-16   ADR 买入、卖出信号示意图

三、超买超卖线

超买超卖线(Over Bought Over Sold, OBOS)主要用途在于衡量大势涨跌气势。OBOS 是通过计算一定时期内市场涨、跌股票数量(只数)之间的相关差异性，了解整个市场买卖气势的强弱，以及未来大势走向。

(一)计算方法

OBOS 的计算公式与 ADL 有点类似，但 ADL 是累积值，而 OBOS 是移动固定时间段的值。其计算公式为

$$OBOS(N) = \sum_{i=1}^{N} N_{Ai} - \sum_{i=1}^{N} N_{Di} \tag{7-21}$$

式中：N_{Ai}、N_{Di} 分别为第 i 日上涨只数和第 i 日下跌只数。

(二)运用原则

OBOS 的运用原则如下。

(1) OBOS 的数值可以是正数也可以是负数，当 OBOS 为正数时，市场处于上涨行情；反之，则为下跌行情。

(2) 10 日 OBOS 对大势有先行指标的功能，一般走在大势前，参数设定为 6 日或 24 日的 OBOS 因其波动太敏感或太滞缓，参考价值不大。

(3) 当 OBOS≥0，超买阶段，可选择时机卖出；反之，当 OBOS<0，大势超卖，可选择时机买入。OBOS 的超买和超卖的指标区域，因市场上市的总股数多寡而变。

(4) OBOS 走势与股价指数相背离时，需注意大势反转迹象。

(5) OBOS 可用趋势线原理进行研制，当 OBOS 突破其趋势线时，应提防大势随时反转。

(6) OBOS 也可采用形态原理进行研制，特别当 OBOS 高档走出 M 顶或低档走出 W 底时，可按形态原理做出买入或卖出的抉择。

OBOS 反映的是股市的大趋势，对个股的走势不提出明确的结论，因此，在应用时只可将其作为大势参考指标，不对个股的具体买卖发生作用。图 7-17 所示为 OBOS 买入、卖出信号示意图。

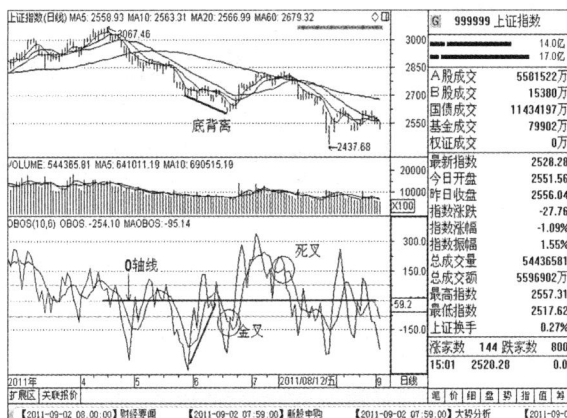

图 7-17　OBOS 买入、卖出信号示意图

本 章 小 结

练习与思考

1. 简述移动平均线的葛兰维尔法则。
2. 简述技术分析的慢速线与快速线研判市场的基本思想。
3. 阐述 RSI、KDJ、OBV 及 MACD 的超买、超卖区间。
4. 简述市场上的"活性股"(波动剧烈)和"稳健股"(波动平稳)其技术指标的超买、超卖区间有差异吗？为什么？选择两只这样的股票，分析其 RSI 指标的信号有效性以及差异性。
5. 试述在牛市与熊市条件下，同一只股票的同一技术指标在超买点与超卖点会有差异吗？为什么？

实 践 案 例

2024 年上证指数反弹动能技术分析

1. 上证指数短线快速回落，市场情绪悲观

2024 年 1 月 22 日上证指数当日加速回落，探底 2 735.37 点(见图 7-18)，以 2 756.34 点报收，日跌幅高达 2.68%。指数收长阴线，板块、个股纷纷大幅回落，悲观情绪蔓延。但从技术角度看，上证指数目前波段跌幅已经超过 20%，震荡回落已经超 170 个交易日，加速长时间大幅回落，在短期内或不具备可持续性，技术上或已酝酿反弹动能。

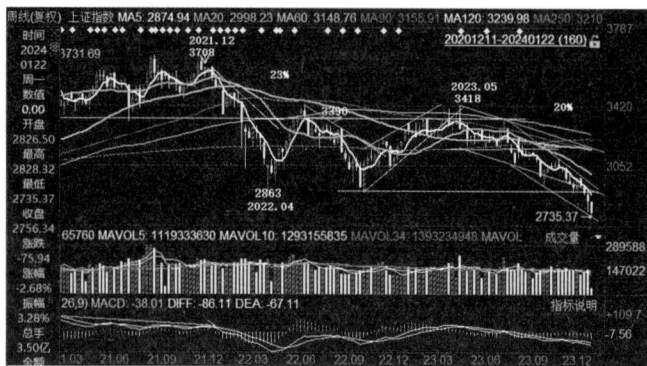

图 7-18　上证指数周线图：大盘探底 2 735.37 点

2. 上证指数技术上有反弹需求，2 646 点有强力支撑

上证指数自 2023 年 5 月从波段顶 3 418 点震荡回落，历时 37 周，震幅近 20%。对于上证指数来说，已经属于长时间大幅回落。比较上证指数历史趋势可知，指数在 2021 年 12 月的波段顶 3 708 点震荡回落，到 2022 年 4 月创 2 863 点波段新低，历时 20 周，回落近 23%，后市反弹近 8%。在此之前的 2019 年 4 月到 2020 年 3 月的回落波段，历时 49 周，最大回落近 20%，之后指数震荡拉升近 40%。目前，指数在 37 周的时间震荡回落近 20%，与上证指数历史表现相比，已经属于长时间大幅回落，或已经产生反弹需求。

上证指数目前正趋近 2020 年 3 月的低点 2 646 点支撑位。2 646 点是指数宽幅震荡近一年的低点，且是在新冠疫情突发的背景下，抵住利空压力的一个低点。之后指数震荡向上，成为一段涨幅近 40%的上行波段起点。因此，这一点位有较强的技术分析意义，或也有较强的支撑力。2 646 点位与 250 月均线 2 709 点仅相差 60 余点，几近重合(见图 7-19)。均线作为平均成本线，在重要成本线附近，通常会引起市场情绪反应。尤其是长周期的 250 月均线，在上证历史上还从未被有效跌破过。因此在此线上下，有可能会受到做多力量的抵抗和反击。截至 2024 年 1 月 22 日，上证指数收盘于 2 756 点，与前期低点支撑位 2 646 点约有 4%的回落空间。在重要支撑位上下可密切观察量价指标变化，关注能否有做多力量聚集。

图 7-19　上证指数周线图：大盘或有托底 2 646 点位支撑

3. 上证指数多周期 RSI 超跌反弹信号显著

上证指数目前各周期均呈超跌状态。技术上，持续超跌、大幅超跌与板块个股大范围超跌，均或引起反弹需求。RSI 也可以用来作为超买、超卖信号。通常当 RSI 向下跌破 20 时，显示股价或指数超跌。上证指数月线 RSI6 向下跌破 20 在历史上不超过 10 次。在最近的几次超跌中，2008 年 10 月，RSI6 为 17.34，后市反弹幅度达 78%；2018 年 8 月与 2018 年 12 月，RSI6 分别为 19.8、18.75，后市反弹分别为 3%、32%(见图 7-20)。

目前，上证指数日线 RSI6 为 13.88，周线 RSI6 为 15.06，月线 RSI6 为 18.27，均呈超跌状态，而且呈各周期超跌共振状态。在超跌严重的情况下，或会引起市场情绪变化，物极必反，持续大幅超跌，或有做多力量反攻情绪产生。但超跌指标并不精确，严重超跌也有可能引起超跌钝化。超跌指标需与其他技术指标配合使用才能更好地衡量判断，目前需密切关注量价指标的进一步演变。

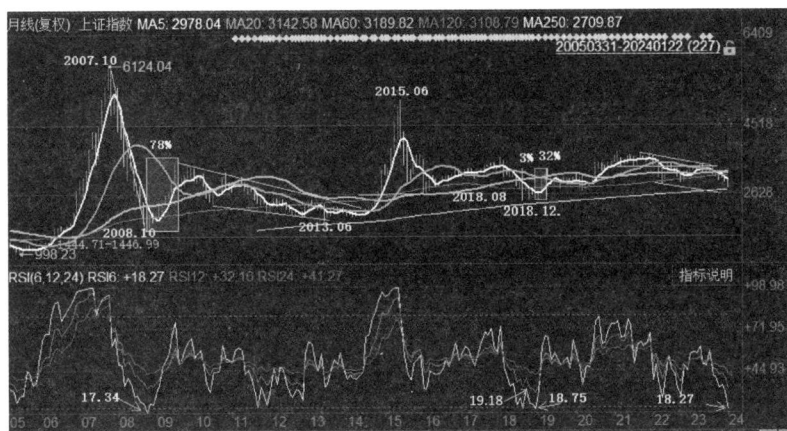

图 7-20　上证指数月线图：RSI 超跌反弹信号显著

4. 上证指数目前或在酝酿反弹动能

上证指数目前正处于前期低点 2 646 点与 250 月均线 2 709 点双重重要支撑位上，支撑较为有力。且指数长时间大幅回落或已经产生了反弹需求，在各周期 RSI 已经明显超跌的情况下，市场的看空情绪或产生变化，持续大幅回落的话，也会跌出反弹空间，不排除做多力量会从中反击。

目前，上证指数正在恐慌回落中，虽然可能会危中有机，但也需适当谨慎，各技术条件需综合运用。在重要支撑位附近，需密切关注量、价、线、指标等技术条件综合配合，寻找反弹机会时需谨慎、精确。

(资料来源：根据东方财富 Choice 数据终端——东海证券汪洋的研究报告整理.)

思考

1. 请归纳整理利用技术指标研判市场走势的基本思路和方法。

2. 请在 A 股市场寻找两只股票，运用 KDJ 和 RSI 指标，比较其超买、超卖区间的异同。

第八章　证券估值基本原理与方法

【章前导读】

本章介绍了一般债券与普通股股票的估值方法。所谓证券估值，即依据金融投资成本应与未来收益现值总和等值的基本原理，对股票的真实投资价值进行估算。通过估值与市场比对，可以识别被市场高估或低估的股票，寻找套利机会，乃至发现定价机制的漏洞，揭示公司可能存在的财务造假行为，推动市场制度和市场功能的进一步完善和完备。

众所周知，所有商品都需要定价，才能从生产领域进入流通领域。消费者支付了购买价格后，才能享受产品消费和服务。同样地，金融产品也必须要有自己的"出厂价"才能上市交易。与一般商品"成本加利润"的定价模式不同，我们无法计算金融产品的原料、材料以及加工制作等成本。那么，金融产品估值或定价的理论依据是什么？估值的具体方法有哪些？这正是本章要回答的问题。

经验显示，市场自己会说话，市场永远是对的，凡是轻视市场能力的人，终究会吃亏的！

——威廉·欧奈尔(William O'Neil)

【关键词】

债券估值 利率期限结构 即期利率 远期利率 到期收益率 市场预期理论 流动性偏好理论 市场分割理论 利率风险 利率再投资风险 红利现金流折现模型 自由现金流模型 零增长模型 固定增长模型 两阶段增长模型 三阶段增长模型 H 模型

【案例引入】

软通动力信息技术(集团)股份有限公司(以下简称软通动力)是中国领先的软件与信息技术服务商。软通动力(301236)专注于为通信设备、互联网服务、金融、高科技与制造等多个行业客户提供端到端的软件与数字技术服务和数字化运营服务，是国内领先的软件和信息服务企业。公司超过 230 家客户为世界 500 强或中国 500 强企业，先后获得"2022 年度软件和信息技术服务竞争力百强企业""2023 年中国信创企业 100 强""中国软件和信息服务业突出贡献奖"等业界荣誉。公司主要业务分布如下。

(1) 数字化创新业务服务，全面深化咨询与解决方案。包括云智能、开源鸿蒙、欧拉操作系统、高斯数据库、工业互联网、企业管理软件、数字基础设施与系统集成服务等业务。

(2) 通用技术服务，主要包括信息系统设计与开发、产品工程、测试、运行维护等业务。

(3) 数字化运营服务，即通过数字技术和数据能力等手段，提升企业运营效率的方式，实现其产品价值传递，增强用户体验，驱动业务增长。

2023 年，公司实现营业收入 175.81 亿元，归母净利润 5.34 亿元，公司数字化创新业务与战略性新兴行业营业收入分别为 83.48 亿元、64.11 亿元，营业收入占比分别为 47.48%、36.47%。

2024 年第一季度营业收入、归母净利润、扣非净利润分别约为 54.4 亿元、-2.77 亿元、-2.84 亿元，分别同比+29.65%、-557.51%、-885.28%，同比转亏主要是由于公司 2024 年 1

月底完成同方计算机和同方国际并购，整合初期业务融合、组织拉通等成本费用增加，并购贷款利息支出增加，叠加春节期间市场需求波动、核心大客户价格竞争及增值税加计抵减政策到期等综合影响所致。

截至 2024 年 7 月 27 日，公司每股收益为-0.291 元，毛利率为 10.70%，每股净资产为 10.61 元，净资产收益率为-2.66%，市盈率为-28.14 倍。预计 2024—2026 年每股收益率和营业收入平均增长率为 28.82%和 34.76%，市盈率预期平均增长率为 35.22%，净资产预期平均增长率为 12.86%。时下股票市场价格为 32.77 元。[①]那么，市场的这一价格是否合理，软通动力的真实投资价值是多少，如何估值？证券估值取决于哪些要素，一般学界及业界所采用的估值方法有哪些呢？

第一节　固定收益证券估值

所谓固定收益证券(Fixed Income Securities)，是指在一定期间内，证券的发行者会根据事先约定的利率支付投资者利息，使投资期间每期收益均为"固定"可知的证券。如果只有一个现金流，则称为纯折扣证券(Pure-Discount Security)。它也可能有多个现金流，如果这些现金流除了最后一个外都相同，那么这些现金流被称为息票支付(Coupon Payments)。投资者收到最后一个现金流的规定日期称为到期日(Maturity Date)，在这个日期，投资者将收到本金(也称为面值)和最后的息票支付。

固定收益证券的主流代表产品就是通常所说的债券，它具备上述固定收益证券的典型特征。本节将以债券估值为例说明固定收益证券的估值方法。

固定收益证券的发行者虽然承诺按期兑现所有现金流(利息支付和本金归还)，但由于市场上的多种不确定因素，发行公司不一定能实际履行债务责任。通常，这种违约被称为技术上无偿债能力。假如这个公司的资产值低于负债值，它就可能面临破产。

资料：改革开放以来，我国债券市场发展迅猛，品种包括国债、金融债、可转债、可交换债券、地方债券、企业债券、公司债券、质押式回购债券等。截至 2022 年年底，我国债券市场总规模达 141 万亿元，位居世界第二，比 2012 年年底增长了 4.3 倍。2021 年年底债券余额占当年 GDP 的比重达 114%。首先，国债和地方政府债券的余额为 60.47 万亿元(地方政府债券余额为 34.88 万亿元，国债余额为 25.59 万亿元)，占比为 43%，排名第一。其次是金融债，余额为 33.74 万亿元，占比为 24%。最后是非金融公司信用类债券、同业存单、资产证券化产品，分别占比为 18%、10%和 4%。[②]

一、债券价值模型

(一)进行债券估值的原因

任何商品在出售前都要定价，一般称之为出厂价。与商品出厂价类似，任何金融产品也应该有自己的"出厂价"，即金融产品的理论价格。这个理论价格即指该金融产品本身

---

① 东方财富 Choice 数据终端。

② 万得(Wind)数据库。

应该具有的价值，也称为债券的内在价值或投资价值。一般商品的出厂定价是由原料、材料成本、加工制作成本以及企业利润等部分构成的。与之不同的是，金融产品的定价由该产品在出售之后所能给投资者(购买者)带来的现金流的多少来决定。确切地说，金融产品的价格应该是投资者在有效期内从该证券所获得的全部现金流的现值总和，只有按照这个价值进行购买才是合理的。由此可见，债券估值的意义是非常突出的，它将直接影响投资者的投入成本和实际收益水平。债券发行方要以债券估值来决定债券的发行价格，投资者要以债券估值来判断是否值得投资。

(二)债券的价值计算公式

既然债券的价值是由债券在其有效期内的现金流现值决定的，那么影响债券估值的直接因素包括债券的现金流(包括本金和票面利息)、债券的有效期限、债券现金流现值所采用的各期贴现率等。投资者之所以购买该债券，是因为持有该债券后会给他带来一系列的现金流，这些现金流的现值总和就是该债券的投资价值。

设 V 代表债券估值，C_t 为 t 时期的预期现金流，r 为投资者的应得回报率或折现率，n 为预期的时期数目，则债券价值的计算公式可写为

$$V = \sum_{t=1}^{n} \frac{C_t}{(1+r)^t} \tag{8-1}$$

一般情况下，普通债券在各期(年)支付两次利息，而且各期利息同为 C，到期归还本金 M。因此，式(8-1)可以改写为

$$V = \sum_{t=1}^{2n} \frac{C/2}{(1+r/2)^t} + \frac{M}{(1+r/2)^{2n}} \tag{8-2}$$

如果各期支付利息 k 次，则债券价值的计算公式为

$$V = \sum_{t=1}^{kn} \frac{C/k}{(1+r/k)^t} + \frac{M}{(1+r/k)^{kn}} \tag{8-3}$$

不难验证，如果债券的其他条件相同，计息次数越多，债券估值越高；反之则越低。其他条件相同，计息次数越多，其未来值的现值越低。

作为附息债券的特例，零息债券估值只需令式(8-3)的第一项为 0 即可。

【例 8-1】 假设新发行的 3 年期的债券面值为 1 000 元，票面利率为 10%，每半年支付一次利息，必要收益率为 10%。那么债券的理论估值为多少？

解：

$$V = \sum_{t=1}^{6} \frac{100/2}{(1+10\%/2)^t} + \frac{1\,000}{(1+10\%/2)^6} = 1\,000(元)$$

因此，这种债券以面值出售，1 000 元就是该债券此时的投资价值或债券的内在价值。投资者按此价格购买是合适的。如果市场上该债券交易价格高于 1 000 元，比如说 1 050 元，那么投资者购买该债券是不合适的，或者已经购买了，可以考虑出售；反之，市场上交易价格低于该债券的估值，比如 950 元，那么投资者投资该债券是有可能获得套利的。

估值的一个重要作用是研判市场是否存在投资机会。根据上述计算出来的债券内在价值计算净现值，设 P 为当前债券的市场价格，则净现值 NPV 为

$$\text{NPV} = V - P \tag{8-4}$$

如果 NPV>0，则债券价格被低估，建议购买该债券；如果 NPV<0，则债券价格被高估，购买该债券不合算；如果 NPV = 0，则债券具有真实价格。

思考：零息债券如何估值？

假设有一面值为 100 万美元的零息债券，6 年期，每半年计息一次。若投资者的必要收益率为 8%，则该零息债券估值为：62.46 万美元。

$$V = \frac{M}{(1 + r/2)^{2n}} = \frac{100}{(1 + 8\%/2)^{2 \times 6}} = 62.46(万美元)$$

(三)债券估值的贴现率

由上述债券估值计算公式看到，贴现率 r 与债券估值 V 是反向变化的，即贴现率 r 越高，则债券价格 V 越低；反之，贴现率 r 越低，则债券价格 V 越高。对于已发行的债券而言，其期限 n、票面利息 C 以及本金 M 都是常量，受市场影响变化的只能是贴现率 r。不难验证，例 8-1 中如果贴现率(必要收益率) r 取值为 8%(小于 10%)，则债券估值 V 等于 1 052.42 元；而当 r 为 12%(大于 10%)，则债券估值 V 低于 1 000 元，为 950.83 元。[①]由此可见，贴现率的高低对债券估值的影响是十分显著的。每个行业要求的回报率不同，因此各行业都有自身的贴现率。债券的贴现率是投资者对该债券要求的最低回报率，也称为必要回报率。贴现率一般包括三个要素：①真实无风险收益率；②预期通货膨胀率；③风险溢价。[②]假设真实无风险收益率为 4%，预期通货膨胀率为 3%，风险溢价为 3%，则贴现率为 10%。从这个意义上讲，贴现率又可以称为应得收益率、必要收益率。从更广泛意义上讲，贴现率是某个债券的市场必要收益率。贴现率也称为折现率。

本书中若无特别指明，证券估值中所涉及的贴现率都称为应得收益率。

二、债券估值要素

债券作为固定收益证券吸引了许多投资者，这是因为除了发行者违约的情况外，投资者总能按时收到息票利息并且在到期时收回本金。因此，在进行债券分析时，首先要确定债券的价值和测定债券的收益。

(一)债券定价的内在要素

债券定价要素是由其基本特性所决定的，主要包括以下几方面：①期限；②息票利率；③提前赎回的规定；④税收待遇；⑤市场性；⑥拖欠的可能性；⑦债券可转换性。

(1) 期限。期限一般是指债券到期日的年限。短期债券的期限通常是指其距到期日的年限少于一年的债券，而长期债券则指其距到期日的年限为 5 年或 10 年以上的债券。一般来说，在其他要素相同的条件下，期限越长，收到利息的次数越多，债券的内在价值就越

---

① 需要注意的是，利率下跌 2 个百分点和利率上升 2 个百分点所导致的债券价格的上升与下跌差价分别为 52.42 元和 49.17 元。同样幅度的利率波动，利率下跌导致的价格上升差价大于利率上升导致的价格下跌差价。

② 投资学中，真实无风险利率=名义无风险收益率-预期通货膨胀率，一般用相同期限零息国债的到期收益率来近似表示。债券投资的主要风险因素包括违约风险(信用风险)、流动性风险、汇率风险。

高；且债券期限越长，市场利率等因素发生变化的可能性越大，因而债券价格的易变性也就越高。

(2) 息票利率。债券的息票利率越低，债券价格的易变性就越大。在市场利率上升时，息票利率较低的债券的价格下降最快；相反，当市场利率下降时，息票利率较低的债券的增值(价格上升)潜力也最大。

(3) 提前赎回的规定。提前赎回条款是赋予债券发行人所拥有的一种选择权，即当预期市场利率下跌时，债券发行人有权在规定的期限之后，按照赎回价格提前赎回这种债券，并以较低利率发行的新债券来替代它，以达到按更低的利率成本进行再融资之目的。

从投资者的角度看，提前赎回条款有三个不利之处。

① 提前赎回的确切时间不可预知，未来现金流回报不易确定。

② 偿还的资金必须再投资，投资者面临低利率再投资的风险。

③ 债券资本增值的机会下降。因为利率下跌，可赎回债券的市场价格有可能显著高于发行人的赎回价格。投资者的这种风险难以得到补偿。

市场利率比较高的时候，可赎回债券的价格与普通债券的价格接近，被赎回的可能性比较小。但随着市场利率降低，两种债券的价格开始分化，其差异反映了发行人可以行使的赎回权的价值；当利率进一步降低到很低的水平时，债券就被赎回，债券价格就趋于赎回价格。

因此，具有提前赎回可能性的债券不仅具有较高的息票利率，也应具有较高的到期收益率，其内在价值也就较低。

(4) 税收待遇。债券的税收待遇是指免征或缓征所得税而获得的利益。债券的收益主要来自息票利息和资本利得。一般来说，债券的这两种收入在多数市场都是需要征税的。但一些国家的政府债券是免征所得税的。例如，美国的市政债券，其利息收入免征联邦所得税。免税债券的市场估值较高，投资价值也较高，但到期收益率较低。

能够获得税收缓征待遇的债券包括低息折价债券，这是因为折价债券只有在到期时才能取得资本利得，在此之前是不必纳税的。低息折价债券的内在价值较高。

案例： 某投资者购买 20 年期的息票债券，面值 1 000USD，发行时市场利率为 10%。设应得利率也为 10%，那么发行价格为：$1\,000 \div (1+0.1)^{20} = 148.64$(元)。一年后，市场利率不变，那么债券价格为：$1\,000 \div (1+0.1)^{19} = 163.51$(元)，价差 $163.51 - 148.64 = 14.87$(元)就作为利息收入，缴纳所得税。如果一年后，市场利率下降，变为 9%，那么债券价格为：$1\,000 \div (1+0.09)^{19} = 194.49$(元)。此时价差为：$194.49 - 148.64 = 45.85$(元)。其中 14.87(163.51-148.64)元为利息收入，30.98(194.49-163.51)元为利率变化导致的价格变化。同时，14.87 元作为利息收入纳税。此时若债券被出售，30.98 元作为资本利得纳税。若继续持有该债券，那么 30.98 元即为未实现的资本利得，无须纳税。这表明债券税收的延缓待遇。

(5) 市场性。市场性是指债券能够迅速出售而不发生实际价格损失的能力。如果某种债券按市价出售很困难，持有者会因该债券的市场性差遭受损失，这种损失包括较高的交易成本以及资本损失。这种风险也必须在债券的定价中得到补偿。因此，与市场性好的债券相比，市场性差的债券具有较高的到期收益率和较低的市场估值，其投资价值较低。

(6) 拖欠的可能性。拖欠，又称为违约风险，是指债券发行人不能按期履行合约规定的义务，无力支付利息和本金的潜在可能性。从严格意义上讲，任何债券都是存在违约风险的。违约风险越大，债券的内在价值就越低。一般来说，各国权威信用评级机构会对各种债券的信用级别进行评估。最高的信用评级为 AAA 级，最低的为 CCC 级。信用评级越高，违约风险越小，债券估值越高，投资价值越高，而到期收益率相对较低。

(7) 债券可转换性。可转换债券是指在一定时期内可将债券转换成普通股票，投资者由债权人转变为股东，享有公司收益增长所带来的红利增长的好处。一般而言，上市公司可转债的价格波动特征表现为：在牛市中，转债价格随股价同步上涨，给投资者带来丰厚的回报；在熊市中，转债价格在面值附近有一定的刚性，即持有可转债能更好地规避市场系统性风险。因此，一般情况下，可转换债券的息票利率相对较低，在转换为股票之前到期收益率较低，市场估值较高。

知识：(1) 可转换公司债券(Convertible Bond，CB)。可转换公司债券的价值包括两部分：纯债券价值和转换权利价值。前者与普通债券估值无差异。而转换权利的价值依正股价格高低而定。

设中矿转债(128111.SZ)的转股价格为 11.01 元[①]，每百元债券可转 9.0826 股股票，正股价格[②]为 70.01 元，问中矿转债的转股价值为多少？

$$P_{B-S} = P_B^{MS} \div P_B^{CS} \times 100 = (70.01 \div 11.01) \times 100 = 635.88(元)$$

式中：P_{B-S}、P_B^{MS} 和 P_B^{CS} 分别为转股价值、可转债正股当前市场价格和转股价格。

(2) 附认股权证公司债券。附认股权证是指随公司债券一同发行的权证，它允许持有者以优先或优惠价格购买公司股票。权证的价格由内在价值和时间价值两部分组成。当正股股价(即标的证券的市场价格)高于认股价时，内在价值为两者之差；而当正股股价低于认股价时，内在价值为零。如果权证尚未到期，则此时权证的价值即为时间价值。与可转换债券不同，后者的债权人转换成股东身份是不可逆的，附认股权证公司债券一旦行权，持有人将同时具有债权人和股东的双重身份。

(二)债券估值的外部要素

债券估值的外部要素包括以下几点。

(1) 银行利率。银行作为一种金融机构，具有信用级别高和风险低的特点。因此，债券的收益率可以参照银行存款利率确定。一般来说，政府债券的收益率要低于银行利率，而一般公司债券的收益率要高于银行利率。在其他条件相同的情况下，政府债券的投资价值最高，公司债券的投资价值最低，银行债券居中。

(2) 市场利率。市场利率是由货币的总需求和总供给决定的。只要供求关系发生变化，市场利率就会波动。一般而言，债券的收益率会随市场利率同向变化。当市场利率水平上升时，债券收益率水平也应上升，债券的估值就会降低；反之，当市场利率水平下降时，债券收益率水平也应下降，债券的估值就会增加。

(3) 其他因素。影响债券定价的外部要素还包括通货膨胀水平以及外汇汇率风险等。通货膨胀的存在可能会使投资者从债券投资中实现的收益不足以抵补由于通货膨胀造成的购买力损失。另外，当投资者投资于某种外币债券时，汇率的变化可能会使投资者的未来本

---

① 转股价格一般是由可转债合约约定每百元债券的转股股数决定的，转股价格为 100÷转股股数。

② 某时刻该可转债公司的股票实际市场价格。

币收入受到贬值损失。这些损失的可能性也都必须在债券的定价中得到体现，使债券的到期收益率增加，债券的内在价值降低。

三、马尔基尔定理[①]

1962 年，伯顿·马尔基尔(Burton G.Malkiel)[②]在对债券价格、债券利率、到期年限以及到期收益率之间关系进行研究后，提出了债券定价的四个定理。这四个定理至今仍被视为债券定价理论的经典。

定理 1：债券价格与到期收益率呈反向变化，即到期收益率上升时，债券价格会下降；反之，到期收益率下降时，债券价格会上升。

如表 8-1 所示，当利率由 10%下降至 4%时，债券价格由 1 000 元上升至 1 486.65 元；当利率由 12%上升至 18%时，债券价格由 887 元下降至 640.47 元。

表 8-1　债券价格与到期收益率成反比

马尔基尔定理 1：债券价格与到期收益率成反比				
	债券面值/元	息票/元	债券期限/年	折现率/%	债券价格/元
折现率下降	1 000	100	10	10	1 000.00
	1 000	100	10	8	1 134.20
	1 000	100	10	6	1 294.40
	1 000	100	10	4	1 486.65
折现率上升	1 000	100	10	12	887.00
	1 000	100	10	14	791.36
	1 000	100	10	16	710.01
	1 000	100	10	18	640.47

定理 2：长期债券的价格受市场利率变动的影响大于短期债券。在其他条件相同的情况下，当市场利率上升(或下降)1%时，到期期限较长债券的价格下降(或上升)幅度大于短期债券。债券价格受市场利率变动影响的程度随到期期限的延长而递减。虽然到期期限越长，债券价格对市场利率变动的敏感性越强，但边际敏感性呈递减趋势。

如表 8-2 所示，当利率由 10%上升至 12%时，30 年期的债券价格从 1 000 元下跌至 838.39 元，下跌幅度最大。但利率对债券价格的影响程度，由 1~10 年，10~20 年，20~30 年的下降幅度分别为 96.37 元，35.76 元和 11.15 元，随期限的延长而显著衰减。

定理 3：债息率越低的债券受市场利率变动的影响越大。在其他条件相同的情况下，当市场利率变动 1%时，低息票债券价格的波动比高息票债券价格的波动更大。

如表 8-3(a)所示，当利率由 9%下降至 8%时，低息债券价格上涨幅度最大为 7.36%；由表 8-3(b)所示利率由 7%上升至 8%时，低息债券价格下跌幅度最大为 6.98%。

---

① 参见吴可于 2012 年在清华大学出版社出版的《证券投资理论与市场操作》。

② 伯顿·马尔基尔(Burton G.Malkiel)：美国投资大师、华尔街专业投资人、经济学者、个人投资者。

表 8-2　长期债券对利率波动更敏感

马尔基尔定理 2：长期债券对利率波动更敏感				
债券面值 M/元	1 000	1 000	1 000	1 000	R 由 10%上升至
每期利息 C/元	100	100	100	100	12%，P 下跌
票面利率 r	10%	10%	10%	10%	18.33 元
计息次数 k	2 次	2 次	2 次	2 次	114.70 元
必要收益率 R	8%	9%	10%	12%	150.46 元
债券期限 n	1 年	10 年	20 年	30 年	161.61 元
债券现值 P_1	1 018.86 元	1 009.36 元	1 000.00 元	981.67 元	下跌速度趋缓
债券现值 P_{10}	1 135.90 元	1 065.04 元	1 000.00 元	885.30 元	96.37 元
债券现值 P_{20}	1 197.93 元	1 092.01 元	1 000.00 元	849.54 元	35.76 元
债券现值 P_{30}	1 226.23 元	1 103.19 元	1 000.00 元	838.39 元	11.15 元

表 8-3　低息债券对利率波动更敏感

(a) 利率下跌债券价格上涨情况

马尔基尔定理 3：低息债券对利率波动更敏感			
债券面值 M/元	100	100	100
每期利息 C/元	6	8	10
票面利率 r_1,r_2,r_3/%	6.00	8	10
计息次数 k/次	2	2	2
必要收益率 R_1/%	9	9	9
必要收益率 R_2/%	8	8	8
债券期限 n/年	10	10	10
债券现值 P_1/元	80.49	93.50	106.50
债券现值 P_2/元	86.41	100.00	113.59
r 下跌 1%，P 上涨幅度/%	5.92	6.50	7.09
债券价格上涨幅度/%	7.36	6.96	6.65

(b) 利率上涨债券价格下跌情况

马尔基尔定理 3：低息债券对利率波动更敏感			
债券面值 M/元	100	100	100
每期利息 C/元	6	8	10
票面利率 r_1,r_2,r_3/%	6	8	10
计息次数 k/次	2	2	2
必要收益率 R_1/%	7	7	7
必要收益率 R_2/%	8	8	8
债券期限 n/年	10	10	10
债券现值 P_1/元	92.89	107.11	121.32
债券现值 P_2/元	86.41	100.00	113.59
r 下跌 1%，P 上涨幅度/%	6.48	7.11	7.73
债券价格下跌幅度/%	6.98	6.63	6.37

定理4：市场利率变化对债券价格涨跌的影响呈非对称性，市场利率下降使债券价格上涨的幅度大于市场利率上升使债券价格下跌的幅度。

如表8-4所示，当利率由8%下降至7%，下跌1个百分点时，债券价格上涨7.05元；相反，当利率由8%上升至9%，上涨1个百分点时，债券价格下跌了6.42元。此即所谓相同的利率变化幅度，利率下跌所带来的资本收益高于利率上涨所带来的资本损失。

表8-4 相同利率变化，资本收益大于资本损失

马尔基尔定理4：利率等幅正负波动，资本收益大于损失			
债券面值 M/元	100	100	100
每期利息 C/元	8	8	8
票面利率 r/%	8	8	8
计息次数 k/次	2	2	2
必要收益率 R/%	7	8	9
债券期限 n/年	10	10	10
债券现值 P/元	107.02	100.00	93.58
利率8%→7%下跌 1% 债券增值		7.05元	涨幅7.02%
利率8%→9%上升 1% 债券减值		6.42元	跌幅6.42%

马尔基尔的四大债券定价定理，为投资者提供了市场操作的基本方向。例如，定理1，当判断利率有下调趋势时，可以考虑适时购买一批债券；反之，预判利率有上升趋势时，可以将手中的债券抛售。又如定理2和定理3说明，当市场利率发生变化时，我们首先关注的是长期债券和低息债券的价格波动。定理4阐述了利率下跌带来的债券价格上涨机会比利率上升同样幅度带来的债券价格下跌机会更大，也就是说，相同幅度的利率变化，利率下跌带来的做多收益会比利率上涨带来的做空收益更多。

四、债券收益计算

(一)债券收益率

所谓当期收益率(Current Yield)，是指只持有债券1期且不出售债券所能得到的报酬率，其计算公式为

$$当期收益率 = \frac{C \times M}{P_B} \times 100\% \qquad (8\text{-}5)$$

式中：C 为债券的息票利率；M 为债券的面值；P_B 为债券的购买价格。

例如，张某以95元买了一张面值为100元，息票利率为6%的债券，则张某的当期收益率约为6.32%(6÷95)。

如果考虑债券出售，那么固定收益债券的收益，一部分来自买卖差价(即资本利得)，一部分来自利息收入，其计算公式为

$$当期收益 = \frac{(P_S - P_B) + C}{P_B} \qquad (8\text{-}6)$$

式中：P_S 为债券的出售价格。

【例8-2】 一位投资者买入100张美国政府财政票据，其买入价格为12 500美元，在

这之后的三个月内他抓住机会以 14 700 美元的价格卖出，并获得 300 美元的利息。

$$债券收益=14\,700-12\,500+300 = 2\,500(美元)$$

$$债券收益率=(2\,500\div12\,500)\times100\% =20\%$$

收益率越高，债券投资价值越大，投资效益越好。不同时间长度所取得收益需要转换才能进行比较。比如，都要转换成年收益率才能进行比较。其计算公式为

$$年收益率=收益率\div时期(年)$$

依例 8-2 数据，可计算

$$年收益率=20\%\div0.25 =80\%$$

假设该投资者又购买了另一种债券，收益率也是 20%，持有期为半年，则年收益率为 40%(20%×2)。

上述计算公式很简单，没有考虑资金的时间价值。如果考虑的是长期债券，比如，20 年期的债券，20 年后出售价格是不确定的，因此出售价格只能预期。如果假定是按照面值出售，20 年后的 1 000 元的现值远远低于 1 000 元，计算公式中的出售价格不能用 1 000 元，而是 1 000 元的现值。因此式(8-6)一般适用于短期债券或收益率的粗略计算。

(二)复合收益率

一般我们所能掌握的债券信息是债券的面额、票面利率、利息支付次数以及有效期限。如果要考虑事前计算债券的收益率，就需要计算所谓的复合收益率，其计算公式为

$$y =\left(1+\frac{r}{k}\right)^{nk} -1 \tag{8-7}$$

式中：y 为复合收益率；r 为利率；k 为一年内计息次数；n 为年数。

【例 8-3】 假设某 3 年期大额存单，每半年付息一次，面值为 500 000 元，票面利率为 3.5%，则到期时的复合收益率为

$$y =\left(1+\frac{0.035}{2}\right)^{3\times2} -1 =10.97\%$$

复合总收益为 54851.18 元。

这里的复合收益率仍然没有考虑到期收益的时间价值，因此计算出来的只是名义上的收益率，而不是实际真正的收益率。

(三)到期收益率

投资者通常使用到期收益率。到期收益率是指自债券投资日起直至债券到期还本为止的平均回报率。到期收益是承诺收益，也就是说，投资者完全地和适时地收到发行者承诺的所有现金流。因此，到期收益率是使所有未来现金流的现值等于债券市价的折现率，它是衡量将债券持有至到期日止的情况下所得收益率的指标。

市场价格为 P_0 元、利息收益为 C 元、到期时偿还额为 M 元、距到期日止的期限为 n 期，到期收益率 r_D 为满足式(8-8)的贴现率，即

$$P_0 = \frac{C}{(1+r_D)^1}+\frac{C}{(1+r_D)^2}+...+\frac{C+M}{(1+r_D)^n} \tag{8-8}$$

或

$$(1+r_D)^n P_0 = (1+r_D)^{n-1} C + \cdots + (C+M) \qquad (8-9)$$

式(8-8)表明投资者的现行债券购买价格与未来获得的现金流的现值和相等时所使用的贴现率即为到期收益率；式(8-9)是式(8-8)的变形，它的含义是现行债券的市场价格的未来值与所有现金流未来值的和相等时所具有的利率水平即为到期收益率。

【例 8-4】 21 远资 01(175670.SH)上市日期为 2021 年 6 月 17 日，到期日为 2024 年 6 月 10 日。息票利率为 5.3%，债券面值为 100 元，债券价格为 82 元，计息次数为 1，则到期收益率为多少？

设到期收益率为 r_D，根据收益率的公式得

$$82 = \frac{5.3}{(1+r_D)^1} + \frac{5.3}{(1+r_D)^2} + \frac{5.3+100}{(1+r_D)^3} \qquad (8-10)$$

采用 EXCEL 财务函数 YIELD 很容易计算出债券到期收益率。到期收益率为 12.96%(大于 5.3%)，超过票面利率 7.66 个百分点。原因是购买价格 82 小于 100 面值。

式(8-10)可以给出近似便捷算法如下

$$r_D = \frac{C + \left[(P_M - P_0)/N_M\right]}{(P_M + P_0)/2} = \frac{5.3 + (100-82)/3}{(100+82)/2} \approx 12.42\%$$

从例 8-4 可以看出，债券到期收益率其实就是内含报酬率(internal rate of return)，也就是所谓的承诺收益率(promised yield)。

(四)持有期收益率

持有期收益率是指所持有的债券并不持有至到期日，而是在中途卖出情况下的收益率。设卖出时点为 H(H 小于到期时点 n)的预期价格为 P_H，将式(8-8)中的本金 M 换成 P_H，所计算出来的收益率就是持有期收益率。

(五)债券组合收益率

下面举例来说明债券组合收益率的计算。

【例 8-5】 假设某债券组合由 A、B、C 三种债券组成，相关数据如表 8-5 所示。

表 8-5　三种债券相关数据

债　券	到期期限/年	息票率/%	面值/元	市场价格/元
A	5	7.0	10 000 000	9 209 000
B	7	10.5	20 000 000	20 000 000
C	3	6.0	30 000 000	28 050 000

债券组合收益率计算步骤如下。

(1) 将 A、B、C 三种债券的现金流列示(见表 8-6 的第 2、3、4 列）。

(2) 计算组合的现金流，即将表 8-6 的现金流按年横向加总而得。

(3) 将 A、B、C 三种债券的市场价格加总得 57 259 000 元。

(4) 将(2)现金流的现值与(3)等值得以下等式

$$\sum_{t=1}^{5}\frac{2\,300\,000}{(1+r_d/2)^t}+\frac{32\,300\,000}{(1+r_d/2)^6}+\sum_{t=7}^{9}\frac{1\,400\,000}{(1+r_d/2)^t}+\frac{11\,400\,000}{(1+r_d/2)^{10}}+$$

$$\sum_{t=11}^{13}\frac{1\,050\,000}{(1+r_d/2)^t}+\frac{21\,050\,000}{(1+r_d/2)^{14}}=572\,59\,000 \tag{8-11}$$

(5) 对式(8-11)用试错法求得该债券组合的收益率。

经计算可得 $r_d/2$=4.77%，因此债券组合年收益率为 9.54%。

表 8-6　三种债券现金流

时期/半年	债券 A	债券 B	债券 C	债券组合
1	350 000	1 050 000	900 000	2 300 000
2	350 000	1 050 000	900 000	2 300 000
3	350 000	1 050 000	900 000	2 300 000
4	350 000	1 050 000	900 000	2 300 000
5	350 000	1 050 000	900 000	2 300 000
6	350 000	1 050 000	30 900 000	32 300 000
7	350 000	1 050 000		1 400 000
8	350 000	1 050 000		1 400 000
9	350 000	1 050 000		1 400 000
10	10 350 000	1 050 000		11 400 000
11		1 050 000		1 050 000
12		1 050 000		1 050 000
13		1 050 000		1 050 000
14		21 050 000		21 050 000

也可以采取简便近似算法[①]：先分别计算三种债券各自的到期收益率，再用市场价格占比作权重，求出加权平均收益率，如表 8-7 所示。

表 8-7　用价格加权计算债券组合到期收益率

	价格/元	权重占比/%	到期收益率/%	债券组合收益率/%
债券 A	9 209 000	0.16	9.01	
债券 B	20 000 000	0.35	10.50	
债券 C	28 050 000	0.49	8.58	9.32
合计	57 259 000	1	28.09	

(六)实现复收益

债券收益的实现复收益(Realized Compound Yield，RCY)用于测定债券已实现的业绩。如前文所述，到期收益是承诺收益。只有当每个息票以到期收益再投资时，投资者才能得

---

① 当组合中各债券期限差别过大时，这种加权算法可能产生较大误差。

到到期收益。如果投资者把每半年收到的息票利息再投资，其利率不一定等于到期收益。债券的息票历次再投资赚取的利息称为利息上的利息(interest on interest)。债券以不同的利率再投资息票而赚取的复回报率称为实现复收益(回报)或横向水平回报(horizon return)。

设 r_{RCY} = 每半年实现复收益；P_0=债券购买成本或购买价；TB=总收入；TR=总利息(总回报)；M 为债券面值；C=年息票利息；r_0=息票利率；r=息票再投资利率；n=债券到期年数；C_0 为息票利息总和；C_I 为利息的利息之和；P_S=债券出售价格。

总利息(总回报)TR 的计算公式为

$$TR = C_0 + C_I = \sum_{t=1}^{2n} \frac{C}{2}(1+r/2)^{t-1} = \frac{C}{2}\left[\frac{(1+r/2)^{2n}-1}{r/2}\right] \tag{8-12}$$

息票利息 C_0 的计算公式为

$$C_0 = 2n \times \frac{Mr_0}{2} = nC \tag{8-13}$$

利息的利息 C_I 的计算公式为

$$C_I = \frac{C}{2}\left[\frac{(1+r/2)^{2n}-1}{r/2}\right] - C_0 \tag{8-14}$$

债券的总收入 TB 的计算公式为

$$TB = TR + P_S = \frac{C}{2}\left[\frac{(1+r/2)^{2n}-1}{r/2}\right] + P_S \tag{8-15}$$

实现复收益 r_{RCY} 的计算公式为

$$r_{RCY} = \left[\frac{TB}{P_0}\right]^{\frac{1}{2n}} = \left(\frac{TR+P_S}{P_0}\right)^{\frac{1}{2n}} - 1 \tag{8-16}$$

【例 8-6】 以面值 1 000 元购买 10%非兑回的 20 年期债券(见表 8-8)，如果息票再投资利率等于到期收益 10%，投资者实现的复收益是多少？

表 8-8　以面值 1 000 元购买 10%非兑回的 20 年期债券实现的复收益

息票所得/元	年再投资利率/%	利息的利息/元	总回报/元	年实现回报率/%
2 000	0	0	2 000	5.57
2 000	5	1 370	3 370	7.51
2 000	8	2751	4 751	8.94
2 000	9	3 352	5 352	9.46
2 000	10	4 040	6 040	10.00
2 000	11	4 830	6 830	10.56
2 000	12	5 738	7 738	11.40

解　依题意和已知数据，代入式(8-12)~式(8-16)，相应的计算如下。
总回报

$$TR = 50\sum_{t=1}^{40}(1+5\%)^{t-1} = 6\ 039.99 \approx 6\ 040(元)$$

债券收益率

$$r_{RCY} = \left(\frac{6\,040 + 1\,000}{1\,000} \right)^{\frac{1}{40}} - 1 = 5\%$$

息票利息

$$C_0 = 2n \times \frac{Mr_0}{2} = nC = 2\,000(元)$$

利息的利息

$$C_I = TR - C_0 = 6\,040 - 2\,000 = 4\,040(元)$$

因此，债券到期的总利息为 6 040 元，总收益为 7 040 元(=1 000+2 000+4 040)。年实现复收益率为 10%($2r_{RCY} = 2 \times 5\%$)。根据式(8-7)计算，该债券持有期累计复收益率为 604%。

如表 8-4 和图 8-1 所示，如果没有息票再投资，就是利息上的利息为零，只有息票所得 2 000 元，投资者的实现回报仅为 5.57%，即图中点 A。当再投资率等于到期收益 10%时，利息上的利息为 4 040 元，实现回报为 10%，即图中点 B。当再投资率小于到期收益 10%时，利息上的利息为 0～4 040 元，即图中点 A、点 B 之间，实现回报小于到期收益。当再投资率由 10%上升至 12%时，利息上的利息由 4 040 元上升到 5 738 元，即图中点 B、点 C 之间，实现回报大于到期收益。若再投资率为 12%(图中点 C)，实现回报为 11.4%，此时利息的利息约占总回报(全部利息)的 74.15%。

因此，利息的利息直接随息票利息和到期年限变化，息票越高，到期日越长，利息上的利息越大。更重要的是，再投资利率，当它大(小)于到期收益时，实现回报大(小)于到期收益。

事实上，在上述计算过程中，始终假设各期再投资利率保持不变，恒定为 r 是不合适的。尤其是在高利率时期，投资者想固守住高收益率是不可能的，除非他们以非常高的利率做息票再投资，正如例 8-6 中再投资利率在 20 年间一直保持在 10%或 10%以上，这种情况出现的概率是极低的。因此假设再投资利率不变计算的实现复收益仍然是留有遗憾的。

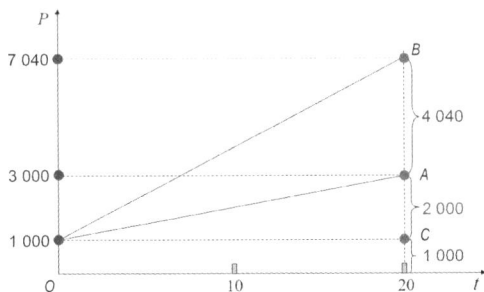

图 8-1　利息的利息对实现回报的影响

五、债券风险分析

(一)资本风险和收入风险

在证券投资中，投资者经常面临由市场利率变化带来的资本风险和收入风险。资本风险是指在进行长期债券投资的过程中，未来市场利率趋于上升，致使原有长期债券价格下跌，从而给长期债券持有者的资本造成损失；收入风险则是指在进行短期债券的滚动操作时，利率下降使再投资收益减少的风险。

例如，某投资者在2013年购入10年期、利率为4%的债券，在2020年准备出售时却发现当时市场即期利率已为6%，10年期债券价格大幅下跌，于是他转而买入6.5%利率的3年期债券，3年后到收回本金时发现市场利率已下降到4.5%。

由此可见，对市场利率以及未来利率变动趋势的预测分析，无论是对投资者还是对发行者来说都相当重要。一般认为，经济周期、货币发行量、预期的通货膨胀率影响着市场利率。在经济繁荣时期，企业会增加投资，对资金的需求量增加，这将造成市场利率上升；而在经济萧条时期，对资金的需求大减，使市场利率下降。当货币发行量增加时，市场利率下降；当货币发行量减少时，市场利率回升。而通货膨胀对市场利率的影响更为直接，它影响着投资者的实际收益率。当预期的通货膨胀率较高时，市场利率也会上升，为了提高债券的名义收益率，债券价格将下跌。这三者对利率的影响经常交织在一起，需要综合分析才能得出较正确的预测。

(二)违约风险

所谓违约风险，是指债务人不能按期足额兑现利息支付和本金偿还。如果发生违约风险，由到期收益率计算而得的承诺收益率与实际收益率就会出现差异，有时这种差异可能还很大。因为在计算债券的到期收益率时，是基于假设债权人将债券持有到期，按期收到全部承诺的利息与本金，利息立即全额再投资，且其再投资利率与承诺收益率完全相同。如果违背以上任一假设，将导致最终实现的到期收益率与承诺收益率不相同。以下我们将分别进行分析讨论。

(三)持有终止风险

投资者与发行者都有可能违背"持有到期"这一假设。如果利率下降幅度较大，发行者可能会终止债券(如公司回购债券)，而投资者所要求的持有期也可能短于到期期限。

1. 发行者终止债券

考虑发行者可能提前终止债券的情况。发行者提前终止近似收益率计算公式为

$$P_0 = \sum_{t=1}^{N_Z} \frac{C}{(1+r_{ZD})^t} + \frac{P_Z}{(1+r_{ZD})^{N_Z}} \tag{8-17}$$

式中：t为以年为单位的时期数；r_{ZD}为合适的折扣率；C为年利息；P_Z为终止价(call price)；P_0为现价；N_Z为至第一次终止的年限。

【例8-7】 某公司债券面值为1 000元，债券期限为20年，息票利率为10%，每半年付息一次。在第10年后可以赎回，赎回价格为1 080元，目前的债券价格为1 197.93元。那么到期收益率为

$$1\ 197.93 = \sum_{t=1}^{40} \frac{50}{(1+r_{ZD}/2)^t} + \frac{1\ 000}{(1+r_{ZD}/2)^{40}}$$

经计算可得：$r_{ZD}/2 = 4\%$，因此，年利率为8%。

$$1\ 197.93 = \sum_{t=1}^{20} \frac{50}{(1+r_{ZD}/2)^t} + \frac{1\ 080}{(1+r_{ZD}/2)^{20}}$$

经计算可得：$r_{ZD}/2 = 3.84\%$，因此，年利率为 7.68%。

本例中息票利率为 10%，购买价格 1 197.93 元高于面值 1 000 元，到期收益率降低为 8%。公司提前赎回，市场再投资利率的变化导致实际收益率下降为 7.68%(小于 8%)。

2. 持有人终止债券

与上述债券发行公司提前赎回相反的一种情形是，债券持有者自己计划在到期日之前，将债券卖出的情况。这种情况称为近似承诺利率，其计算公式与式(8-17)类似，只须将 P_Z 改为 P_S，债券持有者预期出售价格 P_S 即可。

这里我们采用到期收益率的近似计算公式

$$r_{SD} = \frac{C + \left[(P_S - P_0)/N_S \right]}{(P_S + P_0)/2} \tag{8-18}$$

式中：P_S 为 N_S 年年底预期价格。

【例 8-8】假设投资者决定持有 10 年期、14%利率的企业债券 5 年，5 年后预期价格为 1 200 元，债券买入价为其面值 1 000 元。运用式(8-18)，近似承诺利率 r_{SD} 为

$$r_{SD} = \frac{140 + \left[(1\ 200 - 1\ 000)/5 \right]}{(1\ 200 + 1\ 000)/2} = 16.4\%$$

假设 5 年内利率上升，5 年后债券价格由 1 000 元下降到 980 元，同理由式(8-18)可计算近似的实际利率 r_{SD} 为 13.7%。相反，如果在持有期内利率下降，债券价格上涨到 1 300 元，则 r_{SD} 为 17.4%。

从例 8-8 可以看出，只要投资者不将债券持有至到期，债券投资就有价格风险，并且利率变动越大，将来市场价格将不等于预期价格的可能性就越大。

(四)利息再投资的风险

在现实中，该假设不能满足的主要原因如下。

第一，收取手续费和税金。现实中，利息是不可能全部用于再投资的。除了政府免税债券与市政债券外，其他债券的利息都需要支付各种税费。再投资时寻找性质相同的债券在时间上的延迟，以及购买新债券所增加的佣金也会使实际收益率低于承诺的利率，唯一具有最完全利息再投资的债券为零息债券。

第二，各个时期的利率是不稳定的。因此，在债券的存续期内，以稳定的利率进行利息再投资是很难实现的，对于期限较长的债券来说更是如此。[①]

(五)未付利息风险

在二级市场上，许多债券交易都发生在非利息支付日。债券卖出者放弃了下一次的利息收入，并且，交易的时间离本次利息支付日越远，卖方所放弃的下次利息应得的比重就越大。因此，债券出售价格中应包括应得未付部分，否则，债券出售方将承担应得未付利

---

① 关于利息再投资风险在例 8-6 中已经讨论，此处不再赘述。

息的损失。为了补偿卖方应得的未付部分，方法之一就是债券附带未付利息出售。

设 M 为交易日至下次利息支付日的整月份数，D 为当月所剩天数。一般假设整月为 30 天，半年为 180 天。因此，在任一个利息支付期内所剩的天数为 $30M+D$，未付利息的天数为 $180-(30M+D)$。如果 C 为半年利息的现金数量，则未付利息 C_{AI} 由下式计算

$$C_{AI} = C \times \frac{180-(30M+D)}{180} \tag{8-19}$$

当债券附带未付利息卖出时，一般按下列步骤来确定具有承诺到期收益率的债券价格。

(1) 计算下个利息支付日的债券价格，如图 8-2 中下个利息支付日的现金流 P_1。

(2) 债券价格加上下个利息支付日所得利息，如图 8-2 中下个利息支付日的现金流 C_1。

(3) 将该总和转换成现在价值 $pv(P_1+C_1)$。

(4) 将上述结果减去买方将付给卖方的未付利息 $pv(P_1+C_1)-C_{AI}$。

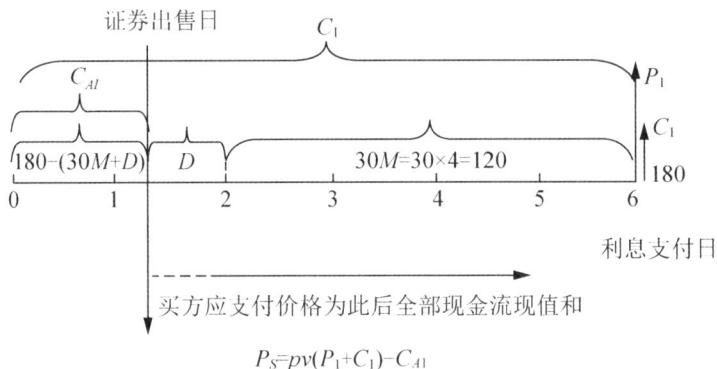

图 8-2　应付未付利息债券价格分析

该过程用数学式表示为

$$P_0 = \frac{\sum_{t=1}^{2N} \dfrac{C_t}{(1+r/2)^t} + \dfrac{1\,000}{(1+r/2)^{2N}} + C}{(1+r/2)^{[(30M+D)/180]}} - C \times \frac{180-(30M+D)}{180} \tag{8-20}$$

式中：N 为下次利息日之后的到期年限；$2N$ 表示一年支付 2 次利息时的期数；r 为承诺的到期收益率，按半年复利折算；C 为半年期利息支付的现金流量。

式(8-20)的第一项的分子为下个到期日的债券价格加上到期日得到的利息，它代表到期日的全部价值，该总额全部转换成现在的价格。该式的第二项为未付利息。式(8-20)表明债券出售者的价格为下个付息日债券购买者收到的全部现金流的现值，减去应付未付利息部分的价值。

【例 8-9】假设某投资者于 1980 年 1 月 15 日买入一张债券，1999 年 12 月 31 日到期，票面利率为 12%，每半年支付一次利息。预期的到期收益率为 10%，于是有：该债券半年付息为 $C=60$ 元，交易日距下个利息支付日的整数月份为 $M=5$ 个月，交易月份剩余天数为 $D=16$ 天，债券剩余期限为 $N=19.5$ 年，则据前述分析，债券的购买价格为

$$P_0 = \frac{\sum_{t=1}^{39} \dfrac{60}{(1.05)^t} + \dfrac{1\,000}{(1.05)^{39}} + 60}{(1.05)^{(166/180)}} - 60 \times \frac{14}{180} = 1\,171.38\,(\text{元})$$

如果已知债券现在的市场价格，可以运用插值法算出承诺的到期收益率 r。

第二节　债券的利率期限结构

市场利率的变化带来了债券的资本风险和收入风险，不同的利率期限结构反映了债券的收益率形态特征和变化趋势。本节我们将讨论利率期限结构，揭示债券的到期期限与收益率之间的内在关系。

一、利率期限结构基本概念

债券有长期、中期、短期之分，债券的期限越长，其所面临的风险越大，因此不同期限的债券有不同的利率水平，因而其到期收益率也可能不同。

通常我们把同一时点上，除期限外其他条件相同的债券的到期收益率与期限之间的关系称为利率的期限结构(The Term Structure of Interest Rates)。收益率曲线是对利率期限结构的图形化描述。

利率期限结构可以按照标的不同进行分类。例如，存款利率与对应的期限可以构成存款利率期限结构；国债收益率与对应的期限可以构成国债利率期限结构等。国债利率期限结构对应的图形就是国债收益率曲线。国债市场交易活跃，流动性好，信用高，因而债券市场上大都以国债收益率曲线为基准，以此为其他不同期限的各类债券定价和收益率水平提供参考依据，如银行贷款、公司债、抵押贷款和国际债券等市场的定价都需要以国债收益率曲线为参考。在计算一笔未来现金流的现值时，都要用到利率期限结构来提供贴现率的数据。

利率期限结构在时间和利率(n, r)二维坐标平面的图形表示就是收益率曲线。如图 8-3 所示，收益率曲线形状可以分为四个基本类型：(a)正收益率曲线；(b)负收益率曲线；(c)弓形收益率曲线；(d)水平收益率曲线。图 8-3 中，r 表示债券利率，n 表示债券年限。收益率曲线的形状包含了未来利率的信息，因此，了解收益率曲线及其影响因素对投资者非常重要。

收益率曲线(a)形态[见图 8-3(a)]比较符合人们的直觉想象。期限越长，收益率越高，曲线向上倾斜。但其他几种收益率曲线形态就不易理解了。尤其是向下倾斜的收益率曲线形态，期限越长，收益率越低，这几乎与现实中的常识相悖。因此，一些业界学者、专家对此产生了浓厚的兴趣，提出了以市场预期、流动性偏好以及市场分割理论为代表的利率期限结构理论，试图解释收益率曲线不同形态的原因。

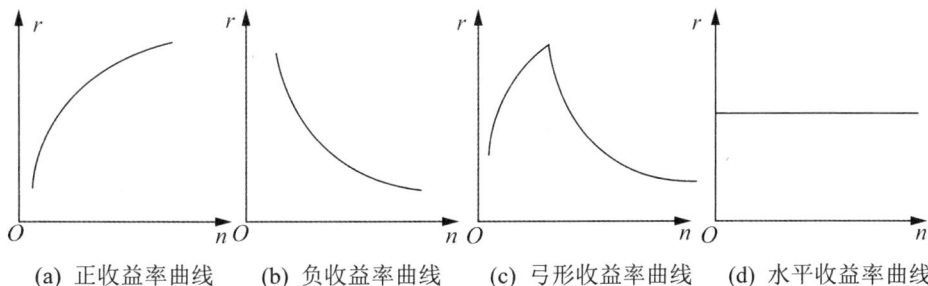

(a) 正收益率曲线　　(b) 负收益率曲线　　(c) 弓形收益率曲线　　(d) 水平收益率曲线

图 8-3　收益率曲线的四种形态

二、利率期限结构理论

对利率期限结构的解释有三种理论,它们分别是市场预期理论、流动性偏好理论和市场分割理论。

(一)市场预期理论

假设:①债券交易不考虑成本;②没有违约;③短期利率的未来变化趋势是可以预期的(上升或下降);④债券未来利率水平的预期是确定的;⑤可以自由套利。

市场预期理论,也称为"无偏预期"理论,它认为长期投资可以通过一系列的短期投资组合来相互替代,所获得的收益率是无差异的。远期利率反映了市场对未来短期利率的预期,因此未来短期利率的预期方向完全决定了收益率曲线的变化方向。如果预期未来短期利率上升,则收益率曲线随期限向上倾斜;否则,如果预期未来短期利率下降,则收益率曲线随期限向下倾斜。为了便于理解,现举例说明。

【例8-10】 市场上有1年期和2年期债券,其年利率分别为3%和4%,如果投资者有一笔资金10 000元,预计有两年闲置期。此时他有两种方案可供选择:①买入2年期债券;②买入1年期债券,待其到期后,再买入另一新的1年期债券。根据投资收益平衡(无套利)的要求,如果他买入1年期债券,那么,1年过后,新的1年期债券的年利率必须在5%以上。否则,他将选择2年期的债券。

因为如果他购买2年期的债券,其收益为10 000×(1+4%)²=10 816(元)。而购买1年期债券,第一年的收益为10 000×(1+3%)=10 300(元),第二年购买的新债券利率为5%时,他的总收益也只有10 300×(1+5%)=10 815(元)。第二种方案比第一种方案少1元。因此,只有新债券的利率在5%以上,他才可能选择第二种方案。

在上述假设下,方案①与方案②存在套利机会。市场自由竞争,交投双方不断套利,使在资金闲置期间,资本所有人在两种选择上所获得预期收益无差异。此时即有:

$$10\ 000 \times (1+4\%)^2 = 10\ 000 \times (1+3\%)(1+f_{1,2})$$

计算得

$$f_{1,2} = \frac{(1+r_2)^2}{(1+r_1)} - 1 = \frac{(1+4\%)^2}{(1+3\%)} - 1 \approx 5.01\%$$

如果预期未来短期利率 $f_{1,2} > 5.01\%$,短期投资方案的总体收入会大于长期投资方案,投资者倾向于选择短期投资;反之,投资者倾向于选择长期投资。

在一个充分竞争和资金自由流动的市场上,活跃的套利活动会使两种投资方案的收益率差异消失,也就是使两种投资方案具有相同的收益率。例如,假如 $f_{1,2} < 5.01\%$,投资者会倾向于长期投资方案,因而导致长期资金供给增加、长期资金利率下降,长期债券价格上升、长期债券投资收益率下降,直到长期投资收益率等同于短期投资收益率。此时,投资者会停止追逐长期投资的行为。假如 $f_{1,2} > 5.01\%$,投资者会倾向短期投资方案,因而导致短期资金供给增加、短期资金利率下降,短期债券价格上升、短期债券投资收益率下降,直到短期投资收益率等同于长期投资收益率。此时,投资者会停止追逐短期投资的行为。因此可以认定,在无套利的假设前提下,长期、短期投资会趋于具有同等的投资收益率。

从人们根据利率预期调整自己的金融活动行为的结果来看，对未来短期利率的预期的确可以改变收益率曲线。这可以从投资者、投机者和筹资者三方面进行分析。假设预期未来短期利率上升，对长期投资感兴趣的人会因为长期债券的价格下降幅度大于短期债券的价格下降幅度，放弃持有长期债券，转而持有短期债券。于是，造成短期债券的需求增加、价格上升、收益率下降，而长期债券则价格下降、收益率上升。这就促成了收益率曲线向上倾斜。对于投机者来说，他们会利用利率上升从而债券价格下降的预期，抛出长期债券，或卖空长期债券，以取得投机收入。当然，这种投机行为的结果也会促成收益率曲线向上倾斜。对于筹资者来说，既然未来短期利率有可能上升，那么企业明智的做法是获得长期资金而不是短期资金，进而导致长期债券的供应增加，长期债券价格下降和到期收益率上升。

显然，预期未来短期利率下降的情况与上述情况会相反，收益率曲线呈向下倾斜趋势。

由此，我们得到纯预期理论的结论：债券的长期利率或利率的平均水平是短期利率的函数。并且①如果预期未来的短期利率上升，则收益率曲线表现为一条向上倾斜的曲线。②如果预期未来每年的短期利率一样，则收益率曲线表现为一条直线。③如果预期未来的短期利率下降，则收益率曲线表现为一条向下倾斜的曲线。

由市场预期理论可知，长期、短期债券可以完全相互替代。也就是说，投资于长期债券的收益率可以通过重复转投资于短期债券而获得；投资于短期债券的收益率也可以通过投资于长期债券，而后在较短的时间内将其出售而获得。但在现实中，长期、短期债券的收益率通常是不相同的，两者之间的差额称为流动性溢价或风险补偿。这是因为在现实中，远期利率经常与未来短期利率的预期是有差异的。

(二)流动性偏好理论

流动性偏好理论认为，投资者并不一定认为长期债券是短期债券的理想替代品。一方面，投资者考虑到对资金需求的安全性和不确定性，会选择尽可能期限短的投资品，或提前出售期限较长的投资品；另一方面，即使有长期投资安排的投资者也宁愿通过短期滚动式投资来实现其收益目标。之所以出现对短期债券的偏好，其原因是债券期限越长，价格变动越大，风险也就越大。如果要投资者购买长期债券，发行者所提供的收益率要大于市场平均收益率，即在原有的平均收益率的基础上要增加一定的流动性风险的补偿，亦即流动性溢价。例 8-10 中，2 年期债券的投资者，如果 1 年后他需要资金，只能出售两年期债券，但在期初他并不知道该两年期债券 1 年后的价格是多少。而滚动式操作就不存在这种变现的风险，1 年后变现的金额是确定的。所以两年期债券的投资是具有流动性风险的，这种风险需要在定价中反映出来，只有当两年期债券的预期收益率高于一年期债券时，才有可能吸引投资者。

综上所述，按照流动性偏好理论，收益率曲线经常呈上升趋势，并且比在市场预期理论下得到的收益率曲线变得更加陡峭[见图 8-4(a)]；水平的收益率曲线变为上升的利率结构，下降趋势趋缓，甚至有可能变为水平或缓慢上升的收益率结构。因此，在流动性偏好理论下，会经常看到上升的利率结构，如图 8-4(b)所示。

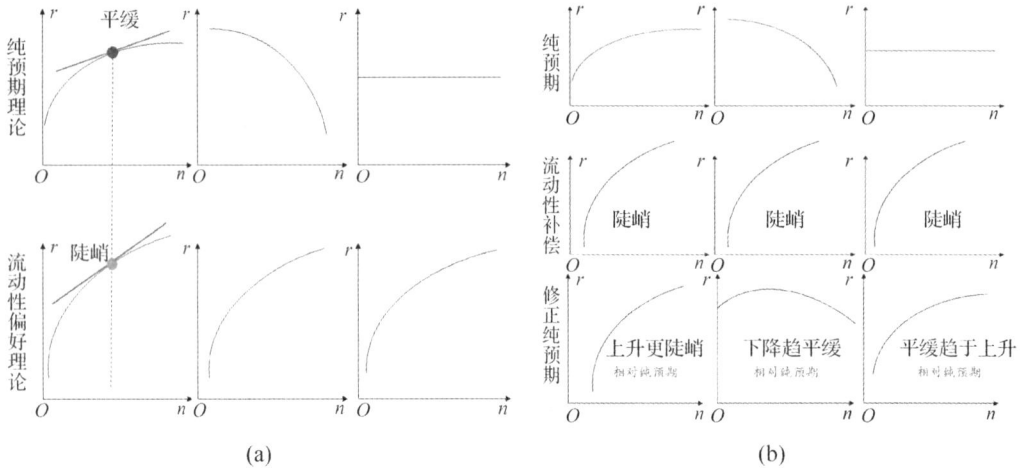

图 8-4　考虑流动性偏好后的纯预期收益率曲线

(三)市场分割理论

市场预期理论隐含着长期、短期债券可以完全相互替代的假设。因此，投资于长期债券的到期收益率与重复转投资于短期债券的收益率相等。而流动性偏好理论隐含的假设是，长期、短期债券在一定程度上可以相互替代，但不可以完全替代。短期(长期)投资者只有在被提供了一定的流动性溢价的情况下，才愿意转而投资于长期(短期)债券。在这两种理论下，长期、短期债券的收益率都是相互联系的，由共同的市场均衡所决定。

市场分割理论与市场预期理论完全不同，该理论认为资金在不同期限市场之间基本上是不流动的。这主要是金融机构的特定业务运作导致的对资金期限的特定需求。不同的金融机构有不同的负债性质，因而对资金的期限有特定的需求。例如，商业银行因注重流动性而倾向短期债券，保险公司、养老基金则偏好投资长期债券，从而形成了相对独立的长期、中期和短期债券市场。这种不同期限市场上资金流动的封闭性，意味着即使在现行利率条件下存在市场转移机会，并且可以获得比实际收益率更高的预期收益，投资者和筹资者也不会离开原有的市场而进入另一个市场。

这样的结果导致市场被划分为两大部分：一部分是短期资金市场；另一部分是中期、长期资金市场，如图 8-5(a)所示。

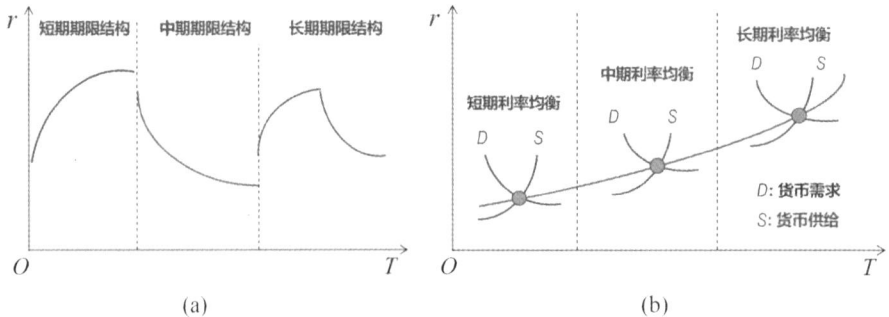

图 8-5　市场分割理论的收益率曲线形态

于是，市场分割理论下，利率期限结构的收益率曲线取决于短期资金市场供求状况与长期资金市场供求状况的比较，或者说，取决于短期资金市场供需曲线均衡利率与长期资金市场的供需曲线均衡利率。当短期资金市场供需曲线均衡利率低于长期资金市场供需曲线均衡利率时，利率期限结构呈上升趋势；而当短期资金市场供需曲线均衡利率高于长期资金市场供需曲线均衡利率时，利率期限结构呈下降趋势。这就决定了收益率曲线可以有不同的形态，如图 8-5(b)所示，图中 D、S 分别为相应期限市场的货币总需求和总供给。

三、收益率曲线的应用

收益率曲线在债券分析中具有以下作用。

(1) 收益率曲线是评价其他债券的基础，为其他债券确定合理价格和利率提供依据。公司债券的发行者可以借此结构决定合理的发行利率。

(2) 可以从当前的收益率曲线中，观察市场对远期利率的预期。

(3) 寻找一种比其他债券收益率高的债券。如果发现了某种债券的收益率高于其他债券，并且该债券收益率脱离了收益率曲线后会很快回落，这种债券便是一种较好的投资对象，因为不久之后，伴随着收益率的下降，它的价格将会上升，给投资者带来资本收益。

(4) 寻找发行新债券的有利时机。筹资者不仅通过观察市场得知各种债券的收益率是多少，而且对已公开发行并售出的到期日债券总量也有所把握，将两种因素综合，找出一种最易于被投资者接受、需求量较大的债券，在收益率比较理想的时刻，向市场推出。

(5) 为在不同期限的各种债券中选择最佳投资对象提供了分析依据。如果收益率曲线是上扬的，则可以投资于长期债券；如果收益率曲线是下倾的，则可以投资于短期债券。

图 8-6(a)显示了上述收益率曲线的应用。比如，图 8-6(a)中，比较收益率曲线 AB 和 CD 可知，前者预示了选择长期投资是理智的，后者则表明正确的选择应为短期投资。

美国高级经济学家、经济周期研究所主任迈克尔·博尔丁(Michael Boldin)说，国债的收益率曲线几乎预测了每一次衰退，每隔一个循环，它就要预测出一个并不存在的衰退。通过收益率曲线，我们可以观察到 10 年期国债与 1 年期国债利率支付的差异，或 10 年期国债与联邦基金利率的差异。纽约联邦储备银行的两位经济学家阿图罗·埃斯特雷拉(Arturo Estrella)和弗雷德里克·S.米什金(Frederic S. Mishkin)最近发表文章称，在突发性的衰退到来之前的四个季度，收益率曲线具有极强的预测效果。例如，根据他们的计算，如果 10 年期利率比短期利率高 1.21 个百分点，那么一年内出现衰退的概率是 5%；反之，如果短期利率比 10 年期利率高 2.4 个百分点，衰退的概率大约为 90%。如图 8-6(b)所示。

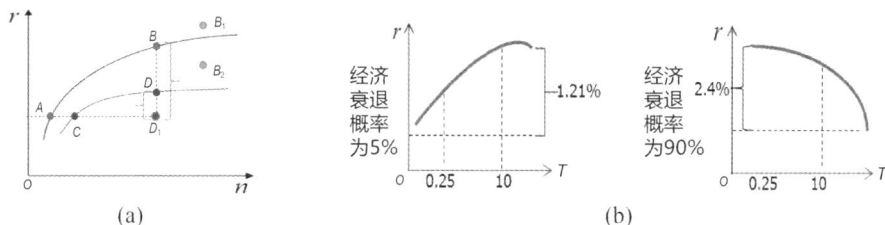

图 8-6　利用收益率曲线寻找投资机会

国产 AI 产业
迎来新机

第三节 股票估值理论方法

本节将介绍以红利现金流折现模型为基础的各种股票定价模型以及净现值、内部收益率等投资决策法则及其应用。这里所讲的股票估值是指股票这种金融资产本身应该具有的价值，即内在价值或投资价值。

一、红利现金流折现模型

(一)基本模型

一项资产的投资价值究竟取决于什么？这一问题可以这样来思考。投资者投资的目的是希望所购买的资产能为其带来财富的增加，带来资本的增值。而股票能带来的正是现金红利收益。这些各期所获得的全部现金红利收益的总和正是股票的投资价值。而红利收益产生在不同时间点，因此，准确地讲，股票投资价值等于股票红利收益的现值总和。

事实上，任何金融资产的价值都取决于它提供给其所有者的全部预期现金流的现值。对于股票来说，这种预期的现金流即在未来时期预期支付的股利，即现金红利序列，包括公司的所有清算红利。因此，基于红利收益的股票投资价值由下述模型表示

$$V_n = \frac{D_1}{(1+r)^1} + \frac{D_2}{(1+r)^2} + \cdots + \frac{D_n}{(1+r)^n} = \sum_{t=1}^{n} \frac{D_t}{(1+r)^t} \tag{8-21}$$

式中：V_n 为持股 n 期的股票现值；D_t 为 t 期预期红利；n 为企业营运年限；r 为风险调整折现率或必要收益率。该公式表明只要公司仍在运营，投资者便会一直持有其股票。当然，大多数投资者并不长期地持有某一公司的股票，对于某些投资者来说，如果他只持有该公司的股票 2 年，这时，股票的现在价值即现在价格的计算公式为

$$V_2 = \frac{D_1}{(1+r)^1} + \frac{D_2}{(1+r)^2} + \frac{P_2}{(1+r)^2} \tag{8-22}$$

式中：P_2 为第二年年底股票的预期价格。既然大部分投资者的股票持有期都不可能是长久的，所以，很显然股票的即期价格不是由其永久的预期红利收入决定的。但是，要证明式(8-21)和式(8-22)是完全相同的却并不难，只要假设在第二年年底，股票新的购买者根据所剩下的红利 D_3，D_4，...，D_n 出价，并且红利的预期与折扣率对卖者与买者都保持不变，这样，第二年年底股票的预期价格计算公式为

$$P_2 = \frac{D_3}{(1+r)^1} + \frac{D_4}{(1+r)^2} + \ldots + \frac{D_n}{(1+r)^{n-2}}$$

将该式代入式(8-22)，得

$$V_n = \frac{D_1}{(1+r)^1} + \frac{D_2}{(1+r)^2} + \frac{1}{(1+r)^2}\left[\frac{D_3}{(1+r)^1} + \frac{D_4}{(1+r)^2} + \ldots + \frac{D_n}{(1+r)^{n-2}}\right]$$

这与式(8-21)完全一样。

事实上，在公司整个生命周期中，其股票总是被一系列投资者拥有，而每一位投资者都只考虑其购买股票时的价格、持有期间所得红利以及股票售出时的价格。虽然对每一个卖者，必须有一个买者与之相对应，但如前文所述，公式中不必考虑这些中间交易者的价

格，只需关注红利因素决定的股票价格。

投资者购买股票，通常期望获得两种现金流；持有股票期间的红利和持有股票到期日的预期投资股票价格。由于持有期期末股票的预期价格是由股票未来红利决定的，因此股票当前价值应等于无限期红利的现值，其计算公式为

$$V = \lim_{n \to \infty} V_n = \frac{D_1}{(1+r)^1} + \frac{D_2}{(1+r)^2} + \cdots + \frac{D_n}{(1+r)^n} + \cdots = \sum_{t=1}^{\infty} \frac{D_t}{(1+r)^t} \tag{8-23}$$

由式(8-23)我们可以以净现值法则或内部收益率法则做出投资决策。

1. 净现值投资决策

普通股票红利净现值等于内在价值与成本之差，其计算公式为

$$\text{NPV} = V - P = \sum_{t=1}^{\infty} \frac{D_t}{(1+r)^t} - P \tag{8-24}$$

式中：P 为在 $t=0$ 时的购买股票成本。

若 $\text{NPV} > 0$，则股票价值被低估，可以考虑购买该股票；若 $\text{NPV} \leqslant 0$，则股票价值被高估，若持有该股票，则应考虑抛售。

2. 内部收益率投资决策

内部收益率即为使投资净现值为零的贴现率。设内部收益率为 r^*，则 r^* 为满足下式的贴现率，即

$$\text{NPV} = V - P = \sum_{t=1}^{\infty} \frac{D_t}{(1+r^*)^t} - P = 0$$

亦即

$$P = \sum_{t=1}^{\infty} \frac{D_t}{(1+r^*)^t} \tag{8-25}$$

的解 r^*。

设 r 为具有同等风险水平的股票的收益率(行业平均风险水平)，则：若 $r^* > r$，则可考虑投资该股票；若 $r^* < r$，则可考虑出售该股票。

思考：(1) 未来红利现金流的不确定性是否影响了模型的实用价值。

(2) 如果公司的红利除现金红利外还表现为：送股，配股，送、配期权，权证等红利，这些红利如何折成现金红利？

(3) 红利现金流折现模型的必要收益率如何确定。[①]

(二)零增长模型

零增长模型，即假设股利增长率等于零。这等价于假设一个公司每年红利发放是相同的。

设 g_t 为第 t 期的股利增长率。在零增长模型条件下，其计算公式为

---

① [美]威廉·F.夏普. 投资组合理论与资本市场[M]. 胡坚，译. 北京：机械工业出版社，2001；[美]滋维·博迪，亚历克斯·凯恩，艾伦·J. 马库斯. 投资学[M]. 5 版. 朱宝宪，吴洪，赵冬青，等译. 北京：机械工业出版社，2004.

$$g_t = \frac{D_t - D_{t-1}}{D_{t-1}} = 0 \tag{8-26}$$

因此，有 $D_t = D_{t-1}$，$t = 1,2,\ldots,n$，即有 $D_0 = D_1 = D_2 = \ldots = D_n$，则由式(8-21)有

$$V = \frac{D_0}{(1+r)^1} + \frac{D_0}{(1+r)^2} + \ldots + \frac{D_0}{(1+r)^k} = D_0 \sum_{t=1}^{\infty} \frac{1}{(1+r)^t} = \frac{D_0}{r} \tag{8-27}$$

即有

$$V = \frac{D_0}{r} \tag{8-28}$$

零增长模型净现值的计算公式为

$$\text{NPV} = V - P = \frac{D_0}{r} - P \tag{8-29}$$

令式(8-29)等于 0，即可求得零增长模型的内部收益率，其计算公式为

$$r^* = \frac{D_0}{P} \tag{8-30}$$

再根据净现值法则或内部收益率法则即可做出零增长模型的投资决策。

这里的 D_0 为上一年度的红利现金流，这个数据是已知的。可见红利现金流折现模型可以用作股票估值。但现在的问题是，要求一个公司每年保持相同的红利现金流，这等价于公司每年只能维持简单再生产，而不能进行扩大再生产。如果公司可以进行扩大再生产，势必增加销售利润，从而可能导致用于红利发放的现金流的增加。事实上，没有一家公司能够以简单再生产方式继续生存。于是零增长模型只是从理论到实践的一个假设，没有实际应用价值。因此需要对零增长模型作进一步改进，即所谓固定增长模型。

(三)固定增长模型

固定增长模型可用来估计处于"稳定状态"的公司的价值，这些公司的红利预计在一段很长的时间内以某一稳定的速度增长。固定增长模型把股票的价值与下一时期的预期红利、股票必要收益率和预期红利增长率联系了起来。

假设股利保持一个固定不变的增长率 $g_t = g$，$t = 1,2,\ldots,n$，即有

$$D_t = D_{t-1}(1+g) = D_0(1+g)^t \tag{8-31}$$

将式(8-31)代入式(8-21)得

$$V = \frac{D_0(1+g)}{(1+r)^1} + \frac{D_0(1+g)^2}{(1+r)^2} + \ldots + \frac{D_0(1+g)^k}{(1+r)^k} = D_0 \sum_{t=1}^{\infty} \frac{(1+g)^t}{(1+r)^t} \tag{8-32}$$

当 $r > g$ 时，有

$$\sum_{t=1}^{\infty} \frac{(1+g)^t}{(1+r)^t} = \frac{1+g}{r-g} \tag{8-33}$$

因此有

$$V = D_0 \frac{1+g}{r-g} = \frac{D_1}{r-g} \tag{8-34}$$

从而得出固定增长模型的净现值，其计算公式为

$$NPV = V - P = \frac{D_1}{r - g} - P \tag{8-35}$$

即固定增长模型内部收益率的计算公式为

$$r^* = \frac{D_1}{P} + g \tag{8-36}$$

再根据净现值法则和内部收益率法则即可做出基于固定增长模型的投资决策。

分析：固定增长模型显然比零增长模型更贴近现实。该模型有以下几个基本特点。

(1) 固定增长模型包括了零增长模型。公式(8-34)中 $g=0$，则固定增长模型就是零增长模型。

(2) 虽然固定增长模型是用来估计权益资本价值的一种简单、有效的方法，但是它的运用只限于以稳定的增长率增长的公司。事实上，很少有公司遵循严格意义上的"稳定增长"，在数据处理上只能按每年平均增长速度对公式加以应用。

(3) 无穷级数式(8-33)当且仅当 $g < r$ 时，有收敛值。但现实中不排除存在红利增长率同步甚至高于必要收益率的可能，那么这类公司股票应如何做出合理估值呢？

(4) 要求一家公司在其发展过程中始终保持同一股利增长速度，这是不合常理的。而固定增长模型是多阶段增长模型的基础，理论上、应用上有着重要意义。

根据东方财富网提供的财务数据，三六零股票的零增长模型和固定增长模型估值分别为 4.08 元和 21.95 元。贵州茅台股票的零增长模型和固定增长模型估值分别为 290.86 元和 1 535.76 元。2023 年 7 月 25 日，三六零股票与贵州茅台股票的市场价格分别为 11.98 元和 1 828.55 元。如表 8-9 所示，两只股票的零增长模型与固定增长模型的估值结果大相径庭，相差很远。说明该两种模型的估值可靠性比较低，不能直接作为市场投资者决策的参考依据。

表 8-9　零增长模型和固定增长模型股票估值示例

股票名称	平均每股收益[1]/元	零增长股利发放率/%	$g=\text{cont}$ 股利发放率/%	必要收益率/%	市场价格/元	零增长估值[2]/元	固定增长估值/元	时间节点
三六零	0.49	100	40(g=11)	12	11.98	4.08	21.95	2023 年 7 月 25 日
贵州茅台	63.99	100	40(g=20)	22	1828.55	290.86	1535.76	2023 年 7 月 25 日

二、多阶段红利折现模型

(一)二阶段增长模型

1. 二阶段增长模型的股票价值

二阶段增长模型考虑了增长的两个阶段：增长率较高的初始阶段和随后的稳定阶段。在稳定阶段中公司的增长率平稳，且预期长期保持不变。这一模型假设股利的变动在一段

---

[1] 根据东方财富网提供的财务数据模拟分红估算值。

[2] 零增长模型：$V = \frac{D}{r} = \frac{0.49}{12\%} \approx 4.08$，固定增长模型：$V = \frac{D_1}{r - g} = \frac{0.49 \times 40\% \times (1 + 12\%)}{12\% - 11\%} = 21.95$。

时间 m 内并没有特定的模式可以预测，但在此时间以后，股利按固定增长模型进行变动。因此，红利现金流可分为两个部分(见图 8-7)。

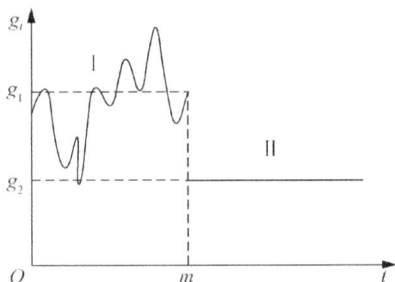

图 8-7　二阶段模型示意图

第一部分包括在股利无规则变化时期的所有预期股利的现值，用 V_{m-} 表示这一部分的现值，其计算公式为

$$V_{m-} = \sum_{t=1}^{m} \frac{D_t}{(1+r)^t} \tag{8-37}$$

第二部分包括从时点 m 来看的股利固定增长率变动时期的所有预期股利现值。因此，该股票在时间 m 的价值可通过固定增长模型方程求出，即

$$V_m = \frac{D_{m+1}}{r-g} \tag{8-38}$$

m 时刻的股利价值在 $t=0$ 时的现值计算公式为

$$V_{m+} = V_m \frac{1}{(1+r)^m} = \frac{D_{m+1}}{(r-g)(1+r)^m} \tag{8-39}$$

因此该股票内在价值的计算公式为

$$V = V_{m-} + V_{m+} = \sum_{t=1}^{m} \frac{D_t}{(1+r)^t} + \frac{D_{m+1}}{(r-g)(1+r)^m} \tag{8-40}$$

2. 二阶段增长模型的净现值和内部收益率

净现值的计算公式为

$$\text{NPV} = V - P = \sum_{t=1}^{m} \frac{D_t}{(1+r)^t} + \frac{D_{m+1}}{(r-g)(1+r)^m} - P \tag{8-41}$$

内部收益率的计算公式为

$$P = \sum_{t=1}^{m} \frac{D_t}{(1+r^*)^t} + \frac{D_{m+1}}{(r^*-g)(1+r^*)^m} \tag{8-42}$$

因此，满足 NPV=0 的 r^* 即为内部收益率。

由式(8-41)和式(8-42)，根据净现值法则和内部收益率法则即可分别得到多阶段增长模型的投资决策。

固定增长模型是二阶段增长模型的特例。因为只要令 $m=0$，则有

$$V_{m-} = \sum_{t=1}^{m} \frac{D_t}{(1+r)^t} = 0$$

从而有

$$V = V_{m-} + V_{m+} = V_{m+} = \frac{D_1}{r-g}$$

思考：①什么类别的公司具有两阶段增长模型的特征。②从第一增长率阶段"断崖"式跌落至第二增长率阶段是否具有合理性，"断崖"节点如何确认。③公司股票价值增长率"断崖"跌落的原因可能有哪些？

提示：增长率由初始阶段较高的水平陡然降至稳定增长率水平的假设也暗示着这一模型对那些在最初阶段增长率适中的公司更加适用。例如，假设一家公司在超常增长阶段的增长率为12%，之后，它的增长率降到6%，要比假设一家公司从40%的超常增长阶段陡然降至6%的稳定增长阶段更加合乎情理。

(二)三阶段模型

三阶段红利现金流折现模型是将公司发展分为初始的超常增长阶段、增长率下降的过渡阶段和最后的稳定增长阶段。因为它没有对公司的红利支付率强加任何限制，所以它是使用最普遍的红利现金流折现模型。三阶段模型将公司股票的价值分解为高增长阶段红利现值、过渡阶段的预期红利现值和最后稳定增长阶段预期红利现值三个部分的价值总和。

三阶段模型假设红利增长过程中有三个阶段：第一阶段为保持高增长率的初始阶段，红利以固定比率 g_1 增长，持续 n_1 年；第二阶段为红利增长率下降的过渡阶段，从 n_1+1 年到 n_2 年，经历一个转换时期，在这一时期，红利的增长率以直线形状增长变化，直至到一个永续低增长率 g_2 的稳定增长阶段；g_2 表示在第三阶段企业进入持续稳定状况，因此 g_2 常被称为企业的长期"正常增长率"。如果 $g_1 > g_2$，则为直线下降；如果 $g_1 < g_2$，则为直线上升。图8-8所示为红利经历的三阶段模型示意图。

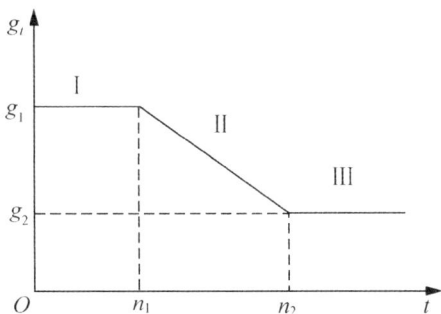

图8-8　三阶段模型示意图

由图8-8可知，在红利增长逐年衰减的第二阶段，其增长率的计算公式为

$$g_t = g_1 - (g_1 - g_2)\frac{t-n_1}{n_2-n_1} \tag{8-43}$$

当 $t = n_2$ 时，正是过渡期的末尾。从式(8-43)中可知，此时增长率等于长期不变增长率。

如果在三阶段模型中给定 g_1、n_1、n_2 与 g_2，以及前期红利 D_0，就可以估算目标公司的股票价值。三阶段红利现金流折现模型的计算公式为

$$V = D_0 \sum_{t=1}^{n_1}\left(\frac{1+g_1}{1+r}\right)^t + \sum_{t=n_1+1}^{n_2}\left[\frac{D_{t-1}(1+g_t)}{(1+r)^t}\right] + \frac{D_{n_2}(1+g_2)}{(1+r)^{n_2}(r-g_2)} \tag{8-44}$$

式中：D_{n_2} 为 n_2 年的红利。

三阶段模型的优点在于只要做出四个变量(g_1，n_1，n_2，g_2)的估计，便可以计算出公司的全部红利流量，并且在给定贴现率 r 的情况下，其股票的价格可以由式(8-44)估计得到。

提示：三阶段模型的灵活性使它适用于任何一家增长率随时间改变的公司，也适用于其他指标——尤其是红利支付政策和风险也将发生改变的公司。而该模型最适合的公司是：当前正以超常的速率增长，并预期在一段初始阶段内将保持这一增长率，之后公司拥有的竞争优势的消失导致增长率逐渐降低，直到稳定增长阶段的水平。

【例 8-11】 某上市公司当前每股股利为 1.5 元。最近公司引进国外新技术专利项目的开发权，估计该专利产品上市后能够使公司经营业绩大幅提升。预计该公司未来 3 年将处于快速增长阶段，股利增长率水平稳定在 20%，而在第 4 年之后 6 年公司股利增长率以线性方式逐步下降，从第 10 年起维持稳定的增长率 10%。经估计，公司必要收益率为 12%。这样有 $g_2 = 10\%$，$n_1 = 3$，$g_1 = 20\%$，$n_2 = 10$，$r = 12\%$，现运用多阶段模型计算该股票内在价值。红利变动增长资料如表 8-10 所示。

表 8-10　红利变动增长资料

阶　段	年　份	增长率/%	红利/元	股利现值/元	阶段现值和/元
第一阶段	1	20	$1.5 \times 1.2^1 = 1.8$	1.607	
	2	20	$1.5 \times 1.2^2 = 2.16$	1.722	
	3	20	$1.5 \times 1.2^3 = 2.592$	1.845	5.1740
第二阶段	4	18.57	$2.592 \times 1.1857 = 3.073$	1.953	
	5	17.14	$3.073 \times 1.1714 = 3.600$	2.043	
	6	15.71	$3.600 \times 1.1571 = 4.166$	2.110	
	7	14.28	$4.166 \times 1.1428 = 4.761$	2.154	
	8	12.86	$4.761 \times 1.1286 = 5.373$	2.170	
	9	11.43	$5.373 \times 1.1143 = 5.987$	2.159	12.5896
第三阶段	10	10	$5.987 \times 1.1 = 6.586$		
					116.6301
总价值					134.394

由式(8-43)，可得

$$g_4 = 20\% - (20\% - 10\%)\frac{4-3}{10-3} = 18.57\%$$

$$g_5 = 20\% - (20\% - 10\%)\frac{5-3}{10-3} = 17.14\%$$

$$g_6 = 20\% - (20\% - 10\%)\frac{6-3}{10-3} = 15.71\%$$

$$g_7 = 20\% - (20\% - 10\%)\frac{7-3}{10-3} = 14.28\%$$

$$g_8 = 20\% - (20\% - 10\%)\frac{8-3}{10-3} = 12.86\%$$

$$g_9 = 20\% - (20\% - 10\%)\frac{9-3}{10-3} = 11.43\%$$

根据表 8-6 所示的各期红利及折扣率 8%，可以求出预期红利的当前价值为

$$V_{1\sim3} = 1.5 \times \left(\frac{1.2}{1.12} + \frac{1.2^2}{1.12^2} + \frac{1.2^3}{1.12^3} \right) = 5.1740(元)$$

$$V_{4\sim9} = 1 \times \left(\frac{3.073}{1.12^4} + \frac{3.600}{1.12^5} + \frac{4.166}{1.12^6} + \frac{4.761}{1.12^7} + \frac{5.373}{1.12^8} + \frac{5.987}{1.12^9} \right) = 12.5896(元)$$

$$V_{10\sim\infty} = \frac{D_{10}(1+g_2)}{(1+r)^{10} \times (r-g_2)} = \frac{6.586 \times (1+10\%)}{(1+12\%)^{10}(12\% - 10\%)} = 116.6301(元)$$

$$V_0 = 5.1740 + 12.5896 + 116.6301 = 134.394(元)$$

投资者可以用所计算的 V_0 值与即期市场股票价格进行比较，以确定该股票是被高估还是被低估。式(8-44)的缺点就在于如果第二阶段超过 2～3 年，则手工计算比较麻烦。此外，即使给定股票的即期价格及估计价格，也不能从模型中直接求解折扣率 r，正因为如此，有人又提出了改进模型，我们称之为 H 模型。

(三)H 模型

Fuller 和 Hsia 于 1984 年在三阶段模型的基础上，提出了 H 模型，从而极大简化了股利折现值的计算。

H 模型也是两阶段增长模型，但 H 模型初始阶段的增长率不再是常数，而是随时间线性下降的，直到到达稳定阶段的增长率水平。

H 模型假设：股利增长率以一个很高的初始水平 g_1 开始，在整个超常增长阶段按线性下降(假设持续时间为 $2H$)。从 $2H$ 期后，股利增长率维持在一个稳定的比率 g_2 水平上；在红利递增或递减的过程中，在 H 点上的股利增长率恰好等于初始增长率 g_1 与稳定增长率 g_2 的平均值。H 模型可以用图 8-9 来表示。

H 模型的公式证明如下。

如果股息增长率一直是 g_2，则根据红利不变增长率模型，股票内在价值 D_0 为

$$D_0 = \frac{(1+g_2)}{(r-g_2)}$$

但在前 $2H$ 的时间内，平均增长率为 $\dfrac{g_1+g_2}{2}$

超出 g_2 增长率为

$$\frac{g_1+g_2}{2} - g_2 = \frac{g_1-g_2}{2}$$

超出 g_2 增长率的时间越长，对股票的价格影响越大，且呈正相关关系。于是有

$$V = \frac{D_0}{r-g_2}\left[(1+g_2) + 2H \frac{(g_1-g_2)}{2} \right]$$

$$V = \frac{D_0}{r-g_2}[(1+g_2) + H(g_1-g_2)]$$

(8-45)

在图 8-9 中，当 $t=H$ 时，$g_H = \dfrac{g_1+g_2}{2}$。

根据 H 模型，如果股票以内在价值 P_0 出售，那么投资者(股东)的期望收益率 $E(r)$ 可以

用下面这个公式计算，即

$$E(r) = \frac{D_0}{P_0}[(1+g_2) + H(g_1 - g_2)] + g_2 \tag{8-46}$$

上式更充分地表明了由 H 模型求解 r 非常简便。

如果假设 H 为过渡阶段的中点，即为 n_1、n_2 的中点，如图 8-10 所示，则运用 H 模型计算的结果与三阶段模型计算的结果就十分相近。在这样的假设条件下，H 可能是以下两种情况之一：H 是增长率由 n_1 变化至 n_2 的时间中点；对于三阶段模型而言，H 为阶段 2 的中点。

为了说明上述性质，仍用例 8-10 中的资料：

$$D_0 = 1.5 \text{ 元}，\quad g_1 = 20\%，\quad g_2 = 10\%，\quad n_1 = 3 \text{ 年}，\quad n_2 = 10 \text{ 年}，\quad r = 12\%$$

如果 H 为第二阶段的时间点，这样 H 就为 $6\frac{1}{2}$ 年，将上述结果代入式(8-44)，有

$$V = \frac{1.5}{(0.12 - 0.10)}\left((1+10\%) + 6\frac{1}{2}(0.20 - 0.10) \right) = 131.25 \text{ (元)}$$

这与上面运用三阶段模型计算的结果十分接近，而计算要简便得多。

增长率随时间线性下降的模型适用于具有下列特征的公司：公司当前的增长率较高，但是当公司规模越来越大时，预期增长率将随时间逐渐下降。与竞争对手相比，这些公司拥有的竞争优势也逐渐丧失。然而，红利支付率是常数的假设使它不适用于当前红利很低或不支付红利的公司。因此，高增长率和高红利支付率的要求使 H 模型的应用范围十分有限。

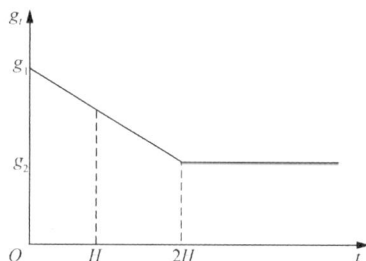

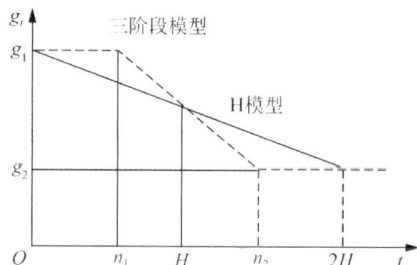

图 8-9 H 模型示意图   图 8-10 H 模型与三阶段模型的关系

值得一提的是，除上述的几种常见模型外，还可以根据公司的不同类型及其所处的行业发展阶段，构建三阶以上的定价模型，比如四阶、五阶等高阶股票定价模型。这些模型可以由固定增长的一阶、二阶和三阶模型进行组合而得到，以提高股价估值的实用价值。

思考： ①H 模型的增长率下跌的斜率如何确定。②H 模型与三阶段模型估值偏差较小的前提条件是什么？③H 模型的矛盾：公司增长率下降，但股利支付率保持不变，这合理吗？

提示： H 模型的计算简化，以适应实际投资处理的复杂性，却是以计算结果的局限性或近似性为代价的。

市场范例： 用三阶段模型和 H 模型分别对三六零、贵州茅台、科大讯飞、中芯国际、武商集团等股票进行估值，具体如表 8-11 所示(假设第一阶段、第二阶段时长分别为 3 年和 7 年)。

表 8-11　三阶段模型和 H 模型股票估值市场范例

股票名称	期初股利[①]/元	一阶段增长率/%	二阶段增长率/%	必要收益率/%	市场价格/元	三阶段模型估值/元	H模型估值/元	时间节点
三六零	0.07	30	10	12	11.98	15.80	12.25	2023 年 7 月 25 日
贵州茅台	25.6	15	10	12	1 828.55	1 789.99	1 920.00	2023 年 7 月 25 日
科大讯飞	0.3	30	10	12	64.31	72.03	62.50	2023 年 7 月 25 日
中芯国际	0.32	30	10	12	49.77	46.10	43.20	2023 年 7 月 25 日
武商集团	0.145	15	10	12	9.80	10.14	10.88	2023 年 7 月 25 日

由表 8-11 可知，三六零股票被市场低估了，可以继续买入或持有；贵州茅台、科大讯飞市场价格基本反映了股票的真实价值。其中，三阶段模型与 H 模型对贵州茅台的估值平均值为 1 855 元，因此，理论上贵州茅台市场价格低于 1 855 元，可以跟进买入，而高于该价格则继续持有风险逐渐加大；同理，科大讯飞市场价格低于 67.27 元可以跟进买入，高于该价格可以择机出货。其他股票类同分析。

三、自由现金流折现模型

自由现金流(Free Cash Flow，FCF)作为一种企业价值评估的新概念、理论、方法和体系，最早是由美国西北大学拉巴波特、哈佛大学詹森等学者于 20 世纪 80 年代提出的。经历 20 多年的发展，特别在以美国安然、世通等为代表的之前在财务报告中利润指标完美无瑕的所谓绩优公司纷纷破产后，已成为企业价值评估领域使用最广泛、理论最健全的指标。美国证监会更是要求公司年报中必须披露这一指标。

(一)自由现金流

自由现金流是一种财务方法，用来衡量企业实际持有的能够回报股东的现金，指在不危及公司生存与发展的前提下可供分配给股东(和债权人)的最大现金额。

自由现金流表示的是公司可以自由支配的现金。如果自由现金流丰富，则公司可以偿还债务，开发新产品，回购股票，增加股息支付。同时，丰富的自由现金流也有利于公司积极参与市场并购活动。

自由现金流可分为企业整体自由现金流和企业股权自由现金流。整体自由现金流是指企业扣除了所有经营支出、投资需要和税收之后的，在清偿债务之前的剩余现金流；股权自由现金流是指扣除所有开支、税收支付、投资需要以及还本付息支出之后的剩余现金流。整体自由现金流用于计算企业整体价值，包括股权价值和债务价值；股权自由现金流用于计算企业的股权价值，其可简单地表述为"利润+折旧-投资"。表 8-12 所示为自由现金流相关财务核算项目。

---

① 根据东方财富网提供的财务数据模拟分红估算值。

表 8-12　自由现金流相关财务核算项目

税前营业现金流	+2 000 000
折旧额(无须扣税)	-2 00 000
应税所得	+1 800 000
应缴税款(税率为33%)	-594 000
税后收益	+1 206 000
税后营业现金流(税后收益+折旧)	+1 406 000
追加投资	-400 000
自由现金流(税后营业现金流-新的投资)	+1 006 000

(二)自由现金流估值公式

自由现金流法的基本思想是建立在资本预算的基础上的——将持续经营期间的各年净现金流折现，即可得到公司的估值。其最基本的计算公式为

$$V_0 = \frac{FCF_1}{(1+r)} + \frac{FCF_2}{(1+r)^2} + \ldots + \frac{FCF_n}{(1+r)^n}, \qquad n \to \infty \tag{8-47}$$

由式(8-47)看出，自由现金流估值模型类似红利现金流折现模型，只需将式(8-23)中的红利 D 换成 FCF 就可以了。与红利现金流折现模型相同，自由现金流模型也有四种基本类型：①零增长；②固定比率增长；③超常增长后的零增长；④超常增长后的固定比率增长。限于篇幅，此处不再赘述。

自由现金流
估值计算案例

四、估值模型的选择探析

综上所述，不同的估值模型具有其适用的局限性或针对性。如果对所有公司都使用同一估值模型是不科学的；或者说，对一家公司使用各种不同的估值模型，其估值结果可能大相径庭。为了使估值能真实反映上市公司的投资价值，有必要对不同行业、不同发展阶段的估值进行分类。

(一)根据行业的垄断性选择

行业的垄断性可分为完全竞争、垄断竞争、寡头垄断以及完全垄断。对于完全竞争性行业，由于产品无差异，缺乏定价权，因此适宜采用不变低增长估值模型。对于完全垄断性行业，由于产品在市场上具有唯一性，拥有定价优势，因此适宜采用不变高增长估值模型。对于垄断竞争性行业，如果产品低端且容易被模仿，宜采用二阶段估值模型；如果产品生产工艺复杂，不易被模仿，宜采用三阶段估值模型；对于产品投资大、技术含量高，市场准入门槛高的产品，宜采用五阶段估值模型，具体如图 8-11 所示。

(二)根据行业生命周期选择

行业的生命周期分为初创期、成长期、成熟期以及衰退期四个发展阶段，处于不同生命周期的上市公司在前期投入、技术研发、市场竞争以及盈利能力等方面有很大的差异。对处于行业初创期的公司的估值宜采用五阶段估值模型；对处于行业成长期的公司估值宜

采用三阶段估值模型；对于进入行业成熟期的上市公司可采用二阶段、三阶段或 H 模型进行估值；而对处于行业衰退期的上市公司则宜采用不变低增长模型，如图 8-12 所示。此外，行业每个生命周期又可分为初期、中期以及末期，估值模型的选择还可以进一步细化，如图 8-13 所示。

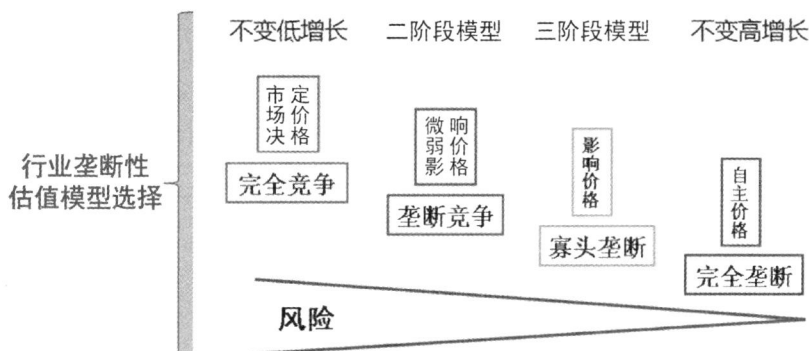

图 8-11　行业垄断性估值模型选择

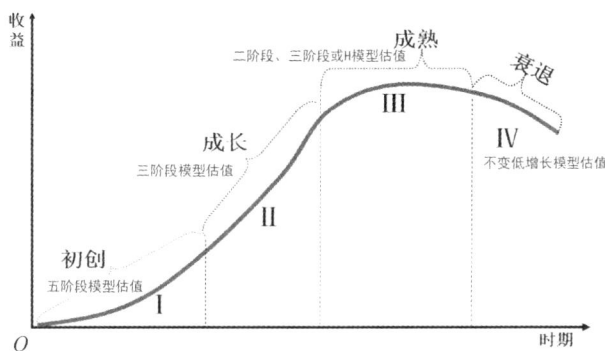

图 8-12　行业生命周期估值模型选择

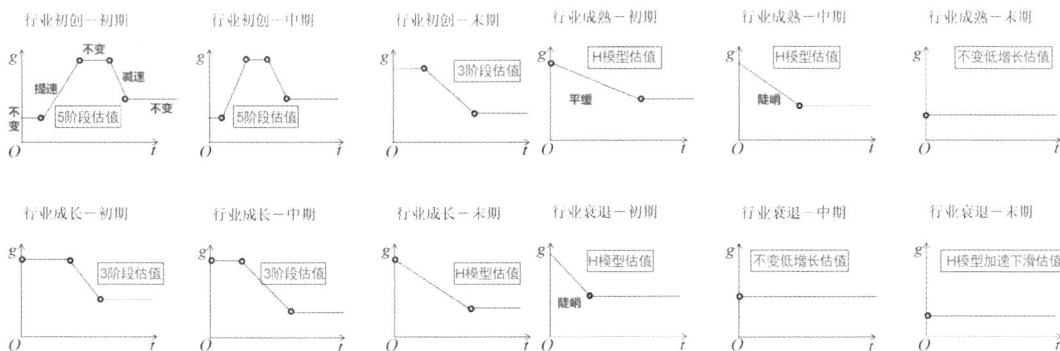

图 8-13　行业生命周期细化估值模型选择

(三)红利增长率与必要收益率的确定

到目前为止，我们一直是把红利增长率和必要收益率都当作股票估值的已知条件来使用的。但事实上，由于公司每年总投资额要大于其折旧额才能保持持续增长，即净投资＞0，根据 $E_t = E_{t-1} + RE_t \times \text{ROE}$，不难推出红利增长率的计算公式

$$g = b + \text{ROE} \tag{8-48}$$

式中：E_t 为每股收益；RE_t 为留存收益；b 为收益留存率；ROE 为股权收益率。这些数据均可以从公司财务报表相关项目中获得。

必要收益率 r 一般由无风险报酬、风险报酬以及通货膨胀率等因素构成，即

$$r = r_F + r_{\text{risk}} + p_{\text{inflation}}$$

式中：r_F 为无风险报酬率；r_{risk} 为风险报酬率；$p_{\text{inflation}}$ 为通货膨胀率。现实中，通常取同行业的平均值作参考。

本 章 小 结

练习与思考

1. 分析债券应得收益率、到期期限和息票率这三者与债券价格之间的关系。

2. 简述利率期限结构的市场预期理论、流动性偏好理论以及市场分割理论。

3. 某种期限为 15 年期的国债，债券面值为 1 000 元，息票利率为 9%，每半年支付一次利息，假设该债券的应得收益率为 8%，试计算该债券的内在价值。如果该债券是零息票债券，那么其内在价值是多少？(假设债券应得收益率保持不变)

4. 试分析在什么情形下使用多阶段股利贴现模型比固定增长模型更重要?

5. 一家公司当前支付了 1.00 元/股的股利，且预期无限期内将以 5%的增长率增长。若股票的当前价值为 35 元/股，那么根据固定增长的股利贴现模型计算的投资必要收益率是多少?

6. 今年年底，如果 A 公司的股票预期股利为 0.6 元/股，且预期股利以每年 10%的速度增长，而 A 公司股票每年应得到的收益率为 12%，那么其内在价值为多少?

7. 某上市公司当前股利为 2 元/股。最近公司引进国外新技术专利项目的开发权，估计该专利产品上市后能够使公司经营业绩大幅度提升。预计该公司未来 3 年将处于快速增长阶段，股利增长率水平稳定在 20%，而从第 4 年始到第 10 年止，公司股利增长率以线性方式逐步下降，从第 10 年起维持稳定的增长率 10%上。经估计，公司必要收益率为 12%。这样有，$n_1 = 3$，$g_1 = 20\%$，$n_2 = 10$，$g_2 = 10\%$，$r = 12\%$，试用多阶段模型计算该股票内在价值。

实 践 案 例

华电国际：龙头电企估值分析

公司发布 2023 年年度报告：报告期内公司实现营业收入 1 171.76 亿元，同比增长 9.45%；归母净利润为 45.22 亿元，同比增长 3 789%；扣非后归母净利润为 38.03 亿元；经营活动产生的现金流量净额为 132.52 亿元，同比增长 37.26%；基本每股收益为 0.35 元；加权平均 ROE 为 9.34%，同比增长 11.41 个百分点。

动力煤中枢下行叠加长协保供，公司度电成本下降，盈利增加。2023 年年底，秦港动力煤 Q5500 均价为 965.34 元/吨，同比下降 23.99%；动力煤年度长协均价为 713.83 元/吨，同比下降 1.09%。同时，2023 年煤炭保供政策执行力度较大，公司通过积极拓宽煤炭资源供应渠道，落实长协煤兑现工作，提高了公司燃料煤长协占比，有效降低了成本。2023 年，公司火电平均度电成本为 0.432 7 元/千瓦时，同比下降 7.31%。公司整体燃料成本约为 754.62 亿元，同比下降 8.93%；电力业务毛利率为 8.7%，同比提高 6.38 个百分点。

火电装机布局及结构优越，竞争力较强。公司是中国装机容量最大的上市发电公司之一，截至 2023 年年底，公司控股发电企业共计 45 家，控股装机容量为 58 443.59 兆瓦。其中，燃煤发电控股装机 46 890 兆瓦，燃气发电控股装机 9 094.59 兆瓦，水力发电控股装机 2 459 兆瓦。公司的火力发电机组中，90%以上是 300 兆瓦及以上的大容量、高效率、环境友好型机组，其中 600 兆瓦及以上的装机比例约占 50%，远高于全国平均水平。同时，公司主要机组分布于山东、四川、河南、安徽、湖北、广东等电力调入省份，公司上网电价平均为 516.98 元/兆瓦时，比 2023 年全国 33 地(除西藏)电网企业代理平均购电价格高出 20.57%。公司 2023 年火电发电量为 2 144.59 亿千瓦时，同比增长 1.55%；售电量为 2 003.13 亿千瓦时，同比增长 1.46%；收入为 942.61 亿元，同比增长 0.89%；新增火电装机 369.55 万千瓦。

容量电价增强业绩稳定性。中央企业加强市值管理或提振估值。公司机组先进性及持续推进的灵活性改造，有望受益于容量电价政策的实行，公司业绩稳定性增强。同时，中央企业加强市值管理，公司作为中国华电上市平台，资产注入预期仍然强烈(2023 年，中国华、电对非上市常规能源发电资产是否符合注入条件进行核查，并由华电国际进行披露)。2023 年利润分配方案拟派发股息每股 0.15 元(含税)，以总股本为基数，合计派发 15.34 亿元(含税)，占可供分配归母净利润的 43.65%。随着市值管理考核加强及公司盈利能力继续增强，预计公司后期分红能力仍有提升空间。

预计公司 2024—2026 年 EPS 分别为 0.61 元、0.66 元、0.67 元，对应公司 4 月 17 日收盘价 7.39 元，2024—2026 年动态 PE 分别为 12.0 倍、11.2 倍、11.0 倍(见表 8-13)。预计 2024 年动力煤价中枢下移，看好公司电力板块盈利能力继续提高，公司分红能力仍有提升空间，具备一定的投资价值。给予"增持-A"投资评级。

表 8-13 华电国际成长性财务指标预期

会计年度	2022A	2023A	2024E	2025E	2026E
营业收入(百万元)	107 059	117 176	117 847	118 468	118 891
同比增长率(%)	2.5	9.5	0.6	0	0.4
净利润(百万元)	100	4 522	6 286	6 773	6 891
同比增长率(%)	102.0	4430.7	39.0	7.8	1.7
毛利率(%)	0.4	6.4	8.0	79	82
EPS(摊薄/元)	0.01	0.44	0.61	0.66	0.67
ROE(%)	−0.9	5.8	7.4	75	7.1
PE(倍)	757.2	16.7	12.0	112	11.0
PB(倍)	2.1	1.9	1.7	1S	13
净利率(%)	0.1	3.9	5.3	5.7	5.8

公司面临的风险包括以下几方面。

(1) 宏观经济增速不及预期风险：目前，国际环境复杂严峻，国内经济修复若不及预期可能带来用电量增速降低风险。

(2) 电力市场风险：我国新能源装机比例提升，火电发电空间进一步被压减，公司存在电量下降的风险。电力现货交易市场全面推开，电价及利用小时数都存在一定的不确定性。

(3) 燃料煤价格超预期风险：2024 年以来保供政策放松，长协覆盖率要求降低，若后期公司长协煤覆盖率降低或煤炭需求或进口减少等超预期，则煤价仍有可能上涨，带来燃料煤成本提高风险。

(4) 项目发展风险：公司部分抽水蓄能项目的"纳规"仍存在较大不确定性，短期很难形成规模效应；其他如新型储能、地热、制氢与氢能利用等新领域发展速度存疑。

(5) 安全生产风险：电力生产存在一定的危险因素。

(6) 环保风险：随着"双碳"目标的推进，火电需求或碳排放要求或将提高，可能带来环保成本提升。

截至 2024 年 7 月底，该公司每股收益为 0.513 元，每股净资产为 3.996 元，净资产收益率为 4.03%，市盈率为 10.79 倍，毛利率为 8.4%，每股收益增长率 3 年复合率为 1.98%，公司行业排名 43/82；市盈率增长率 PEG 为 0.19，行业排名 11/82；净资产收益率 ROE 3 年平均为−0.04，行业排名 60/82。比较三个月前的市场表现，公司股票价格走出一波震荡下行旗形整理形态。股票现价为 5.54 元。显然，公司经营和股票市场表现落后于之前的预期分析。

(资料来源：根据东方财富 Choice 数据终端——山西证券胡博的研究报告：

《盈利显著改善，看好龙头电企估值提升》整理.)

思考

1. 请阐述上市公司估值的一般方法和主要内容。

2. 本案例中涉及了股票估值的哪些指标和方法。

第九章　证券投资经典理论

【章前导读】

本章将介绍经典投资学的基本原理和方法。包括马科维茨投资组合优化理论、资本资产定价理论、套利定价原理、无套利定价方法以及有效市场假说理论等方面的内容。

马科维茨投资组合理论在期望—方差和理性预期一致假设下提出了投资组合效用最大化的优化思路和求解方法，马科维茨—威廉·F.夏普首次发现了分离定理、单基金定理和两基金定理，将组合最优化的问题简化到了极致，实现了理论与实践"无缝对接"的最高境界。CAPM理论对资产的收益和风险之间内在关联做出了里程碑意义上的重大贡献。APT套利定价方程在定价思路和套利识别方法上另辟蹊径，用影响证券收益率的因素实现组合最优化目标，并给出了无风险套利存在的判别准则，为20世纪90年代兴起的量化交易奠定了理论基础。无套利定价理论阐述了市场达到均衡时的资产定价机制与方法。有效市场假说给出了令人惊愕的判断：在弱有效市场条件下，技术分析"失效"了；在半强有效市场条件下，不仅技术分析甚至基本分析也失去了应用意义和价值；在完全有效市场条件下，利用内幕信息也不可能获得稳定的超额利润。那么，如何让这些高深理论从"王谢堂前燕"，飞入百姓家，使其成为紧密联系实际解读与解释市场现象、判定交易合规的准绳与法度的工具，你有没有发自内心的好奇和跃跃欲试的冲动？

投资必须是理性的。如果你不能理解它，就不要做。

——沃伦·巴菲特 (Warren Buffett)

【关键词】

马科维茨投资组合最优化 风险分散 有效边界 无差异曲线 无风险资产 分离定理 单基金定理 两基金定理 全市场组合 最优市场组合 CML SML β系数 CAPM 因素敏感性 单因素套利定价模型 多因素套利定价模型 套利定价方程 无套利定价 静态组合复制定价 自融资动态复制策略 套利等价性条件与套利等价性推论 弱式有效市场 半强式有效市场 强式有效市场 证券市场EMH异象

【案例引入】

1952年，法国经济学家、诺贝尔经济学奖获得者莫里斯·阿莱斯做了一个著名实验，该实验测试了由100人参与的赌局。

赌局A：100%的机会得到100万元。

赌局B：10%的机会得到500万元，89%的机会得到100万元，1%的机会什么也得不到。

实验结果：绝大多数人选择A而不是B，即赌局A的期望值(100万元)虽然小于赌局B的期望值(139万元)，但是A的效用值大于B的效用值。

然后，阿莱斯使用新赌局对这些人继续进行测试。

赌局C：11%的机会得到100万元，89%的机会什么也得不到。

赌局D：10%的机会得到500万元，90%的机会什么也得不到。

实验结果：绝大多数人选择 D 而非 C，即赌局 C 的期望值(11 万元)小于赌局 D 的期望值(50 万元)，而且 C 的效用值也小于 D 的效用值。

阿莱斯的这一实验结果，被称为"阿莱斯悖论"。它揭示了预期效用理论与其所依据的理性选择公理之间存在逻辑不一致的问题。因为市场的大多数交易行为并不一定是"理性"选择的结果。而经典投资学理论大都建立在"理性人""理性预期"的假设基础上，并且是依据效用最大化的"啄食偏好"做出交易决策的，如马科维茨投资组合理论、资本资产定价理论以及有效市场假说等。这样，投资学从这些传统理论所获得的结论的正确性、现实意义和实用价值可能备受质疑。而毋庸置疑的是，这些建立在理性假说基础上的理论与方法，至少为市场提供了可以比对的参照系，或市场是否达到均衡的判别依据。当市场与"参照系"相背离时，我们会认为市场出现了"差错"，或市场被认定发生了需要纠偏的问题，而"纠偏"的方法可能是套利行为，抑或是某种市场制度的重构与完善。比如，弱有效市场理论认为，当市场是弱有效的时候，是不存在使用技术分析方法预测股价走势而持续获得超额利润机会的。但现实中，利用"萝卜快跑""31 马赫超音速""低空经济"以及"人形机器人"等概念题材，通过技术分析等方法捕捉瞬时套利机会，获得超额收益的例子却比比皆是。这反过来说明我们的市场还欠缺弱有效市场的特质，价格被市场误定的概率较大，市场尚未达到完备的高级水平状态。

第一节　马科维茨投资组合最优化

一、投资组合概述

(一)投资组合的概念

在投资学中，投资组合(Investment Portfolio)就是分散投资。分散投资就是将投资者所拥有的资金投向一系列资产(而不是单一资产)进行投资的市场行为。这包括对同一属性资产的分散投资和不同属性资产的分散投资。前者是指具有相似、相近风险—收益特征的某一类资产的组合，比如将资金分散投资于不同行业的股票，或分散投资于不同期限的债券，这都属于同一资产属性的分散投资；后者则指不同风险—收益特征的不同资产之间的组合，比如将资金分散投资到股票、债券、商品、不动产、流动资产或其他资产上的投资行为。从分类来看，同类资产间的分散投资称为狭义投资组合；不同类资产间的分散投资称为广义投资组合。

(二)投资组合的目的

1. 降低投资风险

投资组合的目的是分散风险、降低风险。证券市场上有一句俗语，"不要将所有的鸡蛋放在一个篮子里，以免篮子掉下去后，所有的鸡蛋都碎了"，以此来达到"东方不亮西方亮"的低风险投资效果。无论是狭义投资组合还是广义投资组合，都利用资产风险以及收益的差异来避险和提高收益。假设存在两只证券的组合，其中一只证券价格上涨，另一只价格下跌，价格变化幅度相同，则该组合的价值没有变化或变化较小。显然，这是因为组合元素涨跌互抵，收益与损失相互冲销了。可见，组合元素之间的风险—收益的差异性决定了避险的效果，价格相关性差异越大，降低风险的效果越好，此即所谓投资组合的"弱相关"原理。换句话说，完全同质的资产组合从分散风险的角度看几乎是没有意义的。现实中处于同一经济运行过程中的产业部门之间的膨胀与衰落周期是有差异的。比如，房地产、汽车行业与饮食、商品零售业之间就存在价值波动频率、幅度乃至方向等高低、大小和背离差异。因此，在不同行业上市公司股票之间进行组合不仅是必要的，而且是可行的。

需要特别指出的是，投资组合分散的是非系统性风险，对于系统性风险所做的功效是非常有限的，甚至是无用功。[1]因此，应尽可能避免对同质行业的资产进行投资组合。随着组合元素的增加，非系统性风险逐步降低，而系统性风险最终趋于一个常量。

2. 提高投资收益

分散投资可以降低风险是显而易见的，但投资组合可以提高收益，何以见得呢？"东方不亮西方亮"往往是"东方亮了，西方却不亮"，从而导致"东方也不那么亮了"。不同投资品的收益与损失相互抵销，似乎鱼和熊掌不可兼得，未必分散投资就能提高收益。但如果现有组合品种上的投资比重发生改变，就可能产生不同的风险—收益效果。比如，在牛市行情中加大周期性行业的投资比重，而降低稳健行业的投资比重；在熊市行情中则反其道而行之。如果市场与预期相符，就有可能从组合投资中获取期望的收益水平，而这恰恰是单一资产投资不可能达到的效果。理论上，投资组合可以有无穷多种选择，因此投资组合实际上给了投资者在无穷多种组合方案中选择最佳投资组合的可能。从这个意义上讲，分散投资有机会实现收益水平的提升。

(三)组合分散风险的实证结论

下面引证国外比较经典的实证研究来支持组合投资分散风险的理论。埃文斯和阿彻实证研究表明：当组合规模超过 8 种证券时，为了显著(0.05 水平)降低组合的平均标准差，需要大量地增加组合规模；当组合规模超过 10 种证券时，组合平均标准差的平均值接近 0.12，并趋于稳定。因此，组合超过 10 种证券，至少从经济意义上考虑是没有必要的。

费希尔和罗里(1970)实证研究表明：①当组合规模超过 8 种证券时，组合风险收益开始趋于稳定，增加股票数目不能有效地降低非系统性风险；②在同等规模下跨行业证券组合的收益与风险和简单随机证券组合无差异，但跨行业组合不一定能取得更好的分散风险的效果(利维 1979 年提出质疑)；③市场整体风险只是一种股票组合风险的 50%～70%，持有 2 种股票可降低非系统性风险的 40%，当持有的股票为 8、16、32、128 种时分别可降低非系统性风险的 80%、90%、95%与 99%。

通过上述例证，我们可以得出以下结论。

(1) 投资组合比单一投资风险小。非系统性风险可以被充分分散，而系统性风险最初随着组合数量的增加而增加，而后逐渐趋于稳态常量。

(2) 参与证券组合的数量不必过多。实证分析表明，8～10 种证券的组合规模就可以达

---

[1] 关于证券投资风险分为系统性风险和非系统性风险的基本概念以及分散投资降低风险的数学论证参见吴可于 2012 年在清华大学出版社出版的《证券投资理论与市场操作》中关于资本资产定价的有关章节。

到明显降低非系统性风险的效果。

(3) 跨行业组合的效果未必更佳，弱相关组合的原理受到了实证检验的质疑。

二、马科维茨投资组合优化思想

(一)马科维茨投资组合理论的基础

马科维茨投资组合理论基于以下基本假设。

(1) 理性投资者假设。所谓理性投资者，是指同时具备以下两个特征的投资者：①他们都是风险厌恶者；②他们追求收益最大化。投资者风险厌恶表现为，当预期收益相同时，理性投资者偏好风险最小的投资；追求收益最大化体现在，当风险水平相同时，理性投资者偏好高收益的投资。现实生活中，投资者对风险的偏好程度各异，甚至有人因为高收益而无视风险。但是，资产组合模型假设理性投资者以风险厌恶为特征，想要让投资者承担额外风险，必须在收益上给予相应的补偿。

(2) 期望—方差决策假设。马科维茨认为，投资本质上是在不确定的收益和风险中做出选择。他建立了所谓"理性投资者"如何选择优化投资组合的思想体系和方法。该理论用均值—方差来刻画收益和风险这两个关键因素。所谓均值，是指投资组合的期望收益 E，它是单只证券的期望收益的加权平均，权重为相应的投资比例。股票的收益包括分红派息和资本增值两部分。所谓方差，是指投资组合收益率与期望差的平方的概率加权和，通常记为 σ^2。它描述了投资组合收益率的波动，反映了组合的风险。在均值—方差的二维坐标平面上建立了投资组合的收益与波动的对应关系。

(3) 市场预期一致假设。投资者是理性的，他们在同一时期对市场信息做出判断，对每一只股票的价值分析技术结果没有差异，因此对市场价格走势的预期是一致的。这一假设导致了投资者在市场的操作行为的一致性。

(二)马科维茨最优化逻辑思想

马科维茨的优化组合是通过"二次"优化来实现的。马科维茨用期望与方差在厌恶风险的世界里构建了模型Ⅰ和模型Ⅱ两类模型：模型Ⅰ是在风险一定的条件下获取投资收益最大化的组合；模型Ⅱ是在收益一定的条件下取得风险最小化的组合。前者通过优化实现了组合收益的最大化，后者则实现了组合风险的最小化。同时兼具两类模型特性的组合被称为马科维茨的有效组合。有效组合在期望与方差坐标平面上的轨迹称为有效边界或有效前沿。投资组合的有效前沿是一条单调递增的凹曲线。

在波动率—收益率二维平面上，任意一个可行的投资组合要么落在有效边界上，要么处于有效边界右侧的区域内。因此，有效边界包含了全部(帕累托)最优投资组合。理性投资者只需在有效边界上选择符合其风险偏好的投资组合。因此，马科维茨的组合模型是通过改变收益或风险的约束条件的二次优化方式获得不同风险偏好投资者期望的组合，而这些组合都在且只能在有效边界上寻找。

三、投资组合理论发展概述

美国经济学家马科维茨于 1952 年首次提出投资组合理论(Portfolio Theory)，并进行了系统、深入和卓有成效的研究。他利用均值—方差模型分析得出通过投资组合可以有效降低风险的结论，并因此获得了诺贝尔经济学奖。马科维茨投资组合理论的诞生标志着现代投资组合理论的开端。

20 世纪 30 年代，人们已经开始关注和研究分散投资对降低风险的价值和意义了。Hicks(1935)认为应该将风险引入分析中，因为风险将影响投资的绩效和期望净收入。Kenes(1936)和 Hicks(1939)提出了风险补偿和资产选择概念，认为风险是可以被分散掉的。Williams(1938)提出了"分散折价模型"(Dividend Discount Model)，认为通过投资于足够多的证券，总可以寻找到满足收益最大化和风险最小化的组合。

Roy(1952)提出了"安全首要模型"(Safety-First Portfolio Theory)，将投资组合的均值和方差作为一个整体来选择，尤其是他提出以投资组合收益小于给定的"在险水平"的概率极小化作为模型的组合优化决策准则，为后来的在险价值(Value at Risk，VaR)等方法提供了思路。

Tobin(1958)提出了著名的"两基金分离定理"，即在允许卖空的证券组合选择问题中，每一种有效证券组合都是一种无风险资产与一种特殊的风险资产的组合。

Hicks(1962)的"组合投资的纯理论"指出，在包含现金的资产组合中，组合期望值和标准差之间有线性关系，并且风险资产的比例仍然沿着这条线性有效边界移动，这就解释了 Tobin 的分离定理的内容。William F.Sharpe(1963)提出了"单一指数模型"，该模型假设资产收益只与市场总体收益有关，从而极大简化了马科维茨理论中所用到的复杂计算。

Mao(1970)、马科维茨(1959)、Orter(1974)、Hogan 和 Warren(1974)以及 Harlow(1991)等认为下半方差更能准确刻画风险，因此讨论了均值—半方差模型。Konno 和 Yamazaki(1991)用期望绝对偏差刻画风险，建立了一个资产组合选择的线性规划模型，被称为均值—绝对偏差模型，之后又扩展成均值—下半绝对偏差模型。

20 世纪末期至 21 世纪初期以来，基于马科维茨投资组合理论的研究主要体现在以下几方面。①考虑交易费用和流动性约束的投资组合研究。例如，Shreve 和 Akian(1995)等人利用黏度理论研究了具有交易成本的多维资产组合问题，并采用有限差分法求解了一个三资产的期末财富最大化问题。②基于风格投资的投资组合研究。例如，Kaplan(2003)研究发现对于大盘价值型组合与中小盘成长型组合，不同分析方法存在显著差异性。③基于连续时间的长期投资组合研究。例如，Kim 和 Omberg(1996)、Balduzzi 和 Lynch(1999)、Barberis(2000)等人建立了长期投资者资产组合选择的实证模型。④基于 VaR 的投资组合研究。例如，Bogentoft 等(2001)、Topaloglou 等(2002)、Castellacci 和 Siclari(2003)也研究了基于 VaR 和 CVaR 的资产组合选择问题等。

近年来，投资组合研究呈现以下特性：①多目标化；②多期动态化；③约束多样化；④算法优化改进等。

Liu 等(2016)基于可信度理论构建了具有破产约束条件的多期模糊投资组合优化模型，并使用粒子群算法求解。Li 等(2018)提出了基于不确定性环境下带有破产约束的最终财富最大化和投资风险最小化的多期投资组合优化模型。Ma 等(2019)提出了具有收益可预测性和基于交易成本约束的连续时间动态投资组合优化问题。Díaz 和 Esparcia(2021)基于投资者行为的时变风险厌恶参数，利用 GARCH、GARCH-M 和 DCC-GARCH 等条件单变量和多变量模型来构建最优的动态投资组合。Drenovak 等(2021)专注于研究均值—最大回撤投资组合优化问题，并通过使用改进的多目标进化算法进行求解。Anis 和 Kwon(2022)研究了具有基数约束的风险评价投资组合优化问题，提出了两种全新的基于二次约束的二次整数优化模型，并通过实证数据检验了其模型的计算速度与精度。

四、马科维茨投资组合最优化路径

前文已经介绍了马科维茨投资组合优化的基本模型，并指出投资者所需要的最优解应位于有效边界上。下面将讨论为什么最优组合在有效边界上，以及获得最优组合的基本思路是什么。

(一)证券组合的可行域、最小方差集和有效集

1. 寻优路径——可行域

马科维茨投资组合最优化基本模型是以期望收益率 E 及其标准差 σ(或方差)为基础的。构建一个期望与标准差的二维平面 E—σ，任何一个证券在该平面上都可以找到一个点 (E_j, σ_j) 与之对应。同样地，任何一个证券 A 与证券 B 的组合 P，都可以在组合的二维平面 E_p—σ_p 上找到一个点与之对应，如图 9-1(a)的组合 Z。如果改变组合元素之间的投资比率(权重)，就可以得到一系列组合的轨迹。如果遍取证券组合可能权重比值(满足组合比率等于 1)便可以得到全部机会组合，我们把包含所有可能的机会组合全体称为证券组合的可行域。如图 9-1(b)所示不允许卖空条件下，Z_1 和 Z_2 分别是按权重(x_A, x_B)为$(0.6, 0.4)$和$(0.5, 0.5)$组合而成的。对于允许卖空情形，可行域是由过证券 A 和证券 B 的开放式曲线来表现的。由于允许卖空，因而可以将卖空 B 证券的资金再投资到证券 A 上，因而可以获得曲线上 A 右上方的组合；反之，可以获得曲线上 B 右下方的组合，如图 9-1(c)所示。一般而言，可行域是由 N 种证券构成的全部可能组合全体，任何一种证券组合都位于可行域的内部或其边界上。

图 9-1(d)～(e)显示了三种及三种以上证券非卖空和允许卖空条件下组合的可行域。与两种证券组合可行域不同的是，三种及三种以上的证券组合的可行域不再是一条曲线，而是 E—σ 平面上的左凸曲面上所代表的组合全体。在非卖空条件下，三种证券以上的组合可行域为封闭式的左凸区域[见图 9-1(d)]；在允许卖空条件下，则是开放式的左凸区域[见图 9-1(e)]。

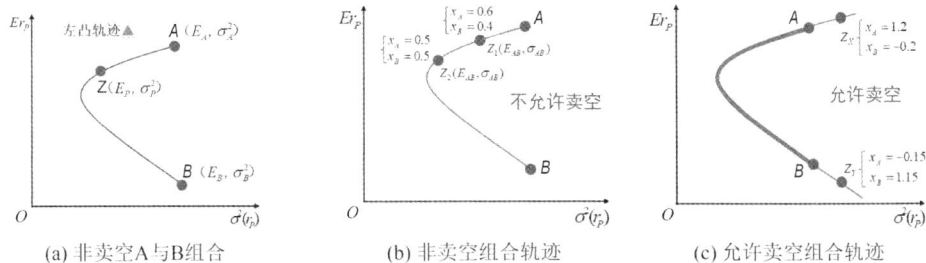

(a) 非卖空A与B组合　　　　(b) 非卖空组合轨迹　　　　(c) 允许卖空组合轨迹

图 9-1　可行域

(d) 非卖空情形   (e) 允许卖空情形

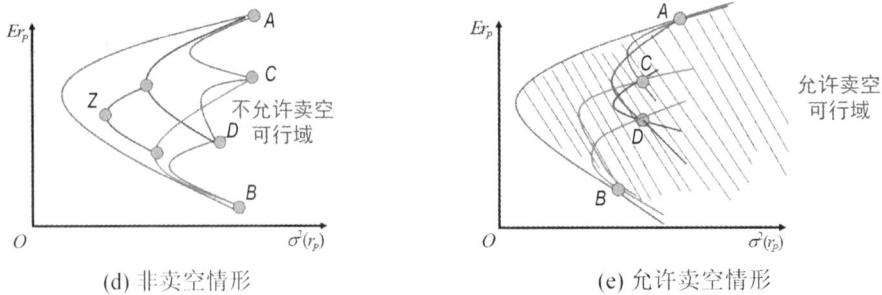

图 9-1 可行域(续)

就一般情形而言，可行域是一条凸向纵轴的半支双曲线及其所含区域。证券组合可行域具有以下性质。

(1) 组合可行域边缘形态向左凸，而不会向右凸，如图 9-2 所示，因为向右凸起的组合，可能出现组合后风险更大的情形，这与分散投资降低风险的理念相悖。

(2) 可行域不可能有缺口或多个凸起形态，如图 9-3 所示。如果有缺口，可以在两个可行凸点上构筑一个线性组合，而这一组合必定超越可行域，这是矛盾的，因为可行组合的线性组合是不可能构筑出非可行组合的。同理，多个凸起的情形也是如此。

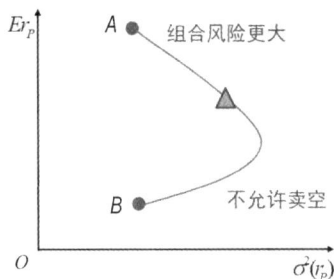

图 9-2 可行域只可能向左凸起   图 9-3 可行域不可能出现缺口

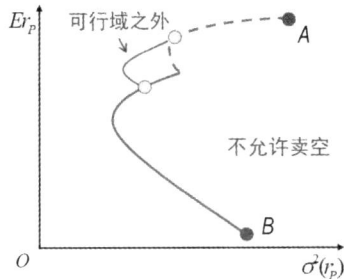

(3) 可行域的凸性形态由 A 与 B 两只证券收益率的相关性(概率统计中随机变量的相关系数 ρ_{AB})来决定。

在不允许卖空条件下，两个证券组合降低风险的程度依其相关系数 ρ_{AB} 不同而不同。

如图 9-4 所示，①若 A 与 B 两个证券的收益率完全正相关，即 $\rho_{AB}=1$，则其组合可行域为 AB 线段；②若证券 A 与证券 B 完全负相关，即 $\rho_{AB}=-1$，则其组合可行域由 AK 和 KB 两条线段构成；③若证券 A 与证券 B 的相关系数介于①和②之间，即 $|\rho_{AB}|\leqslant1$，则其组合可行域为 $AKBA$ 区域内的各个线段所示。

此外，相关系数 $0\leqslant\rho_{AB}\leqslant1$ 的证券组合，降低风险的能力比较弱，从图 9-4 中可以发现，当 AB 组合的相关系数为 $0.5\leqslant\rho_{AB}\leqslant1$ 时，所构建的组合 P_{AB} 的风险不可能同时比证券 A 和证券 B 的风险都小。此时，证券组合 P_{AB} 的风险 σ_{AB} 为 $\min(\sigma_A,\sigma_B)\leqslant\sigma_{AB}\leqslant\max(\sigma_A,\sigma_B)$，如线段 ALB 上的 L 组合风险比证券 A 小，但比证券 B 要大。而证券 A 与证券 B 组合的相关系数为 $-1\leqslant\rho_{AB}<0$，可以构造出一个或多个组合，其组合风险同时低于证券 A 和证券 B 的风险。如线段 AMB 中的 M 组合的风险比 A 和 B 都小。

由此可见，当组合元素价格之间的相关性越弱，相关系数越小，降低风险的效果越好。此即投资组合的弱相关组合原理。

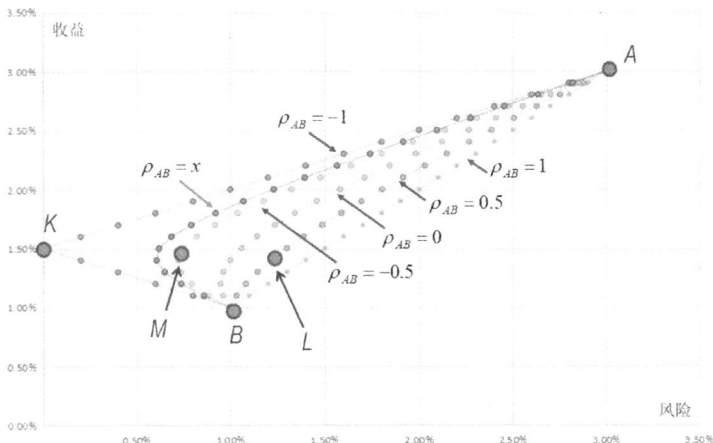

图 9-4　不同相关度下两种证券组合的可行域

2. 寻优路径——最小方差集

可行域是所有可能的机会组合全体，那么最优组合必定包含在其中。不难理解，最优组合应是位于可行域边界上的某个点。因为在可行域边界上的组合恰好是满足在给定期望水平下的方差最小的组合，也就是风险最小的组合。通常我们称组合边界线ζ为最小风险组合域或最小方差集(minimum variance set)。最优组合存在于最小方差集之中。如图 9-5 所示，可行域边缘曲线 DCAB 即为最小方差集。

最小方差集满足以下准则：对于一个给定的收益率水平，最小方差集中的证券组合具有最低的方差(或标准差[①])，并且这一点是通过之前选定的那些股票来实现的。

最小方差集有一段"反弓"曲线，如从 MVP 过点 B 的下半边缘曲线。它表明随着组合数目的增加，预期收益越来越高而风险越来越小，这一惊人发现实际上是组合多元化造成的效应。

3. 寻优路径——有效集(有效边界)

由最优组合模型 I 可知，我们的寻优路径已经限制在可行域的边界上了。而通过基本模型 II，马科维茨还发现了更为令人关注的集合：该集合不仅具备"收益一定时风险最小"的特质，还具备"风险一定时收益最大"的更优秀品质。如图 9-5 所示组合 A、C、D 就是同时具备这两种特质的组合，而组合 B 则是只满足特质 I 而不具备特质 II 的组合。事实上，同时具备特质 I 和 II 的全部组合位于以 MVP[②](全局方差最小的组合)为切分点的可行域上半边界，我们称之为有效集(Efficient set)，或有效边界，或有效组合，如图 9-6 所示。

---

① 对于给定的预期收益率，使方差最小的有价证券组合与使标准差最小的有价证券组合完全相同，因此最小方差集和最小标准差集这两个概念可互换使用。

② MVP(G1obal Minimum Variance Portfolio)是整体组合中具有最小标准差的有价证券组合。

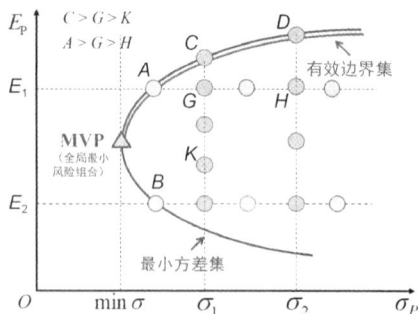

图 9-5 最小方差集

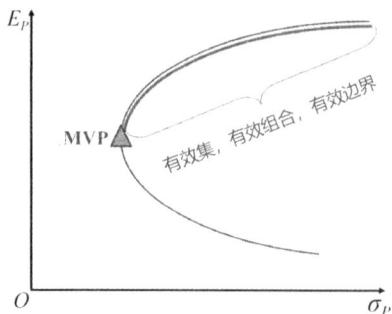

图 9-6 有效集

因此，同时满足最小方差准则和最大收益准则的投资组合全体即为有效集，最优组合必在有效组合之中。也就是说，最优风险组合存在于且只存在于有效边界上。

4. 寻优路径——线性有效边界

前文所述的有效边界没有考虑无风险资产，现在在风险资产组合中引入无风险资产。假设投资于一种无风险证券 F，其收益率为 r_F，方差为 0，位于 E_P—σ_P 二维平面的点 F，其坐标为 $(0，r_F)$。

考虑在投资组合决策中对无风险证券操作的两种行为：一种是购买一定权数的无风险证券；另一种是卖空一定权数的无风险证券。前者称为贷出了无风险证券；后者称为借入了无风险证券。下面来观察一下，有效集在加入了无风险证券之后发生了什么变化。

将无风险证券与所有可行的风险证券组合进行再组合时，以下两个命题是成立的。

命题 1：所有可行组合依然是一种风险组合，即无风险证券不改变组合的风险性。[①]

命题 2：容易证明[②]无风险证券与风险证券的结合线将是一条直线(见图 9-7)。

这样，我们就可以将原来风险证券可行域中的每一点与点 F 相连，在允许卖空的情况下，可行域改变为经过点 F 并与风险组合可行域上下边缘相切的两条射线所夹区域，这两条射线即为加入无风险证券后新的最小方差集。处在上部边界的射线 FR 即新的有效集(见图 9-8)。这就是说，加入无风险证券后，有效边界被线性化了，而我们需要寻找的最优组合必在其中。

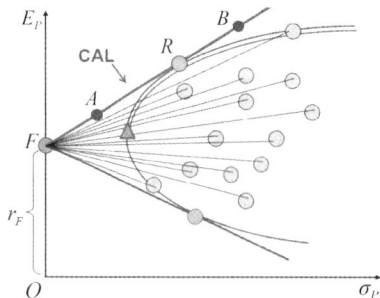

图 9-7 加入无风险证券后的可行域

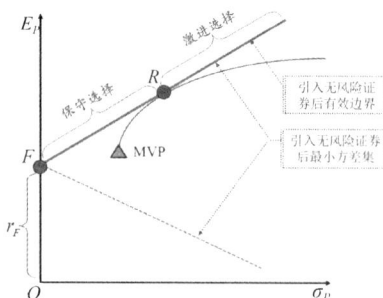

图 9-8 加入无风险证券后的有效集

---

① 除非风险证券组合权重为 0。

② 在线性有效边界上的组合只与系统性风险有关，而且其期望值与标准差是线性关系。

我们还看到，加入无风险证券后，新的有效边界只用到了两个组合元素：一是无风险证券 F，二是风险组合 R，且 R 的选择是唯一的，即缺省无风险证券时的有效边界上，只有 R 一个风险组合被新的有效边界"吸纳"。在允许卖空条件下，投资者通过改变贷出或借入无风险资产 F，改变 F 和 R 的投资比例，即可获得 FR 射线上任何一点的资产组合配置。

不同风险偏好类型投资者的组合选择如下(见图 9-9)：①极端保守的人，选择无风险证券 F 组合，放弃风险证券投资 R；②相对保守的人会在 F 和 R 组合之间保持一定投资比例；③比较激进的投资者，只选择风险资产 R，而放弃无风险资产 F；④极端冒险者会借入无风险资产 F，并将所得收入再投资到风险资产 R 上，获得更高收益风险的组合，如组合 B。在不允许卖空条件下，投资者不能借入无风险资产 F 以获得 FR 射线上除 FR 线段以外的资产配置。此时，如果投资者希望在线段 FR 以外获得更高期望收益，他只有放弃 R 风险组合，在纯风险资产组合的有效边界上作新的选择(如 R_1)来达到目的。也就是说，在不允许卖空条件下，在组合中加入无风险证券，只引起有效边界的部分线性化(FR 线段)，这时风险证券组合不再是唯一的，R 的重要性也有所减弱。此时最优风险组合只对相对保守的那一部分投资者来说是唯一的。

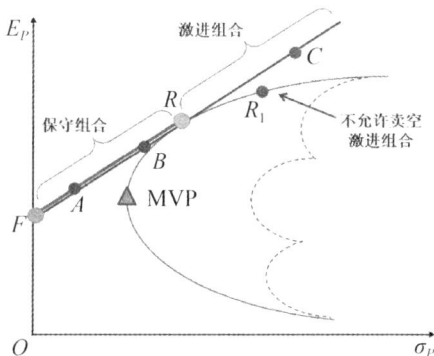

图 9-9　证券组合优劣比较

在允许卖空条件下，由于 R 的唯一性，引出了所谓证券组合的分离定理。

分离定理：在允许卖空条件下，投资者对于风险资产组合的选择与其风险偏好无关，即所有人对风险资产的选择都是组合 R，而且这种选择是唯一的。投资者的风险偏好只体现在无风险资产 F 与风险资产 R 投资比例分配上的不同。

(二)基于效用最大化的最优组合

事实上，截至目前，我们仅仅知道最优组合位于有效边界 FR 上，还没有从理论意义上确认最优组合的准确位置应如何获得。最优组合的本质是通过组合的"二次优化"获得满意的投资预期，亦即实现投资者对收益—风险的满意程度。在经济学中，我们将这种从经历或体验中获得的感受程度称为效用水平。效用水平是用效用曲线来描述的，即所谓的无差异曲线。在同一条无差异曲线上的资产配置，无论其收益—风险状态如何，给投资者所带来的满意度都是相同的。

1. 组合效用无差异曲线

对于任何一个厌恶风险而追求收益最大化的投资者来说，风险越小或收益率越大，投资的满意度就越高，投资效用水平也就越高。因此，我们可以在马科维茨的期望—方差二维平面中，利用收益和风险这两个要素来决定投资者的效用水平。

在投资组合中我们经常会遇到这样的情形：两组组合 A 和 B，A 风险小，预期收益低；而 B 预期收益高，风险也相对较大。由于风险偏好属性差异，一部分投资者认为，A 优于 B；而另一部分投资者则认为 B 优于 A；还有一部分投资者则会认为这两组投资组合满意度即"效用水平"无差异。如果把效用水平无差异的所有组合放到马科维茨期望—方差的坐标中，就会形成一条曲线，如图 9-10(a)所示，在这条曲线上，每一"点"所对应的组合其效用水平是无差异的。而同一风险偏好下的所有效用水平不同的曲线集合称为无差异曲线簇，如图 9-10(b)所示。在期望—方差二维平面中，无差异曲线是一簇向右上方倾斜，呈凸向右下方的形态，且具有非负斜率。

显然，对于相对保守投资者的无差异曲线比较陡峭，比较激进投资者的无差异曲线则比较平缓。这是因为风险偏好保守的投资者承担相同的风险所要求的溢价补偿更高，如图 9-10(c)所示。此外，无差异曲线向下凸，具有边际效用递减特性。因为增加风险所需要的补偿会越来越大；且同一风险偏好的无差异曲线不可能相交，否则同一投资组合就具有两种效用水平了，这与"无差异"概念相背离。

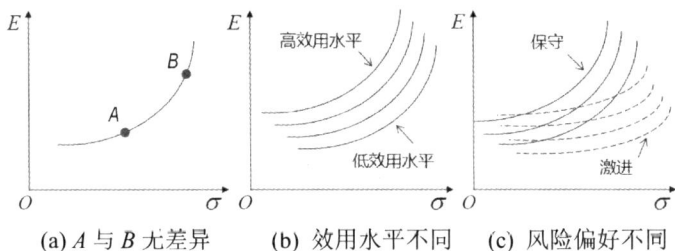

(a) A 与 B 无差异　　(b) 效用水平不同　　(c) 风险偏好不同

图 9-10　无差异曲线

2. 最优组合：有效边界的效用最大化

现在，投资组合最优解的寻优可以说是水到渠成了，即最优组合应该是位于效用水平最高的有效边界上的组合。为此，我们只需将马科维茨期望—方差平面的有效边界图与无差异曲线图进行叠加，放在同一坐标平面上。无差异曲线与有效边界相切的切点处所获得的组合，即效用最大的有效组合，此即为最优组合。这一组合恰好同时具有"收益一定时，风险最小""风险一定时，收益最大"和"投资效用最大"三位一体的性质。如图 9-11 所示，在同一有效边界上，保守型投资者的无差异曲线比较陡峭，最优组合 Z 中无风险证券的投资比重较大，Z 向无风险资产 F 靠得更近；而相对冒险型投资者，最优组合 L 中风险证券占比比较高，因此 L 更靠近最优风险资产组合 R。可见，不同风险偏好的投资者在有效边界 FR 上对无风险资产和风险资产的配置比例是不同的，因而在 FR 射线上的最优组合对应的位置也会不同。

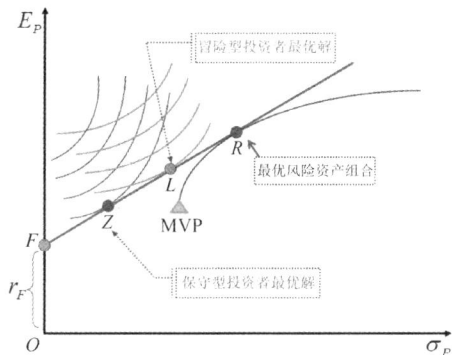

图 9-11　投资组合最优解

思考：根据对有效边界的分析，最优解存在于有效边界上。这一寻优路径对我们的实践有什么指导意义。或者说，现实中我们应该如何根据这一思路获得期望的最优组合？

首先，不难理解一个事实，即从均值与方差的角度考虑，两个有效证券组合的再组合依然是有效组合，这个组合也必然在有效边界上。遍取可能的机会(权重值)集，便可填满有效边界。也就是说，只要获得两个有效组合便能获得整个有效边界。我们把这两个有效组合视为现实环境中的两个基金，此即所谓两基金分离定理。

两基金分离定理的实践意义是：投资者只需购买两只市场表现"充分理想"的基金，理财师依据投资者的风险偏好和风险收益预期值，确定两只基金之间的投资比重，便可以实现"效用最大化"的"最优"风险资产投资组合。它不一定是马科维茨意义上的真实最优组合，但可以将其作为接近最优组合的一个参考解。

其次，另一个值得重视的现象是，在加入了无风险证券之后有效边界被线性化，特别是当允许无风险证券贷出或借入时，有效前沿[①]是从 F 出发并经过最优风险组合 R 的一条射线 FR。FR 上的任一有效组合都可以通过调整贷出或者借入无风险证券 F 与唯一的风险组合 R 的持有比例来获得。因此，最优组合也可以通过 F 与 R 的某个组合来合成。在实践中，我们可以购买一只基金，对无风险资产实施贷出或借入，最优组合可以通过基金 R 与无风险资产 F 的特定风险偏好加以配置，此即所谓单基金定理的实践意义。

最后，单基金定理或两基金定理中的基金如何寻找，如何界定被挑选出来的"基金"是有效的。

五、证券组合最优化模型

证券投资的收益率是一个遵循一定分布的随机变量，在现实中要了解其真实分布是困难的，因此一种简化的方法是用分布的两个特征——期望收益率和方差(或标准差)来刻画该随机变量的分布标志。人们投资决策的原则是使期望收益率最大化而方差(风险)最小化。如果仅投资于单个证券，决策选择是有限的。为了获得更多的选择机会，可以将资金按一定的比例分散投资于若干不同的证券，这种投资方式称为证券的组合投资。每一种证券的组合相当于一种新的证券。权数(投资分配比例)的分割可以是无穷的，因此通过组合投资，投

---

① 一些教科书将有效边界也称为有效前沿，学名"有效集"。有效边界更为形象化，便于记忆理解。

资者可以创造出无限种新的投资选择机会。

(一)两种证券组合优化

设有两种证券 A 和 B ，称之为组合元。某投资者将一笔资金以 x_A 的比例投资于证券 A ，以 x_B 的比例投资于证券 B ，且 $x_A + x_B = 1$ ，则该投资者拥有一个证券组合 $P = (x_A, x_B)$ 。其中，x_A ，x_B 分别称为证券组合 P 中证券 A 的权数和证券 B 的权数。如果到期时，证券 A 的收益率为 r_A ，证券 B 的收益率为 r_B ，则证券组合 P 的收益率的计算公式为

$$r_P = x_A r_A + x_B r_B \tag{9-1}$$

证券组合中的权数可以为负，比如 $x_A < 0$ ，则表示该组合投资者卖空了证券 A ，并将所得的资金连同自有资金买入了证券 B 。因为 $x_A + x_B = 1$ ，所以 $x_B = 1 - x_A > 1$ 。

考虑的是两种证券组合的问题，必然要涉及两种证券的关联度，即两种证券收益的协方差，因此投资组合的计算必须已知收益的联合概率分布。比如，由下列矩阵给出

$$\begin{bmatrix} p_{11} & p_{12} & \cdots & p_{1n} \\ p_{21} & \cdots & \cdots & p_{2n} \\ \vdots & \vdots & \vdots & \vdots \\ p_{m1} & \cdots & \cdots & p_{mn} \end{bmatrix}$$

事实上，对矩阵的横向及纵向求和即可分别得到证券 A 和证券 B 的收益率分布(见表 9-1)。

设 r_A 和 r_B 的收益率分布分别由表 9-1 中的(a)和(b)给出。

表 9-1　证券 A 与证券 B 的收益率分布

(a)	
证券收益率 r_A	$r_A^1, r_A^2, ..., r_A^n$
收益率概率 P_A	$P_A^1, P_A^2, ..., P_A^m$

(b)	
证券收益率 r_B	$r_B^1, r_B^2, ..., r_B^n$
收益率概率 P_B	$P_B^1, P_B^2, ..., P_B^m$

对其分布的简化描述是它们的期望值和方差。为得到投资组合 P 的期望收益率和收益的方差，除了要知道 A、B 两种证券各自的期望收益率和方差外，还须知道它们的收益率之间的关联性——相关系数或协方差。对式(9-1)两边求期望收益率和方差有

$$E(r_P) = x_A E(r_A) + x_B E(r_B) \tag{9-2}$$

$$\sigma_P^2 = \text{cov}(r_P, r_P) = \text{cov}(x_A r_A + x_B r_B, x_A r_A + x_B r_B)$$

$$= x_A^2 \sigma_A^2 + x_B^2 \sigma_B^2 + 2 x_A x_B \text{cov}(r_A, r_B) = x_A^2 \sigma_A^2 + x_B^2 \sigma_B^2 + 2 x_A x_B \rho_{AB} \sigma_A \sigma_B \tag{9-3}$$

令

$$\frac{\partial \sigma_P^2}{\partial x_A} = 0 , \quad \frac{\partial \sigma_P^2}{\partial x_B} = 0 \tag{9-4}$$

$$\frac{\partial \sigma^2}{\partial x_A} = 2 x_A \sigma_A^2 - 2(1 - x_A) \sigma_B^2 + 2[(1 - x_A) - x_A] \rho_{AB} \sigma_A \sigma_B = 0 \tag{9-5}$$

$$\frac{\partial^2 \sigma^2}{\partial x_A^2} = 2(\sigma_A^2 + \sigma_B^2 - 2\rho_{AB}\sigma_A\sigma_B) \geqslant 2(\sigma_A - \sigma_B)^2 > 0 \text{，设 } \sigma_A \neq \sigma_B \tag{9-6}$$

即式(9-5)有极小值。且由式(9-4)可求得

$$x_A = \frac{\sigma_A^2 - \text{cov}(r_A, r_B)}{\sigma_A^2 + \sigma_B^2 - 2\text{cov}(r_A, r_B)}$$

$$x_B = \frac{\sigma_B^2 - \text{cov}(r_A, r_B)}{\sigma_A^2 + \sigma_B^2 - 2\text{cov}(r_A, r_B)} \quad \text{或 } x_B = 1 - x_A \tag{9-7}$$

选择不同的权数，可以得到证券 A 与证券 B 的不同的证券组合，从而得到不同的期望收益率和方差，因而 (x_A, x_B) 的无限种取值，相当于创造了无限种证券供投资者选择。投资者可以根据自己对收益率和方差(风险)的偏好，选择最满意的组合。这一问题的最优化方法是：在风险一定的条件下，寻求收益最大的投资组合；或者在收益一定的条件下，寻求风险最小的投资组合。

【例 9-1】 考察下列股票收益的情况，具体如表 9-2 所示。

表 9-2　股票收益情况

市场条件	$r_A/\%$	p_{Ai}	$r_B/\%$	p_{Bi}
市场走势看好	15	0.5	30	0.4
市场走势一般	10	0.3	15	0.4
市场走势看跌	5	0.2	5	0.2

A、B 股票收益联合概率分布：$\{p_{ij}\} = \begin{pmatrix} 0.2 & 0.2 & 0.1 \\ 0.1 & 0.2 & 0 \\ 0.1 & 0 & 0.1 \end{pmatrix}$

(1) 计算 A、B 股票的期望收益率和方差。

(2) 如果 A、B 股票的组合比率为 $2:3$，试计算 A 股票和 B 股票组合的期望收益率与方差。

(3) 试计算最优投资组合比率。

解：(1) A、B 股票的期望收益率与方差。

$$Er_A = 0.5 \times 15\% + 0.3 \times 10\% + 0.2 \times 5\% = 11.5\%$$

$$\sigma^2 r_A = (0.115 - 0.15)^2 \times 0.5 + (0.115 - 0.1)^2 \times 0.3 + (0.115 - 0.05)^2 \times 0.2 = 0.001\,525$$

同理，可得 B 股票的期望收益率 $Er_B = 19\%$，方差 $\sigma^2 r_B = 0.009\,4$。

(2) A 股票和 B 股票组合的期望收益率与方差。

$$Er_P = 0.115 \times 0.4 + 0.19 \times 0.6 = 0.16$$

$$\sigma^2 r_P = 0.4^2 \times 0.001\,525 + 0.6^2 \times 0.009\,4 + 2 \times 0.4 \times 0.6\,\text{cov}(r_A, r_B)$$

其中：
$$\text{cov}(R_A, R_B) = (0.115 - 0.15)[(0.19 - 0.3) \times 0.2 + (0.19 - 0.15) \times 0.2 + (0.19 - 0.05) \times 0.1]$$
$$+ (0.115 - 0.1)[(0.19 - 0.3) \times 0.1 + (0.19 - 0.15) \times 0.2 + (0.19 - 0.05) \times 0]$$
$$+ (0.115 - 0.05)[(0.19 - 0.3) \times 0.1 + (0.19 - 0.15) \times 0 + (0.19 - 0.05) \times 0.1]$$
$$= 0.000\,15$$

即有

$$\sigma^2 r_p = 0.4^2 \times 0.001\,525 + 0.6^2 \times 0.009\,4 + 2 \times 0.4 \times 0.6 \times 0.000\,15 = 0.003\,7$$

求得 A 与 B 的组合期望收益率与方差分别为。

$$E r_p = 0.16, \quad \sigma^2 r_p = 0.0037$$

(3) 两种证券最优投资组合比率。

$$\begin{cases} x_A = \dfrac{\sigma_A^2 - \mathrm{cov}(r_A, r_B)}{\sigma_A^2 + \sigma_B^2 - 2\mathrm{cov}(r_A, r_B)} = \dfrac{0.001\,525 - 0.000\,15}{0.001\,525 + 0.009\,4 - 2 \times 0.000\,15} \approx 0.129\,4 \\ x_B = 1 - x_A = 1 - 0.129\,4 = 0.870\,6 \end{cases}$$

由此计算可知，当 A 证券投资比例约为 13%，B 证券投资比例约为 87%时，组合风险达到最小。

(二)N 种证券组合优化模型

下面将前文的讨论拓展到任意多个证券组合的情形。

1. 证券组合的期望收益率与方差计算

设有 N 种证券，记作 $A_1, A_2, \ldots, A_N$，证券组合 $P = (x_1, x_2, \ldots, x_N)$ 表示将资金分别以权数 $x_1, x_2, \ldots, x_N$ 投资到证券 $A_1, A_2, \ldots, A_N$。如果允许卖空，则权数可以为负，负的权数表示卖空相应证券占总资金的比重。任意两个证券 A_i 和 A_j 收益率的联合概率分布由下面矩阵表示

$$\begin{bmatrix} p_{i_1 j_1} & p_{i_1 j_2} & \cdots & p_{i_1 j_n} \\ p_{i_2 j_1} & \cdots & \cdots & p_{i_2 j_n} \\ \vdots & \vdots & \vdots & \vdots \\ p_{i_m j_1} & \cdots & \cdots & p_{i_m j_n} \end{bmatrix}$$

证券组合收益率等于各证券收益率与相应的权数乘积再相加，即设证券 A_i 的收益率为 r_i ($i = 1, 2, \ldots, N$)，则证券组合 $P = (x_1, x_2, \ldots, x_N)$ 的收益率的计算公式为

$$r_P = x_1 r_1 + x_2 r_2 + \ldots + x_N r_N = \sum_{i=1}^{N} x_i r_i \tag{9-8}$$

因此，风险资产证券组合 P 的期望收益率和方差，分别可通过以下公式计算

$$E(r_P) = \sum_{i=1}^{N} x_i E(r_i) \tag{9-9}$$

$$\sigma_P^2 = \sum_{i=1}^{N} \sum_{j=1}^{N} x_i x_j \, \mathrm{cov}(r_i, r_j) \tag{9-10}$$

或

$$\sigma_P^2 = \sum_{i=1}^{N} x_i^2 \sigma_i^2 + 2 \sum_{1 \le i < j \le N} x_i x_j \, \mathrm{cov}(r_i, r_j) = \sum_{i=1}^{N} x_i^2 \sigma_i^2 + 2 \sum_{1 \le i < j \le N} x_i x_j \sigma_i \sigma_j \rho_{ij} \tag{9-11}$$

式中：σ_i^2 为 A_i 的收益率 r_i 的方差；ρ_{ij} 为 r_i 和 r_j 的相关系数，$i, j = 1, 2, \ldots, N$。

在上述模型中除了要知道期望收益率、方差以外还要计算协方差，这就需要知道联合分布。对分布本身的估计是十分困难的，也是不必要的。事实上，只需对协方差和相关系数直接做出估计即可。假设两种证券间的关联性保持不变，则可通过过去的表现(历史的观

察数据)对期望收益率、方差、协方差和相关系数做出估计，[1]这个估计就是统计学中的样本协方差和样本相关系数。投资单品证券的期望收益率、方差、协方差以及相关系数估计如下，其计算公式为

$$\hat{r} = \frac{1}{n}\sum_{i=1}^{n} r_i \tag{9-12}$$

$$\hat{\sigma}_i^2 = \frac{1}{n-1}\sum_{k=1}^{n}(r_{ik} - \overline{r_i})^2 \tag{9-13}$$

$$c_{ij} = \text{co}\hat{v}(r_i, r_j) = \frac{1}{n-1}\sum_{k=1}^{n}(r_{il} - \overline{r_i})(r_{jk} - \overline{r_j}) \tag{9-14}$$

$$\hat{\rho}_{ij} = \frac{\text{co}\hat{v}(r_i, r_j)}{\hat{\sigma}_i \hat{\sigma}_j} \tag{9-15}$$

2. 允许卖空证券组合最优化模型

下面介绍 N 种证券组合最优化基本模型。

(1) 基本模型(Ⅰ)：在期望收益率水平一定的条件下，寻求风险最小的组合。

$$基本模型(Ⅰ) \begin{cases} \min \sum_{i=1}^{N}\sum_{j=1}^{N} x_i x_j \text{cov}(r_i, r_j) \\ \begin{cases} E(r_P) = \sum_{i=1}^{N} x_i E(r_i) = 常数 \\ \sum_{i=1}^{N} x_i = 1 \end{cases} \end{cases} \tag{9-16}$$

(2) 基本模型(Ⅱ)：在风险水平一定的条件下，寻求收益最大的组合。

$$基本模型(Ⅱ) \begin{cases} \max_x \sum_{i=1}^{N} x_i E(r_i) \\ \begin{cases} \sigma^2(r_P) = \sum_{i=1}^{N}\sum_{j=1}^{N} x_i x_j \text{cov}(r_i, r_j) = 常数 \\ \sum_{i=1}^{N} x_i = 1 \end{cases} \end{cases} \tag{9-17}$$

3. 限制卖空证券组合最优化模型

在(9-16)基本模型中，$x = (x_1, x_2, \ldots, x_N)$ 权数除满足基本约束 $\sum_{i=1}^{N} x_i = 1$ 外没有其他约束，因此该模型是允许任意证券无限制地卖空的组合优化模型。权数 $x = (x_1, x_2, \ldots, x_N)$ 的约束是 N 维空间中的一个无限区域，这样的可行域为无限区域。现在来考虑限制卖空的情形。

对应模型(Ⅰ)和模型(Ⅱ)，则限制卖空模型为

$$限制卖空 \begin{cases} 模型(Ⅰ)或模型(Ⅱ) \\ 限制卖空可选约束 \begin{cases} ① 0 < x_i < 1 \\ ② x_i \geqslant 0 \\ ③ 0 < l_i \leqslant x_i \leqslant L_i < 1 \end{cases} \end{cases} \tag{9-18}$$

---

[1] 可以从数学上证明这些统计量是相应随机变量期望收益率、方差等特征值的无偏估计。

限制卖空可选约束①意味着最优组合必须满足每只证券都必须持有份额并且持有一种以上的证券；②表明最优组合中为了在有效组合中寻求最优解，可以放弃某些备选证券，使其权数为0；③表明每种证券必须持有比例不得低于l_i，但不得高于L_i。限制卖空可选约束条件可根据不同的投资组合要求做相应调整。

需要再次强调的是，可行域将满足一个共同的特点：左边缘必然向外凸或呈线性，即不会出现凹陷。这一点是组合的性质所要求的，即组合比不组合要好，证券组合后的风险要小于没有组合的风险。

两种以上的投资组合可以采用 MATLAB 编程或运用 EXCEL 中向量矩阵运算函数以及规划求解模块进行求解。下面以 EXCEL 方法阐述七种证券组合最优化的求解过程。

【例9-2】① 构建一个投资组合，求解预期收益在一定条件下，风险最小的投资组合权重。考虑以下组合元素：沪深300ETF、中证500ETF、恒生 ETF、国债 ETF、标普 500ETF、纳指 ETF 和黄金 ETF 7 种证券。最优化组合为模型 II，即"收益一定风险最小组合"，运用 EXCEL 函数，求出风险最小组合解、夏普效用最大组合解等。本计算步骤与方法如下。

第一步：下载②上述 7 种证券 2014—2021 年为期 8 年的月收盘价数据，并计算月涨跌幅，如表9-3所示。

表9-3 7 种证券 2014—2021 年月收盘价及涨跌幅③

每月收盘价							每月涨跌幅						
沪深 300ETF	中证 500ETF	恒生 ETF	国债 ETF	标普 500ETF	纳指 ETF	黄金 ETF	沪深 300ETF	中证 500ETF/%	恒生 ETF/%	国债 ETF/%	标普 500ETF/%	纳指 ETF/%	黄金 ETF/%
2.41	1.07	1.04	96.55	0.97	1.16	2.38							
2.27	1.09	0.98	97.27	0.97	1.16	2.46	-5.73	1.40	-5.41	0.75	0.00	0.00	3.58
2.25	1.11	1.03	98.21	1.02	1.25	2.62	-0.92	2.21	5.20	0.96	5.89	7.48	6.50
2.22	1.07	1.01	97.83	1.03	1.18	2.57	-1.38	-3.42	-2.23	-0.38	0.88	-5.92	-1.83
2.23	1.05	1.02	98.90	1.04	1.17	2.61	0.36	-1.96	0.89	1.09	0.68	-0.51	1.52
2.23	1.07	1.06	100.11	1.07	1.24	2.54	0.22	1.90	4.03	1.22	2.60	5.90	-2.95
2.26	1.10	1.06	100.17	1.09	1.27	2.63	1.16	2.80	0.38	0.06	2.44	2.58	3.71
2.49	1.20	1.14	99.58	1.09	1.31	2.58	10.05	8.63	7.72	-0.58	0.09	2.91	-1.98
2.47	1.25	1.14	100.27	1.11	1.34	2.55	-0.60	4.10	-0.70	0.69	1.19	2.14	-0.89
2.58	1.38	1.10	101.42	1.10	1.33	2.43	4.53	10.92	-3.61	1.14	-0.81	-0.82	-4.89
2.65	1.40	1.11	103.09	1.11	1.35	2.35	2.52	1.52	1.46	1.65	0.82	1.66	-3.29
2.95	1.47	1.11	104.39	1.14	1.40	2.35	11.60	4.78	-0.54	1.25	2.89	3.93	0.17
3.70	1.49	1.10	103.69	1.15	1.39	2.41	25.39	1.36	-0.54	-0.67	0.79	-0.57	2.51
3.58	1.58	1.15	105.61	1.12	1.37	2.54	-3.24	6.25	4.64	1.85	-2.18	-1.51	5.39
3.73	1.69	1.16	107.03	1.17	1.45	2.47	4.02	6.95	1.13	1.34	4.19	5.69	-3.03

第二步：由表 9-3 收益率数据，依据式(9-12)～式(9-15)，调用 EXCEL 自带函数 AVERAGE、STDEV 等，可以计算投资组合中 7 种证券的年均回报率、月均回报率、月方

① 本例引用哔哩哔哩网晨光笔记投资组合有效前沿案例资料。
② 资料来源：雅虎财经网站。
③ 限于篇幅，此处作了数据表格部分截图。机会集随机样本数据为 3 000 组。

差、月标准差和夏普比率，如表 9-4 所示。调用 EXCEL 函数 MMULT、CORREL 计算证券组合的协方差矩阵和相关系数，如表 9-5～表 9-6 所示。对于给定的一组组合权重，通过每只组合证券的月均回报率、月方差以及协方差等数据，调用 SUMPRODUCT、COVARIANCE 计算证券组合的期望和方差以及夏普比率等指标，如表 9-7 所示。表 9-6 中的相关系数反映了组合元素之间的关联程度。按照马科维茨弱相关组合原理，两种证券组合相关系数越高，比如越接近 1，则分散风险的效果越差。表 9-6 沪深 300 ETF 与中证 500 ETF 之间的相关系数高达 77%，说明二者收益风险特征趋同，因此可以考虑将沪深 300 ETF 或中证 500 ETF 换成其他相关系数比较低的投资品种，借以提高风险分散的效用水平。

表 9-4 回报率和风险

回报率和风险(成本)							
	沪深 300ETF/%	中证 500ETF/%	恒生 ETF/%	国债 ETF/%	标普 500ETF/%	纳指 ETF/%	黄金 ETF/%
年均回报率	14.20	13.58	3.89	3.63	15.87	23.21	6.34
月均回报率	1.11	1.07	0.32	0.30	1.23	1.75	0.51
月方差	0.42	0.52	0.21	0.01	0.18	0.32	0.14
月标准差	6.46	7.22	4.53	0.80	4.30	5.63	3.72
夏普比率	17	15	7	37	29	31	14

表 9-5 组合协方差矩阵

协方差矩阵							
	沪深 300ETF/%	中证 500ETF/%	恒生 ETF/%	国债 ETF/%	标普 500ETF/%	纳指 ETF/%	黄金 ETF/%
沪深 300ETF	0.42	0.36	0.19	-0.01	0.10	0.12	-0.01
中证 500ETF	0.36	0.52	0.17	0.00	0.10	0.13	-0.02
恒生 ETF	0.19	0.17	0.21	0.00	0.10	0.12	-0.01
国债 ETF	-0.01	0.00	0.00	0.01	0.00	0.00	0.00
标普 500ETF	0.10	0.10	0.10	0.00	0.18	0.19	-0.01
纳指 ETF	0.12	0.13	0.12	0.00	0.19	0.32	-0.02
黄金 ETF	-0.01	-0.02	-0.01	0.00	-0.01	-0.02	0.14

表 9-6 证券组合元素的相关系数

相关性							
	沪深 300ETF/%	中证 500ETF/%	恒生 ETF/%	国债 ETF/%	标普 500ETF/%	纳指 ETF/%	黄金 ETF/%
沪深 300ETF	100	77	66	-13	36	32	-5
中证 500ETF	77	100	53	-1	33	32	-8
恒生 ETF	66	53	100	-2	49	49	-9
国债 ETF	-13	-1	-2	100	-3	3	13
标普 500ETF	36	33	49	-3	100	77	-6
纳指 ETF	32	32	49	3	77	100	-9
黄金 ETF	-5	-8	-9	13	-6	-9	100

表 9-7　证券组合机会集(可行域)

机会集											
投资权重							年收益率/%	月收益率/%	月标准差/%	月方差/%	夏普比率/%
沪深300ETF/%	中证500ETF/%	恒生ETF/%	国债ETF/%	标普500ETF/%	纳指ETF/%	黄金ETF/%					
9	35	6	15	16	5	12	11.36	0.90	3.68	0.14	24.49
4	6	13	23	21	20	13	11.31	0.90	2.66	0.07	33.69
18	10	24	22	8	6	11	8.93	0.72	2.97	0.09	24.12
18	4	1	8	18	20	30	12.74	1.00	2.83	0.08	35.50
3	10	14	5	27	23	18	13.02	1.02	3.18	0.10	32.25
26	5	27	2	3	22	15	11.78	0.93	3.71	0.14	25.11
17	20	9	7	21	13	14	12.72	1.00	3.56	0.13	28.17
23	5	5	6	19	17	24	12.79	1.01	3.12	0.10	32.33
19	2	22	6	16	13	23	10.70	0.85	3.01	0.09	28.24
25	7	1	22	29	15	2	13.29	1.05	3.32	0.11	31.53
7	20	11	14	8	21	18	11.77	0.93	3.09	0.10	30.17

第三步：求解规划模型(9-16)或模型(9-17)。用 EXCEL 调用数据分析菜单中调用规划求解模块，设定期望收益，求解"收益一定风险最小"最优化组合的解。设定增长期望收益步长，反复运用规划求解模块，即可求解 N 组最小方差集上的组合。同时，可以通过规划求解，将基本模型的"期望一定"约束条件剔除，就可以找到全局最小方差组合(MVP)。如果将基本模型目标函数"方差最小(风险最小)"改为"夏普比率"最大，就可以找到夏普比率最优的投资组合。

第四步：寻找可行域机会组合(机会集)。利用 EXCEL 的随机数发生函数，计算每只证券对应随机数占随机数总和的比重，并使该比重之和等于 1。将满足条件者代入计算对应的月期望和月方差(月标准差)，则得到一个机会组合。所有的机会组合全体构成了机会集。

第五步：有效边界和机会集可视化。有效边界和机会集的可视化即利用 EXCEL 作图工具，在期望与方差二维坐标平面将表 9-8 的有效边界做出图形，如图 9-12 所示。[①]表 9-3 根据 3 000 个随机数生成的机会组合计算统计而得，限于篇幅，仅作了数据表格的部分截图。图 9-12 中的有效边界是由表 9-8 中的 24 组投资组合数据绘制而成的。

---

① 图中的横坐标为月标准差，纵坐标为月收益率。

表 9-8　证券组合有效边界

前沿曲线(有效集)											
投资权重 P							年收益率 /%	月收益率 R_p/%	月标准差 σ_p/%	月方差/%	夏普比率/%
沪深300ETF/%	中证500ETF/%	恒生ETF/%	国债ETF/%	标普500ETF/%	纳指ETF/%	黄金ETF/%					
0	0	0	100	0	0	0	3.63	0.30	0.80	0.01	37.31
2	0	1	94	1	0	2	4.00	0.33	0.76	0.01	42.80
3	0	0	86	5	2	4	5.00	0.41	0.81	0.01	50.51
4	0	0	78	5	7	6	6.00	0.49	0.95	0.01	51.50
4	0	0	71	6	11	9	7.00	0.57	1.14	0.01	49.57
5	0	0	63	6	16	11	8.00	0.64	1.37	0.02	47.05
5	0	0	55	7	20	13	9.00	0.72	1.61	0.03	44.74
6	0	0	48	7	24	15	10.00	0.80	1.86	0.03	42.79
6	0	0	40	8	29	17	11.00	0.87	2.12	0.05	41.17
7	0	0	33	8	33	20	12.00	0.95	2.38	0.06	39.84
7	0	0	25	9	37	22	13.00	1.02	2.64	0.07	38.73
3	0	0	81	5	5	6	5.69	0.46	0.89	0.01	51.67
2	0	0	93	2	0	2	4.20	0.34	0.76	0.01	45.07

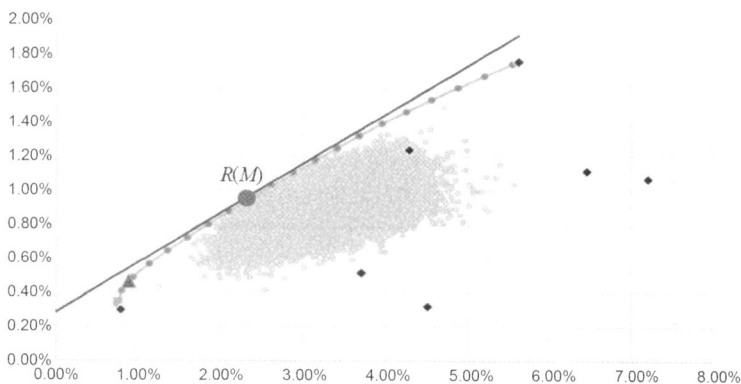

图 9-12　七种证券组合的机会集和有效边界

4. 极端风险偏好组合最优化问题

极端风险偏好是指两类投资者：一类是完全保守型投资者，其投资管理理念是宁可以牺牲收益水平为代价，也要使投资风险减小到可能控制的最低水平，不愿意承受任何风险的投资者属于这一类；另一类是完全激进型投资者，其投资管理理念是愿意以任何风险损失为代价，去争取可能达到的最高期望水平，这类投资者多以获取资本利得为目的而进行短线投机操作，一部分中小散户属于这一类。

极端风险偏好组合模型是一个非线性二次规划问题，可以运用 EXCEL 规划求解。

第一类投资者的最优投资组合模型等价于下列优化问题的求解

$$
极端保守投资
\begin{cases}
目标函数 \quad \min \sum_{i=1}^{N} \sum_{j=1}^{N} x_i x_j \operatorname{cov}(r_i, r_j) \\
约束条件
\begin{cases}
① \quad \sum_{i=1}^{N} x_i = 1 \\
② \quad L_i \leq x_i \leq U_i
\end{cases}
\end{cases}
\quad (9\text{-}19)
$$

第二类投资者的最优投资组合模型等价于下列优化问题的求解

$$
极端激进投资
\begin{cases}
目标函数 \quad \max_x \sum_{i=1}^{N} x_i E(r_i) \\
约束条件
\begin{cases}
① \quad \sum_{i=1}^{N} x_i = 1 \\
② \quad L_i \leq x_i \leq U_i
\end{cases}
\end{cases}
\quad (9\text{-}20)
$$

【例 9-3】沿用例 9-2 数据,模型改为"极端保守"模型和"极端激进"模型。采用 Excel 工具函数重新计算。

如表 9-9 所示,允许卖空条件下极端保守的投资者只会选择国债 ETF 一个品种,年收益率为 3.63%,月方差为 0.01%;极端激进的投资者只选择纳指 ETF 一个品种,年收益率为 23.21%,月方差为 0.32%。激进投资者的收益是保守投资者收益的 6.39 倍,而其风险是保守投资者的 32 倍。而在非卖空条件下(保守与激进非卖空约束相同),保守投资者最大持仓为国债 ETF,比例为 76.00%,其次为 10.00% 的黄金 ETF;激进投资者最大持仓为标普 500 ETF(47.00%),其次是纳指 ETF(30.00%)。这四个投资组合充分体现了风险偏好对投资组合的影响。

表 9-9 极端风险偏好组合规划

| | | 极端风险偏好－规划求解 | | | | | | | 年收益率/% | 月收益率 R_p/% | 月标准差 σ_p/% | 月方差/% | 夏普比率/% | 权重约束=1/% |
		沪深300ETF/%	中证500ETF/%	恒生ETF/%	国债ETF/%	标普500ETF/%	纳指ETF/%	黄金ETF/%						
风险最小	允许卖空	0.00	0.00	0.00	100.00	0.00	0.00	0.00	3.63	0.30	0.80	0.01	37.31	100
	非卖空	5.00	0.00	0.00	76.00	9.00	0.00	10.00	5.46	0.44	0.90	0.01	49.15	100
收益最大	允许卖空	0.00	0.00	0.00	0.00	0.00	100.00	0.00	23.21	1.75	5.63	0.32	31.17	100
	非卖空	5.00	0.00	0.00	8.00	47.00	30.00	10.00	15.90	1.24	3.61	0.13	34.30	100

第二节 资本资产定价模型

资本资产定价模型(Capital Asset Pricing Model,CAPM)所要解决的问题是定价,即确定资产收益与风险之间的内在关系。通俗来讲,就是承受一定的投资风险需要多大收益来补偿。要构建和理解这个模型,我们需要从马科维茨投资组合有效边界的分离定理谈起。

一、资本市场线

根据本章第一节的分析可知，在风险组合中加入无风险证券后，有效前沿被线性化，呈现为从点 F 出发，经过最优风险组合点 R 的一条右上方倾斜射线。这条射线 FR 称为资本市场线(Capital Market Line，CML)，如图 9-13 所示。

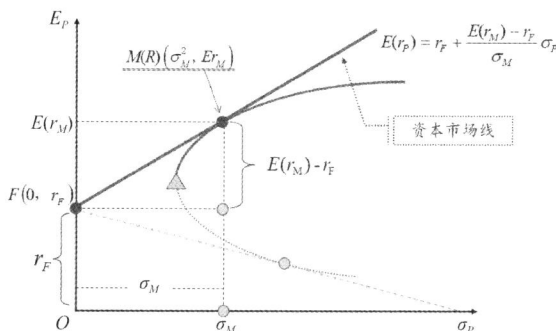

图 9-13　资本市场线

如前所述，根据分离定理，在 CML 上所有人无论其风险偏好保守或激进，都将选择且只选择同一风险资产组合 R。事实上，在均衡状态[①]下，R 具有两个特性：其一，R 具有唯一性；其二，R 是一个全市场组合。所谓全市场组合具备两个特点：第一，组合中包含了市场上所有证券；第二，组合中每种证券的持有比例，恰好与该证券市值占全部证券总市值的比例相同。[②]不难分析，R 正是这样一个全市场组合。

如若不然，假设组合 R 中存在某个证券 X 的组合比例为 0，意味着所有投资人对 X 没有需求，因而 X 的价格必定下跌且很便宜。与此同时，X 收益率开始上升，上升到一定的时候，就会有人将其加入自己的组合。又因马科维茨投资组合的预期一致假设，所有投资者都会做相同的操作，将 X 加入自己的组合。因此，在市场均衡状态下，最优风险资产 R 中对 X 的组合比例不会为 0。

同理，对 X 的持有比例恰好就是全市场组合比例。否则，至少有一个投资者持有 X 的比例不等于全市场组合比例，比如，低于全市场组合对 X 的组合比例。由预期一致假设可知，所有投资者持有比例相同且低于 X 的全市场组合比例，说明此时市场供给与需求未达到均衡状态，对 X 的供给大于需求，其价格趋于下降，收益率开始上升，进而拉动 X 的需求上升，这一过程直至投资者对 X 的持有比例与全市场组合比例完全一致而结束。因此，在均衡状态下，最优风险组合 R 是一个全市场组合，通常用字母 M 或 $M(R)$ 表示。

在实践中，常常用一些指数近似代替全市场组合。这些指数在编制时一般都选择具有一定代表性的证券，它们能够比较合理地反映市场组合的大部分信息，从而可以作为市场

---

① 金融市场均衡即证券资产供给等于需求，亦即不存在无风险套利情况。

② 利用反证逻辑推理，即有一种证券不在 R 中，或组合比例不等于市值比例，很容易验证 R 的全市场性。参见吴可于 2012 年在清华大学出版社出版的《证券投资理论与市场操作》中资本资产定价模型章节。

组合的近似替代，如美国的标普 P500 指数、中国的上证综合指数和深证综合指数等。

现在来建立资本市场线 CML 的方程，亦即组合有效边界 FR 射线的方程。假设在 $E—\sigma$ 二维平面上该方程具有以下公式的斜截式形态，即

$$E(r_P) = r_F + r_e\sigma_P \tag{9-21}$$

式中：r_P 为任意有效组合 P 的收益率；r_F 为无风险收益率(纯利率)；r_e 为其斜率；σ_P 为有效组合 P 的标准差(风险)。FR 射线过两点(组合)$F(0, r_F)$ 和 $M(\sigma_M, E_M)$，故 CML 的方程为

$$E(r_P) = r_F + \frac{E(r_M) - r_F}{\sigma_M}\sigma_P \tag{9-22}$$

式中：$E(r_M)$ 与 σ_M 分别为全市场组合 $R(M)$ 的期望和方差。

由式(9-21)方程可知，有效证券组合的期望收益可以分解为两部分：一部分是 r_F，它是资金的时间价值，是对放弃即期消费的奖励；另一部分是 $r_e\sigma_P$。对比式(9-21)和式(9-22)可知，CML 的斜率 r_e 是单位风险溢价，即风险的价格。$r_e\sigma_P$ 则是该组合承担全部风险 σ_P 的报酬，它与风险的大小 σ_P 成比例。

由此可见，CML 方程表达了组合期望收益率与风险的比例关系。理性的投资者仅选择 CML 上的有效组合，其期望收益与风险呈线性正比关系。

我们知道，相对保守的投资者，会选择那些风险较小，预期回报不高的证券进行投资。而比较激进的投资者则会选择预期回报较高，而风险较大的产品作为投资组合的元素。这样保守投资者的风险资产有效边界位于激进投资者的左边，且在相同风险水平下要求更高收益，具体如图 9-14 所示，分析如下。

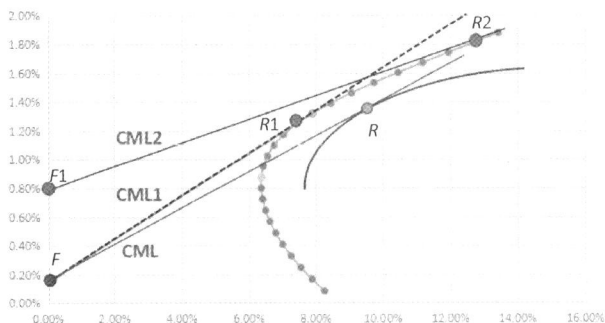

图 9-14 不同风险偏好的资本市场线 CML 比较

(1) 当无风险利率 r_F 不变时，只考虑单位风险的价格提高，投资者的风险偏好更为保守，其有效边界 CML 位移至 CML1，变得更为陡峭；最优风险组合 R 向左下方位移至 $R1$，显然最优风险组合 $R1$ 的风险小于 R，即投资者选择风险较之前更小的最优风险组合。

(2) 当无风险利率 r_F 发生变化，比如，由 F 上升到 $F1$，则由 $F1$ 出发与风险资产有效边界相切的最优风险组合发生位移，由 CML1 上的 $R1$ 上升至 CML2 上的 $R2$，CML1 位移到 CML2 的位置，CML2 斜率较 CML1 平缓。这表明无风险利率提高后，投资者的预期提高了，对风险更高的投资品有了更多的选择意愿和机会。

【例 9-4】 设某投资者 A，比较缺乏投资经验。他观察到无风险利率为 6%，而市场上风险资产投资组合的期望收益率为 12%，标准差为 15%。他通过计算得出，如果投资以市

场收益率计算，则其投入 1 000 美元资本，该资本要等待 60 年才能增加到 100 万美元。他不能等待那么长时间，他希望以 10 年时间将 1 000 美元增加到 100 万美元。

由 $1\,000 \times (1+x)^{10} = 1\,000\,000$，可得：$x = 99.53\%$。

这说明投资者 A 为达到目标必须每年得到 99.53% 的平均收益率。相应地，由资本市场线可以知道他的年标准差 σ 将满足

$$99.53\% = 0.06 + \frac{0.12 - 0.06}{0.15}\sigma$$

即 $\sigma = 2.34(234\%)$。那么 A 获取 99.53% 收益率的年平均波动率为 234%，说明风险过大。因此，A 很难确保能实现预期目标。

【例 9-5】考虑一个石油钻探项目，这一项目的每一股份为 875 美元，预期一年后该股份收益为 1 000 美元，该收益的不确定性较高：$\sigma = 40\%$，当前无风险收益率为 10%，市场投资组合的期望收益率为 17%，收益率的标准差为 12%。

现在考察这一项目与资本市场线上的资产之间的关系。给定 σ，资本市场线所预测的期望收益率为

$$Er = 0.10 + \frac{0.17 - 0.10}{0.12} \times 0.40 = 33.33\%$$

但是，实际的期望收益率仅为 $\bar{r} = 1\,000 \div 875 - 1 = 14.29\%$。因此，代表石油项目的坐标点远在资本市场线之下。这并不意味着这个项目是一个较差的项目，但显然这个项目自身不能构成一项有效的投资组合。

二、证券市场线

如前文所述，在市场均衡状态下，CML 表达了有效组合的期望收益率与标准差之间的关系。但非有效组合并不在 CML 上，即对于非有效组合而言，式(9-22)所表达的期望与标准差之间的关系不能成立。那么对于任意非有效组合是否也能够找到类似 CML 的期望与方差之间确定的线性定价关系呢？下面我们就来回答这个问题。

如图 9-15 所示，我们在可行域内任意寻找一个证券 i，使之与市场组合 M 构筑一个组合 Z，其期望 E_z 与方差 σ_z^2 分别用公式表示为

$$E(r_Z) = x_i E(r_i) + x_M E(r_M) \tag{9-23}$$

$$\sigma_Z^2 = x_i^2 \sigma_i^2 + x_M^2 \sigma_M^2 + 2x_i x_M c_{iM} \tag{9-24}$$

$$x_i + x_M = 1$$

式中：x_i 和 x_M 分别表示证券 i 和市场组合 M 的权数(x_i 不包括市场组合中证券 i 的部分)。

组合 Z 将落在证券 i 与市场组合 M 的结合线上，其结合线由式(9-23)与式(9-24)确定，其形状凸度依赖于相关系数 ρ_{iM}。由于 M 的风险性，Z 必是一个风险证券组合，Z 位于风险证券组合的可行域中，显然 i 与 M 的结合线 iM 也落在可行域中，且过点 M。因此，结合线 iM 与 FM(有效边界或 CML)必定在点 M 相切。[①] 这样必有在点 M，iM 与 FM 两条线的斜

---

① 如果不是相切，而是交叉，结合线 iM 会通过 M 穿越出可行域之外。这与 iM 性质相悖。

率相同。

iM 的结合线可由式(9-25)和式(9-26)表达，即

$$E(r_Z) = x_i E(r_i) + x_M E(r_M) \tag{9-25}$$

$$\sigma_Z = (x_i^2 \sigma_i^2 + x_M^2 \sigma_M^2 + 2 x_i x_M c_{iM})^{\frac{1}{2}} \tag{9-26}$$

则结合线 iM 的斜率为 E_Z 和 σ_Z 分别对 x_i 的导数的比值，即有

$$\frac{\partial E(r_Z)}{\partial \sigma_Z} = \frac{E(r_i) - E(r_M)}{\left[x_i (\sigma_i^2 + \sigma_M^2 - 2c_{iM}) + c_{iM} - \sigma_M^2 \right] \div \sigma_Z} \tag{9-27}$$

在切点 M 处，证券 i 的权重 $x_i = 0$，$\sigma_Z = \sigma_M$，即得结合线 iM 在点 M 切线的斜率，其计算公式为

$$\left. \frac{\partial E(r_Z)}{\partial \sigma_Z} \right|_{\substack{x_i = 0 \\ \sigma_Z = \sigma_M}} = \frac{E(r_i) - E(r_M)}{c_{iM} - \sigma_M^2} \cdot \sigma_M \tag{9-28}$$

由于在 M 处 iM 与 FM 斜率相同，故有

$$\frac{E(r_i) - E(r_M)}{c_{iM} - \sigma_M^2} \cdot \sigma_M = \frac{E(r_M) - r_F}{\sigma_M} \tag{9-29}$$

化简即有

$$E(r_i) - r_F = c_{iM} \cdot \frac{E(r_M) - r_F}{\sigma_M^2} = \frac{c_{iM}}{\sigma_M^2} [E(r_M) - r_F] \tag{9-30}$$

令 $\beta = \dfrac{c_{iM}}{\sigma_M^2}$，则有

$$E(r_i) - r_F = \beta_i [E(r_M) - r_F] \tag{9-31}$$

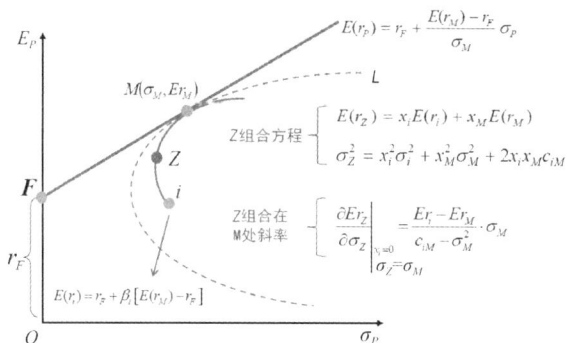

图 9-15　结合线

式(9-31)所表达的风险与期望的关系正是我们希望看到的，等式左边 $E(r_i) - r_F$ 是对证券 i 承担风险的奖励，右边的 $E(r_M) - r_F$ 是对整个市场风险的奖励。由 β_i 的结构可知，β_i 是证券 i 对市场组合风险 σ_M^2 的贡献率。这个等式的含义是：市场组合 M 将其所承担风险的奖励 $E(r_M) - r_F$，按每只证券 i 对其风险的贡献比例 β_i 分配给单个证券 i，其价值为 $E(r_i) - r_F$。

式(9-31)表明在市场组合中，任何证券的期望收益率只与该证券对市场组合方差的贡献率有关。由此可见，在 CAPM 的假设下，将单个证券 i 的风险用 β_i 来测定是合理的。

β_i 通常称为证券 i 的 β 系数，式(9-31)完整地描述了单个证券 i 的期望收益率与风险的

一种简单的线性关系。

容易验证，式(9-31)对任意证券组合 P 都是成立的，即有

$$E(r_P) - r_F = \beta_P[E(r_M) - r_F] \tag{9-32}$$

$$E(r_P) = r_F + \beta_P[E(r_M) - r_F] \tag{9-33}$$

证券组合的 β 系数等于单个证券的 β 系数的组合权重加权平均。式(9-32)即所谓证券市场线 SML，其方程被称为 CAPM。

无风险证券 F 和市场组合 M 均在 SML 线上，证券市场线 SML 必经过 $M[1, E(r_M)]$ 和 $F(0, r_F)$ 两点，由此我们可以在 $E(r_P)$—β_P 二维平面上画出 SML 证券市场线，即 SML 为从 $F(0, r_F)$ 发出过点 $M[1, E(r_M)]$ 的一条射线(见图 9-16)。

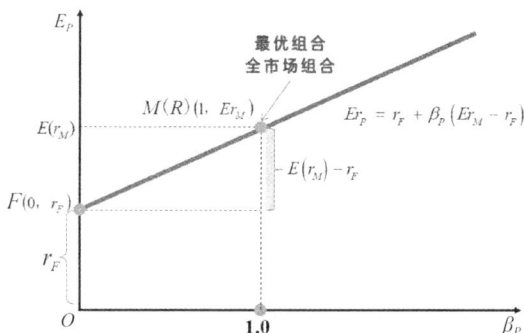

图 9-16　证券市场线

SML 与 CML 十分相似，都表述了证券的预期收益与风险之间的关系。不同的是，CML 描述的是有效组合期望收益与风险之间的线性关系，SML 表达的是可行域内任意证券或证券组合期望收益与风险之间的线性关系。CML 是按照单位风险溢价来补偿有效组合的风险；而在 SML 中，是以每只证券或证券组合对市场风险的贡献率 β 来对该证券或证券组合分配市场组合的风险溢价。CML 是 E—σ 坐标系上从 F 发出过点 M 的射线 FM，它是在风险资产可行域中加入无风险证券后的有效边界；SML 是在 E—β 坐标系上从 F 出发过点 M 的射线 FM，可行域中任意证券或证券组合都可以在 SML 上的某个位值与之对应，任何证券或证券组合都可以用 SML 的方程来定价，SLM 方程式(9-32)或式(9-33)即为资本资产定价模型。

【例 9-6】 假设一只股票的 β 值为 2.0，无风险回报率为 3%，市场回报率为 7%，那么市场溢价就是 4%(7%-3%)，股票风险溢价为 8% (2.0×4%)，据式(9-33)，股票的预期回报率则为 11%(8%+3%)。

如果某证券的市场回报率高于 CAPM 的计算值，说明该证券被市场低估，可以持仓或继续增仓；反之，该证券则被市场高估，持有者可以考虑出货，尚未购买的应持币观望。

三、投资组合的 β 分析

CAPM 模拟了任意证券或证券组合期望的收益来源结构，按照这个结构我们有理由假设资产 i 的收益率的计算公式为

$$r_i = r_F + \beta_i(r_M - r_F) + \varepsilon_i \tag{9-34}$$

式中：随机变量 ε_i 为误差项。由 CAPM 公式知，$E(\varepsilon_i)=0$，又因为误差项与市场风险无关，因此有 $\mathrm{cov}(\varepsilon_i,\sigma_M)=0$。式(9-34)方差的计算公式为

$$\sigma_i^2 = \beta_i^2\sigma_M^2 + \mathrm{var}(\varepsilon_i) \tag{9-35}$$

由此，我们得出以下结论。

(1) 式(9-35)表明资产 i 的风险由两部分组成。第一部分 $\beta_i^2\sigma_M^2$ 称为系统性风险，任何 β 值不为零的资产都包含这一不可分散的风险。第二部分 $\mathrm{var}(\varepsilon_i)$ 称为非系统性风险。这一风险与市场无关，可以通过组合分散化降低或消除。因此，式(9-35)凸显了 β 系数量度的系统性风险的重要意义。

(2) 如果我们研究的是 CML 上的一个有效组合 P，其 β 系数为 β_P，其标准差为 $\beta_P\sigma_M$，则该组合的期望收益率 $\overline{r}_P = r_F + \beta_P(\overline{r}_M - r_F)$(有效组合不存在非系统性风险)。

(3) 由 CAPM 方程可知，所有具有相同 β 系数的证券或组合，其期望收益率 $\overline{r}$ 都相同。但是，如果这些资产存在非系统性风险，则它们不会落在资本市场线上。事实上，随着非系统性风险的增加，在 $E—\sigma$ 平面上代表这些资产的点向右移动，如图 9-17 所示。因此，点 B 或点 C 距离资本市场线的水平距离为非系统性风险的一个量度。

(4) 满足 CAPM 方程的任意证券或证券组合，必须对应 SML 线上具有某个 β 值的某一点。但反之则不然。具有某个 β 值的 SML 线上某一点可能对应了多个证券组合，或者说多个不同证券组合可以具有相同的 β 值，从而可能处于证券市场线上的同一点。

(5) 无风险证券组合 F 在证券市场线上代表零 β 系数的证券或证券组合，除了无风险证券外，还可能存在零 β 系数的风险证券或证券组合。零 β 系数的风险证券总风险不为 0，但对市场组合方差的贡献为 0，即系统性风险为 0，非系统性风险不为 0。一个零 β 系数的风险证券或证券组合将得到一个等于无风险收益率 r_F 的期望收益率，但因为其风险不为 0，所以它并不能得到一个恒定收益率 r_F。

在 $E—\beta$ 和 $E—\sigma$ 坐标系中，很容易找到答案：相同的 β 系数的证券或证券组合就是那些期望收益率相同证券或证券组合。换句话说，具有相同收益率的证券或证券组合对应证券市场线上的同一点，即在 $E—\beta$ 和 $E—\sigma$ 坐标系中，那些处于同一水平线上的证券或证券组合(可行)在证券市场线上共处一点，如图 9-18 所示。

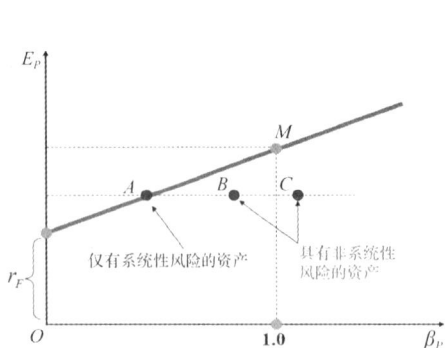

图 9-17　同收益资产的位置

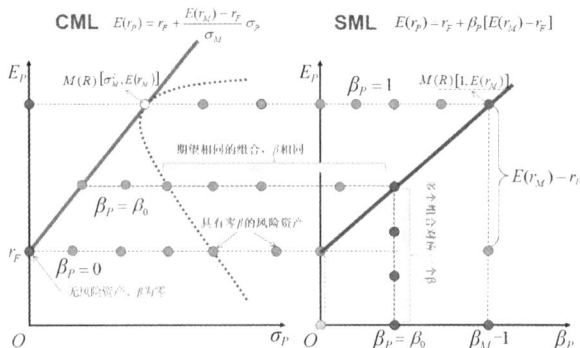

图 9-18　证券市场线与等期望收益

四、β 的市场性

按照 CAPM 的规定，β 系数是用以量度一项资产系统性风险的指针，是用来衡量一种证券或一个投资组合相对总体市场的波动性(Volatility)的一种风险评估工具。β 系数反映了单位系统性风险的大小，反映了单一证券或组合相对市场的变化程度。按证券的 β 系数取值不同，可将证券划分为若干类别。

(1) $\beta_P > 0$，表明公司股票价格与市场指数同向变化，二者在多数情况下表现为同涨同跌。

(2) $\beta_P < 0$，表明公司股票价格与市场反向变化，二者在多数情况下表现为背离变化，前者涨后者跌，或前者跌后者涨。

(3) $\beta_P = 1$，表明公司股票与市场同向等幅变化。市场涨(跌) $x\%$，股票也涨(跌) $x\%$。

(4) $\beta_P > 1$，为正向进取型股票，表明市场收益率变化一个百分点，则该股票的收益率很可能产生超过 1% 的同向变化。此时，公司股票收益率在牛市中高增长，在熊市到来时可能跳水回落。公司股票放大了市场风险。

(5) $\beta_P < -1$，为反向进取型股票，表明市场收益率变化一个百分点，则该股票的收益率很可能产生超过 1% 的反向变化。此时，公司股票收益率在牛市中可能低迷不振，甚至逆市下行；在熊市到来时却又可能一枝独秀，令人意外惊喜。若 $|\beta_P| > 1$，则表明公司股票对市场变化越敏感，在牛市中风险度越高；而在熊市中，股票的抗跌性、反向性越强。

(6) 当 $|\beta_P| < 1$ 时，即 $-1 < \beta_P < 1$，称公司股票为保守型的，表明市场收益率变化一个百分点，则该股票的收益率很可能产生低于 1% 的变化。$|\beta_P|$ 值越小，公司股票对市场变化越迟钝，惰性越强，风险度越低。当 $-1 < \beta_P < 0$ 时，公司股票可能在多个时间段上逆市而行；当 $0 < \beta_P < 1$ 时，公司股票与大市走向基本一致或缓于大盘。但不管哪种情况，$|\beta_P| < 1$ 的基本特点是：①变化节奏比大市慢一个或若干个节拍；②一段行情(上升或下跌)中其升幅或跌幅均小于大盘指数。

一般而言，β 值随着时间的变化而波动。除非一家公司的形势发生了巨大变化，否则它的 β 值相对比较稳定。预期积极进取的公司或是高杠杆公司具有较高的 β 值，那些经营业绩与总体市场行为无关且相对保守的公司则被预期具有较低的 β 值。

发展新质生产力，并购重组浪潮已开启

第三节　套利定价方程

CAPM 揭示了在均衡条件下证券收益率与风险之间的定量关系，这一理论具有广泛的应用前景。然而在现实中，几乎不存在一个组合具备马科维茨最优风险组合意义下的全市场组合性质。人们通常选择市场指数作为近似替代，而参照市场指数组合计算的收益率只能通过历史数据加以估计，至少从这两个方面来看，都会导致 CAPM 检验出现偏差。

为了克服 CAPM 的不足，1976 年，斯蒂芬·罗斯(Stephen Ross)应用无风险套利原理，研究均衡市场中的资本资产定价关系，建立了套利定价理论(Arbitrage Pricing Theory，APT)。

一、套利原理与因素模型特征

1. 套利原理

套利是指投资者利用同一资产或证券的不同价格来赚取无风险利润的行为。套利理论认为，在一个非有效市场条件下，可能存在信息在不同市场之间被阻断或不畅通的情况。这样就可以利用同一种资产在两个或多个市场的价格差异，通过买空卖空、买低卖高，或者高卖低买，进而赚取无风险利润。这种套利方式具有以下性质。

(1) 市场被分割，价格等交易信息只被少数人首先获取。

(2) 不承担风险，即投资者不额外增加新的投入。

(3) 套利预期是明确的。

案例： 文物小贩胡某长期在文物市场活动，信息十分灵敏。有一天，他发现一尊唐代器皿，在东市与西市的价格存在较大差异。东市甲某愿意出售，标价为 1.5 万元；西市乙某有意求购，出价为 1.8 万元。胡某认为套利机会已经出现。他向文物买家乙某承诺 1.8 万元成交，便立刻拿出其中的 1.5 万元，请其助手代理从东市文物卖家甲某那里买回唐代器皿，交给乙某。这样胡某以 1.5 万元买入，以 1.8 万元卖出，一进一出赚得差价 3 000 元。胡某从 3 000 元的差价中拿出 300 元作为代理费给助理，他自己净赚 2 700 元。在这一过程中胡某自己没有增加投入，也没有承担任何风险，但他却获得 2 700 元的净收益。此即为无风险套利。

不久市场情况发生了变化，越来越多的人获得了关于文物在东市与西市的价差信息。受赚钱效应的驱使，又不愿承担风险，大家都来参与套利。东市的价格较低，需求日益增长，价格看涨；而西市的价格较高，东市的供给日益增多，价格看跌。于是，两个市场的价差越来越小，价格最后趋于一致，套利空间逐渐消失，古董市场价格达到均衡。

套利定价理论的基本假设是，有价证券的收益率可以由某些因素的变化来决定。比如，考虑某证券组合的收益率水平是由 GDP、CPI、PPI、PMI 等多个因子共同作用的结果。因此，我们可以选择有限个重要因素，建立一组证券收益率与这些因素关联的线性模型，从而使马科维茨投资组合最优化由计算各个证券的期望、方差以及协方差转化为因素模型中的因素期望、因素方差及其各因素间的协方差的估值问题。这一思想和方法甚至可以简化到一个因素的所谓单因素模型。比如，建立某个证券收益率 r_i 与市场指数收益率 r_M 的单因素模型。这就导致在有效边界上寻找最优组合变得十分简单。正是基于因素模型的套利方程克服了马科维茨投资组合的烦琐计算工作，这在初期计算机运算规模小、速度慢、耗时长的情况下显得至关重要。套利因素模型由此应运而生，受到业界的广泛关注和大力推广。

之所以在讨论套利定价方程之前先介绍因素模型，是因为套利存在性定理正是在因素模型的基础上给出的。无套利判定法则是这样陈述的：当证券的期望收益率可以表达为因素敏感性的某个线性组合时，将不存在套利机会；反之，则存在套利机会。显然，无套利法则等价于套利法则。因此，我们可以通过无套利模型获得套利组合，以实现套利机会。

马科维茨投资组合最优化是寻找并获得收益最大化或风险最小化投资组合的方式与方法；资本资产定价模型揭示了收益与风险的关系，或收益的结构可以分解为无风险收益和市场组合超额收益的溢价，给出了均衡条件下证券的合理估值方法；而 APT 模型则是试图通过无套利因素法则构建套利组合方程，进而获取无风险套利收益，其实质也是一种资产定价模型。

2. 因素模型及其特征

现在我们来考察因素模型及其建立有效边界所涉及的变量，以便比较因素模型组合最优化与马科维茨投资组合最优化计算方式的差异性。

假设在第 t 期证券 i 收益率 r_{it} 普遍受到若干个共同因素 $F_1, F_2, ..., F_k$ 的影响，多因素模型建立以下方程将证券的收益率与这 k 个因素相联系，即

$$r_{it} = a_i + b_{i1}F_{1t} + ... + b_{ik}F_{kt} + \varepsilon_{it} \tag{9-36}$$

式中：$F_{1t}, F_{2t}, ..., F_{kt}$ 为对证券收益率具有普遍影响的 k 个因素在第 t 期的预期值；$b_{i1}, b_{i2}, ..., b_{ik}$ 为证券 i 对这 k 个因素的敏感性；ε_{it} 为残差项；a_i 为 k 个因素敏感性均为 0 时证券 i 的期望收益率，也称为零因素。

因素模型假设 ε_{it} 中不包含因素的影响，因而残差项与因素不相关，即有 $\text{cov}(F_t, \varepsilon_{it}) = 0$；而且在因素模型中，证券的收益率仅仅通过对因素 F 的共同反应而相关联，因而，不同证券的残差项之间也不相关，即有 $\text{cov}(\varepsilon_{it}, \varepsilon_{jt}) = 0$；此外，模型中假设残差项不对收益产生系统性影响，因而残差的平均值为 0，亦即 $E(\varepsilon_{it}) = 0$。即有

$$\text{cov}(F_t, \varepsilon_{it}) = 0 \ ; \quad \text{cov}(\varepsilon_{it}, \varepsilon_{jt}) = 0 \ ; \quad E(\varepsilon_{it}) = 0 \tag{9-37}$$

(1) 因素模型证券 i 期望的计算公式为

$$E(r_i) = a_i + b_{i1}E(F_1) + ... + b_{ik}E(F_k) \tag{9-38}$$

(2) 因素模型证券 i 方差的计算公式为

$$\sigma_i^2 = \sum_{j=1}^{k} b_{ij}^2 \sigma_{Fj}^2 + 2\sum_{j<s} b_{ij}b_{is} \text{cov}(F_j, F_s) + \sigma^2(\varepsilon_i) \tag{9-39}$$

(3) 因素模型证券 i 与 j 协方差的计算公式为

$$\sigma_{ij} = \sum_{s=1}^{k} b_{is}b_{js} \sigma_{FS}^2 + \sum_{s<l} (b_{is}b_{jl} + b_{il}b_{js}) \text{cov}(F_s, F_l) \tag{9-40}$$

(4) 因素模型证券组合的期望收益率和方差的计算公式为

$$E(r_P) = a_P + b_{P_1}E(F_1) + ... + b_{P_k}E(F_k) \tag{9-41}$$

$$\sigma_P^2 = \sum_{j=1}^{k} b_{P_j}^2 \sigma_{P_j}^2 + \sum_{j<l} b_{P_j}b_{Pl} \text{cov}(F_j, F_l) + \sigma^2(\varepsilon_P) \tag{9-42}$$

式中：$\varepsilon_P = \sum_{i=1}^{N} x_i \varepsilon_i$；$a_P = \sum_{i=1}^{N} x_i a_i$；$b_{P_k} = \sum_{i=1}^{N} x_i b_{ik}$。

我们可以通过上述各因素的期望、方差、协方差分别计算出每个证券的期望收益率、方差及每对证券间的协方差后，由马科维茨投资组合二次优化原理即可导出马科维茨有效边界，并对于一个给定的无风险利率确定出最优风险组合。

从上述期望、方差、协方差计算方法来看，因素模型的计算量显著减少了。对于证券 i 期望的计算包括：①估计模型中 $a_i, b_{i1}, ..., b_{ik}$ 这 $k+1$ 个参数；②估计每个因素的期望收益率。对于证券 i 方差的计算包括：①估计每个因素的方差；②任意两个因素之间的协方差。对于证券 i 和 j 之间的协方差的计算包括：①估计各因素的方差；②每对因素间的协方差。因素的有限性，导致上述计算量比马科维茨有效边界最优解的计算量大为减轻。尤

其是单因素模型或两位数以下的因素模型计算量简化的优势尤为凸显。[1]

因素模型表明,如果忽略因素风险 $\sigma^2(\varepsilon_P)$,具有相同因素敏感性的证券或证券组合可能提供相同的期望收益率,如果不是这样,两个组合具有相同的因素敏感性,而其期望收益率不同,则存在"近似套利机会"。投资者将构建套利组合实现套利,而套利规模的增加势必使套利机会趋于消失,这正是套利定价理论的核心逻辑。

二、套利组合方程

斯蒂芬·罗斯的无套利分析方法是建立套利组合。根据无套利思想,投资者实施无风险套利,无须额外增加新的资金,所构建的套利组合中某一证券做多所需资金是由另一证券做空所得收入提供的。因此有以下表达式

$$\omega_1 + \omega_2 + \ldots + \omega_N = 0 \tag{9-43}$$

式中:N 为证券套利元素个数;ω_i 为投资者对证券 i 持有权数的变化(亦即套利组合中证券 i 的权数)。

又因为套利组合不承担任何因素风险,所以套利组合对所有因素的敏感性为0。套利组合对某一因素的敏感性恰好是组合中各证券对该因素的敏感性的加权和,权重为对应证券 i 持有权数的改变量 ω_i ,$i=1,2,\ldots,N$,即证券 1 对 F_j 有敏感性 b_{1j} ,权重为 ω_1 ;证券 2 对 F_j 有敏感性 b_{2j} ,权重为 ω_2 ,…;证券 N 对 F_j 有敏感性 b_{Nj} ,权重为 ω_N 。因此套利组合对 F_j 因素的敏感性为零,即有 $\omega_1 b_{1j} + \omega_2 b_{2j} + \ldots + \omega_N b_{Nj} = 0$,$j=1,2,\ldots,k$ 。即

$$\omega_1 b_{11} + \omega_2 b_{21} + \ldots + \omega_N b_{N1} = 0$$
$$\omega_1 b_{12} + \omega_2 b_{22} + \ldots + \omega_N b_{N2} = 0 \tag{9-44}$$
$$\vdots$$
$$\omega_1 b_{1k} + \omega_2 b_{2k} + \ldots + \omega_N b_{Nk} = 0$$

为能找到满足式(9-44)和式(9-45)的解,唯一要求是证券的个数要大于因素的个数,即 $N > k$,此时满足式(9-44)和式(9-45)的任何一组解将成为潜在的套利组合。显然,为了实现套利,还必须在式(9-44)和式(9-45)的基础上增加第三个条件,即套利组合必须具有正的期望收益率,因此有以下表达式

$$\omega_1 E_1 + \omega_2 E_2 + \ldots + \omega_N E_N > 0 \tag{9-45}$$

式中:$E_i(i=1,2,\ldots,N)$ 为证券 i 收益率期望。当一个组合满足方程式(9-43)、式(9-44)及不等式(9-45)时,便成为一个套利组合。显然,套利方程组的解不是唯一的。

总之,这样一个套利组合对任何一个渴望高收益且不关心非因素风险的投资者是具有吸引力的,因为它不需要任何额外资金,在不承担非因素风险的情况下就可以增加它的期望收益。

投资者所建立的套利组合中各证券权数实际上就是投资者原有组合中相应证券组合权数的改变量,因而在投资者建立一个套利组合后,可理解为投资者同时拥有一个旧的组合和一个套利组合,也可理解为投资者重新拥有一个新的组合。我们以 $(\cdot)_{x+\omega}$ 表示套利组合后的新组合性质,$(\cdot)_x$ 为原组合性质,$(\cdot)_\omega$ 为套利组合性质,它们之间有以下关系。

---

[1] 一个充分分散化的马科维茨证券投资组合所涉及的组合元素数以百计,甚至数以千计。

(1) 新组合中各证券的权数是旧组合中权数与套利组合中权数的和。其计算公式为

$$P_{x+\omega} = P_x + P_\omega \quad \text{（组合权重变化）}$$

(2) 投资者的新组合期望收益率等于旧组合期望收益率与套利组合期望收益率的和。其计算公式为

$$E_{x+\omega} = E_x + E_\omega \quad \text{（期望增加）}$$

(3) 套利组合的敏感性为 0，因此投资者建立套利组合后，敏感性未发生变化，即投资者承担的因素风险不变。其计算公式为

$$b_{x+\omega} = b_x \quad \text{（敏感性未发生变化）}$$

(4) 新组合的方差仅仅由于非因素风险的变化而与旧组合有所不同。其计算公式为

$$\sigma_{x+\omega} \approx \sigma_x \quad \text{（新组合的风险基本不变）}$$

【例 9-7】 某位投资者的资产组合由七种证券构成，它们都能用两因素模型描述各自的收益率。七种证券对经济因素 F_1 和 F_2 的敏感性、期望收益率如表 9-10 所示。请寻找一个套利组合，使其在不增加新的投入情况下，实现 1% 的套利利润。

表 9-10　求解可行套利组合

期望收益率							
期望收益	R_1	R_2	R_3	R_4	R_5	R_6	R_7
	10%	12%	16%	30%	18%	12%	8%
因素敏感性							
因素敏感	证券 1	证券 2	证券 3	证券 4	证券 5	证券 6	证券 7
因素 F_1	1.2	0.8	2.4	1.2	1.3	0.4	2.1
因素 F_2	0.4	0.5	0.6	0.8	1.3	2.1	1.6
规划求解：无风险套利组合							
可行组合	ω_1	ω_2	ω_3	ω_4	ω_5	ω_6	ω_7
组合(1)	-1.55%	-1.55%	-1.55%	6.41%	-1.55%	-0.93%	0.73%
组合(2)	-2.65%	0.00%	-2.65%	7.26%	-2.65%	-1.66%	2.36%
组合(3)	-1.77%	-1.77%	-0.09%	5.87%	-1.77%	0.00%	-0.47%

解： 构筑套利组合需要满足三个条件，由式(9-43)～式(9-45)有

$$\omega_1 + \omega_2 + \omega_3 + \omega_4 + \omega_5 + \omega_6 + \omega_7 = 0$$

$$1.2\omega_1 + 0.8\omega_2 + 2.4\omega_3 + 1.2\omega_4 + 1.3\omega_5 + 0.4\omega_6 + 2.1\omega_7 = 0$$

$$0.4\omega_1 + 0.5\omega_2 + 0.6\omega_3 + 0.8\omega_4 + 1.3\omega_5 + 2.1\omega_6 + 1.6\omega_7 = 0$$

$$10\%\omega_1 + 12\%\omega_2 + 16\%\omega_3 + 30\%\omega_4 + 18\%\omega_5 + 12\%\omega_6 + 8\%\omega_7 = 1\%$$

由表 9-10 求得套利组合为 $\omega^{1*} = (-1.55\%, -1.55\%, -1.55\%, 6.41\%, -1.55\%, -0.93\%, 0.73\%)$。这就是说，套利者可以通过卖掉套利总价值中的证券 1、2、3、5 的 1.55% 和证券 6 的 0.93% 股份，同时分别买入证券 4 和证券 7 套利总价值的 6.41% 和 0.73% 股份，就可以在不增加新的投入的情况下实现 1% 的无风险利润。因为变量个数大于方程数，一般套利方程存在多个套利解。本例寻找到的另外两个解为 $\omega^{2*} = (-2.65\%, 0.00\%, -2.65\%, 7.26\%, -2.65\%, -1.66\%, 2.36\%)$

和 $\omega^{3*} = (-1.77\%, -1.77\%, -0.09\%, 5.87\%, -1.77\%, 0.00, -0.47\%)$。[①]

三、套利存在性定理

如果市场上所有投资者对因素模型都有相同的估计，那么如果存在套利机会，由于套利的无风险性，每个投资者都会利用这一机会，这会对证券市场价格产生何种影响呢？

我们知道，在套利组合中，权数为正的证券表示投资者在新的组合中增加了对该证券的持有。当每个投资者都这样做时，买压必然导致该证券价格上涨，而证券价格上涨将导致该证券的预期收益率下降；相反，对于套利组合中权数为负的证券，投资者通过套利组合减少了对该证券的持有，当每个投资者都这样做时，卖压必然导致证券价格下跌，这将引起该证券的期望收益率的上升。这一过程会持续下去，直到证券市场上各种证券的期望收益率达到某种状态时，套利机会不复存在为止。那么各种证券的期望收益率处于何种状态下，不存在套利机会呢？从直观上讲，套利组合不再获利时，即有以下表达式

$$\omega_1 E_1 + \omega_2 E_2 + \ldots + \omega_N E_N = 0 \tag{9-46}$$

即套利行为不再进行。这一问题的数学提法，就是当 $E_i \underline{\Delta} E(r_i)$，$i = 1, 2, \ldots, N$ 满足什么条件时，方程式(9-43)、式(9-44)与不等式(9-45)联立的解不存在。

如果不存在套利，必须同时满足式(9-47)、式(9-48)与式(9-49)三个表达式，即。

$$\omega_1 + \omega_2 + \ldots + \omega_N = 0 \tag{9-47}$$

$$\omega_1 b_{1j} + \omega_2 b_{2j} + \ldots + \omega_N b_{Nj} = 0 \tag{9-48}$$

$$\omega_1 E_1 + \omega_2 E_2 + \ldots + \omega_N E_N = 0 \tag{9-49}$$

于是有 $\{E_i\}$ 与 $\{b_{ij}\}$，$i = 1, 2, \ldots, N$ 均为齐次方程 $\omega_1 X_1 + \omega_2 X_2 + \ldots + \omega_N X_N = 0$ 的解。假定(9-47)与式(9-48)已经被满足，由线性代数知识，满足式(9-49)等价于 $E(r_i)$ 可以由 $\{b_{ij}\}$ 线性表示，即存在一组常数 λ_0，λ_1，…，λ_k，使

$$E(r_i) = \lambda_0 + \lambda_1 b_{i1} + \lambda_2 b_{i2} + \ldots + \lambda_k b_{ik} \tag{9-50}$$

这就是说，当且仅当期望收益率是因素敏感性的线性组合如式(9-50)时，满足式(9-43)、式(9-44)以及式(9-49)的解不存在，此时不再存在无风险套利机会。

现在来解释式(9-50)中参数 λ_0，λ_1，…，λ_k 具有什么样的形式和内涵。

对于无风险证券而言，其期望收益率总是等于无风险利率，而且其对任何因素的敏感度 b_i 等于 0。因此由式(9-50)可得，$\lambda_0 = r_F$。

为了求其他 λ_j 常数，需要对 k 个不同因素分别构筑纯因素组合：P_j，$j = 1, 2, \ldots, k$。这些组合除对某个因素 F_j 敏感性为 1 外，对其他因素的敏感性为 0。其表达式为

$$E(r_{P_j}) = r_F + \lambda_1 \times 0 + \ldots + \lambda_j \times 1 + \ldots + \lambda_N \times 0$$

因此有 $\lambda_j = E(r_{P_j}) - r_F$，$j = 1, 2, \ldots, k$，代入式(9-50)，可以写为

$$E(r_i) = r_F + (\theta_1 - r_F) b_{i1} + (\theta_2 - r_F) b_{i2} + \ldots + (\theta_k - r_F) b_{ik} \tag{9-51}$$

式中：$\theta_j = E(r_{P_j})$，$j = 1, 2, \ldots, k$。

式(9-51)被称为套利定价方程。它就是套利定价理论所导出的最终结果，意味着在均衡

---

① 计算中存在小数点误差。

状态下，证券收益率与因素敏感性之间存在着线性关系时不存在套利机会。

如果仅考虑单因素模型，即 $j = 1$ 时，证券 i 的期望收益率与因素敏感性的表达式为

$$E(r_i) = r_F + (\theta_1 - r_F)b_i \tag{9-52}$$

式(9-52)被称为单因素套利定价模型。其经济意义是：任何一种证券或者证券组合的期望收益率由两部分组成，一部分是无风险利率，另一部分是风险补偿。风险补偿的价值等于证券或证券组合对某经济因素的敏感性和该经济因素的单位风险价格乘积。

式(9-52)的单因素套利方程对应的是二维平面 E_P—b_i 上一条截距为 r_F 的直线，我们称之为套利定价线。根据套利定价理论，凡是坐标 (b_i^0, E_P^0) 不满足套利定价方程，投资者就可以构筑套利组合实现套利收益。如图(9-19)所示，资产 U 在 APT 定价线之上，表明 U 的市场价格被低估，投资者可以购买资产 U 而出售资产 A 构成一个套利组合。同样地，也可以出售资产 O 而购买资产 B 构成一个套利组合。

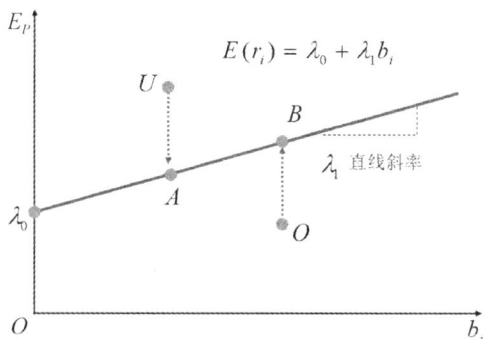

图 9-19 单因素套利定价模型

【例 9-8】 考虑由三种股票组成的单因素套利证券组合，相关数据如表 9-11 所示。

表 9-11 三种股票的市场收益率与因素敏感性

i	$\bar{r}_i$ (市场收益率)/%	b_i (因素敏感性)
股票 1	20	4
股票 2	15	2.5
股票 3	10	3

假设 $\lambda_0 = 5\%$，$\lambda_1 = 2\%$，因此，定价方程为

$$E(r_i) = 0.05 + 0.02b_i$$

三种股票的均衡预期回报为

$$E(r_1) = 0.05 + 0.02 \times 4 = 13\%$$
$$E(r_2) = 0.05 + 0.02 \times 2.5 = 10\%$$
$$E(r_3) = 0.05 + 0.02 \times 3 = 11\%$$

由上述因素套利方程计算得知，股票 1、股票 2 的市场预期高于均衡预期，股票 3 的市场预期低于均衡预期，这表明股票 1 和股票 2 的价值被市场低估了，而股票 3 的价值被市场高估了。于是套利策略为：用出售股票 3 的收益，购买股票 1 和股票 2。这样的市场套利行为直至套利收益空间最终趋于消失而终止。

现在来构筑套利组合。

$$\begin{cases} \omega_1 + \omega_2 + \omega_3 = 0 \\ 4\omega_1 + 2.5\omega_2 + 3\omega_3 = 0 \\ \omega_1 \cdot 20\% + \omega_2 \cdot 15\% + \omega_3 \cdot 10\% > 0 \end{cases}$$

容易验证(0.05, 0.10, −0.15)是方程的一组解。

股票1的资金增加比例：$\omega_1 = 0.05$。

股票2的资金增加比例：$\omega_2 = 0.10$。

股票3的资金减少比例：$\omega_3 = -0.15$。

这个组合是套利组合，因为证券的预期回报为正数，即

$$0.05 \times 20\% + 0.10 \times 15\% + (-0.15) \times 10\% = 1\% > 0$$

假设：投资者持有这三种证券的市值分别为100万元、200万元、300万元，那么套利组合的市值为600万元。为实现套利具体操作如下。

出售股票3期望损益：$-0.15 \times 10\% \times 600 = -9$(万元)

购买股票1期望收益：$0.05 \times 20\% \times 600 = 6$(万元)

购买股票2期望收益：$0.10 \times 15\% \times 600 = 9$(万元)

总套利和为：$1\% \times 600 = 6$(万元)

【例9-9】已知条件如下。

(1) 存在三种资产A、B、C。并假设原组合为(1/3，1/3，1/3)。

(2) 存在两种影响资产收益率的因素 F_1 和 F_2，因素敏感性如表9-12所示。

(3) 无风险资产的预期收益率为10%。

表9-12　三种资产的因素期望和因素敏感性

资产	证券市场 Er_i^M	因素敏感性 b_{i1}	因素敏感性 b_{i2}	因素期望 Er_i^{F1}	因素期望 Er_i^{F2}	备注
A	11%	0.5	2.0			
B	25%	1.0	1.5	20%	8%	
C	13%	1.5	1.0			

依套利定价方程，有

$$\overline{Er_A} = 10\% + 0.5 \times (20\% - 10\%) + 2.0 \times (8\% - 10\%) = 11\%$$

$$\overline{Er_B} = 10\% + 1.0 \times (20\% - 10\%) + 1.5 \times (8\% - 10\%) = 17\%$$

$$\overline{Er_C} = 10\% + 1.5 \times (20\% - 10\%) + 1.0 \times (8\% - 10\%) = 23\%$$

除资产A外，其他两种资产没有达到均衡状态

$$\begin{cases} \omega_A + \omega_B + \omega_C = 0 \\ 0.5 \times \omega_A + 1.0 \times \omega_B + 1.5 \times \omega_C = 0 \\ 2.0 \times \omega_A + 1.5 \times \omega_B + 1.0 \times \omega_C = 0 \end{cases}$$

套利组合：$\omega_A = -1/3$，$\omega_B = 2/3$，$\omega_C = -1/3$

原有组合：$x_A = 1/3$，$x_B = 1/3$，$x_C = 1/3$

新建组合：$x_A^* = 0$，$x_B^* = 3/3$，$x_C^* = 0$

原有组合收益：$Er_p = \dfrac{1}{3} \times (11\% + 25\% + 23\%) = 19.67\%$

新建组合收益：$Er_p = 0 \times 11\% + 1 \times 25\% + 0 \times 23\% = 25\%$

在零投入、零风险状态下，增加了组合收益 5.33%。

思考： 因素模型中因素敏感性是由什么要素决定的，现实中如何获得因素的敏感性数据。

第四节　无套利定价原理及应用

一、无套利定价的基本概念与特征

(一)基本概念

无套利定价原理(Non-Arbitrage Pricing Principle)的核心思想是，在一个信息充分、完全竞争的市场中，产品的买方与卖方都不可能从当前某个价格的博弈中获取无风险收益。这一价格即为市场均衡价格，也即所谓的无套利价格。随着现代金融市场投资工具的不断丰富和完善，套利变得越来越便捷快速，尤其是互联网的发展以及交易的电子化、程序化，使套利机会变得更加"稍纵即逝"。产品价格由非均衡转换为均衡价格的过程十分迅速。不存在无风险套利的价格即为市场均衡的价格，这一价格是供求双方一致"认同"的，利益"对等"的合理价格。偏离此价格即可进行无风险套利，套利一直持续到无风险套利机会消失，市场再次达到均衡价格。因此，无套利分析技术被用来为金融产品定价，这就是无套利定价原理。

例如，甲方与乙方达成一笔铜交易，甲方通过经纪人按每吨 18 000 元卖给经纪人 1 000 吨铜，经纪人又以每吨 20 000 元转手给了乙方。经纪人在这笔交易中赚得差价 2 000 元。经纪人的这一商业行为是最为常见的套利交易。在不考虑交易费用的情况下，经纪人实现了无风险套利。

现实中不存在没有交易费用的交易，只是金融市场的交易费用相对较少。在实物交易中进行套利时至少需考虑三类成本，如信息成本、空间成本和时间成本等。网络通信技术的发展以及专业化交易市场的成熟，信息成本只剩下交易费用，而金融产品的无形化也导致无须考虑交易的空间成本。此外，大多数市场都实施了卖空机制，极大地增强了市场的套利机会。金融产品在时间和空间上的多样性也使套利更为便捷。

(二)基本特征

无套利定价技术具有以下几方面的特征。

首先，无套利定价原理要求套利活动在无风险的状态下进行。当然，在实际交易活动中，纯粹零风险的套利活动比较罕见。因此，实际的交易者在套利时往往不追求零风险，实际的套利活动有相当大一部分是风险套利。

其次，无套利定价的关键技术是所谓的"复制"技术，即用一组证券来复制另一组证券。复制技术的要点在于使复制组合的现金流特征与被复制组合的现金流特征完全一致，

且复制组合的多头(空头)与被复制组合的空头(多头)之间可以充分实现头寸对冲。由此得出的推论是，如果有两个金融工具的现金流相同，但其贴现率不同，那么它们的市场价格必定不同。这时，通过对价格高者做空头，对价格低者做多头，就能够实现套利的目标。套利活动推动市场走向均衡，并使两者的收益率相等。因此，在金融市场上，获取相同资产的资金成本一定相等；产生完全相同现金流的两项资产被认为完全相同，因而它们之间可以互相复制。而可以互相复制的资产在市场上交易时必定有相同的价格，否则就会发生套利活动。

最后，无风险的套利活动从即时现金流看是零投资组合，即开始时套利者不需要任何资金的投入，在投资期间也没有任何维持成本。在没有卖空限制的情况下，套利者的零投资组合不管未来发生什么情况，该组合的净现金流都大于零。我们把这样的组合称为"无风险套利组合"，亦即"无套利组合"。

从理论上说，当金融市场出现无风险套利机会时，每一个交易者都可以构筑无穷大的无风险套利组合来赚取无穷大的利润。这种巨大的套利头寸成为推动市场价格变化的力量，迅速消除套利机会。因此，理论上只需要少数套利者(甚至一位套利者)，就可以使金融市场上失衡的资产价格迅速回归均衡状态。

二、等价性条件与等价性推论

(一)套利等价性条件

(1) 存在两个不同的资产组合，它们的未来损益(Future Payoff)相同，但它们的成本却不同。此时存在无套利机会。[①]

(2) 存在两个相同成本的资产组合，但第一个组合在所有的可能状态下的损益都不低于第二个组合，并且至少存在一种状态，在此状态下第一个组合的损益要大于第二个组合的损益。此时存在无套利机会。

(3) 一个组合的构建成本为零，但在所有可能状态下，这个组合的损益都不小于零，并且至少存在一种状态，在此状态下这个组合的损益要大于零。此时存在无套利机会。

(二)套利等价性推论

(1) 同损益同价格：如果两种证券具有相同的损益，则这两种证券具有相同的价格。

(2) 静态组合复制定价：如果一个资产组合的损益等同于一个证券，那么这个资产组合的价格等于证券的价格。这个资产组合被称为证券的"复制组合"(Replicating Portfolio)。

(3) 动态组合复制定价：如果一个自融资(Self-Financing)交易策略最终具有和一个证券相同的损益，那么这个证券的价格等于自融资交易策略的成本，此为动态套期保值策略(Dynamic Hedging Strategy)。所谓自融资交易策略，是指交易策略所产生的资产组合价值的变化完全是交易的盈亏引起的，而不是改变资金投入所致的。一个简单的例子就是购买并持有(Buy and Hold)策略。

---

① 损益可以理解为现金流。如果现金流是确定的，则相同的损益指相同的现金流；如果现金流是不确定的，即未来存在多种可能性(或者说存在多种状态)，则相同的损益指在相同状态下现金流是一样的。

三、无套利定价应用

无套利定价按未来可能发生的状态确定与否，可分为确定状态下与不确定状态下的无套利定价两类。所谓不确定状态是指市场在未来某一时刻存在有限多种可能的状态，且在未来某时刻每种状态下资产的未来损益是已知的，但究竟发生哪一种状态不可预知。此类无套利行为即所谓不确定状态下的无套利定价；反之，如果市场在未来只存在唯一一种状态，且在该状态下的损益是已知的，此即所谓确定状态下的无套利定价。

(一)确定状态下的无套利定价

下面我们从最简单的定价问题说起。假设有两个零息票债券 A 和 B，两者都是在 1 年后的同一天支付 100 元的面值。如果 A 的当前价格为 98 元，试问在忽略交易成本的情况下：(1)B 的价格应该为多少？(2)如果 B 的市场价格只有 97.5 元，应如何套利？

显然，根据"同损益同价格"原理：B 的价格也应为 98 元。如果 B 的市场价格只有 97.5 元，卖空 A，买入 B 即可实现 0.5 元的套利利润。

进一步讨论一个略微复杂的无套利定价问题。

【例 9-10】假设当前市场的零息票债券的价格为：① 1 年后到期的零息票债券的价格为 98 元；② 2 年后到期的零息票债券的价格为 96 元；③ 3 年后到期的零息票债券的价格为 93 元 (忽略交易费用)。试问：(1)息票率为 10%，1 年支付 1 次利息的三年后到期的债券的价格为多少？(2)如果息票率为 10%，1 年支付 1 次利息的三年后到期的债券价格为 120 元，那么如何套利呢？

我们知道，一张 1 年支付 1 次利息的三年后到期的附息债券的未来现金流为第一年末为 10 元，第二年年末为 10 元和第三年末为 110 元。为此，构建静态组合复制附息债券的现金流如下。

(1) 购买 0.1 张 1 年后到期的零息票债券，其损益刚好为 100×0.1=10(元)。
(2) 购买 0.1 张 2 年后到期的零息票债券，其损益刚好为 100×0.1=10(元)。
(3) 购买 1.1 张 3 年后到期的零息票债券，其损益刚好为 100×1.1=110(元)。

由已知条件可知，1 年、2 年和 3 年期的零息票债券分别为 98 元、96 元和 93 元，据套利等价性推论，息票率为 10%，1 年支付 1 次利息的三年后到期的债券的价格应为前述三种零息票债券加权价格之和，即

$$0.1×98+0.1×96+1.1×93=121.7(元)$$

又已知该附息债券当前市场价格为 120 元，故低估 B，则买入 B，卖出静态组合。实现套利利润为 121.7-120=1.70(元)。具体市场套利操作如下。

(1) 买入 1 张息票率为 10%，1 年支付 1 次利息的三年后到期的债券。
(2) 卖空 0.1 张 1 年后到期的零息票债券。
(3) 卖空 0.1 张 2 年后到期的零息票债券。
(4) 卖空 1.1 张 3 年后到期的零息票债券。

以上采用的是静态复制技术，即用零息票债券的组合复制一个附息债券的现金流，进而为其作定价。下面我们来讨论采用自融资动态策略的动态复制定价问题。

【例 9-11】假设从现在开始 1 年后到期的零息票债券的价格为 98 元，从 1 年后开始，在 2 年后到期的零息票债券的价格也为 98 元。试问在忽略交易成本的情况下。(1)从现在开始 2 年后到期的零息票债券的价格为多少？(2)如果现在开始 2 年后到期的零息票债券价格为 99 元，应如何套利？三种债券的现金流如图 9-20 所示。

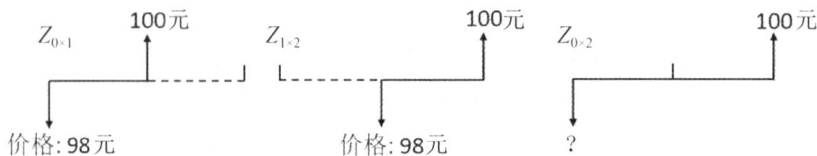

图 9-20　三种债券的现金流

构筑自融资交易策略的现金流(见表 9-13)。

(1) 先在当前购买 0.98 份的债券 $Z_{0\times1}$。

(2) 在第 1 年年底 0.98 份债券 $Z_{0\times1}$ 到期，获得 $0.98\times100=98$ 元。

(3) 在第 1 年年底再用获得的 98 元去购买 1 份债券 $Z_{1\times2}$。

表 9-13　自融资交易策略的现金流

交易策略	现金流/元		
	当　前	第 1 年年底	第 2 年年底
(1) 购买 0.98 份 $Z_{0\times1}$	$-98\times0.98=-96.04$	$0.98\times100=98$	
(2) 第 1 年年底购买 1 份 $Z_{1\times2}$		-98	100
合计	-96.04	0	100

由表 9-13 可以看出，这个自融资策略的损益就是在第 2 年年底获得的本金 100 元，这恰好等同于一个现在开始 2 年后到期的零息票债券的损益。其自融资交易策略的成本为：$98\times0.98=96.04$(元)。据套利等价性推论可知，从现在开始的 2 年期的零息票债券 $Z_{0\times2}$ 的价格为 96.04 元。

套利策略实操(见表 9-14)如下。

(1) 卖空 1 份 $Z_{0\times2}$ 债券，获得 99 元，所承担的义务是在 2 年后支付 100 元。

(2) 在获得的 99 元中取出 96.04 元，购买 0.98 份 $Z_{0\times1}$。

(3) 购买的 1 年期零息票债券到期，在第一年年底获得 98 元。

(4) 再在第 1 年年底用获得的 98 元购买 1 份第 2 年年底到期的 1 年期零息票债券。

(5) 在第 2 年年底，零息票债券到期获得 100 元，用于支付步骤(1)卖空的 100 元。

表 9-14　套利策略实操

交易策略	现金流/元		
	当　前	第 1 年年底	第 2 年年底
(1) 卖空 1 份 $Z_{0\times2}$	99		-100
(2) 购买 0.98 份 $Z_{0\times1}$	$-0.98\times98=-96.04$	$-0.98\times100=-98$	
(3) 在第 1 年年底购买 1 份 $Z_{1\times2}$		-98	100
套利现金流合计	$99-96.04=2.96$	0	0

(二)不确定状态下的无套利定价

现在我们来举例讲解存在两种和三种不确定状态下的资产定价问题。

【例 9-12】 假设有一风险证券 A，当前的市场价格为 100 元，1 年后的市场可能出现两种状态：状态 1 和状态 2。状态 1 时，A 的未来损益为 105 元；状态 2 时，为 95 元。另有一证券 B，它在 1 年后的未来损益：状态 1 时为 120 元；状态 2 时为 110 元，如图 9-21 所示。假设不考虑交易成本，资金借贷设定为零利率。

问题：(1) B 的合理价格为多少？(2) 如果 B 的价格为 110 元，如何套利？

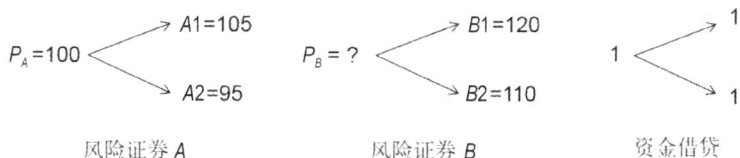

图 9-21　证券 A、B 和无风险资产现金流

静态组合策略如下。

以 x 份的证券 A 和 y 份的资金借贷复制 B，如图 9-22 所示。

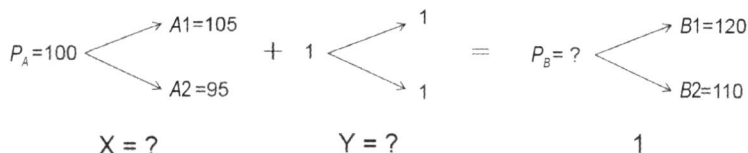

图 9-22　以证券 A 和无风险资产组合复制证券 B

由此，建立以下静态复制方程组

$$\begin{cases} 105x + y = 120 \\ 95x + y = 110 \end{cases}$$

解得：$x = 1$，$y = 15$

故有证券 B 的价格为：$1 \times 100 + 15 \times 1 = 115(元)$

如果证券 B 的市场价格为 110 元，则存在套利机会。套利策略是买入证券 B，卖出复制组合。套利利润为 5 元，如表 9-15 所示。

表 9-15　证券 A 与无风险资产组合复制证券 B 现金流

操作策略	现金流/元		
	期初	状态 1	状态 2
(1)买入 B	−110	120	110
(2)卖出 A	100	−105	−95
(3)借入资金	15	−15	−15
合计	5	0	0

【例9-13】设证券 A 当前价格为 100 元。证券市场未来有三种状态，证券 A 在三种状态下的价格分别是 144 元、108 元和 81 元，证券 B 在三种状态下的价格分别为 128 元、110 元和 101 元，如图 9-23 所示。假设无风险利率为 0。

问题：(1)证券 B 的合理价格为多少？(2)如果证券 B 的价格为 110 元，是否存在套利机会，如何套利？如果 B 的价格为 105 元，如何套利？

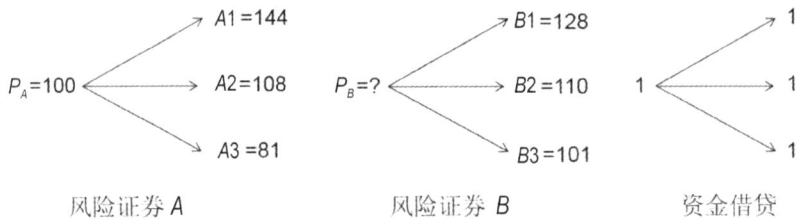

图 9-23 复制证券 B 的组合 A 的现金流

如果利用静态组合复制的方法，我们假设用 x 单位的证券 A 和 y 单位的无风险资产复制证券 B，则可以列出以下方程组

$$
\begin{cases}
144x+y=128 & (9\text{-}53) \\
108x+y=110 & (9\text{-}54) \\
81x+y=101 & (9\text{-}55)
\end{cases}
$$

容易验证，此方程组无解。

现在考虑动态复制技术。将证券持有周期分为两部分，三种证券的损益如图 9-24 所示。

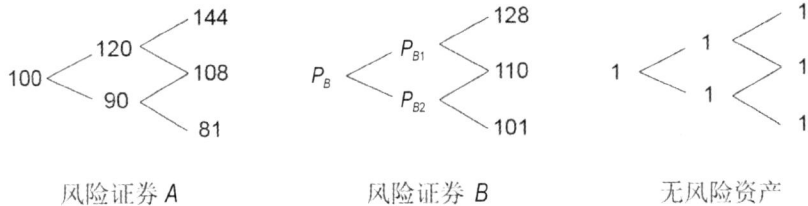

图 9-24 拟复制证券 B 的组合 A 的两周期现金流

复制策略的确定用倒推法，具体如下。

(1) 在 $t=0.5$ 时刻，有

当 $P_A=120$ 时

$$
\begin{cases}
144x+y=128 \\
108x+y=110
\end{cases}
$$

解得：$x=0.5$，$y=56$。因而有

$$
P_{B1}=120\times0.5+56=116
$$

当 $P_A=90$ 时

$$
\begin{cases}
108x+y=110 \\
81x+y=101
\end{cases}
$$

解得：$x=1/3$，$y=74$。因而有

$$P_{B2} = 90 \times 1/3 + 74 = 104$$

(2) 在 $t=1$ 时刻，有

$$\begin{cases} 120x + y = 116 \\ 90x + y = 104 \end{cases}$$

解得：$x = 0.4$，$y = 68$。因而有

$$P_B = 100 \times 0.4 + 68 = 108$$

由上述计算可知动态复制策略如下。

在 $t=0$ 时刻，用 $0.4A$ 和 68 元现金(无风险资产)来复制证券 B。我们把这一操作写为策略 $(0.4A, 68)$，其他类同。

在 $t=0.5$ 时刻，若 P_A=120 元，用策略 $(0.5A, 56)$ 来复制证券 B。通过比较期初策略 $(0.4A, 68)$，我们可以发现需要对策略 $(0.1A, -12)$ 进行调整(即买入 $0.1A$，无风险资产减少 12 元)。

在 $t=0.5$ 时刻，若 P_A=90 元，则使用策略 $(1/3A, 74)$ 来复制证券 B。比较期初策略 $(0.4A, 68)$ 知，须采取策略 $(-1/15A, +6)$ 进行调整(即卖出 $1/15A$，无风险资产增加 6 元)。

若 P_B=110 元，存在套利机会，套利策略为：持有证券 B 空头，持有动态复制策略多头 (见图 9-25)。

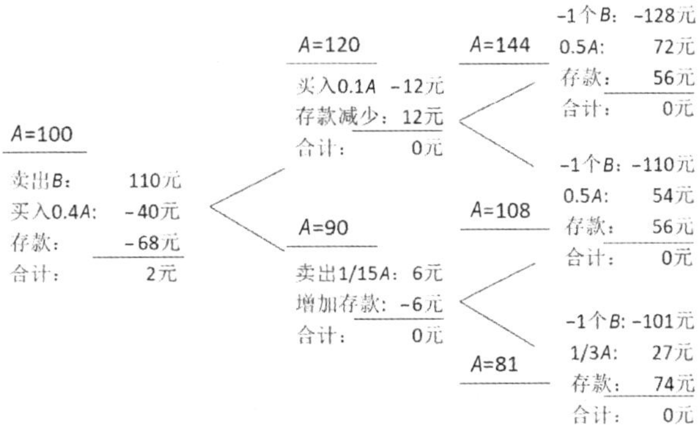

图 9-25　P_B=110 时证券组合 A 的实施套利策略

若 P_B=105 元，存在套利机会，套利策略为：持有证券 B 多头，持有动态复制策略空头(见图 9-26)。

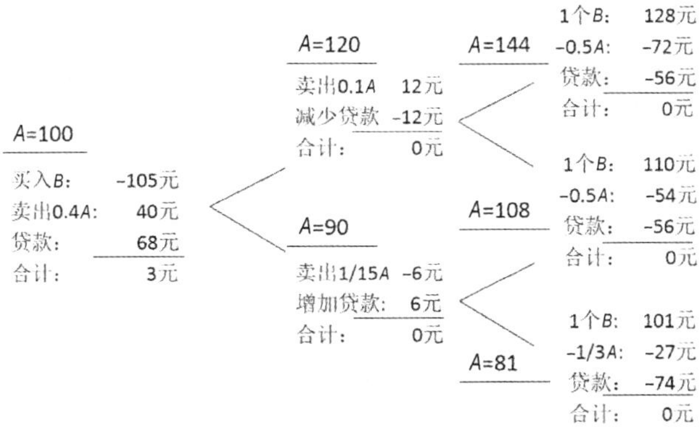

图 9-26　P_B=105 时证券组合 A 的实施套利策略

长期收益率单边下行，债市风险集聚

287

第五节 有效市场假说与 EMH 异象

一、有效市场假说的产生

有效市场假说(Efficient Markets Hypothesis,EMH),也称有效市场理论(Efficient Market Theory)。有效市场假说的研究起源于路易斯·巴舍利耶(Louis Bachelier,1900),他从随机过程的角度研究了布朗运动以及股价变化的随机性,并认识到市场在信息方面的有效性:过去、现在的事件,甚至将来事件的贴现值都反映在市场价格中。他提出的"基本原则"是股价遵循公平游戏(fair game)模型。

在 Bachelier 之后的几十年内,除了 1930—1940 年的 Working、Cowles 和 Jones 的研究外,很少有文献探究股价行为规律。1953 年,英国统计学家肯德尔试图借助电子计算机找出股票价格变化的某种规律,其结论是,"股票价格波动没有任何模式可循,完全是随机的。每次任意选择一个随机数加到现行价格上,就形成了下一时期的股票价格"。因此,肯德尔得出了股票价格变化是"随机游走"(random walk)的结论。Harry Roberts(1959)也展示了一个从随机数列中产生的序列与美国的股价是无法区分的。Osborne(1959)发现股价行为和流体中的粒子的行为相似,并用物理方法来研究股价行为。[①]Samuelson(1965)、Mandelbrot(1966)通过数学证明澄清了公平游戏模型和随机游走的关系,从理论上论述了有效市场和公平游戏模型之间的对应关系,为有效市场假说作了理论上的铺垫。

在总结前人的理论和实证的基础上,并借助 Samuelson(1965)的分析方法和 Roberts(1967)提出的三种有效形式,尤金·法玛(Eugene Fama,1970)提出了有效市场假说。

二、有效市场的定义及分类

根据法玛的论述,在资本市场上,如果证券价格能够充分而准确地反映全部相关信息,则称其为有效率。也就是说,如果证券价格不会因为向所有的证券市场参与者公开有关信息而受到影响,那么,可以说,市场对信息的反应是有效率的。对信息反应有效率意味着以该信息为基础的证券交易不可能获取超常利润。有效市场理论实际上涉及两个关键问题:一是关于信息和证券价格之间的关系,即信息的变化会如何影响价格的变动;二是不同的信息(种类)会对证券价格产生怎样的不同影响。

根据法玛的定义,有效市场是指市场上各种证券的价格能够充分、及时地反映所有可以获得的信息。詹森(Jensen)将有效市场定义为,如果在市场上根据一组信息从事交易而无法赚取经济利润,那么该市场是有效的。证券市场上的信息主要包括:①企业经营信息;②行业信息;③国民经济的信息;④国际经济的信息。这些信息都会对证券市场股票、债券的价格产生影响。

法玛定义了与证券价格相关的三种类型的信息,具体如下。

一是历史信息,即基于证券市场交易的有关历史资料,如历史股价、成交量等。

二是公开信息,即一切可公开获得的有关公司财务及其发展前景等方面的信息。

[①] 不要求风险溢价或风险溢价为 0 时的风险投资,称为公平游戏。

三是内部信息,即只有公司内部人员才能获得的有关信息。

有效市场理论中的市场效率并不是指市场的运作效率(如市场中的信息传输、交易指令执行、交割、清算、记录等功能完成的质量、速度和相应的成本水平等),而是指市场的信息效率,即证券市场价格对信息的敏感程度和反应速度。法玛根据可获得信息的分类不同,将市场效率划分为三种类型:①弱式有效;②半强式有效;③强式有效。

(一)弱式有效市场理论

弱式有效市场是指证券的现行价格充分反映了所有历史信息,如证券交易价格、收益率以及交易量等。既然价格已经反映了所有的历史信息,那么过去的市场交易数据对预测将来的证券价格就没有任何作用。在弱式有效市场中,证券价格表现为随机游走过程,即价格的变化是相互独立的,每次价格的上升或下降与前一次的价格变化没有联系,对下一次价格变化也毫无影响。因此,按照历史信息得出的交易规则(如技术分析)进行证券买卖,将无法获得超额利润。

结论1:如果弱式有效市场理论成立,则股票价格的技术分析将失去作用,而基本分析可能帮助投资者获得超额利润。

(二)半强式有效市场理论

与弱式有效市场相比,半强式有效市场在可以获得信息的范围上又进了一步。在半强式有效市场中,证券价格不仅反映了证券市场的历史信息,而且反映了所有其他公开信息。公开信息包括公司的财务报表、红利分配方案、盈利预测、公司发布的新闻公告、利率的变化、通货膨胀率和国债发行规模等各方面信息。

在半强式有效市场中,不仅所有关于证券价格变化的历史资料信息对预测证券的未来价格变动没有作用,而且所有公开信息对价格预测也没有意义。投资者在新的信息公布之后,再依据其进行操作不会获得超额利润,因为证券价格已经对这些公开的新信息迅速做出了调整。因此,在半强式有效的市场中,使用建立在公开信息基础上的基本分析不可能帮助投资者持续地获得超额利润。

半强式有效的市场并不意味着所有的市场参与者都能马上接受并理解所有公开有用的信息。事实上,只有机构投资者和职业分析师才可能对新的信息做出迅速反应。机构投资者投入足够的财力和人力进行投资分析,以便获得某种为别人所忽略了的信息,暂时获得高于一般水平的收益率,即超额利润。他们在市场上竞争买卖,买卖双方将相应地调整他们的期望,使交易在新的均衡价格水平上发生,价格重新反映所有可获得的信息,结果使超额利润迅速消失。这说明,只有当大量的投资者利用新信息的意图旨在获得超额利润时,这个市场才是半强式有效的。

结论2:如果半强式有效市场理论成立,则在市场中利用技术分析和基本分析都将失去作用,而利用内幕消息可能帮助投资者获得超额利润。

(三)强式有效市场理论

强式有效市场的主要特点是:所有有用的相关信息都已在证券价格中得到了反映,即证券价格不仅包含历史价格信息和所有公开信息,还包含所谓的内幕信息。

一般认为，公司内部人员掌握着公司尚未公开的信息，即内幕信息，如公司的盈利情况、高级管理人员的变动、新技术突破、悬而未决的收购计划以及公司未来的发展计划等。这些内幕信息有助于他们谋取超额利润，因此在证券市场监督管理比较完善的国家，都以立法的形式禁止并杜绝可能掌握内幕信息的相关人员和机构参与证券交易。

但是，在强式有效市场的假设下，任何投资者都无法凭借其掌握的信息，包括内幕信息来持续地获取超额利润。如果市场是强式有效的，内幕信息可以通过以下方式反映在证券价格中：那些获得内幕信息的人根据这些信息增加了其交易量，其他投资者就会假设这些人掌握了某种相关的信息，因此，后者无须确切地知道这些信息的具体内容便会做出相应的反应。

如果利用这些信息的投资者人数增加，那么在某种程度上就可以认为内幕信息已经公开化了，并且在证券价格中得到反映。因此在强式有效市场中，任何投资者都无法凭借其地位和某种信息渠道来获得超额利润。

强式有效的市场是一种理想化的状态：证券价格根据所有的信息(公开信息和内幕信息)自动地做出充分反应，投资者利用内幕信息从事交易将无法获取超额利润。事实证明，各国的证券市场至今尚未出现这样的理想环境。

结论 3：在强式有效市场中，没有任何方法能帮助投资者获得超额利润，即使基金和有内幕消息者也一样。

从以上对三种类型的市场效率的分析可以看出，证券的价格总是反映一定的信息。从弱式有效到半强式有效再到强式有效，价格所反映信息的范围逐步扩大。证券价格反映信息的范围越广，反应的速度越快，投资者就越难以通过证券交易来获得超额利润，投机行为也难以奏效，价格将趋于相对稳定。此时，平均利润更能充分地得以实现，资金便可以被有效地导向生产领域，实现经济资源的合理配置。

多年来，各国学界专家、学者对市场的有效性作了实证研究。对弱式有效市场而言，经常使用的检验方法有自相关检验、游程检验和过滤法则检验，这些检验的目的都是要证明证券价格时间序列是否存在规律性，如果序列无规律可循，则市场为弱式有效。对半强式有效市场的检验从事件研究开始，如果某一重大事件公布后投资者不能获得超额收益，市场就是半强式有效。对强式有效市场的检验主要看投资者基于内幕信息进行的交易活动是否可获得超额收益。[①]

如果市场总是有效的，我只会成为一个在大街上手拎马口铁罐的流浪汉。

——沃伦·巴菲特

三、证券市场 EMH 异象

自从有效市场理论提出以来，它一直受到学术理论界的质疑和挑战。首先是对有效市场理论的充分性条件的否定和质疑；其次是对各类市场有效性结论的质疑，即不少实证研究与有效市场理论的结论存在差异。以下罗列几种典型的 EMH 异象，供讨论参考。

1. 交易策略与交易倾向

买入决策：一些经验研究结果显示，投资者在买入证券时表现出一种交易极端行为，

---

① 赵昌文，俞乔. 投资学[M]. 2 版. 北京：清华大学出版社，2012.

也就是说，投资者倾向于购买过去表现最好或最差的证券。

卖出决策：奥丁(Odean，1998)的研究结果显示，一方面，投资者对亏损股票存在较强的惜售心理，不愿意承担损失；另一方面，投资者在盈利面前倾向于回避风险，愿意过早地卖掉处于盈利状态的股票以锁定利润。投资者表现出售盈持亏的行为倾向，即处置效应(Disposition Effect)。

2. 动量效应与中期预测性

动量效应(Momentum Effect)，是指股票价格变化表现出具有向同一方向波动的持续性。杰加地西和蒂特曼(Jegadeesh and Titman，1993，2001)的经验研究结果显示：过去3～12个月表现好或差的股票(赢者或输者)在接下来的3～12个月内继续表现好或差。利用这一现象的动量交易策略(即买入赢者、卖空输者)在美国和大多数成熟市场中都有持续的异常收益(也称动量收益)。

中期预测性：动量效应显示，单只股票过去 6～12 个月的股价走势有助于预测同方向的未来价格走势，说明股票价格具有中期预测性。

3. 反应不足、反应过度与无信息反应

反应不足(Underreaction)：与反应迅速及时相对，是指证券价格对新信息的反应迟钝，不能一步到位，在到位之前有一个相对缓慢变化的过程。反应不足可以是对任何市场消息的反应。例如，股票价格对公司盈利公告反应不足。

反应过度(Overreaction)：与反应充分准确相对，是指证券价格对新信息的反应过头，一直会向同一方向有强烈的过头反应，超过了其应该有的变化，之后在一个较长的时间内证券价格再缓慢向相反的方向复归，如长期反转。

无信息反应(Reaction to Non-Information)：在没有任何信息(对证券价格有影响的信息)的情况下，证券价格发生相对较大变动。例如，1987 年 10 月 19 日(星期一)，美国华尔街股市道琼斯工业平均指数暴跌 500 多点，跌幅达 22.6%，成为美国近 70 年来单日跌幅最大的交易日。

4. 市场定价中的异象

小公司效应(Small Firm Effect)：也称规模效应(Size Effect)或规模溢价(Size Premium)，是指投资于小市值公司股票所获得的收益远远大于投资于大市值公司股票的收益。班茨(Banz，1981)将在纽约证券交易所上市的股票按公司总市值的大小分成五组，发现市值最小的一组公司的股票的平均收益率比市值最大的一组公司高出 19.8%。此外，凯姆(keim，1983)发现，约有 50%的小公司效应都发生在 1 月。因此，将这种现象称为小公司 1 月效应(Small Firm-January Effect)，或规模 1 月效应(Size-January Effect)。

市盈率效应：是指具有低市盈率的股票或投资组合的未来收益率往往能超过具有高市盈率的股票或投资组合的收益率，其表现要好于市场平均水平。

巴苏(Basu，1983)为了单独考察市盈率效应，采用了以下去除小公司效应的方法：按公司市场价值的大小将25家公司分成五组，在每组中按市盈率的大小对公司进行排列，构建了 5 个投资组合。经过统计检验，结果发现具有最低市盈率的投资组合获得了最高的风险收益率，显示市盈率指标对未来收益率具有预测能力，这与半强式有效市场假设相矛盾。

5. 交易动机与过度交易

传统的金融理论认为，在理性交易者假设和市场预期均衡状态下，交易者都会持有一个由市场组合和无风险证券构成的投资组合，其持有的证券比例取决于交易者的风险承受能力。

现代经典金融理论认为，梯若尔(Tirole，1982)与米尔格兰姆和斯道克(Milgrom and Stockey，1982)证明了理性预期均衡状态下不会有交易发生。具有理性预期的交易者会认为交易对方愿意交易的原因在于他拥有比自己有优势的信息，自己处于不利的交易地位，所以不会与之发生交易。

现实经验告诉我们，交易者之所以能够达成交易，其原因在于交易者对证券的未来收益和风险有不同的预期。统计数据显示，美国纽约证券交易所市场中一天成交 7 亿股，投资者的交易行为呈现出"非理性"的过度交易倾向。

6. 分散不足与随机分散

分散不足(Insufficient Diversification)，是指投资者持有的证券数量很少，显著少于标准的投资组合理论所推荐的构成分散化投资组合的证券数量。经验证据显示，投资者有一种熟悉偏好(Home Bias)，即投资者投资于自己熟悉的证券。

随机分散(Random Diversification)，又称为天真分散(Naive Diversification)，是指投资者在构建投资组合时采用随机方式选择证券。马柯威茨分散是指根据证券之间的相关性，尽量选择相关性较低、不相关甚至是负相关的证券构建组合。

贝纳茨和赛勒(Benartzi and Thaler，2001)的实验研究发现，许多投资者采用平均化投资策略将自己的储蓄平均分散在每一个投资选择上，而不管这些选择是什么。贝纳茨和赛勒将投资选择分成三种情况：第一种情况，从股票基金和债券基金中做出选择；第二种情况，从股票基金和平衡基金中做出选择，其中平衡基金投资于股票和债券的投资比例各占 50%；第三种情况，从平衡基金和债券基金中做出选择。统计结果发现，在每一种情况下，投资者大部分都是以 50∶50 的比例在两种基金中做出选择，说明投资者在做出投资选择时并没有特别的偏好。如果确实没有选择偏好，将导致一个非常不同的有效选择。实际统计显示，三种情况下平均投资于股票的比例分别是 54%、73%和 35%。

四、基于分形市场假说的 EMH 理论

"分形市场假说"(Fractal Market Hypothesis，FMH)概念最早由贝努瓦·曼德勃罗(Benoit Mandelbrot)提出，用以描述那种不规则的、破碎的、琐碎的几何特征。李雅普诺夫指数和分形结构的检验都说明了资本市场呈现混沌行为。随着非线性动力学的发展，基于混沌和分析理论的新视角为我们提供了理解资本市场行为的新途径，而分形市场假说的提出是在这方面所取得的重大进展之一。

埃德加·E.彼得斯(Edgar E. Peters，1991，1994)首次提出了分形市场假说，从非线性的观点出发，提出了更符合实际的资本市场基本假设——分形市场假说。他强调证券市场的信息接受程度和投资时间尺度对投资者行为的影响，并认为所有稳定的市场都存在分形结构。

作为现代金融理论基石的有效市场假说越来越多地被实践证明不符合现实；而建立在

非线性动力系统之上的分形市场假说，利用流动性和投资起点很好地解释了有效市场假说无法解释的各种市场现象。分形市场假说认为：资本市场是由大量的不同投资起点的投资者组成的，信息对各种不同投资者的交易时间有着不同的影响，在每日、周或月时段内的交易未必是均匀的，而且投资者的理性是有限的，未必按照理性预期的方式行事。在对信息的反应上，有些人接收信息后马上就做出反应，而大多数人会等待确认信息，并且直到趋势已经十分明显时才会作出反应。通过定性分析和定量分析表明：有效市场假说只是分形市场假说的一种特殊情况，有效市场只是在某个特定时段才可能出现。但由于分形市场假说在数学建模上的困难，有效市场假说仍具有现实的参考和指导意义。

五、我国证券市场有效性实证研究

一直以来，我国在 EMH 检验方面做了大量研究，一类结果表明我国股市尚未达到弱式有效市场；另一类则认为我国股票市场已经具有弱式有效市场的明显特征，或已经有向弱式有效市场接近的趋势。前者居多数，后者相对较少。鲜有我国股市已经达到半强式有效市场或强式有效市场的研究结论。

高树棠、周雪梅(2009)利用上证综合指数(收益率)和深圳成分指数(收益率)分别通过了单位根检验、残差的序列自相关检验和游程检验，表明沪、深两市的股票价格满足随机游走过程，这种特征说明在长期持有期内投资者很难通过对历史数据的分析来获得超额收益，我国股票市场已经呈现弱式有效市场的特征。徐成(2019)检验了上证指数是否符合随机游走过程，认为我国的上海股票市场尚未达到弱式有效市场。贺行知(2021)采用事件研究法，检验股价对公司发放年报前后投资者所获得的超额收益的影响，认为上海证券市场尚未达到半强式有效市场的水平，而具有弱式有效市场的显著特征。王威龙、张强、舒佳豪(2022)以深圳股票个股 2021 年年度财务报告的公布日为事件，探究公开信息对深圳股票市场个股股价的影响，得到我国深圳股票市场未达到半强式有效市场的结论。

提示：如果人人都认为市场是无效率的，那么通过市场分析等种种努力，就有可能发现价格变化的某些规律和投资机会，从中获取巨额利润。而正是由于市场交易者的深度关注和积极参与，市场吸收、反映有关信息的速度和能力提高了，市场就会渐进趋于有效率的了。而此时，如果人人开始相信市场是有效率的，人们就不会再做毫无意义的技术分析，那么证券价格就变得"懒惰""迟钝"起来，难以及时充分反映有关信息，市场又会变得无效率了，于是进行市场分析的努力又变得有利可图了。由此可见，有效市场假说实际上隐含了某种悖论，即寻找规律者自己消灭了规律。市场总是在"无效→初级有效→无效→高一级有效→无效……"这一过程中循环往复以至无穷，最后渐进走向更高级的有效市场。

本 章 小 结

练习与思考

一、马科维茨投资组合

1. 组合投资可以分散何种风险,为什么不能分散系统性风险?

2. 可行域、最小方差集与有效集具有什么内涵关系?请阐述在允许卖空和非允许卖空条件下其可行域、最小方差集和有效集的图形性质和特征。

3. 请阐述马科维茨投资组合最优解的寻优思路。

4. 你认为两基金定理和单基金定理对现实中的投资决策有什么指导意义。

5. 假设某资产组合中包含 A、B、C 三种风险资产,在某一持有期内,A、B、C 资产的收益率和市场价值分别为 10%、-2%、7% 和 100 万元、150 万元、200 万元。试计算该资产组合持有期内的收益率。

6. 假设市场中只有两只股票 A 和 B(没有无风险资产),而且股票 A 和 B 的相关系数为 -0.4。两只股票的期望收益率和标准差如表 9-16 所示。

表 9-16 两只股票的期望收益率和标准差

股票	期望收益率(%)	标准差(%)
A	20	20
B	15	25

(1) 是否有人会有兴趣投资股票 B?

(2) 如果将资金的 40% 投资在股票 A 上,将资金的 60% 投资在股票 B 上,则该投资组合的期望收益和标准差分别为多少?

(3) 假设某投资者希望购买一个最小标准差的投资组合,他应该如何分配自己的资金?

二、资本资产定价

1. 资本市场线上的组合存在非系统性风险吗?证券市场线上的组合存在非系统性风险吗?

2. 在 2022 年,短期国债(视为无风险资产)的收益率为 5%。假设市场上一个 β 值等于 1 的投资组合的要求收益率为 13%,根据 CAPM,则

(1) 市场组合的期望收益率为多少?

(2) 对于 β 值等于 0 的股票,它的期望收益率为多少?

(3) 假设一只股票的当前价格为 100 元,你预期一年后股票价格会达到 108 元,而且在这一年中公司每股会派发 5 元的红利。如果该股票的 β 值等于 0.5,请问股票当前的价格是否被高估了?

3. 股票 A 的 β 值为 1.3,期望收益率为 0.23,股票 B 的 β 值为 0.6,期望收益率为 0.13。假设 CAPM 成立,市场组合的期望收益率为多少?无风险利率为多少?

4. 假设由两种证券组成的市场组合,它们有以下的期望收益率、标准差和比例(见

表 9-17)。

表 9-17 证券组合的相关数据

证 券	期望收益率/%	标准差/%	比 例
A	10	20	0.40
B	15	28	0.60

再假设 A 与 B 的相关系数为 0.3，无风险收益率为 5%，试写出资本市场线的方程。

5. 给定市场组合的期望收益率为 10%，无风险收益率为 6%，证券 A 的 β 值为 0.85，证券 B 的 β 值为 1.2。要求如下。

(1) 画出证券市场线。

(2) 求出证券市场线方程。

(3) 求出证券 A 和证券 B 的均衡期望收益率是多少？

(4) 在证券市场线上描出两种风险证券位置。

三、套利定价

1. 为什么因素模型极大地简化了导出马科维茨有效集的过程？

2. 什么是纯因素组合，它有什么经济意义？

3. 设无风险收益率为 6%，一个具有单因素敏感性系数的投资组合收益率为 8.5%。考虑具有表 9-18 所示的信息特征的投资组合，试应用本章介绍的套利定价原理决定该投资组合的均衡期望收益率。

表 9-18 投资组合的相关数据

证 券	因素敏感性	比 例
A	4.0	0.3
B	2.6	0.7

4. 设证券的收益率由单因素模型生成。徐勇拥有一个投资组合，其成员证券具有表 9-19 所示的特征。确定一个徐勇可能投资的套利组合，证实这一组合满足套利组合的必要条件，并计算套利利润。

表 9-19 投资组合的相关数据

证 券	因素敏感性	比 例	期望收益率
A	0.60	0.40	12
B	0.30	0.30	15
C	1.20	0.30	8

5. 基于一个三因素模型，考虑具有表 9-20 所示特征的三种证券组成的投资组合。

表 9-20　投资组合的因素敏感性和比例

证　券	因素 1 敏感性 b_1	因素 2 敏感性 b_2	因素 3 敏感性 b_3	比　例
A	−0.20	3.60	0.05	0.60
B	0.50	10.00	0.75	0.20
C	1.50	2.20	0.30	0.20

试求出投资组合对因素 1、2、3 的敏感性是多少？

四、无套利定价

1. 如何理解无套利定价的无风险性、零投入复制、未来净现值非负性三个特征。

2. 请阐述无套利定价静态复制和动态复制技术方法的异同。

3. 假设当前市场的零息票债券的价格为：① 1 年后到期的零息票债券的价格为 99 元；② 2 年后到期的零息票债券的价格为 97 元；③ 3 年后到期的零息票债券的价格为 94 元(忽略交易费用)。

试问：(1)息票率为 10%，1 年支付 1 次利息的三年后到期的债券的价格为多少？ (2)如果息票率为 10%，1 年支付 1 次利息的三年后到期的债券价格为 119 元，那么如何套利呢？

五、有效市场理论

1. 简述有效市场理论的主要内容。如何理解有效市场的三种类型之间的关系。

2. 请阐述有效市场理论对证券投资分析的意义和指导作用。

3. 解释"交易动机与过度交易""分散不足与随机分散""反应不足、反应过度与无信息反应"的内涵。为什么说它们是 EMH 的"异象"？

4. 假设某公司向它的股东们宣布发放与预期差别很大的现金红利。在没有信息泄露的有效市场上，投资者可以预测在公告日该股股票价格将大幅上涨。这种判断正确吗？为什么？

5. 巴菲特现象的存在与有效市场假说有何矛盾之处？如何解释？

6. 如果市场是弱式有效的，不重叠的两个时期的股票收益率之间的相关系数是多少？

实　践　案　例

投资组合基金定理的"基金替代"思考

在马科维茨投资组合最优化的寻优路径演绎中，我们获得了"两基金定理""单基金定理"以及"分离定理"。

两基金定理是指有效边界上的任何两个有效组合 A 与 B，组合之后依然是有效组合。换句话说，如果已知两个组合是有效的，那么这两个有效组合的全部组合集合便可以得到有效集或有效边界。这一结论只要求组合 A 和组合 B 是有效的。而任意组合 A 是有效的充分必要条件是：组合 A 不存在非系统性风险，且对于给定的风险，A 预期收益最大；或者说，同一风险的其他组合预期收益都比 A 小。在实践中，两基金定理可以通过一定变通方式达到应用目的。比如，选择市场公认优秀但风险收益特征有一定差异的两只基金 A、B，其收益风险关系分别为 $r_A < r_B$，$\sigma_A < \sigma_B$，通过组合即可获得经过 A 与 B 的有效边界 ζ。不同投资者根据自己的风险偏好，即可得到位于 ζ 某一处的理想组合，此即为准最优风险资产组合。这两个基金类别可以是相同的，也可以是不同的。比如，都是股票基金，或一个是股票基金，一个是混合基金或其他。当然这两只基金必须是"充分分散化"，而且是被"公认优秀"的。前者确保"不存在非系统性风险"；后者确保"风险一定预期收益最大"。而投资者的风险偏好可以通过某种效用模型的参数调节加以确认，进而得到有效边界的"理想组合"。

单基金定理是指当风险资产有效边界线 ζ 上的所有组合与无风险资产 F 进行再组合，有效边界由曲线改变成一条过 F 且与 ζ 相切于 M 的射线，切点 M 对应的组合称之为最优风险资产组合。在投资理性预期一致的假设条件下，所有风险偏好的投资者，都选择 M 组合。换句话说，任意投资者对风险资产的选择都是 M，即选择与投资者的风险偏好无关，而且是唯一的。此即所谓"分离定理"。正是由于加入无风险资产后，有效边界为自 F 发出和过点 M 点的一条射线，因此，只要选择"一只基金"，将其与无风险资产进行组合，我们便可以获得新的有效边界 ξ。此即所谓"单基金定理"。在实际中，我们只要能够在市场上确认一只优秀的基金，再借入或贷出一部分无风险资产，便可获得"准"有效边界 ξ。仿两基金定理做法，选择合适的效用函数，便可获得投资组合的满意解或准最优解。需要特别指出的是，最优风险资产组合 M 不仅是有效组合，而且在"理性预期一致"假设条件下，M 还是一个全市场组合。全市场组合不仅要求包含市场全部风险资产，还要求以每一种风险资产的市值占比来进行组合。遗憾的是，现实中几乎找不到可以满足 M 组合性质指向标的。通常的做法是以市场指数来构建作为"全市场"组合的替代品。现实中，我们可以尝试用指数基金进行实际运作。比如，选择某些跟踪大盘指数的基金，考察目标基金的基金净值、累计净值、净值增长率，以及指数跟踪误差等指标，并进行加权评分，得分最高的指数基金便可作为"单基金"的替代品。此时投资者的"单基金"策略显得十分简单：持有具有上述性能的指数基金，同时借入或贷出一部分无风险资产，根据风险偏好，分配两种资产的投资资金比例，即可获得投资的"满意解"。

思考

1. 请阐述两基金定理、单基金定理的基本内涵及差异。

2. 结合实际，阐述寻找"单基金"替代品的基本思路。

第十章　量化投资交易概述

✎【章前导读】

尽管量化交易在国外的发展和应用已有数十年之久，但对于中国的普通投资者而言，量化交易依然披着一层神秘的面纱。本章将阐述量化交易的基本概念、量化策略一般模型的构建方式，量化策略的开发流程和实施步骤，以及优秀量化策略应具备哪些重要特征及标志。量化交易长期以来受到"公平、公正"的质疑，当散户还只是依靠基本分析或技术分析揣摩市场价格轨迹时，机构却已经获得了融券做空 T+0 的入场券，以毫秒级自动交易疯狂收割市场。从这一层面来看，量化交易运行的底层逻辑，尤其是制度、规则及运行环境是否应该进行一场理性的变革与重塑。本章最后给出了多因子选股策略、事件驱动策略等量化交易案例。

股票投资，难免有些地方需要靠运气，但长期而言，好运、倒霉会相抵，想要持续成功，必须靠技能和运用良好的原则。

——菲利普·费雪(Philip Fisher)

💡【关键词】

量化投资交易　基本面因素选股　多因子选股　GARP 选股　战略资产配置与战术资产配置　行业轮动策略　风格轮动策略　可转移 Alpha 策略　程序化交易和算法交易　詹森指数　特雷诺指数　夏普比率　基金管理人的择时能力和选股能力　多因子选股策略　事件驱动策略

【案例引入】

在量化投资领域，有一位传奇式的人物，他就是量化投资先驱詹姆斯·西蒙斯(James Simons)。

西蒙斯于 1938 年出生，拥有极高的数学天赋，1958 年毕业于麻省理工学院数学系；1961 年获得加州大学伯克利分校的数学博士学位。1964—1968 年，他是美国国防研究院的研究员之一，并且同时在麻省理工学院和哈佛大学两所大学教授数学。1968 年他就被石溪大学授予数学学院院长的职位，时年 30 岁。1978 年，40 岁的西蒙斯跨界转型创建了文艺复兴科技公司，该公司的旗舰产品大奖章(Medallion)基金使用量化的方法进行投资，数十年所获得投资收益无人能敌。西蒙斯也因对量化交易做出的突出贡献，而被称为量化投资之父。2020 年西蒙斯以 235 亿美元财富位列《2020 福布斯美国富豪榜》第 23 位。

西蒙斯大奖章基金多年战绩傲人，原因有很多。首先，固守短线投资理念和交易方式自动化。与巴菲特"买入并持有策略"(Buy-and-Hold Strategy)的长期投资理念不同，西蒙斯更关注市场短期的无效性，用算法来捕捉稍纵即逝的价格偏离，当价格恢复正常时迅速结清头寸并离场。西蒙斯交易行为更多基于程序对价格走势的分析，而非人的主观判断，因此可以避免情绪化导致不稳定的投资表现。其次，慎用高杠杆。西蒙斯对高杠杆的使用非常谨慎，这也显著异于同为"模型套利"的美国长期资本管理公司(LTCM)。如果一笔交易发生亏损，则迅速止损平仓，避免高杠杆引致的流动性问题，而后者正是造成 LTCM 倒闭的罪魁祸首。最后，严苛多元化投资。大奖章基金对投资范围有严格限制，投资品必须同时满足在公开市场上交易、流动性高、适合用数学模型交易三个条件。大奖章基金在全球市场实施分散投资，包括美国市场的商品期货和美国国债、境外市场的汇率期货、商品期货和外国债券。

新冠疫情暴发期间，基金市场表现出了多极分化。2020 年，大奖章基金的收益为 76%。汇丰银行(HSBC)对冲基金业绩显示，RIEF 下跌了 22.62%，RIDA 下跌了 33.58%，RIDGE 则亏损了 31%。从业绩上看，大奖章基金堪称投资界的顶流。1988—2018 年的 30 年里，大奖章基金累计创造了超过 1 000 亿美元的收益，年均回报率高达 39%。作为对比，同期标准普尔 500 指数每年上涨 5.1%，而"股神"巴菲特的年均回报率为 20.5%。

随着量化投资方法的逐渐成熟，在西蒙斯之后，越来越多的量化投资机构也取得了显赫的投资业绩。成立于 2001 年的 Two Sigma Investment，在 2021 年管理规模超过 500 亿美元，与文艺复兴科技公司并列为全球最大的量化对冲基金。Two Sigma 的创始人之一 David Siegel 在 2020 年以 65 亿美元财富位列《2020 福布斯美国富豪榜》第 95 位。Two Sigma 认为，"人类投资经理再也无法击败计算机的时代终将到来"。

第一节 量化投资及其发展

一、量化投资

(一)量化投资的定义

量化投资是依据金融理论和方法，将投资者的套利思想、交易经验以及市场规则等建立数学模型，筛查目标股票，构建投资组合，并经历史数据检验测试，最终形成概率意义上战胜市场的自动化交易策略。量化投资的优势在于它可以提供更加客观和科学的投资决策，避免了人类主观因素的干扰，同时可以利用计算机的巨大算力优势实时处理大规模数据和信息，不仅极大提高了决策和交易效率，而且有可能极大改善投资风险控制策略的效果。

量化交易固然也存在某些短板。比如，市场因对量化交易"公正、公平"性质疑而增加的"准入"限制；又如，过度依赖于过往的经验数据以及程序化设计的稳定性、可靠性，导致难以形成应对突发事件的运行机制等。因此，投资者在使用量化投资策略时需要谨慎评估风险和效果，选择适合自己的投资方法。

(二)量化投资的特点及优势

量化投资是一种在计算机和网络技术的支持下，瞬间完成预先设置好的组合交易指令的交易手段。在投资实践中量化投资不仅可以提高下单速度，而且可以帮助投资者在交易过程中避免受到情绪波动的影响，实现理性投资。量化投资的特点包括以下几点。

(1) 以经济、金融理论和数学模型为基础。量化投资系统是依据经济、金融、行为心理以及计量统计分析等理论，建立交易思想、规则的数学模型，并通过大量的历史数据检验测试，形成概率论意义上盈利的交易策略。

(2) 高效率、自动化为量化投资的显著特点。量化投资要求计算机与交易所交易系统实时链接，并与接收交易信息和下达交易指令的计算机网络系统相链接。因此，能够迅速快捷地进行信息处理、实时快速下单，更有效地捕捉套利机会，自动化完成交易。

(3) 量化投资系统具有智能化趋势特点。随着人工智能理论方法的不断丰富和自动化技术的飞速发展，现代量化投资系统具有智能学习与智能完善的功能，能够不断提升应对新市场情况的能力。

与人工交易相比，量化投资具有以下优点。

(1) 量化投资是基于规则的自动交易，有利于克服人性的弱点。这是量化投资的优点之一。人是有人性弱点的，如人的情绪化因素，贪婪、恐惧、赌博心理、惰性和优柔寡断等因素都会干扰人的正常思维，甚至导致操作失误。而量化投资的计算机只能根据事先设定的指令代码不折不扣地执行，真正做到知行合一。计算机的这种"坚定、坚决"的特性避免了人的情绪干扰，从而避免了错误的决策。

(2) 量化投资可以突破人的生理极限，大幅提高投资效率，并降低人的体力和脑力消耗，避免紧张导致的决策错误和键盘输入指令错误。这使人们可以将更多的精力投入到改进交易系统的分析研究中。

(3) 量化投资系统是由信息接收、分析、决策、指令下达、资金与仓位管理等一系列的功能模块构成的投资管理系统，可以综合地对行情、仓位和风险进行实时监控和应对，有利于投资组合优化管理，实现风险控制，增加投资收益。

(4) 量化投资与大数据、互联网和人工智能方法的结合，有利于从海量的金融数据中去发掘投资机会，总结交易规律，制定最优交易策略，并快速而彻底地贯彻执行，实现系统化、智能化的金融交易和资产管理。

小结：量化交易的优势不仅是速度上的、"情绪"上的稳定性，执行力的坚决与坚定性，而且具备功能上的可修复性、可扩展性以及无"生理"极限性。

二、量化策略研发基础

一个传统的投资者要改变固有的交易模式，参与量化投资，应具备以下几方面的基础和条件。

(一)具备金融理论和量化分析能力

首先，需要具备较好的金融理论和量化分析能力。一名量化投资策略开发及使用人员，应对金融理论、数学建模以及投资量化分析等有足够的认知，包括马科维茨投资组合最优化理论、CAPM 定价理论、APT 套利分析、行为心理学、证券投资的基本分析与技术分析方法，尤其包括公司财务分析以及技术指标图形与指标等，如 MA、MACD、KDJ 等多种经典指标的应用原理与规则，计量分析中的数学建模模型及其参数检验等。常用的分析模型包括资本资产定价模型、资产组合模型、期权定价模型、期货定价模型、组合套利模型、价差套利模型等。此外，还必须掌握一定的人工智能理论基础，它是专门模拟人脑思维方式、能力和行为的复杂学科。涉及数学中的概率论、统计学、优化理论、算法分析以及人文社科的心理学、逻辑学、哲学等多门学科的综合知识。只有充分正确地利用人工智能的自我学习、逻辑推理、自协调、自改善以及自适应等特点，才能开发设计出满足市场需求的科学交易策略。

(二)具备计算机编程能力

量化投资人员应具备计算机编程能力，至少掌握一门或二三门程序化编程语言。常用的数据分析软件和编程软件包括 SPSS 、Python[①]、Visual FoxPro 6.0、Matlab 2008a、EViews 6.0 等。只有这样，才能将人们所获得的交易思想、交易行为、套利方式以及操作规则，亦即交易策略转换为计算机能够理解并执行的信息。因此，要学习量化投资，我们必须先学习程序化编程语言。入门级学者应选择客观性较强的分析方法，如技术指标分析、趋势线分析、支撑阻力线分析、背离(divergence)分析等所形成的交易策略来编写量化投资代码。

(三)量化交易平台运用能力

要寻找一个合适的量化交易平台，将所开发的交易策略在其上测试运行。进行量化投资必须拥有一个与经纪商主机链接，能够实时接收行情信息，编辑交易策略，评估策略效果，下达交易指令，并能实时人工干预的交易平台。通过该平台，投资者可以开发、评估和运行自己的量化投资策略系统，进而实现其量化投资的目的。

以下介绍几种国内广泛使用的量化投资平台。这里主要介绍 Trade Station、文华财经和 TB 交易开拓者三个平台。

1. Trade Station

它是美国 Trade Station 公司推出的一种综合交易平台，在执行交易、监控仓位、分析市场以及创建自定义分析和策略交易工具方面具有很强的功能。国信证券公司将其引进中国并进行了汉化和功能的补充开发。该交易平台在交易品种上不仅可以进行期货交易，也可以进行股票、债券、ETF 等多市场、多品种的交易。同时，在交易技术上，它将量化投资组件嵌入传统的 Easy Language 编程语言中，既保留了 Easy Language 编程语言的简单易学特点，又突破了传统的图表量化投资一张图表只能对单一品种下单的限制，可以同时对多品种下单，便于进行资产组合管理。此外，该平台还引入了雷达屏量化投资、App 量化投资等多种功能，增强了量化投资系统的灵活性。

2. 文华财经

文华财经是国内专业的期货软件服务商，其开发的赢智量化投资软件源于中国本土的程序化交易软件，系统稳定，国内市场占有率高。2004 年，文华财经推出了国内第一套程序化函数库，开启了中国的量化投资时代。用户可以使用文华财经提供的各种函数和指令编写交易模型。这些模型可以测试收益率、胜率等指标，还可以接入金仕达的期货交易系统，实现自动下单。2013 年 6 月，文华财经发布了赢智量化投资软件 WH8(实盘交易通用版)，该软件使用基于国内用户习惯设计的"麦语言"，以"小语法大函数"的方式，提供

[①] 财务数据可以访问 Wind 资讯数据库，交易数据可以在阳光飞狐 FoxTrader 平台获得，量化策略开发可能使用的软件包括 FoxTrader、Visual foxPro 6.0、Matlab 2008a、SPSS、EViews 6.0。

了积木式的轻松编程环境。

产品特点如下。支持使用逐笔数据进行模型的精准回测；支持多模型组合测试、多模型资金组合运行；支持远程监控，可多人监控模型运行；具有使用 Tick 函数编写 Tick 模型、调用五档盘口数据编写盘口模型、独有的策略优化函数以及基本面程序化等特色和特点。

3. TB 交易开拓者

深圳开拓者科技有限公司是一家专为中国期货市场提供软件产品的公司，专注于为金融机构、各类投资者开发系统软件，提供专业的交易工具。其开发的 TB 交易开拓者软件，是国内的 Trade Station，语言移植自国外程序交易软件，是目前国内市场占有率较高的交易软件之一。其交易开拓者极速版 TBplus 具有八大新功能，其中比较突出的是多品种组合参数优化，即同一个策略可以在多个品种不同周期或同周期上进行参数优化。

三、量化投资发展概述

量化投资和数理金融具有很大的共同性，很多量化投资的理论、方法和技术都来自数理金融。数理金融学是近几十年来兴起的新学科，而其作为学科名称正式出现至今不过十几年的时间。下面我们就从数理金融的发展来回顾整个量化投资的历史。

Markowitz 于 1952 年建立的均值—方差模型，第一次把数理工具引入金融研究，在 Markowitz 工作的基础上，Sharpe(1964)、Litner(1965)、Mossin(1966)研究了资产价格的均衡结构，导出了资本资产定价模型(Capital Asset Pricing Model，CAPM)，其已成为度量证券风险的基本量化模型。随后，CAPM 形成了度量金融投资领域投资绩效的理论基础。

20 世纪 60 年代，投资实务研究的另一个具有重要影响的理论是 Samuelson (1965)与 Fama(1970)的有效市场假说(Efficient Market Hypothesis,EMH)，这一假说主要包括理性投资者、有效市场和随机游走三方面。该假说成立就意味着，在功能齐全、信息畅通的资本市场中，任何用历史价格及其他信息来预测证券价格的行为都是徒劳的。

20 世纪 70 年代，随着金融创新的不断进行，衍生产品的定价成为理论研究的重点。1973 年，Black 和 Scholes 建立了期权定价模型，实现了金融理论的又一大突破。该模型迅速被运用于金融实践，使金融创新工具的品种和数量迅速增多，金融市场创新得到空前规模的发展。此后，Ross(1976)建立了套利定价理论(Arbitrage Pricing Theory，APT)。在投资实务中，多因素定价(选股)模型可以看作 APT 理论最典型的代表。

20 世纪 80 年代，现代金融创新进入鼎盛时期。在此期间诞生了所谓的 80 年代国际金融市场四大发明，即票据发行便利(NIFs)、互换交易、期权交易和远期利率协议。金融理论的一个新概念——"金融工程"也诞生了。金融工程作为一个新的学科从金融学中独立出来。

20 世纪 80—90 年代，对期权定价理论的进一步研究刺激了对倒向随机微分方程求解的发展，从而为期权定价理论的研究注入了新的动力。同时，对倒向随机微分方程的理论和数值计算的研究也推动了期权定价理论数学模型的新研究。

20 世纪 90 年代，金融学家更加注重金融风险的管理。可以说，风险管理是 20 世纪 90 年代以来金融机构管理的核心议题。在风险管理的诸多模型中，最著名的风险管理数学模型是 VaR(Value at Risk)模型，其中以 J. P. 摩根的风险矩阵(Risk Metrics)为主要代表。目前，这种方法已被全球各主要银行、公司及金融监管机构接受，并成为重要的金融风险管理方法之一。

同时，在这一时期还形成了另一个具有重要影响力的学术流派——行为金融学。有效市场理论于 20 世纪 70 年代在学术界达到其顶峰，是那个时期占统治地位的学术观点。但是，进入 20 世纪 80 年代以后，关于股票市场的一系列经验研究发现了与有效市场理论不相符的异常现象，如日历效应、股权溢价之谜、期权微笑、封闭式基金折溢价之谜、小盘股效应等。面对这一系列金融市场的异常现象，一些学者开始从传统金融理论的最基本假设入手，放松关于投资者是完全理性的严格假设，吸收心理学的研究成果，研究股票市场投资者行为、价格形成机制与价格表现特征，取得了一系列有影响的研究成果，形成了具有重要影响力的学术流派——行为金融学。

20 世纪末，非线性科学的研究方法和理论在金融理论及其实践上的运用，极大地丰富了金融科学量化手段和方法论的研究。毋庸置疑，这开辟了金融科学量化非线性的新范式的研究领域。

非线性科学的研究方法和理论，不仅在金融理论研究方面开辟了崭新的非线性范式的研究领域，而且在金融实践和金融经验上也取得了丰硕成果。其中，最为著名的是桑塔费(Santa Fe)于 1991 年创立的预测公司，它是使用非线性技术较有名的投资公司之一。其声名远扬主要应归功于其创始人 Doyne Farmer 博士和 Norman Packard 博士。他们在系统地阐述李雅普诺夫指数对于混沌分类的重要性方面和重构相空间的延迟方面都有着重要贡献，而且还使用一些不同的方法，如遗传算法、决策树、神经网络和其他非线性回归方法等建立模型。目前的研究表明，发展一种将人们所能看到的非线性结构并入到金融理论和金融经验的研究和应用的过程，有许多工作需要人们去开创、丰富和发展。

第二节　量化投资策略概述

一、量化选股方法

在成熟的市场中，量化的选股策略及投资组合构建方法已经成为一个重要的领域。

量化选股的理念在于通过量化的筛选、分析、归纳等过程找到客观性的选股模式，发掘内在的驱动因素，精选个股。从分类来讲，量化选股体系主要包括基本面因素选股、多因素选股、GARP 选股以及市场非有效性机会选股。

(1) 基本面因素选股是通过一定的方法发现影响股票价格的主要因素。理查德·托托里罗(Richard Tortoriello)的研究表明，驱动股票价格上涨的因素主要包括上市公司净利润的增长、销售收入的增长、自由现金流的增长、投资者情绪以及估值因素等。Richard 将驱动股票价格变化的因素分为 7 类，分别为盈利能力、估值水平、现金流量、成长性、资本结构、动量指标及财务预警，一般可能涉及数十种价格影响因素。进一步通过统计模型中的主成分分析、逐步回归分析以及分层结构分析等方法将重要影响因素筛选出来，并以这些指标作为区分成长型、价值型股票的标志，将目标股票选择出来，再由历史数据模拟检验股票的市场表现，做出策略合理性的解释。

(2) 多因素选股是指建立影响股票价格或收益率的宏观政治经济、行业发展水平、发展动向之间的关系。影响股票回报的因素有很多，因此多因素选股的关键是因素选取的优化，即淘汰不重要的因素，保留重要因素。多因素模型的一般表达式为。

$$R_i = a_i + b_{i1}I_1 + b_{i2}I_2 + \cdots + b_{iL}I_L + \varepsilon_i \tag{10-1}$$

式中：R_i 和 I_j 分别为股票 i 收益和因素 j。

一般采用主成分分析、逐步回归分析和分层结构分析的方法进行筛选，从众多因素中找出解释度较高的某些主要因素，尽可能从统计意义上确认这些因素能够比较真实地反映股票的收益水平。然后以这些因素为标志进行选股，并检验所选股票的市场表现，确立量化投资策略。

(3) GARP(Growth at a Reasonable Price)是一种混合的股票投资策略，目标是寻找在某种程度上被市场低估，同时又具有较强持续稳定增长潜力的股票。GARP 策略与价值投资和成长投资的区别在于：价值投资偏重投资价值被低估的公司，而成长投资注重于投资成长性高的公司；而 GARP 则能够弥补纯粹价值投资和成长投资的不足，尽量兼顾价值和成长。

GARP 投资者主要通过考察销售收入、主营业务利润、净利润增长率等成长性指标，以及 PE、PB、PEG、ROE 等估值水平指标，以此综合判断上市公司的股票是否具有投资价值。

(4) 市场非有效性机会选股即指依据有效市场假说，利用市场异象，如动量与动量反转、反应不足或反应过度、事件驱动等市场非均衡表象进行选股，构筑组合并根据其检验市场收益率状态，制定投资策略。

二、量化资产配置方法

资产配置(Asset Allocation)是指资金在各类资产之间的合理分配，包括货币、债券、股票、商品、非上市股权和其他金融衍生产品如期权、期货等大类资产的分配。更广义的资产配置不仅包括境内资产，还包括国际市场上各种可交易的资产。从资产配置的方式划分，可分为战略资产配置、战术资产配置、积极资产配置、消极资产配置、动态资产配置、资产配置再平衡、风格资产配置等类别。这里我们重点阐述战略资产配置与战术资产配置，其方法与模型如图 10-1 所示。

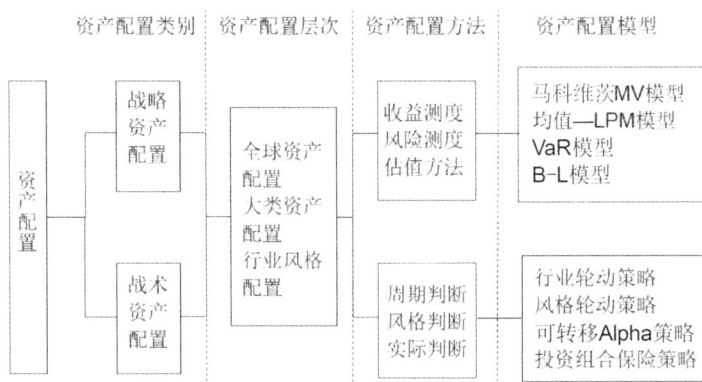

图 10-1　战略资产配置与战术资产配置的方法与模型

(一)战略资产配置模型

战略资产配置(Strategic Asset Allocation)是投资者为实现长期投资目标而制订的资产配

置计划，也称为政策性资产配置。战略资产配置关心的是长期投资期限下的资产配置问题，投资期限通常为 3～10 年。投资者在确定了可投资的资产类别后，通过相关手段预测资产的长期收益、长期风险和相关关系，利用最优化技术构建目标资产的最优组合，形成战略资产配置计划。战略资产配置的主要作用是从总体上控制与资本市场相联系的风险，即基金的 β 风险。

战略资产配置的常用方法如下。

1. 股票基本面分析

股票基本面分析主要包括上市公司的财务分析指标，如反映公司偿债能力、成长能力、经营能力、盈利能力、投资能力等方面的财务指标。

2. 公司估值水平指标和模型

公司估值水平指标和模型主要包括市盈率、市净率以及绝对估值模型技术，如红利贴现模型、自由现金流模型、正常市盈率模型。

3. 投资组合最优化方法

美国经济学家马科维茨于 1952 年提出投资组合理论(Portfolio Theory)。马科维茨基于理性投资者"市场预期一致"的假设，构建了基于均值—方差二维框架下的"风险一定，收益最大"和"收益一定，风险最小"的二次最优化组合模型。[①]

在实际应用中，组合最优化模型的约束条件需要进行以下细化，以增加其应用价值。

(1) 单一证券价值在整个投资组合价值中所占比重的上限和下限。投资管理机构出于风险分散的原因，常在投资章程中规定这一比重。投资监管机构也可能有这方面的强制性规定。

(2) 某一行业(Industry)或部门(Sector)的股票在整个组合价值中的比重的上限和下限。

(3) 最低门槛(Minimum Threshold)，指被选入最优组合的任何单一证券在组合中按价值计算应占的最低比重。如果某次优化结果包含低于这一限制的证券，要么将这一证券从优化结果中去除，要么将其比重增加到最低门槛，然后重新进行优化。

(4) 最小交易规模，即对任一证券进行交易的最小规模。如果优化证券中包含的证券所需的交易规模小于这一限制，就将该证券去除，分散到其他证券上。

(5) 进入优化组合的股票种类数的限制，即最终最优组合中所允许包含的股票个数。这一点也是可以理解的，因为多数投资机构所能跟踪研究的股票种类是有限的。

(6) 风险承受参数(Risk Acceptance Parameter)可以自行设定。

(7) 交易成本。效用函数中要考虑交易成本，并按比例摊销。

(8) 对交易量和交易次数的限制。

除了马科维茨资产配置模型，还可以采用均值—LPM(半方差)资产配置模型、VaR 约束条件下的资产配置模型(VaR 模型)和基于贝叶斯估计的资产配置模型(B—L 模型)实现战略资产配置目标。限于篇幅，此处不再赘述。[②]

---

① 马科维茨投资组合理论与方法详见本书第九章内容。

② 朱晓斌. 量化投资：R 为工具[M]. 北京：中国电力出版社，2013.

(二)战术资产配置模型

战术资产配置(Tactical Asset Allocation,TAA)是投资者根据短期(通常在一年以内)投资目标而制订的资产配置计划。其主要目的是从经济发展的节奏性、周期性和轮动性等特征中寻找和发现资产价格变化规律,实施战术资产配置策略,以捕捉市场可能存在的超额收益。

从广义上讲,对战略性资产配置的任何调整或偏离都是属于战术资产配置的范畴,也称为动态资产配置(Dynamic Asset Allocation,DAA)。

战术资产配置多采用对影响收益率的变量的回归分析和最优化技术进行预测和决策。买入那些被认为是低估价值的证券,卖出那些被认为是高估价值的证券。基金的管理者对某些资产类别的短期收益及风险水平进行预测,如果这种预测偏离了长期平均的预期水平,则可以利用短期预测做出战术性资产配置,调整资产类别的权重。战术资产配置的主要策略包括以下几方面。

1. 行业轮动策略

行业轮动效应是指市场总是在变换着追捧某些行业,不存在长期受追捧的某一行业。在经济周期的不同阶段,不同行业的受益情况不同,某些行业价格指数会独立于其他行业指数的走势,因此,进行动态的行业配置或行业轮动策略可以创造出可观的超额收益。事实上,从资产配置的角度,我们也可以把行业轮动策略看作基于行业景气周期的资产配置策略,如图 10-2 所示。

2004 年,美林策略研究员验证了美国经济的行业投资时钟。通货紧缩与复苏期间表现最好的是金融、可选性消费行业,这期间央行一般都是放松银根、降低利率,信贷增加,能源价格下跌,促使可选消费如汽车和家电的成本下降。基本消费行业是通货紧缩时期最好的防御品;而在经济过热、高通货膨胀时期则是投资能源行业的好时机。

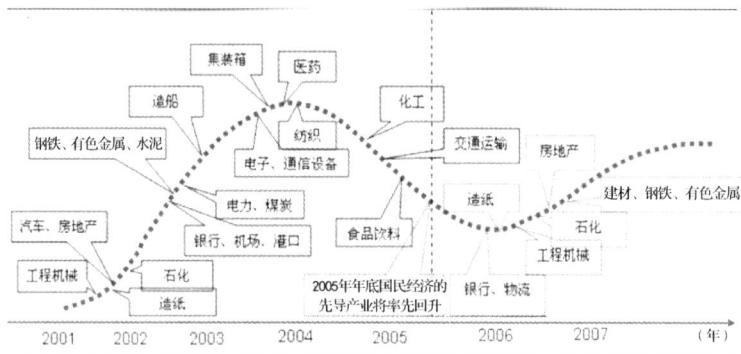

图 10-2　经济周期中各产业链景气轮动

国内的实证研究表明,A 股市场中周期性行业与非周期性行业的轮转非常明显,一些行业的超额收益具有明显的周期性和均值回归特征。例如,我国证券市场的有色金属、房地产、机械电子、交通运输、信息技术、旅游、餐饮、服装等行业的收益之间存在先导和滞后的关系。

战略资产配置的所有模型都可以用来进行行业配置，如马科维茨 MV 模型、均值—LPM 模型、VaR 模型、B—L 模型等。同时，可以采用一致预期策略和多因素模型解决行业期望收益率的预测问题。

2. 风格轮动策略

所谓股票风格(style)，是指一些具有相同特质的股票被归为一组，而不同组的股票与其具有异质性。同种风格的股票在一段时间内具有相同的收益与风险特征，而在不同风格分类里的股票隐含着不同的收益与风险特征。

研究发现，依据风格轮动进行资产配置如优化组合中债券与股票的权重可以取得更好的投资效果。许多学者和投资者认为风格配置和资产配置同等重要。Sharpe(1992)发现组合投资收益的90%都可以归结于风格配置。

(1) 风格的分类。基金风格分类主要有两种方法：一是事前分类，即按照基金招募说明书的投资目标和投资策略进行分类(Based On Prospectus Language)；二是事后分类，即基于基金公布的实际投资组合进行分类(Portfolio-Based Classification Approach)。事后分类方法是按照基金组合中持股内容的加权市值为纵轴，分为大盘、中盘及小盘三类，而以市净率、市盈率为横轴，分为价值型、平衡型与成长型三类，将基金按照持股特征放入此 3×3 的分析方格中再确定基金的风格类别。按照 Morning Star 的方法，所有的基金可分为大盘成长、大盘平衡、大盘价值、中盘成长、中盘平衡、中盘价值、小盘成长、小盘平衡、小盘价值九个分类(见图 10-3)。

常见的风格资产划分标志包括以下几方面。(1)规模标志：大盘股、小盘股；(2)估值水平标志(PE 或 PB)：价值股、成长股；(3)周期性标志：周期型、防御型；(4)股价特征标志：高价股、低价股。

图 10-3 规模风格轮动

(2) 风格的周期。尽管大多数实证研究都表明，价值型股票组合和成长型股票组合、小盘股组合和大盘股组合之间存在显著的收益差异，且累计收益的差异对价值型股票组合和小盘股组合有利，但这些现象并不是在所考察期间的任何时期都相同。价值型股票组合不可能永远超越成长型股票组合，小盘股组合也不可能永远超越大盘股组合。也就是说，价值型股票和成长型股票的收益以及小盘股和大盘股的收益都存在着周期性。正因为风格周期性的存在，所以积极地进行风格管理，正确地判断、把握以及选择风格倾向，才能获得策略组合在市场上的超额收益。Fama-French 三因子模型将股票的收益分解为三个部分：超额收益=市场风险收益+风格风险收益+残差。由此，我们可以对主动组合管理策略进行分类：

市场选时(market timing)就是试图发掘市场因素的可预测性,风格选时(style timing)或者战术风格配置(tactical style allocation)就是发掘风格因子的可预测性,而选股策略则关注单只股票特定风险的可预测性。

识别风格标志,构建风格策略方法可分为两大类别:统计方法和人工智能(AI)方法。统计方法包括多元线性回归、向量自回归、Logistic 回归、Probit 回归、马尔可夫转移矩阵法等。人工智能方法包括遗传算法、人工神经网络、支持向量机(Support Vector Machine,SVM)、机器学习等方法。

3. 可转移 Alpha 策略

我们知道,资本资产定价模型揭示了在市场达到均衡状态下证券收益与风险之间的关系。而在非均衡状态下,证券的收益可分解为两部分:一部分为市场正常收益(也称为来自Beta 的收益);另一部分来自基金经理的投资技巧,即超越市场的超额收益,也称之为 Alpha收益。来自市场的 Beta 收益相对比较容易获得。例如,采用跟踪市场(指数)的被动投资方式即可获得;而获取超越市场的 Alpha 收益则不是件容易的事情。

从优秀机构的市场经验来看,要获取超额收益 Alpha,大致可以从三个方面入手:一是选股;二是择时(包括事件驱动);三是衍生品组合交易。多数情况下,成功获取 Alpha 收益,往往是选股、择时、衍生品交易等策略相互呼应、多管齐下的结果。因此,不断探索和发现 Alpha 的来源、途径以及规律,对于建立 Alpha 策略系统,为投资者获取超越市场的收益是至关重要的。

Portable Alpha 策略是指 Alpha 是"可转移的",或者说是附加到 Beta 之上的收益,因此有可能提高回报。"可转移性"体现在获取 Beta 收益与获取 Alpha 收益的分离性和独立性。一般而言,构建一个可能存在 Alpha 的组合可分为三个层面:首先建立一个包含无风险资产(如债券)的投资组合,其次添加 Beta(即市场风险)资产,最后才是试图添加 Alpha(来自投资能力与技巧的收益)。

然而,寻找"可转移 Alpha"策略的顺序正好与此相反,其先跟踪某个指数的衍生产品,如沪深 300 指数期货。衍生合约的杠杆交易特性,使原本计划的投资资金得到极大节约,而将这些节余的资金投向共同基金或其他投资工具中,从而为投资者带来该策略的"Alpha"部分。这样就越过了 Beta,直奔 Alpha 收益目标,由此可见寻找"Alpha"的独立性。Alpha策略与可转移 Alpha 策略的比较如表 10-1 所示。

表 10-1   Alpha 策略与可转移 Alpha 策略的比较

比较层面	Alpha 策略	可转移 Alpha 策略
市场态势	熊市或市场下跌阶段	牛市或市场上涨阶段
投资者风险偏好	低风险偏好	高风险偏好
期货头寸	空头	不确定
收益性质	绝对收益	相对收益
收益大小	较小	较大
比较基准	无风险收益	设定基准,如股票指数

4. 投资组合保险策略

投资组合保险策略的主要目的在于锁定投资组合价格的下跌风险，同时仍可保有上涨获利的机会。这种资产组合保险策略，通常是以放弃部分上涨收益率为代价的。

市场比较经典的投资组合保险策略包括买入持有(buy-and-hold)策略、固定比例投资组合保险策略、时间不变性组合保险策略、停损策略(stop-loss strategy)等。

三、基于数据挖掘的股票价格预测

股市的可预测性问题与有效市场假说密切相关。如果有效市场理论或有效市场假说成立，股票价格充分反映了所有相关的信息，价格变化服从随机游走过程，则股票价格的预测则毫无意义。从一些正式公布的研究报告来看，包括世界上相对发达的金融市场尚未达到或正处在弱式有效市场发展过程之中。也就是说，现存的多数股票市场的股票价格时间序列并非序列无关，而是序列相关的，即通过以往的数据信息预测价格未来的走势是有效的。

随着计算机技术、混沌学说、分形理论的发展，持非有效市场的人们与日俱增。更多的人愿意接受股价波动不是完全随机的，在其貌似随机、杂乱表面的背后，隐藏着某种可预期的确定性机制，即股票价格是可以预测的。准确地说，使用经济预测的方法，可以在一定误差允许条件下建立股价变动预测模型。

1. 人工神经网络

人工神经网络(Artificial Neural Network，ANN)，也简称为神经网络(ANN)或称为连接模型(Connectionist Model)，它是一种模仿动物神经网络行为特征，进行分布式并行信息处理的算法数学模型。这种模型依靠复杂的网络处理系统，建立内部大量节点之间的逻辑关联，通过不断提升自学习和自适应能力，运用信息输入与输出模拟推演，积累并强化变量关联的内在规律信息，由此给出新数据输入的逻辑输出结果，以期达到预测目的。

人工神经网络是一种非程序化、自适应性、人脑风格的信息处理系统，其本质是通过网络的变换和动力学行为得到一种并行分布式的信息处理功能，并在不同程度和层次上模仿人脑神经系统的信息处理功能。它是涉及神经科学、思维科学、人工智能、计算机科学等多个领域的交叉学科。

人工神经网络的特点包括：①知识以分布方式存储在整个系统；②具有很强的容错能力；③可以逼近任意复杂的非线性系统；④具有良好的自适应、联想等智能，能适应系统复杂多变的动态特性。正是以上特点，使其在动态监测数据处理与分析上有着独特的优越性。

2. 遗传算法

遗传算法(Genetic Algorithm，GA)是近几十年迅速发展起来的一种全新的随机搜索与优化算法，其基本思想是基于达尔文(Darwin)的进化论和孟德尔(Mendel)的遗传学说。遗传算法已被成功地应用于工业设计、经济管理、交通运输等不同领域，解决了诸多如可靠性优化、流水车间调度、作业车间机器调度、设备布局设计、图像处理及数据挖掘等问题。

与传统搜索算法不同，遗传算法主要通过交叉、变异、选择等运算实现。交叉或变异运算生成下一代染色体，称为后代。染色体的好坏用适应度来衡量，根据适应度的大小从上一代和后代中选择一定数量的个体，作为下一代群体，再继续进化。这样经过若干代进化之后，算法收敛于最好的染色体，它很可能就是问题的最优解或次优解。遗传算法中使用"适应度"这个概念来度量群体中的各个个体在优化计算中有可能到达最优解的程度。度量个体适应度的函数称为适应函数，其定义一般与具体求解问题有关，它决定了预测结果(最优解)的有效性。

3. 支持向量机

支持向量机理论源于 Vapnik 等人于 1964 年提出的解决模式识别问题的支持向量机法。

SVM 的基本原理是，寻找一个最优超平面，使其分类间隙最大。对于线性问题，即寻找最优分类线；对于非线性问题，则通过一个选定的变换函数将输入的特征向量从低维的原始空间映射到高维空间，转化为某个高维空间中的线性问题，然后在高维空间构建一个最优分类超平面实现两类分类。SVM 建立在结构风险最小化原则基础之上，具有很强的学习能力和泛化性能，能够较好地解决小样本、高维数、非线性、局部极小等问题，可以有效地进行分类、回归、密度估计等。由于这些优点，SVM 得到了全面深入的发展，现已发展为机器学习和数据挖掘领域的标准工具。

SVM 有以下三个优点。(1)它是基于有限样本而设计的方法。期望以有限的训练样本确保小的测试误差，实现现有信息下的最优解。(2)通过算法归整的二次寻优，将局部解泛化为全局最优解。(3)算法通过非线性变换的高维特征空间的"升格"，将低维空间中的非线性判别函数转化为高维空间的线性判别函数。不仅如此，由于是在高维特征空间中应用线性学习机的方法，几乎不增加计算的复杂性，SVM 巧妙地解决了维数灾难问题。

支持向量机作为复杂金融数据时间序列预测方法，极大提高了求解问题的速度和收敛精度。与神经网络预测方法相比，在大批量金融数据时间序列预测的训练时间、训练次数和预测误差上都有了明显提高。

利用 SVM 预测的另一个优势是进行大盘拐点判断。由于使用单一技术指标对股价反转点进行预测存在较大的误差，所以使用多个技术指标组合进行相互印证就显得特别必要。SVM 采用了结构风险最小化原则，能够较好地解决小样本非线性和高维数问题，因此通过构建一个包含多个技术指标组合的反转点判断向量，可以得到更加准确的股价反转点模型预测效果。

提示：人工智能网络、遗传算法、支持向量机等复杂算法在进行股票价格预测上各有特质，是现代投资交易人脑替代的重要发展方向。

四、行为金融指导下的投资策略

(一)行为金融理论的起源及意义

我们知道，传统金融理论系统包括 MV 优化理论、CAPM 定价方法、MM 理论等，它们都基于一个共同的假设，即所有投资者都是"理性"的。而事实上，"非理性"投资者及其投资行为几乎充斥了整个市场，不断有新的发现表明，非理性投资者甚至超越理性投资者，他们战胜市场获得超额收益。因此，人们开始为"理性"投资者假设松绑，研究"非理性"投资者的投资行为，进而诞生了一门新兴学科——行为金融学。目前，以行为金融理论作指导所开发的投资策略越来越多地得到市场验证。下面主要介绍动量交易策略与反转效应策略、捕捉并集中投资策略、小盘股策略和成本平均策略等。

(二)行为金融选股策略

1. 动量交易策略与反转效应策略

所谓动量交易(Momentum Trading，MT)是指在前一段时间表现强势的股票，在未来一段时间将继续保持强势；反转效应(Contrarian Investment Strategy，CIS)则是指在前一段时间表现弱势的股票，未来一段时间会变强。在市场操作上，动量交易策略是买入过去几个月中表现良好的股票，而卖出过去几个月中表现糟糕的股票。与此相反，反转效应策略则是买入过去表现差的股票，而卖出过去表现好的股票。

从策略程序化操作上，动量交易策略就是寻找前期强势的股票，检验并确认其将继续强势后买入持有，之后再择机离市；反转效应策略则是寻找前期弱势的股票，预期其会转强，检验并确认后买入持有，之后再择机离市。

从行为金融角度看，动量交易策略源于一部分投资者的投资行为是基于"过去表现好的股票，未来表现会更好"的理念，市场可能呈现"反应不足"，因而后期还会继续上涨；反转效应策略则是基于投资者"过去市场表现不好的股票，未来可能会有转机"的认识，市场前期可能表现为"反应过度"，因而会出现反转。

2. 捕捉并集中投资策略

捕捉并集中投资策略是指投资者应把握机会集中资金，长线持有。行为金融认为，如果一个投资者具有以下三种优势，即可以采取该策略：①能够获取相对超前、独特的优势信息；②掌握了更为有效的信息处理方式、技术与技能；③能够有效利用其他投资者的认知误差或锚定心理。在具备上述优势实力条件下，寻找市场预定目标，集中资金长线持有，获取更大的收益。

股神巴菲特一向反对过度分散投资，秉持长期"集中投资"理念，因而创造了长期"战胜市场"的股市神话。

3. 小盘股策略

20世纪70年代，芝加哥大学的两位博士R.班尼和M.瑞格曼提出了小盘股的高回报效应来挑战有效市场理论。他们的论文验证了小盘股股票收益长期优于市场平均水平。法玛(Fama)、法兰奇(French)等人1993年的研究表明，小盘股效应很可能是小盘价值股引起的。小盘股分为小盘价值股和小盘成长股。当名义收益增长时，小盘股的收益倾向于超过大盘股的收益。普拉德夫曼(Pradhuman)与伯恩斯坦(Bernstein)的研究也证实，当工业产值增加、通货膨胀加速、债券等级利差缩小、经济高涨时，投资者应转向有利的小盘价值股的投资，低价买入，高价卖出。小盘股流通盘子小，股价容易波动，投资者极易采用波段操作方法获得收益。

4. 成本平均策略

成本平均策略是指在一个相对完整的股价波动周期内，投资者将投资资金分为不同的份额，在投资期限内根据不同的价格分批投资同一股票。在股票价格较高时，投资资金数额较少；而在价格较低时，投资资金数额较多。这种做法旨在降低投资成本，避免一次性投资带来的风险，以实现较高的收益。1996 年，菲利普斯等人对美国纽约股票市场 1977—1988 年的交易情况进行了实证研究，发现运用成本平均策略的投资者在股票价格较高时投资资金数额较少，而在价格较低时投资资金数额较多。当股指运行到高位时抛出股票，这些投资者获得了非常好的收益。

提示：行为金融的思想体系兴起是对有效市场理论提出的质疑和挑战，因为与有效市场理论相背离的现象比比皆是。利用这种市场异象，寻找市场内在轨迹和规律，制定投资策略，捕捉超额收益是可行的。

五、程序化交易和算法交易

程序化交易侧重于为投资者服务，强调的是交易策略的开发并根据策略生成订单；而算法交易则侧重于面向经纪人，强调的是如何快速、低成本、隐蔽地执行大批量订单。

(一)程序化交易

传统的程序化交易策略主要包括指数套利交易策略(Index Arbitrage Trading Strategy)、量化程序交易策略(Quantitative Program Trading Strategy)、配对交易策略(Pairs Trading Strategy)和久期平均交易策略(Duration Average Trading Strategy)。

1. 指数套利交易策略

指数套利交易策略是指套利者利用程序化交易在指数现货市场与指数衍生产品市场之间，利用两类产品在不同市场上出现的瞬间价差，通过反向对冲交易实现套利收益。这种策略一般发生在股票指数的现货市场和与其相对应的股票指数期货市场。当股票指数现货与股票指数期货的价差大到足以超过无风险利率，并能够抵补所有的交易费用时，从理论上讲，就可以进行指数套利。

通过衍生定价公式并考虑保证金成本、冲击成本及交易费用，可以建立一个无套利区域(见图 10-4)。只要期货价格落在这个区域内，就不存在套利机会。当期货价格高于(或低于)这个区域时，套利者可以通过买入(或卖出)指数中的成分股票，同时卖出(或买入)指数期货合约来获利。而程序化交易在这一过程中所扮演的角色，就是运用精确的计量模型确定目标股票指数的价值及其无套利区间，并借助于计算机程序使交易得以快速实现。

2. 量化程序交易策略

量化程序交易策略首先是指对于可能的目标组合，通过考察一组统计因子，如各公司的收益、股息或增长前景、利率变动、货币波动、政策行为等，甄别股票价值是否被高估或低估，从而采取低买高卖的交易行为。其次，这种策略也可以用指数衍生工具，如股指期权或股指期货等作为目标组合的对冲手段。与前述指数套利不同的是，目标组合的股票与指数衍生工具中的股票在交易品种、交易规模上并不要求保持一致。最后，量化程序交易也可以指以衍生工具与其标的资产或组合实现对冲。投资者可以通过买卖期货来对冲现货组合的风险暴露，或使用指数期权对市场的定价偏差进行套利，如沪场 JTP1(认沽权证)与其正股、五粮 YGP1 与其正股、中集 ZYP1 与其正股等。

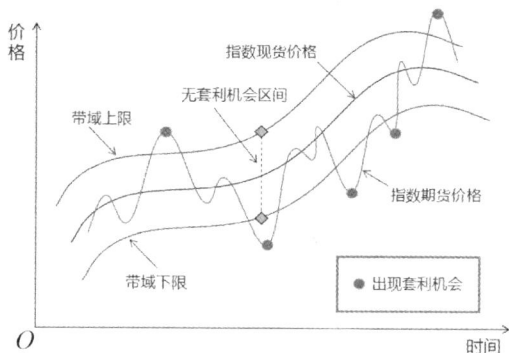

图 10-4　指数套利交易示意图

3. 配对交易策略

(1) 市场中性策略。从组合构建依据和头寸比例原则来说，市场中性策略可以分为 Beta 中性策略、市值中性策略和因子中性策略等。

通常意义上的市场中性策略是指 Beta 中性策略，即在构建组合时，使多头头寸的 Beta 值和空头头寸的 Beta 值基本相等，这样就可以完全对冲掉市场系统性风险。只要股票的选择准确，无论市场涨跌，均可获得稳定的收益。

市值中性策略，又称为货币中性策略，即在交易中保持组合的多头和空头的市值相等，该投资组合就称为零额投资(Dollar Neutral)，是市场中性策略中最简单的方法。一般来说，市值中性策略组合的 Beta 值不一定为零，即组合仍面临一定的系统性风险。市值中性策略一般用于配对交易或统计套利中。

因子中性策略是一种更为复杂的相对套利策略。它通过统计分析将股票收益分解为一个或多个因子收益，然后通过量化组合管理，构建风险因子中性的投资组合，以期获得稳定的超额收益。

(2) 配对交易策略。配对交易是指利用计量经济模型识别出市场上被高估和低估的股票，买入价值相对被低估的证券，同时卖出价值相对被高估的证券，在两者价格回归至正常水平时进行平仓，以获得两者价差收益。

配对交易策略实际上是获取 Alpha 收益的一种方法。比如，对于同一板块的两只个股，它们历史上的股价有相对稳定的偏差，或者它们未来的预期现金流是一致的，如果某些交易日股价偏差突然放大或缩小，那就存在配对交易进行套利的机会。配对交易在实施过程中一般分为两步：第一步是配对选择，即通过历史数据统计分析，选择两只历史价差序列稳定呈现均值回归特性的证券；第二步是信号交易，通过实时监测证券价差，当其超过某个信号值时，即按一定的比例构建交易组合，并在价差回归到合理值或交易到期时进行平仓。

4. 久期平均交易策略

久期平均交易策略是指对于设定的股票组合的合理价格，当市场价高于此价格时卖出，低于此价格时买入，通过低买高卖实现价差收益的策略。而股票组合合理价格的设定，需要构建一个包括股票价格、持有成本、交易费用等价格敏感性因素在内的模型并进行模拟测算。

久期平均交易策略一般在价格下跌时买入，在价格上涨时卖出，对于在一定区域内频繁上下波动的股票价格，该策略的价值就能显现出来。然而，当股票组合价格处于单边下降行情或单边上升行情时，如果采用久期平均交易策略，就会遭受一定损失。这是因为在单边下降行情中，当股票组合价格下降到事先设置的价格区域的下限时，程序化交易已自动完成买入该股票组合的交易，此时若股票组合价格持续下降，而程序化策略使投资者丧失了以更低的市场价买入股票组合的机会。在单边上升行情中，该策略失效，道理也是如此。

(二)算法交易

算法交易(Algorithmic Trading)，也称为自动交易(Automated Trading)、黑盒交易(Black-box Trading)、无人值守交易(Robo Trading)，是使用计算机来确定订单的最佳执行路径、执行时间、执行价格以及执行数量的一种交易方法。

算法交易广泛应用于对冲基金、企业年金、共同基金以及其他一些大型的机构投资者，他们使用算法交易对大额订单进行拆分，寻找最有利的执行价格，以降低市场的冲击成本、提高订单执行的隐蔽性，进而达到提高执行效率的目的。任何投资策略都可以使用算法交易进行订单的执行，包括做市、场内价差交易、套利或者纯粹的投机。

目前，已经开发出大量的算法交易策略，如交易量加权平均价格算法(VWAP)、保证交易量加权平均价格算法(Guaranteed VWAP)、时间加权平均价格算法(TWAP)、游击战算法(Guerrilla)、狙击手算法(Sniper)、搜寻者算法(Sniffer)。例如，保证交易量加权平均价格算法是指经纪商对 VWAP 算法提供担保，确保成交价格为交易量加权平均价格，若成交价格与交易量加权平均价格不一致，则经纪商需要承担相应损失。又如，狙击手算法是非常具有攻击性的算法，只有当达到限定的价格时才会下单交易。

六、交易成本分析

交易成本是指为了实施业务决策而发生的所有成本和费用。一般来说，交易成本可划分为两大类，即显性成本和隐含成本。显性成本是指不包含在交易价格以内的费用支出，一般可以准确计量，也可以事先确定。隐含成本是指包含在交易价格以内的、具体交易导致的额外费用支出(相对于没有该笔交易的情形而言)，一般无法准确计量，也不能事先确定。由此，显性成本又称为直接成本或价外成本，而隐含成本则又称为间接成本或价内成本。

显性成本按照收费主体划分，包含了以下三个主要的部分：①经纪商佣金；②交易所规费与结算所规费；③税费。

隐含成本则包含以下组成部分：①买卖价差(Bid-Ask Spread)；②冲击成本(Impact Cost)；③择时成本(Timing Cost)；④机会成本(Opportunity Cost)。交易成本的计算公式为·

交易成本=(买卖价差+冲击成本+择时成本+机会成本)+显性成本　　　(10-2)

买卖价差是当前最低卖出价与最高买入价之间的差额。在实践中，这个数据采用的是统计量，一般取一段时间内买卖价差的平均值，也有人把买卖价差合并到冲击成本里。

择时成本在此是指交易指令已完成部分所发生的由于择时决策付出的成本。基金经理提交决策指令后，交易员不一定立刻执行，有时需要一些时间来分析市场，或者等待合适的价格，这会产生择时成本，或收益(负成本)。

冲击成本意味着交易指令推动了价格向不利于指令的方向移动，它是指该笔交易指令下达后形成的市场价格与没有下达交易指令的情况下市场可能的价格之间的差额。

由于价格变动，有些指令不能全部执行，这就产生了机会成本。从未发生过的交易往往是(机会)成本最高的交易。另外，在机会成本或择时成本与冲击成本之间经常存在着相互冲突。采取积极措施减少一种成本往往不可避免地会增加另一种成本，这也被称为"交易员困境"。

七、交易模型和模拟

程序化交易和算法交易都与"交易模型"的概念相关。交易模型是指交易人员运用数学建模的方式，将其在交易实践中总结的经验和现代投资学原理进行有机结合而建立的具有较高机械化交易程度的交易体系。该交易体系可以由单个交易模型组成，也可以由多个交易模型组成。交易模型的数学化程度较高，依据其进行交易的客观性也较强，因此可以有效地规避在交易过程中出现的人性弱点。同时，还可以通过交易设计，改变原有交易的概率分布，有效控制交易风险，使交易者有可能获得较为稳定的投资收益。交易模型是量化投资体系的核心要素之一，在许多不会引起混淆的场合，交易模型与量化策略经常互换使用。

模拟是指对建立的系统或决策问题的数学或逻辑模型进行试验，以获得对系统行为的认识或帮助解决决策问题的过程。模拟的主要优点在于检验交易模型中存在的问题，或检验模型对系统假设的解释能力，即确认模型反映假设的能力。判断交易模型是否有实用价值，最简单、最可靠的途径是通过在尽可能多的市场里进行长时间的测试。为了减少交易模型的检测成本，检测先从模拟开始。交易模型检验的基本原则是"模拟实战"，一切条件都要接近实战条件，使检验结果尽可能真实，只有这样，才能使交易模型有真正的使用价值。

八、基金绩效评估技术

证券投资基金绩效的评估，主要是针对一只基金的实际运作成果进行评价。在绩效评估中，主要应注意以下事项。

(1) 对基金的整体收益进行评估，判断其是否超过市场平均收益。

(2) 超过市场平均收益的部分中有多少可归结为基金经理的投资才能。

(3) 如何选择因素或指标对基金绩效进行评估，确保绩效评估的真实性。

(4) 如何选择评估模型。

根据以上内容及不同管理风格的基金，评估基金绩效的因素或指标主要分为两类：对于采用消极管理风格的基金，主要是评估其在证券市场的一般收益水平和风险水平；对于采用积极管理风格的基金，除了以上两个指标外，还包括基金经理的选股能力、择时能力及基金组合的分散化程度等指标。

R 语言中的 Performance Analytics 包提供了一系列计量经济学函数，用于单个证券品种或投资组合的绩效计算与风险管理。

(一)风险调整收益分析

现代投资理论表明，基金的绩效评估应将收益和风险两者结合起来评价，即必须通过风险调整指标对收益进行风险调整来判断基金业绩。其中，比较经典的指标包括夏普(Sharpe)比率、特雷诺(Treynor)指数、詹森(Jensen)指数、M2 指数、信息比率、风险调整资本回报率(Risk-Adjusted Return On Capital，RAROC)指标等，它们构成了现代基金评价的核心体系。

1. 夏普比率

夏普比率是以均衡市场假设下的资本市场线作为基准的按风险调整的绩效测度指标，也就是用投资组合的总风险即标准差去除投资组合的风险溢价，反映该投资组合所承担的每单位总风险所带来的收益。其计算公式为

$$\mathrm{SR} = \frac{\overline{R}_P - r_f}{\sigma_P} = \frac{\text{组合平均收益} - \text{无风险收益率}}{\text{组合收益率标准差}} \tag{10-3}$$

夏普比率实际上是衡量投资组合承担单位风险(包括系统性风险和非系统性风险)所获得的超额收益，当然是越大越好。

2. 特雷诺指数

特雷诺指数是以均衡市场假设下的资本资产定价模型或证券市场线作为基准的一种按风险调整的绩效测度指标。它用投资组合的系统性风险即 β 系数去除投资组合的风险溢价，反映了该投资组合所承担的每单位系统性风险 β 所带来的风险收益。特雷诺指数与夏普比率的区别在于，前者衡量的是单位系统性风险(用 β 来测度)的超额收益，而后者衡量的是单位总风险(用 σ 来测度)的超额收益。特雷诺指数的计算公式为

$$\mathrm{TR} = \frac{\overline{R}_P - r_f}{\beta_P} = \frac{\text{组合平均收益} - \text{无风险收益率}}{\beta_P} \tag{10-4}$$

特雷诺指数评估方法首先计算样本期内各种基金和市场的特雷诺指数，然后进行比较。较大的特雷诺指数意味着较好的绩效。特雷诺指数是单位系统性风险的收益，因此它能反映基金经理的市场调整能力。特雷诺指数越高，代表基金绩效越好。这是特雷诺指数比詹森指数优越之处。但是，如果非系统性风险没有被全部消除，则特雷诺指数和詹森指数一样可能提供错误信息。因此，在这种情况下，特雷诺指数模型同样无法准确评估基金经理在分散和降低非系统性风险方面的能力。

3. 詹森指数

詹森指数是所需评价的投资组合的收益率与证券市场线上相同风险值的投资组合的收

益率之差。其计算公式为[①]

$$\alpha_P = \bar{r}_P - Er_P = \bar{r}_P - \left[r_f + \beta_P \left(Er_m - r_f \right) \right] \qquad (10\text{-}5)$$

对于投资组合而言，如果其詹森指数显著为正，则说明该投资组合的投资收益优于市场投资组合，有良好的预期；反之，如果詹森指数显著为负，则说明该投资组合的投资收益低于市场投资组合，其预期不乐观。詹森指数的显著与否可通过统计检验中的 t 检验来确定。

4. 风险调整资本回报率指标

RAROC 指标是一种基于 VaR 方法计算风险调整收益的方法，计算公式为

$$RAROC = VAB / VaR \qquad (10\text{-}6)$$

式中：VAB 为调整后收益，VaR 为在险价值。RAROC 实际上是一种改进的夏普比率。RAROC 表明损失一个单位资本所带来的回报的大小，可以有效地度量获取收益的风险效率。一般情况下，RAROC 值越大，表明风险调整后的收益越高，因此 RAROC 值越大越好。RAROC 应用广泛，可以应用于风险资本分配与调整、投资组合选择以及投资绩效评估等方面。

(二)投资管理人的选股与择时能力

基金经理的管理能力包括基金经理的选股能力和择时能力两方面。选股能力是指基金经理有能力从众多股票中选出盈利能够超过大盘的股票，也就是说，其投资组合中所选股票的超额收益率为正。具有择时能力的基金经理应该在牛市中持有并增仓那些风险高的资产，在熊市中则减仓并持有具有低 β 值的资产。

1. 经验模型

对选股能力和择时能力的模型评估始于 20 世纪 60 年代。詹森在 60 年代末提出了"生益模型"(Return Generating Model)，以此考察 1945—1964 年美国共同基金的投资绩效。其计算公式为

$$r_P = \alpha_P + \beta_P r_{mt} + \varepsilon_{Pt} \qquad (10\text{-}7)$$

詹森的"生益模型"建立在评估期基金投资组合的风险水平保持不变这一假设基础上，并且忽略了基金经理的市场择机能力。实际上，如果基金经理具有市场择机能力，他们就会主动调整投资组合的风险以适应市场的变化，并谋求高额的收益。资本资产的价值本身也可能随时间的变化而变化，这些因素都可能导致 β 值呈现时变性。

2. T—M 和 H—M 模型

詹森模型无条件地采用基金的历史收益来估计基金的预期收益，因此，它并未考虑基金组合期望收益和风险的时变性。对此，Treynor 和 Mazuy 等人采用 CAPM 形式来描述基金经理的择时能力和选股能力评估模型(T—M 模型)。根据研究者对 β 系数的不同假设，可以将此类模型大致分为两类。

第一类称为 UD 模型，其主要含义是将市场分为多头(Up)与空头(Down)两种形态，并

---

① 公式中的指标与第九章中的投资组合、资本资产定价模型使用的符号同义，式(10-7)～式(10-9)同。

假设基金经理在预期未来市场看多时，会多买入一些波动幅度较大的风险资产；反之，当基金经理预期未来市场看空时，会多买入波动幅度较低的风险资产，同时卖出波动幅度较大的风险资产。因此，多头时期与空头时期的β系数应有所不同，将投资组合的β系数视为二项式变量(Binary Variable)。第二类则视为投资组合β的随机变量(Stochastic Variable)，其值随时间的变动而变动，这里仅介绍第一类的模型。

(1) Treynor 和 Mazuy 的传统二次项回归模型。T—M 模型在证券市场回归模型中加入了一个二次项来评估证券投资基金经理的择时与选股能力。该模型认为，具备择时能力的基金经理应能预测市场走势，在多头时，通过提高投资组合的风险水平以获得较高的收益；相反，在空头时，则降低风险。因此，特征线不再是固定斜率的直线，而是一条会随市场状况改变的曲线[见式(10-8)右边增加的平方项]。其回归模型为

$$r_{P,t} - r_{f,t} = \alpha_P + \beta_1 \left(r_{m,t} - r_{f,t} \right) + \beta_2 \left(r_{m,t} - r_{f,t} \right)^2 + \varepsilon_{P,t} \tag{10-8}$$

(2) Heriksson 和 Merton 的二项式随机变量模型，即 H—M 模型。UD 理论将β看作二项式随机变量，其在多头市场与空头市场上的值是不同的。Heriksson 与 Merton 将择时能力定义为，基金经理预测市场收益与无风险收益之间差异大小的能力[见式(10-9)右边增加的第三项]，然后根据这种差异，将资金有效率地分配于证券市场。具备择时能力的基金经理可以预先调整资金配置，以减少市场收益小于无风险收益时的损失，其回归模型为

$$r_{P,t} - r_{f,t} = \alpha_P + \beta_1 \left(r_{m,t} - r_{f,t} \right) + \beta_2 Max \left(0, r_{m,t} - r_{f,t} \right) + \varepsilon_{P,t} \tag{10-9}$$

除了上述风险与收益调整、选股、择时等业绩评估方法外，还可以进行基金业绩持续性分析和超额收益归因分析。若业绩具有持续性，则说明它过去的业绩能够预示它未来的业绩。对业绩进行持续性分析的主要方法包括回归系数法和列联表法两种。超额收益归因分析则是评价基金市场各种能力对超额收益贡献的大小。可用以考察的指标有资产配置超额收益率贡献、证券选择的收益贡献、行业选择的收益贡献、行业内个股选择的收益贡献等。[①]

多因子量化选股策略报告

第三节　量化策略开发的流程与步骤

一个优秀的量化策略的开发与实施需要经历若干环节。下面，以多因素选股策略开发为背景，阐述量化投资策略开发的一般程序和步骤。

一、确立量化交易理论依据

确立量化策略的理论基础。所谓理论基础，是指策略开发的底层逻辑依据。比如，基本面选股是基于公司股票投资价值取决于公司盈利能力、经营能力、成长性、风险控制水平等多因素所构成的"基本面"；GARP 选股以成长性与价值投资优化结构配比为理论依据；动量选股是基于投资者"好的股票未来会更好，差的股票未来会更差"的选股习性和思维定式为特定的投资收益埋单；等等。再如，Alpha 选股策略是基于 CAPM 模型寻找被市场

---

① 朱晓斌. 量化投资：以 R 为工具[M]. 北京：中国电力出版社，2013.

误定价的股票构建投资组合。总之，量化策略开发应遵循这些在概率意义上可能产生收益的投资逻辑理念来指导后续的策略设计。

二、策略开发总体设计与思路

总体设计是指量化策略开发的总体框架结构，研究思路是指策略研发的技术路线。以多因素选股策略开发为例，总体框架结构设计包括策略研发的目的及理论逻辑依据、策略开发的基本流程、策略研发的市场环境与技术要求、策略实现的数据与模型的可获得性以及策略的稳定性和创新性检验实现方法、策略研发的市场预期和后续完善等。

技术路线是指总体框架结构的每一环节的具体实施办法和措施。比如，采用多因素选股模型，首先要构建因子备选库；其次，甄别因子有效性，剔除冗余的"多因子"；再次，构建多因子选股模型；最后，根据模型筛选股票构建组合。王春丽等(2018)出版的《多因子量化选股模型与择时策略》[①][以下简称案例(2018)]中采用回归法对多因子模型进行判断，建立了基于回归法的多因子量化选股模型及择时策略进行了实证研究。

三、数据选取与处理

1. 研究对象选取

研究对象包括两个方面：一是拟构建目标组合的股票备选池；二是样本研究的时长区间。备选池有多种可能的选择。例如，可以以上证综合指数的全部股票为样本池，或以沪深 300 指数成分股、上证 180 指数成分股以及上证 50 指数成分股为样本池等。样本研究时长区间的确认是根据研究目的需要选择若干日、月、季或年的数据，如 3～5 年、10 年或其他更长时间的样本数据。案例(2018)中的多因子选股备选池为上证 180 指数所含个股，样本区间为 2007 年 1 月 4 日至 2016 年 12 月 30 日，共计 10 年。每年通过多因子量化选股模型获得当年的选股组合，并按价值投资理念每年对组合进行 1 次调仓，共计 9 次。案例(2018)的数据来源于东方财富 Choice 数据库，数据分析软件和编程软件为 SPSS 和 Python。[②]

2. 因子选取

因子选取是指选股模型构建中影响股票收益率的诸多因子的选取。例如，案例(2018)中选取包括公司基本面指标、财务指标、技术指标以及其他指标，共得到 21 个常用指标，将其作为多因子量化选股模型中的"因子"进行实证研究。

3. 数据标准化

由于选取的数据包含不同类别的指标，需要对数据进行标准化处理。案例(2018)中采用了 Z 均值—标准差方法对数据进行标准化。例如，$Z_i = (X_i - \bar{X}) \div S_i$，$Z_i$ 为标准化数据。

---

① 王春丽，刘光，王齐.多因子量化选股模型与择时策略[J]. 东北财经大学学报，2018(5)：81-87.
② 财务数据可以访问 Wind 资讯数据库，交易数据可以在阳光飞狐 FoxTrader 平台获得，量化策略开发可能使用的软件包括 FoxTrader、Visual foxPro 6.0、Matlab 2008a、SPSS、EViews 6.0.

4. 数据相关性分析

多因子量化选股模型选取的众多因子之间存在"共线性",应用主成分分析技术将无效因子或有效但共线冗余的因子筛查剔除。

四、模型构建与检验

以股票收益率为因变量,以主成分因子得分系数为自变量,建立不同行情下基于回归法的多因子量化选股模型,并对投资效果进行适应性检验。

1. 因子可行性检验

利用 SPSS 软件对因子数据进行 KMO 检验和 Bartlett 检验,以判断其因子的可行性。例如,案例(2018)中,以 2007 年数据为例,KMO 检验统计量为 0.562,偏相关系数大于 0.5,表明因子分析效果较好,且 Bartlett 检验对应的 P 值小于 0.05,拒绝原假设,各解释变量与被解释变量之间存在相关关系。通过因子分析获得主成分贡献率和累计贡献率,主成分因子累计贡献率为 77.41%,由此从 21 个因子中确认了 9 个主成分因子。

2. 量化模型构建

以案例(2018)为例,以股票收益率为因变量,以主成分因子 F_1、F_2、F_3、F_4、F_5、F_6、F_7、F_8 和 F_9 的得分系数为自变量,建立基于回归法的多因子量化选股模型。发现在 95% 的置信度水平下,主成分因子 F_5、F_6、F_7、F_8 和 F_9 的系数不显著,可以淘汰剔除。以剩余的 4 个主成分因子重新建立多因子量化选股模型。经检验,主成分因子 F_1、F_2、F_3 和 F_4 的 t 统计量在 95% 的置信度水平下均达到显著水平,并且模型参数没有显著变化,R^2 为 0.805,AIC 值和 BIC 值下降。由此得到多因子模型估计

$$Y = 1.020 + 0.045F_1 + 0.379F_2 + 0.086F_3 + 0.054F_4 \tag{10-10}$$

3. 模型适应性检验

将 2007 年各因子聚合形成的主成分因子得分代入式(10-10)中,计算各只股票收益率的估计值和增长潜力(股票收益率估计值与真实值的差值),并对各只股票的增长潜力进行排序,筛选出排名靠的 10 只股票,构建 2008 年股票投资的证券组合。检验该投资组合在 2008 年全年(1 月 1 日至 12 月 31 日)跑赢上证 180 指数的稳定性,以确定多因子量化选股模型的实际应用效果。案例(2018)分析结果表明,该投资组合的 2008 年平均复合收益率战胜了上证 180 指数基准年收益率,实现了 17.09% 的超额收益率。由此得出结论,2007 年构建的多因子量化选股模型通过了模型适应性检验。

用上证 180 指数成分股在 2007—2015 年的各年份数据重复上述多因子量化选股建模过程,得到其在不同年份的量化选股模型,然后根据各年的多因子量化选股模型构建股票池,并结合 2007 年多因子量化选股模型的选股结果,计算得到股票池在 2008—2016 年的实际投资收益率。考察多因子量化选股模型所筛选构建的股票组合,是否能够在各年的平均复合收益率稳定地跑赢当年市场基准。案例(2018)分析结论是肯定的,表明该多因子选股模型的组合策略是有效的。

五、策略分析与回测

案例(2018)在多因子选股模型的基础上，再引入择时策略，以增强策略的风控能力和稳定性。其将均线交易、OBV 指标 和 KDJ 指标等多种交易策略结合形成择时组合策略。具体构建过程如下。首先，通过均线系统策略，计算股票平均价格，并根据其短期移动平均线和长期移动平均线的黄金交叉点，对股票买入时机进行识别。其次，计算随机指标策略中的 KDJ 指标，主要参考 KDJ 指标中的 J 值，利用 J 值对市场上的超买现象进行判断，进而识别出股票卖出时机。最后，制定 OBV 交易前提假设。例如，MA 均线金叉买入、死叉卖出的交易指令需要得到 OBV 指标的配合，即当 OBV 指标对应处于上行或下行态势时，MA、KDJ 的交易指令才是有效的。三种择时策略按价格敏感性以及成交量支撑力度交融组合决定买入、卖出时机，最终完成量化交易指令系统策略。

加入择时策略的多因子量化选股择时模型与之前的单一选股的多因子量化选股模型实施检验的差异是，在牛市中前者收益率略低于后者；而在熊市中选股择时模型收益更高，效果更好。短期内前者略输于单一选股模型，而长期内选股择时模型又强于后者。这一现象表明加入择时策略后，多因子量化选股择时策略的市场表现更稳健，策略更可靠，实用性更强。

第四节　量化投资策略案例

一、多因子选股策略[①]

(一)中证 500 指数增强策略

我们先对"多因子量化选股——中证 500 指数增强策略"的构建步骤作以下回顾。

中证 500 指数增强策略从技术、估值、财务质量、成长、北向资金等各大类中共检验了 59 个单因子，在每个大类中筛选出在中证 500 股票池内有效的单因子，共筛选出 22 个有效因子。根据因子 IC[②] 值、ICIR 值、五组分层、多空收益的表现及因子间的相关性分析，对每一大类因子进行合成。在样本回测区间内(2016 年 12 月 30 日至 2022 年 2 月 28 日)，成长类合成因子表现最好，因子的 IC 值为 0.07，多空组合的 Sharpe 比率为 1.78，Calmar 比率为 1.43。最终，再将这 5 个大类因子合成后作为股票的最终打分。对最终打分做因子检验，因子表现较好，IC 值为 0.09，多空组合的 Sharpe 比率为 2.92，Calmar 比率为 3.73。

本策略在中证 500 指数的成分股内构建组合优化模型(均值—方差模型)，通过最大化收益—风险项，同时控制组合在风格、行业、相对基准的暴露，来求最优权重解，根据最优权重构建一个组合，即为中证 500 指数增强策略。

---

① 根据东方财富 Choice 数据终端公布的量化交易研究报告整理而成。

② IC(Information Coefficient)，称为信息系数。IC 代表的是预测值和实现值之间的相关性，通常用于评价预测能力(即选股能力)。IC∈[−1，1]，绝对值越大，表示预测能力越好。IR(Information Ratio)，称为信息比率，是用 IC 的均值除以标准差，可以对 IC 的稳定性进行衡量。

从 2022 年 2 月 28 日开始对策略进行跟踪，每个月最后一个交易日收盘调仓，持仓期为一个月。每期组合的持股数量为 90 只左右。

1. 上周策略表现

为方便起见，令 $I_{增强策略}$ 为指数增强策略收益率；$I_{基准指数}$ 为中证 500 指数收益率；$I_{增强超额}$ 为指数增强超收益率。上周，中证 500 指数增强策略的收益率为-2.76%，同期中证 500 指数的收益率为-3.51%，与基准相比，指数增强策略的超额收益率为 0.75%，如图 10-5 所示。[①]

2. 本月策略表现

本月，中证 500 指数增强策略的收益率为-2.34%，同期中证 500 指数的收益率为-2.87%，与基准相比，指数增强策略的超额收益率为 0.54%。如图 10-6 所示。

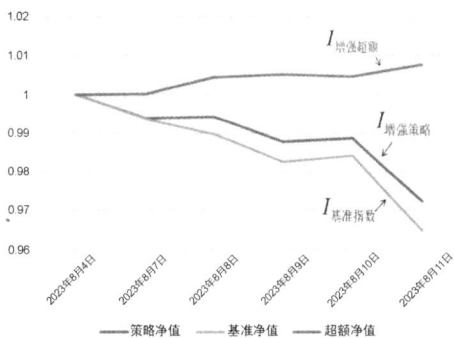

图 10-5　上周策略净值

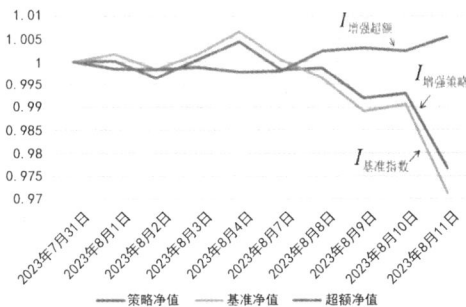

图 10-6　本月策略净值

3. 本年策略表现

本年，中证 500 指数增强策略的收益率为 4.51%，同期中证 500 指数的收益率为 0.83%，与基准相比，指数增强策略的超额收益率为 3.67%，如图 10-7 所示。

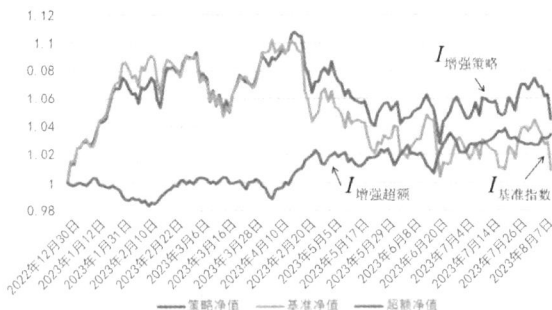

图 10-7　本年策略净值

---

① 图 10-5、图 10-6 和图 10-7 中横坐标为时间，纵坐标为收益指数变化，指数在"1"以上为收益上涨，其下为收益下跌。周收益计算情况如下：$I_{增强策略}=0.972\,4-1=-2.76\%$；$I_{基准指数}=0.964\,9-1=-3.51\%$；$I_{增强超额}=1.007\,5-1=0.75\%$，月收益与年收益计算同行。

(二)因子收益及因子拥挤度

本案例在规模、估值、财务质量、成长、技术、北向资金等各大类中挑选具有代表性的风格因子，进行风格因子跟踪分析。

首先，计算因子收益率。计算因子收益率的方法有多种。例如，纯因子收益率，构建一个组合，使组合在其他风格因子上的暴露为0，在检验因子上的暴露为1，此组合的收益率即为该因子的收益率；再如，对因子分组后，计算多空收益来获得因子收益率。本案例采用因子分组后的多空收益作为因子收益率。

因子拥挤度是衡量因子的风险指标之一。因子拥挤是指跟踪或者投资某一因子的资金过多使该因子的收益性或者收益稳定性出现下降的现象。通过对因子拥挤度的监控，投资者可识别出拥挤度较高的因子，控制相应因子在组合中的暴露，从而减少组合的整体风险。因子拥挤度的构建方式主要通过交易数据，本案例结合多空组合的换手率比率和波动率比率[①]来构建因子拥挤度指标。

从换手率的角度来衡量因子拥挤度，主要考虑多空两组合是否交易频率过高，具体的计算方法为：因子五组分层，计算多空两组的平均个股换手率比值，换手率为个股过去3个月的日均换手率；从波动率的角度来衡量因子拥挤度，主要考虑多空两组是否波动过大，具体的计算方法为：因子五组分层，计算多空两组的平均个股波动率比值，波动率为个股过去3个月的日均波动率。最终，因子拥挤度为多空换手率比率和多空波动率比率的均值。因子收益及拥挤度计算结果如表10-2所示。

表10-2 因子收益率及因子拥挤度计算结果

因子名称	因子收益率 (上周)%	因子收益率 (本月)/%	因子收益率 (本年)/%	因子拥挤度 /%
总资产	−1.89	−1.14	−3.54	0.52
市净率	−0.55	−0.40	17.46	0.55
ROE_单季度	0.73	0.47	0.33	1.39
净利润_单季度_同比	0.04	−0.17	10.83	1.18
北向净流入_1个月	0.31	1.26	5.59	1.07
反转_1个月	−0.66	0.25	0.65	1.26
波动率_1个月	0.17	0.26	14.35	0.36
一致预期_EPS	0.80	0.85	−4.27	1.25
一致预期净利润变动_1个月	−0.09	0.01	2.60	1.12

1. 因子收益

从上周的因子表现来看，一致预期_EPS和ROE_单季度因子表现较好，总资产和反转_1个月因子表现较差，如图10-8所示。

本月，北向净流入_1个月和一致预期_EPS因子表现较好，总资产和市净率因子表现较差，如图10-9所示。

---

① 换手率比率是指多、空换手率比值。波动率比率同。

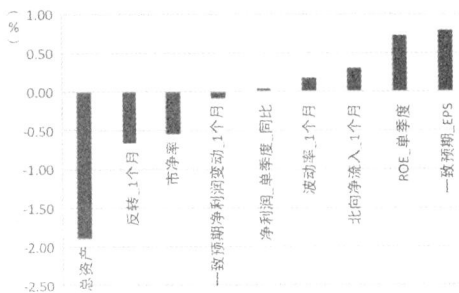

图 10-8　上周因子收益

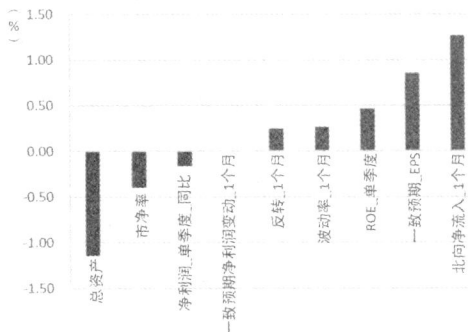

图 10-9　本月因子收益

本年，市净率和波动率 1 个月因子表现较好，一致预期 EPS 和总资产因子表现较差，如图 10-10 所示。

2. 因子拥挤度

从当前因子拥挤度的表现来看，波动率、总资产、市净率因子的拥挤度均较低；拥挤度最高的为 ROE_单季度因子，其次为反转_1 个月因子，如图 10-11 所示。

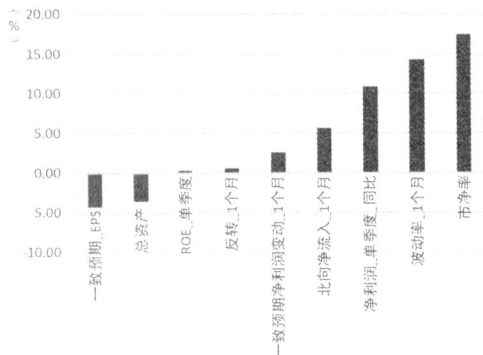

图 10-10　本年因子收益

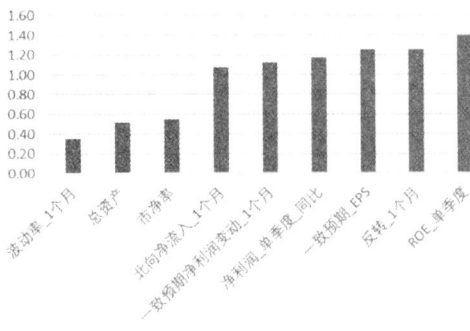

图 10-11　因子拥挤度

(三)投资建议

跟踪中证 500 指数增强策略，在上周、本月、本年以来均跑赢基准指数；本年该策略收益处于市场上同类策略排名的前 20%。从风格因子的表现来看，今年以来，市净率因子和波动率因子收益较高，且因子拥挤度水平较低，建议投资者可以关注低估值和低波动类资产；同时，应警惕 ROE_单季度和短期反转因子拥挤度较高的风险。

基于行业 Alpha 的选股策略　　一致预期差选股策略

二、事件驱动策略[1]

事件驱动策略是指通过分析重大事件发生前后，对投资标的价差波动进行套利而获取

---

[1] 根据东方财富 Choice 数据终端公布的量化交易研究报告整理而成。

超额利润的策略。该策略的实施一般需要估算事件发生的概率及其对标的资产价格影响的深度，并提前介入等待事件的发生，然后择机退出。在我国，事件驱动策略主要有定向增发、参与新股、热点题材、并购重组等特殊事件。相关重大事件通常与监管政策密不可分，策略研发实施伴随着政策红利而起，也将因政策调整而失效。例如，2017 年之前，以定向增发事件驱动策略产品占比为最高。本案例针对股权激励事件驱动策略进行市场跟踪。

股权激励是上市公司为了激励和留住核心人才而推行的长期激励计划。通过该计划使员工将自身的利益与公司的业绩相挂钩，能够更好地激发员工的主观能动性，站在公司的角度为公司长期服务。本案例以周为单位，对事件驱动策略进行跟踪，以揭示事件驱动策略的基本特点及其有效性。图 10-12 所示为事件驱动策略分类示意图。

从 2023 年上半年的情况来看，每周发生的股权激励事件(董事会预案公告日)的数量与 2022 年同期基本相当(见图 10-13)。此外，该事件自 2023 年以来在事件发生当日以及事件后 3 日，公司股价平均能获得较为显著的绝对收益和超额收益(当日：图 10-14，图 10-15；3 日：图 10-16，图 10-17)。

上周(2023 年 7 月 15 日—21 日)共有 10 家上市公司公布了其股权激励董事会预案，该事件驱动策略表现较优。公告日当日平均绝对收益 2.83%，平均超额收益 3.69%。具体事件相关信息如表 10-3 所示。

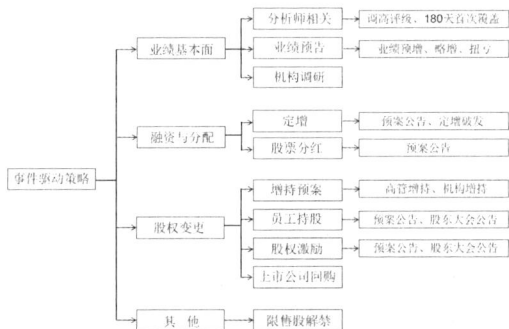

图 10-12　事件驱动策略分类示意图

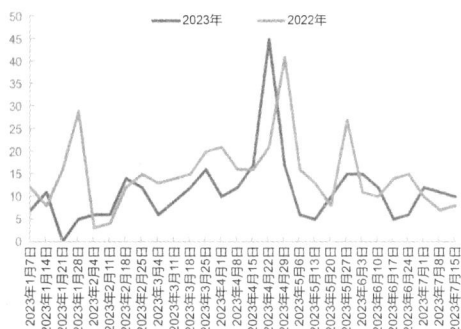

图 10-13　每周发生的股权激励事件数量[1]

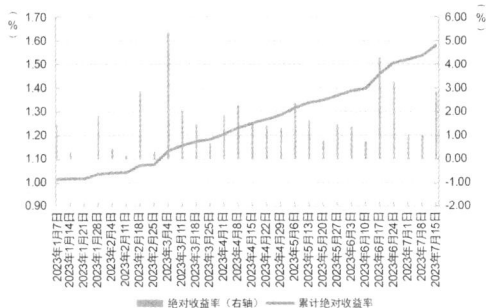

图 10-14[2]　当日平均绝对收益率与累计超额收益率

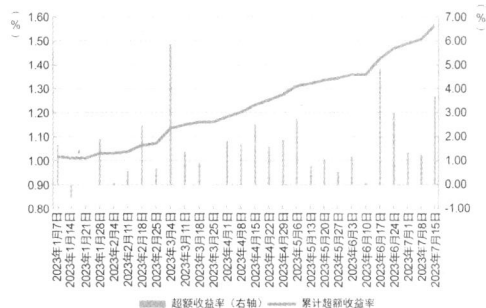

图 10-15　当日平均超额收益率与累计超额收益率

---

[1] 资料来源：Wind、招商证券。注：回测以周为单位，统计每周股权激励董事会预案公告日发生后 3 日的股票绝对收益，将股票绝对收益进行平均得到本周事件的绝对收益，进一步再计算 2023 年以来该事件的超额收益。

[2] 2023 年股权激励事件当日平均绝对收益率与累计超额收益率。

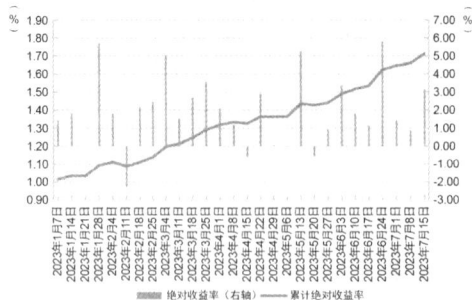

图 10-16①　3 日平均绝对收益率与累计超额收益率

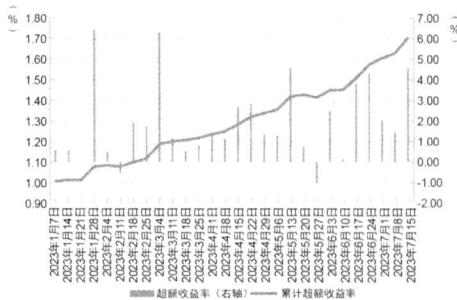

图 10-17　3 日平均超额收益率与累计超额收益率

表 10-3　2023 年 7 月 15—20 日事件相关信息

代码	股票简称	公告日	中信一级行业	公告日绝对收益/%	公告日超额收益/%
003011.SZ	海象新材	2023 年 7 月 15 日	轻工制造	7.91	7.93
301227.SZ	森鹰窗业	2023 年 7 月 15 日	建材	4.45	4.82
603168.SH	莎普爱思	2023 年 7 月 15 日	医药	3.97	4.53
000811.SZ	冰轮环境	2023 年 7 月 15 日	电力设备及新能源	10.00	10.29
688516.SH	奥特维	2023 年 7 月 17 日	机械	1.50	1.57
688503.SH	聚和材料	2023 年 7 月 18 日	基础化工	-0.40	——
002150.SZ	通润装备	2023 年 7 月 18 日	机械	-2.71	-2.86
688293.SH	奥浦迈	2023 年 7 月 19 日	医药	1.28	1.73
688626.SH	翔宇医疗	2023 年 7 月 20 日	医药	4.16	4.63
002241.SZ	歌尔殿份	2023 年 7 月 20 日	电子	-1.83	0.55

　　股权激励董事会预案公告日是公司首次向投资者公告股权激励事件相关信息，市场反应较为激烈。我们测算了 2018 年以来，以事件发生当日为第 0 天，计算事件后 60 日的累计绝对收益与超额收益。我们发现该事件能在事件发生后 60 天内带来较为显著的绝对收益以及超额收益。如图 10-18 所示，股权激励事件驱动策略的绝对收益与超额收益呈近似 45°斜率上升，表明该策略有足够的能力战胜市场，获取 Alapha 收益。

　　如表 10-4 所示，事件驱动策略的事件当日绝对收益率最高，之后随事件时间的推移，绝对收益率的绝对值上升，但边际收益率逐日递减。在考察超额收益率时，这一现象表现得更为明显。

　　策略小结：股权激励事件驱动策略的研发思路是可行的，实施效果显著，达到了预期目标。

---

　　① 2023 年股权激励事件 3 日平均绝对收益率与累计超额收益率。

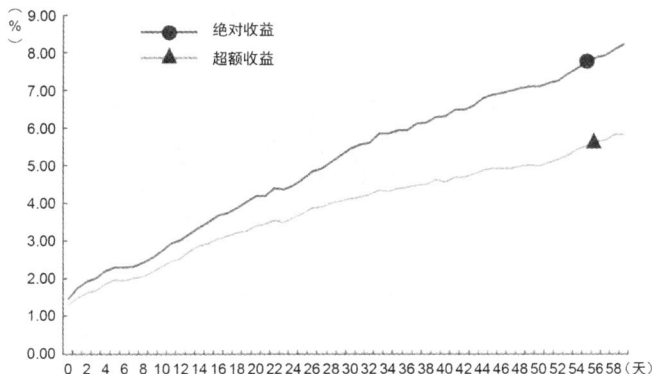

图 10-18 2018 年以来股权激励事件后累计收益率

表 10-4 股权激励事件平均收益率统计

分组	样本量/个	事件当日	事件后 5 日	事件后 20 日	事件后 40 日	事件后 60 日
绝对收益率/%		1.48	2.23	4.05	6.34	8.28
超额收益率/%	2045	1.31	1.88	3.28	4.65	5.88

三、AI 智选基金组合策略[①]

(一)机器学习选基背景概述

传统的量化选基主要从基金的基础特征、业绩动量、持有人结构、交易特征等角度挖掘有效的选基因子，目前普遍的方法是对因子进行线性合成。然而，这种方法难以捕捉因子之间的非线性关系，并且面临合成时的多重共线性问题，在不同的市场环境下，选基因子难以长期有效。

机器学习在选股领域的研究已经较为成熟，在数据类型上股票市场拥有大量的基本面、量价、另类数据；在数据频率上，股票市场还有 level2、Tick 和逐笔成交等高频数据，可以充分对模型进行训练，提升泛化能力。相比之下，基金的份额、规模、持仓情况等核心数据频率较低，多在基金季报披露后才可以获得，即每年的 1 月、4 月、7 月、10 月四个月的月底才可以更新因子。部分因子如基金的持有人结构只能在基金的中报、年报披露后的 3 月与 8 月才可以获得，因此，机器学习在基金标的上的应用相对较少，但这并不代表无法应用到该领域上来。

随着基金数量和规模的激增，使用机器学习进行基金优选的前景日益广阔。截至 2024 年 5 月 31 日，我国公募基金总管理规模达 29.09 万亿元，公募基金数目突破 11 900 只。近年来，主动权益型基金(普通股票型及偏股混合型)持续扩容，虽然在 2022—2023 年发行量有所萎缩，2023 年依然有近 300 只基金成立。公募基金规模及数量变化情况如图 10-19 所示。

---

① 根据东方财富 Choice 数据终端公布的兴业研究张峻涛等研究报告整理。

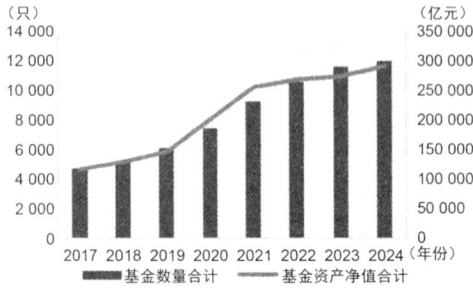

图 10-19　公募基金规模及数量变化情况

(二)机器学习模型进行量化选基

我们基于文献中提出的表现突出的因子，并结合团队智能化选基系列报告构建出来的优秀因子，从六因子模型、业绩动量、基金基础特征、资金流、交易动机、财务报表等多角度进行因子构建。图 10-20 所示为机器学习选基流程。在模型选择和标签构建上，由于树模型相对于神经网络模型更适合处理规模不大的数据，并且泛化能力更强，我们使用随机森林、XGBoost 和 LightGBM 模型来预测基金在下个月跑赢万得(Wind)偏股混合型基金指数的概率，并最终进行等权合成为机器学习选基因子(见图 10-21)；若基金的月度收益率能够战胜基准，则记录为 1，反之则为 0。我们结合因子在样本内的特征重要性和线性表现，构建了 22 个机器学习基础因子。

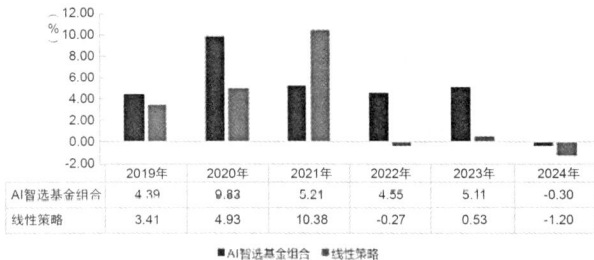

	2019年	2020年	2021年	2022年	2023年	2024年
AI智选基金组合	4.39	9.83	5.21	4.55	5.11	-0.30
线性策略	3.41	4.93	10.38	-0.27	0.53	-1.20

图 10-20　机器学习选基流程

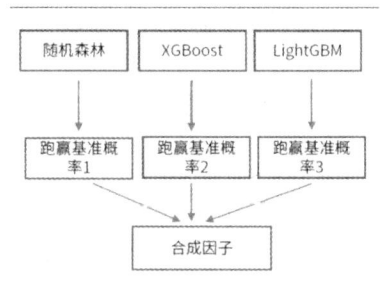

图 10-21　机器学习选基因子计算与合成

三大机器学习模型构建出的因子表明了基金在下个月能够战胜 Wind 偏股混合型基金指数的概率。在具体训练上，采用滚动学习和 5 折交叉验证的方式，以避免偶然性。模型因子为取 5 个随机种子平均后的结果，单次滚动时样本内合计时长为 94 个月，样本外时长为 3 个月。整体来看，模型训练集、验证集和测试集占比大约为 75%、20% 和 5%。

(三)基于机器学习模型的 AI 智选基金组合构建

为了对比和线性模型的表现，我们将 22 个因子进行等权线性合成，并在样本外做了因子检验，发现因子 IC 与合成前相比未有明显增强，与机器学习因子相比未见明显优势。从多头超额净值表现来看，机器学习因子稳定性优于线性因子。我们将上述三大机器学习模型因子进行等权合成，合成后的 AI 智选基金因子 IC 均值为 3.03%，t 统计量为 1.27，多空 Sharpe 比率为 0.83，多空最大回撤率为 10.33%，多头年化超额收益率为 4.82%。合成后的因子分位数组合比单个机器学习因子单调性更好。

从策略表现上看，随机森林、XGBoost 和 LightGBM 三大机器学习模型[①]选基策略在每一个完整年度(2019—2023 年)都可以获得正的超额收益。总体而言，XGBoost 和 LightGBM 模型的年化收益率更好，最大回撤率更低。使用合成后的 AI 智选基金因子构建策略，发现策略超额净值稳定，跑赢基准显著。

机器学习模型的因子因为用类似的逻辑得出，模型架构相似，故而相关性较高，与线性模型相关性多在 0.75 以下。

AI 智选基金组合自 2019 年 2 月至 2024 年 4 月，获得 14.35%的年化收益率，与 Wind 偏股混合型基金指数相比获得了 5.54%的年化超额收益率，信息比率达 1.02，超额净值最大回撤率仅有 6.59%。策略月度平均双边换手率为 35.43%。分年度来看，AI 智选基金因子每一完整年度都可以稳定战胜 Wind 偏股混合型基金指数，在过去 5 年里除了 2021 年以外都可以明显战胜线性因子(见图 10-22)，在市场回调下表现优异。超额收益相比单一机器学习模型更加稳定。

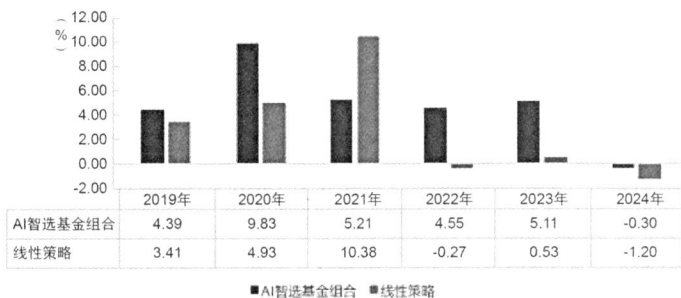

	2019年	2020年	2021年	2022年	2023年	2024年
AI智选基金组合	4.39	9.83	5.21	4.55	5.11	-0.30
线性策略	3.41	4.93	10.38	-0.27	0.53	-1.20

图 10-22　AI 智选基金组合分年度超额收益率表现

本 章 小 结

练习与思考

1. 简述量化交易的基本概念与优势。
2. 简述市场对量化交易存在"公平"的质疑的原因，如何改善量化交易的生存环境。
3. 阐述多因素选股策略、GARP 选股策略及 Alpha 选股策略的理论依据及实现步骤。

---

① 机器学习时代的三大神器：GBDT，XGBoost 和 LightGBM，https://blog.csdn.net/wjwfighting/article/details/82532847.

实 践 案 例

基于普林格周期资产配置策略

美林时钟(Merrill Lynch Clock),也称为美林投资时钟理论,是一个经典的资产配置模型。它通过分析经济增长和通货膨胀的周期性变化,将经济周期划分为四个不同的阶段:复苏(Recovery)、过热(Overheating)、滞胀(Stagflation)和衰退(Recession)。经济周期的启动顺序为金融周期先行,低利率环境下投资回报率提升带动生产,供需两旺导致通胀的回升,经济过热后金融周期再度收紧,反作用于经济周期。每个阶段都对应着表现优于其他资产类别的特定资产。美林时钟的长处在于它是少有能将宏观经济和大类资产联系在一起的底层框架。但它忽视了政府部门的逆周期调控。而普林格经济周期理论则是在美林时钟的基础上引入先行、同步及滞后指标体系,更为精细地反映了货币主义时代经济周期变动特征和资产配置要求。

基于普林格周期资产配置策略将可跟踪的经济指标分为先行指标(金融周期,包括 M1 和 M2)、同步指标(生产周期,典型的有 GDP)以及滞后指标(通货膨胀指标,如 PPI 和 CPI)。根据先行、同步、滞后指标的不同运行轨迹,经济周期分为六个阶段:①先行指标上行,同步指标及滞后指标下行(经济失速,政府开始逆周期调节);②先行指标与同步指标上行,滞后指标下行(经济复苏阶段);③共振上行(经济从复苏走向过热);④先行指标下行,同步指标及滞后指标上行(政府退出逆周期调节,经济扩张走入后程,经济出现最高点);⑤先行指标下行,同步指标下行,滞后指标上行(滞胀);⑥共振下行(萧条)。

普林格大类资产轮动策略如下。阶段 1:债券;阶段 2:股票;阶段 3:股票和商品;阶段 4:股票和商品;阶段 5:商品;阶段 6:债券。2024 年 4 月至 2005 年(回撤时间下同),策略年化收益率约为 15%,最大回撤率为 24%。

普林格风格轮动策略如下。阶段 1:选择大盘价值+小盘价值;阶段 2:选择小盘成长+小盘价值;阶段 3:选择大盘价值+大盘成长;阶段 4:选择大盘价值+大盘成长;阶段 5:选择小盘成长+小盘价值;阶段 6:选择小盘成长+大盘价值。全时间区间内组合年化收益率达 14.2%,年化超额风格等权 4.0%,最大回撤率为 66.2%。

普林格行业轮动策略如下。阶段 1:煤炭、房地产、社会服务、美容护理、农林牧渔;阶段 2:传媒、美容护理、食品饮料、煤炭、国防军工;阶段 3:煤炭、非银行金融机构、有色金属、银行、汽车;阶段 4:煤炭、银行、钢铁、有色金属、汽车;阶段 5:电力设备、国防军工、有色金属、基础化工、计算机;阶段 6:银行、社会服务、通信、家用电器、房地产。该策略年化收益率为 22.8%,最大回撤率为 66.6%。

普林格周期总结、应用难点及优化如下。

(1) 基于当期经济指标做下期配置,本策略净值为 10.14,策略年化收益率为 12.7%,最大回撤率为 34.6%,发生在 2022 年 6 月至 2024 年 1 月。这也表明倘若能够判断经济阶段的拐点,可望有效提升策略收益率。

(2) 本策略构建了三大指标的前瞻预测体系。先行指标方面,M2 反映的是整体流动性的水平,当整体流动性宽裕时,资金价格往往会下行,因此其与资金利率价格会有一定的负相关关系;而 M1 反映的是货币活化程度,过去与房地产周期的趋势较为接近。同步指标方面，用工业生产腾落指数这一高频指标来监测经济活力，由 7 个具有代表性的中游行业的开工率指标构成，其与工业增加值同比、PMI 等同步指标趋势基本一致。滞后指标方面，则可以用南华工业品指数进行前瞻判断。南华工业品指数和 PPI 同比的相关性较强。

基于普林格周期资产配置策略可能存在的风险表现在以下三个方面：①历史复盘仅对未来可能发生的情况提供参考；②宏观经济实际可能出现超预期；③政府经济调控可能出现超预期。

(资料来源：根据东方财富 Choice 数据终端——天风证券吴开达、林晨研究报告整理.)

思考

(1) 什么是普林格周期？

(2) 普林格周期资产轮动策略包括哪些类别。

(3) 试阐述普林格经济周期资产配置轮动原理。

参 考 文 献

[1] [美]滋维·博迪，亚历克斯·凯恩，艾伦·J.马库斯. 投资学[M]. 11 版·精要版. 汪昌云，张永冀，译. 北京：机械工业出版社，2023.

[2] [美]威廉·F.夏普，戈登·J.亚历山大，杰弗里·V.贝利. 投资学(上、下册)[M]. 5 版. 赵锡军，译. 北京：中国人民大学出版社，2013.

[3] [加]约翰·赫尔. 期权、期货及其他衍生产品[M]. 7 版. 王勇，索吾林，译. 北京：机械工业出版社，2009.

[4] 吴晓求. 证券投资学[M]. 6 版. 北京：中国人民大学出版社，2024.

[5] 方先明，陈楚. 证券投资学[M]. 4 版. 南京：南京大学出版社，2023.

[6] 邢天才，王玉霞. 证券投资学[M]. 6 版. 大连：东北财经大学出版社，2022.

[7] 王德宏. 证券投资学：基本原理与中国实务[M]. 2 版. 北京：中国人民大学出版社，2022.

[8] [美]塞尔焦·M.福卡尔迪，弗兰克·J.法博齐. 金融建模与投资管理中的数学[M]. 龙永红，何宗炎，译. 北京：中国人民大学出版社，2011.

[9] 汪昌云，类承曜，谭松涛. 投资学[M]. 5 版. 北京：中国人民大学出版社，2023.

[10] [美]Robert A. Strong. 投资组合管理[M]. 3 版. 黄卉，周萌，白原，等译. 北京：清华大学出版社，2005.

[11] [美]威廉·F.夏普. 投资组合理论与资本市场[M]. 胡坚，译. 北京：机械工业出版社，2001.

[12] [美]滋维·博迪，亚历克斯·凯恩，艾伦·J.马库斯. 投资学[M]. 5 版. 朱宝宪，吴洪，赵冬青，等译. 北京：机械工业出版社，2004.

[13] [美]小詹姆斯·L.法雷尔，沃尔特·J.雷哈特. 投资组合管理理论及应用[M]. 2 版. 齐寅峰，等译. 北京：机械工业出版社，2000.

[14] 刘哲(502 的牛). 超额收益：价值投资在中国的最佳实践[M]. 北京：中国铁道出版社，2016.

[15] 圣才考研网. 博迪.《投资学》(第 10 版)笔记和课后习题详解[M]. 北京：中国石化出版社，2018.

[16] 朱晓斌. 量化投资：以 R 为工具[M]. 北京：中国电力出版社，2013.

[17] 陈工孟. 量化投资分析[M]. 北京：经济管理出版社，2015.

[18] [美]理查德·托托里罗. 量化投资策略——如何实现超额收益 Alpha[M]. 李洪成，许文星，译. 上海：上海交通大学出版社，2013.

[19] [美]约翰·帕利卡. 超额收益融合战法[M]. 陈丽芳，何俊，译. 北京：机械工业出版社，2013.

[20] 王成，韦笑. 策略投资[M]. 北京：地震出版社，2012.

[21] 杨丹. 揭秘庄家：散户操盘必胜图谱[M]. 北京：电子工业出版社，2015 .

[22] 郭多祚. 数理金融资产定价的原理与模型[M]. 北京：清华大学出版社，2006.

[23] 张卫国. 现代投资组合理论——模型、方法与应用[M]. 北京：科学出版社，2007.

[24] 郑宝银. 固定收益金融产品[M]. 北京：商务印书馆，2004.

[25] 刑星. 股市大智慧——基于盘口数据与形态技术操盘新法(短线篇)[M]. 北京：电子工业出版社，2015.

[26] 韩良智. 怎样阅读与分析上市公司财务报告[M]. 北京：经济管理出版社，2004.

[27] 陈兆松，向锐. 财务报表解读与证券投资分析[M]. 北京：机械工业出版社，2011.

[28] 李莉. 上市公司会计造假与公司治理难点问题透视[M]. 北京：中国财政经济出版社，2003.

[29] 李玉周. 上市公司信息鉴别与投资策略[M]. 成都：西南财经大学出版社，2004.

[30] 马军. 涨停：典型股票盘口分析[M]. 北京：电子工业出版社，2015.

[31] 陆家骝. 现代金融经济学[M]. 大连：东北财经大学出版社，2004.